An Introduction to Audio-visual Converged Media

视听融媒体概论

王哲平　邵　鹏 / 主编

ZHEJIANG UNIVERSITY PRESS

浙江大学出版社

图书在版编目（ＣＩＰ）数据

视听融媒体概论 / 王哲平，邵鹏主编. -- 杭州 ：
浙江大学出版社，2020.11（2025.8重印）
ISBN 978-7-308-20722-5

Ⅰ．①视… Ⅱ．①王… ②邵… Ⅲ．①视听传播—
传播媒介—概论 Ⅳ．①G206.2

中国版本图书馆CIP数据核字(2020)第208425号

视听融媒体概论

王哲平　邵　鹏　主编

责任编辑	陈　翩	
责任校对	丁沛岚	
封面设计	春天书装	
出版发行	浙江大学出版社	
	（杭州市天目山路148号　邮政编码310007）	
	（网址：http://www.zjupress.com）	
排　　版	杭州林智广告有限公司	
印　　刷	杭州钱江彩色印务有限公司	
开　　本	787mm×1092mm　1/16	
印　　张	17	
字　　数	350千	
版 印 次	2020年11月第1版　2025年8月第4次印刷	
书　　号	ISBN 978-7-308-20722-5	
定　　价	48.00元	

序

　　这是一个新时代，新的传媒技术不只带来了媒体的革命，而且开启了一种新型文明。人类交流的物质基础、符号基础正在发生巨大的变革，人类传播的传统模式正在被颠覆：场景革命、流动的时空、真实世界与虚拟世界边界的虚化、机器人与人的协作、传感器、云存储、大数据、物联网、人工智能、区块链、智能算法……人类感官被全方位征调和改造。我相信，基于网络传播和人工智能技术的传媒技术所带来的数字文化，将演绎新的文明样式。诚如美国学者玛丽贝尔·洛佩兹（Maribel Lopez）在其著作《指尖上的场景革命：打造移动终端的极致体验感》中所言："移动技术、云计算、社交网络和大数据这四大技术潮流汇聚到一起，任何奇迹都会发生，科幻电影里让人迷恋的东西正在走下银幕，这四大技术凝聚到一起，力量之大，影响之深，人们的社会行为和市场模式都会因此发生不可逆转的改变。"基于数字化和智能化的数字文明是继农业文明、工业文明之后的又一个新的文明世代。杰弗里·亚历山大（Jeffrey C. Alexander）在其著作《社会生活的意义——一种文化社会学的视角》中断言："电脑逐渐渗透到了现代生活的每一个毛孔之中，它加剧了韦伯所称的世界理性化。电脑将所有的信息——不管其必然的意义、玄奥的细节，或者是情感的吸引——统统转变成一系列的二进位信息和字节。这些系列通过电子脉冲被彼此连接，最终将转换反馈到人类生活的媒介之中。"

　　存储技术、信息传播技术等的进步，使人类的传播符号从文字时代走向视听时代。这一转换，是个体作为一个媒介系统的全方位延伸，是人类传播欲望的强化与传播实践的必然向度。今天，在线音乐、在线K歌、手机游戏、数字阅读、在线视频、短视频、娱乐直播、游戏直播、线上影视等的全方位推进，标志着数字文明时代的降临。随着5G技术的普及以及未来6G技术的发展，会有更多的人卷入在线生活。数字文明正在而且必将进一步重构人类文明，如重构政治文明，重构产业文明和商业文明，重构生态文明，等等。毕竟，媒介是文明的传播载体，也是文明本身。如在湖南省湘西土家族苗族自治州龙山县里耶镇比耳村，橘农石宗林去年赚到了人生中第一个100万元，他没想过会有这一天。自从接入互联网之后，比耳村迅速掀起微店热、网销热，村民通过互联网把脐橙卖到全国各地；通过公众号的宣传，村里的脐橙在全国打开知名度。如今，遇到果树病虫害的技术难题，石宗林不必跑到上百公里外请教专家，拿出手机拍下照片发到村里的公众号上，就有认证专家在线解答。2020年"新冠"肺炎疫情期间，许多人在家上课、办公开会，在线生活越来越多地改变着我们的生活形态。根据美国 Enterprise Technology Research（ETR）的调查，2021 年全球永久在家办公的员工比例预计增加一倍。在接受调查的首席信息官中，48.6% 的人表示自从员工开始远程办公以来，生产率有所提高，只有 28.7% 的受访者表示生产率下降。另据媒体报道，2020 年 3 月，微软公司宣布允许员工永久在家办公。

早在 2008 年，视频聊天社区"9158"就已上线，中国网络直播开始亮相，但直到 2016 年 4G 网络普及以及流量资费下降，直播行业才进入发展期，YY、陌陌脱颖而出。2019 年，淘宝、抖音、快手不断强化直播功能，带货达人李佳琦这样的超级网红产生，直播成为各行各业的标配。据中国互联网络信息中心（CNNIC）发布的数据，截至 2019 年年底，我国参与网络直播的用户规模在 5 亿左右，占总体网民数量的 51% 左右，还有增量空间。

视听传播、视听媒体是数字文明时代最重要的表征，而基于移动终端的信息内容生产与分发技术的进步，让"人人成为社区明星"的可能性大增。平等、互动、进入壁垒低、可参与性强，都是网络直播发展的原动力。当年麦克卢汉就预言视觉时代会来临。普通公民的社会参与欲望（包括求利、成名、社交和政治参与等多方面的欲望）和技术提供的可能性，形成了一个很好的对接。直播在快速迭代，成为一种新的生活方式，也许你的问候语会变成"你抖了吗"。淘宝直播的"King 哥"在接受采访时说："原本店铺粉丝对我们来说只是冷冰冰的数字和文字，但是直播让大家有了直接沟通和互动的地方。我的直播间粉丝甚至还给自己取了名字，叫'王的女人'。"

王哲平教授和邵鹏教授主编的《视听融媒体概论》，聚焦于数字时代的视听传播，抓住了数字文明的核心领域，材料新、案例新，是一部及时且具有前沿性的著作。它对视听传播和传媒发展的新动态进行了全方位的扫描，探讨了许多热点问题，如新传播技术的演变，机器人写作，媒体融合对传统广播电视的影响，各国的媒体融合实践，等等。《视听融媒体概论》既有理论深度，也有实践意义。正如书中所描述的，沉浸式的新闻传播模式使得 VR 技术成为一种新的新闻叙事方法，在 VR 时代，新闻内容将逐渐摒弃文本，转向着重视觉、触觉、听觉等感官体验的优化。书中还指出："在媒体融合向纵深发展的变革时代，人工智能与媒体的融合是不可逆转的趋势，目前遇到的问题也会在时代的发展和科技的进步中不断修正，人工智能技术最终会优化整个新闻产业和信息生态系统。"这一阐析应该说是非常到位的。

总之，这是一本值得细读的著作，我非常乐意向读者诸君推荐！

吴　飞

2020 年 11 月 3 日于杭州

前　言

诚如麦克卢汉在《理解媒介》中所强调的那样："媒介交汇的时刻，是发现真理和给人启示的时刻，由此而产生新的媒介形式。"互联网作为"创意和效率的工具"，它"提供给使用者更好的共事协作与资讯获取交流环境"①。基于网络传播、大众传播和人际传播三维驱动的媒介融合，为媒介化社会的人类交流与传播活动带来了崭新的图景。

媒介融合颠覆了传统的新闻生产和传播方式。"中央厨房"从理念、机制、平台、流程、产品、商业模式等多个维度实现了传统媒体与新媒体的融合再造。VR 技术所创设的 360 度全景交互的三维动态视景，突破了新闻文本的线性叙事框架和二维空间限制，多维呈现新闻要素和新闻真实，给人一种强烈的在场感和沉浸体验。因互联网而生的众筹模式、iReport 平台在拓展新闻信源、丰富新闻产品方面独辟蹊径，与此同时也更加凸显了新闻生产主体的个性化、多元化。基于算法推荐的用户画像技术，帮助今日头条实现了信息 / 新闻的精准化、个性化、商业化推送，也使得利基市场与主流市场各得其所，相得益彰。人工智能技术对新闻传媒领域的全面僭越，带来了"计算机辅助新闻"、"数据驱动新闻"、机器人写作等一系列新景象，记者和编辑的下岗待业不再是危言耸听。场景作为一种有意义的社会形式，其所营构的空间品质正在为世人塑造一种既具整体文化风格又有独特美学特征的社会生活。直播带货丰富了电视 / 视频节目的呈现内容，初步实现了娱乐电视向信息电视、商务电视的转变，亦使商品本身所带有的辨识性符号最大限度地获得了社会认同。毫无疑问，这是一个信息技术与日俱新、传媒行业与时俱进的时代，新技术、新理念、新手段、新平台，加速了"四全媒体"（全程媒体、全息媒体、全员媒体、全效媒体）时代的到来。

媒介融合也引导和推动了新闻传播教育的改革和创新。如果说 2013 年教育部新增"网络与新媒体"本科专业，2017 年国务院学位委员会将博士 / 硕士学位授权点学科方向中的"广播电视学"更名为"广播电视学与数字传播"、"广告学"更名为"广告学与传媒经济"，从一个侧面反映了新闻传播教育对媒介融合大势的自我调整和主动适应，那么，2018 年教育部启动的"新文科"建设，则是文科人才培养教育观和方法论的重大突破，

---

① ［英］约翰·霍金斯：《创意生态：思考在这里是真正的职业》，林海译，北京联合出版公司 2011 年版，第 9 页。

无异于文科教育的自我革命。如何在"新文科"建设过程中摆脱人才培养的路径依赖，突破人文社会科学的边界限制，进而在文理、文工等范围内进行更大跨度的专业学科交叉，更加强调思维、素质和能力的全面提升，将成为"新文科"建设的一道必答题。尤需关注的是，2019年科技部批准依托中国传媒大学、人民日报社、新华通讯社、中央广播电视总台分别建设"媒体融合与传播国家重点实验室""传播内容认知国家重点实验室""媒体融合生产技术与系统国家重点实验室""超高清视音频制播呈现国家重点实验室"，这标志着新闻传播教育的学科交叉、产教融合、校企联合迈出了实质性的步伐，跨学科、跨媒体、跨行业的融合创新将成为新闻传媒业的新常态。

为了因应媒介变革的新形势和专业建设、学科发展的实际需要，浙江工业大学广播电视学系的多位教师通力合作，完成了眼前的这部教材。本书各章分工如下：第一章，王哲平；第二章，李芸、邵鹏；第三章，邵鹏；第四章，吴晓平；第五章，谢觅之；第六章，吴晓平；第七章，邵鹏；第八章，李兵；第九章，周琼；第十章，游淳惠、李兵。主编王哲平、邵鹏负责全书的统稿和定稿。研究生韩思遥、童禹婷承担了本书的编务工作；研究生付腾梓、陈诗、黄佳、邰方雨、凡鑫、袁缘以及本科生张美玲、芦丹协助进行了初稿校对。

感谢本书责任编辑陈翩女士，她的辛劳使本书得以顺利出版。

由于媒介技术的日新月异以及成书时间有限，本书尚有疏漏、浅显之处，诚请方家和读者不吝指正，以期修订时臻于完善。

王哲平　邵鹏
2020 年 5 月 20 日

目录
CONTENTS

第一章

绪 论

【本章要点】本章立足于广播电视与新媒体融合发展的国家战略和传媒变革的时代背景，分析了媒体融合顶层设计所构筑的"四梁八柱"框架，概述了媒体融合发展的总体态势，阐述了广播电视与新媒体因融合而带来的六个方面的功能拓展，提出了优化广播电视与新媒体融合的四项操作策略。

"移动技术、云计算、社交网络和大数据这四大技术潮流汇聚到一起，任何奇迹都会发生，科幻电影里让人迷恋的东西正在走下银幕，这四大技术凝聚到一起，力量之大，影响之深，人们的社会行为和市场模式都会因此发生不可逆转的改变。"[1]当传统媒体的线性叙事空间已经无法满足受众多重表达的需要时，由传统的广播电视与新媒体融合而成的互联网视听传播，其个性化言说和泛在化连接为人类的信息交互开启了机会之门，并以其极强的沉浸感与交互性，突破了主体与客体的二元对立，彰显了无限场景、无限连接的能量交换，冲破了陈旧"套路"的约定俗成。显而易见的是，基于网络传播、大众传播和人际传播三维驱动的媒介融合，为媒介化社会人类的交流与传播活动带来了崭新的图景。深刻认识和把握广播电视与新媒体融合发展的基本要求、总体特征、功能拓展和策略优化，是我们深切理解当今"共同"的世界与过往"区隔"的世界迥然有别的一把钥匙。

---

① [美]玛丽贝尔·洛佩兹：《指尖上的场景革命：打造移动终端的极致体验感》，平宏伟、龚倩、徐荣译，中国人民大学出版社2016年版，第8—9页。

第一节　广播电视与新媒体的融合发展

自 2014 年中央提出媒体融合发展战略至今，我国的媒体融合已经走过六年的风雨历程。六年来，我国的媒体融合探索，始终坚持"在基础性、战略性工作上下功夫，在关键处、要害处下功夫，在工作质量和水平上下功夫"[①]，取得了长足的进展。"放眼世界，面对全媒体时代的严峻挑战，没有哪个国家能像中国这样由最高层亲自布局，没有哪个国家能像中国这样把融合发展上升为国家战略，因此也没有哪个国家的媒体转型能像中国这样勇猛精进、风生水起。"[②]

一、指导思想：强化互联网思维，促进一体化发展

媒体融合是一项十分复杂的系统工程，要将这一概念落地落实落细，首要任务是"加强对各领域改革的全面评估，坚持问题导向，把各领域具有四梁八柱性质的改革明确标注出来，排出优先顺序，重点推进，发挥好支撑作用"[③]。

2014 年 8 月 18 日，中央全面深化改革领导小组第四次会议审议通过《关于推动传统媒体和新兴媒体融合发展的指导意见》，对新形势下如何推动媒体融合发展提出了明确要求，做出了具体部署："推动传统媒体和新兴媒体融合发展，要遵循新闻传播规律和新兴媒体发展规律，强化互联网思维，坚持传统媒体和新兴媒体优势互补、一体发展，坚持先进技术为支撑、内容建设为根本，推动传统媒体和新兴媒体在内容、渠道、平台、经营、管理等方面的深度融合。"

2016 年 7 月 18 日，国家新闻出版广电总局印发的《关于进一步加快广播电视媒体与新兴媒体融合发展的意见》进一步强调："树立深度融合发展理念。把握媒体融合发展大势，增强广播电视媒体与新兴媒体深度融合的紧迫感。以深度融合思维统领广播电视发展顶层设计和媒介资源配置，推动广播电视媒体与新兴媒体融为一体、合而为一。按照一体化发展理念，推动频率频道与广播电视媒体网站、移动客户端等新兴媒介资源有机整合，推动节目、技术、平台、人才等生产要素共享融通，实现广播电视节目向产品转

---

① 新华社：《习近平出席全国宣传思想工作会议并发表重要讲话》，http://www.xinhuanet.com/2018-08/22/c_1123310729.htm，2018-08-22。

② 卢新宁：《媒体融合如何"合而为一"》，《新闻战线》2018 年第 19 期。

③ 胡浩、罗争光：《搭建改革四梁八柱——党的十八大以来全面深化改革成就综述》，http://www.xinhuanet.com/politics/2017-08/09/c_1121458833.htm，2017-08-09。

变、观众听众向用户转变、分类传播向协同传播转变、传媒服务向现代传媒及综合信息服务转变。"实践表明，当作为传统媒体的广播电视的线性叙事空间已经无法满足受众多重表达的需要时，由广播电视与新媒体融合而成的网络视听传播，彰显了无限场景、无限连接的能量交换之前景。

二、发展目标：形成立体多样、融合发展的现代传播体系

从根本上说，媒体融合是传媒生态发展的现实需要，也是传统媒体转型升级、高质量发展的必由之路。2018 年 8 月 21 日，习近平总书记在全国宣传思想工作会议上明确提出："要扎实抓好县级融媒体中心建设，更好引导群众、服务群众。"① 为此，中央全面深化改革领导小组第五次会议审议通过了《关于加强县级融媒体中心建设的意见》，明确要求 2020 年年底基本实现在全国的全覆盖，并于 2018 年先行启动了 600 个县级融媒体中心建设，努力把县级融媒体中心建成主流舆论阵地、综合服务平台和社区信息枢纽。随后，中宣部和国家广播电视总局又联合发布了《县级融媒体中心建设规范》《县级融媒体中心省级技术平台规范要求》《县级融媒体中心网络安全规范》《县级融媒体中心运行维护规范》《县级融媒体中心监测监管规范》等五个规范性文件。五项标准体系的建立，为指导全国县级融媒体中心建设，打通基层宣传工作的"最后一公里"，提供了及时的关键性、基础性技术支撑。

根据媒体融合出现的新情况、新变化，2019 年 1 月 25 日，习近平在主持中共中央政治局第十二次集体学习时明确指出："全媒体不断发展，出现了全程媒体、全息媒体、全员媒体、全效媒体，信息无处不在、无所不及、无人不用"，"要因势而谋、应势而动、顺势而为，加快推动媒体融合发展，使主流媒体具有强大传播力、引导力、影响力、公信力，形成网上网下同心圆"；推动媒体融合向纵深发展，要统筹处理好媒体融合过程中的传统媒体和新兴媒体、中央媒体和地方媒体、主流媒体和商业平台、大众化媒体和专业性媒体这四组关系，"形成资源集约、结构合理、差异发展、协同高效的全媒体传播体系"。② 从融媒体到全媒体，表明中央对媒体融合认识的进一步深化。

三、技术支撑：确立重点领域，占领信息传播制高点

"探索将人工智能运用在新闻采集、生产、分发、接收、反馈中，全面提高舆论引导

① 新华社：《习近平出席全国宣传思想工作会议并发表重要讲话》，http://military.cnr.cn/zgjq/gcdt/20180823/t20180823_524339916.html，2018-08-23。
② 新华网：《习近平主持中共中央政治局第十二次集体学习并发表重要讲话》，http://www.xinhuanet.com/politics/leaders/2019-01/25/c_1124044810.htm，2019-01-25。

能力"①是媒体融合的重要任务之一。2017 年 7 月 20 日，国务院印发的《新一代人工智能发展规划》，根据"移动互联网、大数据、超级计算、传感网、脑科学等新理论新技术以及经济社会发展强烈需求的共同驱动下，人工智能加速发展，呈现出深度学习、跨界融合、人机协同、群智开放、自主操控等新特征"，明确将"大数据驱动知识学习、跨媒体协同处理、人机协同增强智能、群体集成智能、自主智能系统"确立为我国未来人工智能发展的重点领域。据乌镇智库发布的《全球人工智能发展报告（2018）》统计，截至 2018 年，全球人工智能企业共计 15916 家，其中美国 4567 家，中国 3341 家，英国 868 家，分列前三位。面对世界范围内人工智能技术的激烈竞争，我国必须努力赢得产业发展的主动权，占领信息传播的制高点。

2019 年 2 月 28 日，工业和信息化部、国家广播电视总局、中央广播电视总台联合发布的《超高清视频产业发展行动计划（2019—2022 年）》（下简称《计划》）指出："超高清视频是继视频数字化、高清化之后的新一轮重大技术革新，将带动视频采集、制作、传输、呈现、应用等产业链各环节发生深刻变革。"《计划》要求："加强顶层设计，基于产业链各环节发展基础和不同地区发展条件，围绕产业链部署创新链，围绕创新链完善资金链，实现产业链上下游协同发展。"到 2020 年，实现"在广播电视、文教娱乐、安防监控、医疗健康、智能交通、工业制造等重点领域开展试点应用，总结先进经验并向全行业推广"。不言而喻，"超高清视频是继视频数字化、高清化之后新一轮重大技术革新。发展超高清视频产业，有利于促进我国信息产业和文化产业整体实力提升，有利于驱动以视频为核心的行业智能化转型升级，培育经济新动能，也有利于培育中高端消费新增长点，更好地满足人民美好生活需要，是贯彻落实党的十九大精神的重要举措"。②

四、内容建设：让正能量更强劲、主旋律更高昂

内容产品是媒体的核心，价值导向是媒体的灵魂。"内容永远是根本，融合发展必须坚持内容为王，以内容优势赢得发展优势。"③2019 年 1 月 25 日，中共中央政治局就全媒体时代和媒体融合发展举行第十二次集体学习，习近平在讲话中反复强调："加快推动媒体融合发展，使主流媒体具有强大传播力、引导力、影响力、公信力，形成网上网下同心圆，使全体人民在理想信念、价值理念、道德观念上紧紧团结在一起，让正能量更强劲、主旋律更高昂。""要旗帜鲜明坚持正确的政治方向、舆论导向、价值取向，通过理

① 新华网：《习近平主持中共中央政治局第十二次集体学习并发表重要讲话》，http://www.xinhuanet.com/politics/leaders/2019-01/25/c_1124044810.htm，2019-01-25。
② 中华人民共和国工业和信息化部电子信息司：《〈超高清视频产业发展行动计划（2019—2022 年）〉解读》，http://www.miit.gov.cn/n1146295/n1652858/n1653018/c6660799/content.html，2019-03-01。
③ 习近平：《在党的新闻舆论工作座谈会上的讲话》，《人民日报》2016 年 2 月 20 日。

念、内容、形式、方法、手段等创新，使正面宣传质量和水平有一个明显提高。主流媒体要及时提供更多真实客观、观点鲜明的信息内容，掌握舆论场主动权和主导权。"[①]

在媒体融合过程中，内容建设意味着不仅要打造一批导向正、品位高、影响大的新闻产品，还要注重打造多样化、个性化、对象化、数字化的"融合产品"，以优质的内容产品供给满足人民对美好生活的需要。为此，2015年10月19日，《中共中央关于繁荣发展社会主义文艺的意见》首次提出"要大力发展网络文艺"，"实施网络文艺精品创作和传播计划，鼓励推出优秀网络原创作品，推动网络文学、网络音乐、网络剧、微电影、网络演出、网络动漫等新兴文艺类型繁荣有序发展，促进传统文艺与网络文艺创新性融合，鼓励作家艺术家积极运用网络创作传播优秀作品"，"让正能量引领网络文艺发展"。2015年12月1日，国家新闻出版广电总局发布《关于大力推进我国音乐产业发展的若干意见》，要求"抓住'互联网+'和大数据的发展契机，推动互联网的创新成果与音乐产业深度融合，实现传统音乐产业技术进步、融合创新、业态升级"。

五、基础设施：全面推进"三网融合"，释放提速降费红利

"三网融合"是指把广播电视网（属广电部门所有）、移动通信网和互联网（属电信运营商所有）合并成一张功能更为齐全的大网，用户可通过单一终端（或接入方式）体验文字、语音、数据、图像和视频等各类信息服务，大幅提升网络资源的利用率。"三网融合"的本质是业务融合，为广大用户提供多样化、个性化的服务。

2015年8月25日，国务院办公厅印发《三网融合推广方案》，提出了全面推进"三网融合"的六项工作目标：一是"三网融合"全面推进；二是网络承载和技术创新能力进一步提升；三是融合业务和网络产业加快发展；四是科学有效的监管体制机制基本建立；五是安全保障能力显著提高；六是信息消费快速增长，借此推动信息网络基础设施互联互通和资源共享。《三网融合推广方案》的颁布标志着我国"三网融合"工作进入全面推广阶段。

2018年3月5日，国务院总理李克强在《政府工作报告》中提出："加大网络提速降费力度，实现高速宽带城乡全覆盖，扩大公共场所免费上网范围，明显降低家庭宽带、企业宽带和专线使用费，取消流量'漫游'费，移动网络流量资费年内至少降低30%，让群众和企业切实受益。"取消"流量'漫游'"费的政策红利，不仅减轻了网民网络使用的经济负担，扩大了他们的信息触达范围，也开启了"数字中国""网络强国"的新篇章。

[①] 新华网：《习近平主持中共中央政治局第十二次集体学习并发表重要讲话》，http://www.xinhuanet.com/politics/leaders/2019-01/25/c_1124044810.htm，2019-01-25。

第二节　广播电视与新媒体的融合态势

一、增设"媒体融合"奖，引领发展走向

随着新兴传播技术手段的突飞猛进，新闻传播个性化、分众化、场景化、体验化的趋势日益明显，融媒体矩阵亦如雨后春笋般迅速崛起。2018 年，第 28 届中国新闻奖新设"媒体融合"奖，以因应媒体融合的时代背景和发展趋势。该奖包括融媒短视频、融媒直播、融媒互动、融媒栏目、融媒界面、融媒创新等六个类别。获奖的 50 件重量型、现象级、标杆性的媒体融合作品，较好地凸显了新媒体的传播优势，丰富了新闻作品的样式和类型，也提供了媒体融合实践的优秀案例。短视频类一等奖作品《公仆之路》，尝试运用"一镜到底""三维投射"等耳目一新的表现手法，让习近平总书记夙夜在公、勤政为民的形象跃然眼前，全网播放量累计超过 2.5 亿人次。互动类一等奖作品《"军装照"H5》聚焦建军 90 周年，借助人脸识别、融合成像技术，生成网友的虚拟"军装照"，表达他们对人民军队的崇敬与爱戴之情，仅建军节当天的浏览次数就达到 3.94 亿，独立访客超过 5700 万。有学者认为："从内容角度而言，媒体融合作品反映出对传统叙事、表达、呈现、传播的突破，这一方面基于技术提供的可能，另一方面也在于我们根据用户的体验和观感而对技术的深度挖掘。一切的创意表达都是为信息的呈现和体验的友好性服务，此次的媒体融合奖获奖作品充分体现出了这一特点。"[1]

二、定标锻造"互联网新型主流媒体"

标准决定质量。有什么样的标准就有什么样的质量，只有高标准才有高质量。就全国而言，不同地区、不同层级、不同类型的媒体实现融合的现实条件、资源禀赋各不相同，甚或霄壤有别。如何建构一套既能实现共同性的规范要求，又能满足多样化的发展需要的互联网新型主流媒体的评价指标体系，是媒体实现从相"加"到相"融"的关键和难点。

2018 年 9 月 20 日，复旦大学新闻学院课题组完成了一份近七万字的《互联网新型主流媒体评价指标体系建构》研究报告，它以党的十八大所提出的"坚持以人民为中心"

---

[1]　曾祥敏：《导向正确 融合创新 专业引领 规则探索——第二十八届中国新闻奖媒体融合奖评析》，《新闻战线》2018 年第 11 期（上）。

基本理念为出发点，以"主流价值""新闻专业""公共利益"为价值基础，以"增强媒体的影响力、传播力、引导力、公信力"为建设目标，在中央"新型主流媒体"战略的指引下，建构了一套真实、全面、客观、简洁的"互联网新型主流媒体"评价指标体系。该评价指标体系包括政治性指标、专业性指标、社会性指标3个一级指标，以及下属10个二级指标、26个三级指标和73个四级指标。① 这套评价指标体系的建构，提供了一份适时、实用的媒体融合操作手册，引起学界的关注，受到业界的好评。

三、媒体整合重构，推动相"加"相"融"

2018年3月21日，按照中共中央《深化党和国家机构改革方案》的要求，中央广播电视总台正式成立，同时撤销中央电视台、中国国际电视台、中央人民广播电台、中国国际广播电台。新组建的"国家队"作为国务院直属事业单位，归中央宣传部领导，其主要任务是加强党对重要舆论阵地的集中建设和管理，增强广播电视媒体整体实力和竞争力，推动广播电视媒体、新兴媒体融合发展，加快国际传播能力建设。中央广播电视总台的成立，是我国广播电视事业发展史上一件有里程碑意义的大事。它的首次融合之举是"广播人"第一次为《新闻联播》配音，来自中央人民广播电台《新闻和报纸摘要》栏目的忠诚、方亮、郑岚等几位著名播音员首次献声《新闻联播》，实现了广播人与电视人的无缝接驳。

根据《国家"十三五"时期文化发展改革规划纲要》的部署，我国自2017年5月起，已开始规范和推进电台、电视台的实质性合并。这一全新的综合性广播电视媒体的出现，打破了原有的条块分割的管理体制，产生了互为联动、优势互补的聚变效应，引导媒体融合向深度和广度发力。

基层的县级融媒体中心，是一个整合县级广播电视、报刊、新媒体等资源，开展媒体服务、党建服务、政务服务、公共服务、增值服务等业务的融合媒体平台。为推动县级融媒体中心的建设和发展，"2019年中央补助地方公共文化体系建设专项资金预算数达147.1亿元，比2018年增长14.0%。目前，中国县级融媒体中心已形成包括合作共建、独立自建和平台共享在内的三种主要模式，县级融媒体建设发展态势良好。中央广播电视总台上线全国县级融媒体智慧平台，北京、吉林等地区探索出属于自身的发展模式，长兴传媒集团进行市场化创新发展"②。显然，一场从中央到地方由上率下的媒体融合实践正如火如荼地展开。

---

① 马作鹏：《复旦大学新闻学院就如何打造"互联网新型主流媒体"锻造标尺》，https://www.thepaper.cn/newsDetail_forward_2460787，2018-09-20。

② 艾媒产业升级产业研究中心：《2019中国县级融媒体中心建设研究与分析报告》，https://www.iimedia.cn/c400/64057.html，2019-04-09。

四、铸就"5G+4K/8K+AI"硬核技术，提升智慧应用水平

前沿信息技术是促进媒体融合的酵素和催化剂。具有高带宽、低延时和广连接应用前景的 5G 数字内容传输技术和能辨析画面中每一个细节及特写的 4K/8K 数字内容显示技术，革命性地刷新了用户的屏幕视听体验，带给媒体融合更多的精彩。

从实践看，人民网与中移互联网有限公司共同构建可持续发展的联合运营体系，合力打造 5G 时代移动互联融合发展新生态。福建省广播影视集团与中国电信福建公司签署 5G 战略合作协议，携手推动 5G 技术在广播影视领域的应用拓展。2019 年"两会"期间，《人民日报》融媒体记者首次采用 5G 客户终端设备和 VR 全景相机，将大会现场的超高清视频等信息和互动性更强的画面内容，几乎"同时"传递给互联网用户，营造了身临其境的现场感。2019 年 7 月 26 日，中央广播电视总台成立技术局，拟在 2021 年开展 8K 超高清测试，为北京 2022 年冬奥会 8K 信号直播提供支撑。

AI 技术在新闻生产和传播中的开拓应用，颠覆了人们对传统新闻观念的认知和理解，推动着媒体融合走向纵深，不断突破。《人民日报》的"小融""小端"、新华社的"快笔小新"、《钱江晚报》的"微软小冰"、今日头条的"张小明 xiaomingbot"等写作机器人，创造了比人工写作更快的速度，从而节省了新闻生产的时间成本。以《新闻联播》主持人康辉为原型制作的"康晓辉"，以《人民日报》女主播果欣禹为原型生成的虚拟主播"果果"，先后走上新闻播报台，标志着智媒时代新闻内容的生产和传播不再是媒体人的专利；未来，"虚拟主播的使用场景将更多元化，在地铁、机场等公共设施上的视频信息播报中，也可能会有越来越多的虚拟主播的身影"。[1]

旨在创建"生活品质之城"的"智慧杭州"计划，预计在 2020 年之前完成从智慧家庭、智慧卫生健康、智慧社区、智慧教育、智慧养老，到互联网金融、信息安全、电子商务、电子信息、软信息服务业、智慧城市集成运营、物联网、云计算的智慧应用，以不断提高市民的获得感和幸福感。[2]

五、优化流程再造平台，有效配置媒介资源生产要素

"通过流程优化、平台再造，实现各种媒介资源、生产要素有效整合，实现信息内

---

[1] 叶晓楠、史静远、杨洁：《虚拟主播"果果"面世记——走进人民日报社首位 AI 虚拟主播》，《人民日报》（海外版）2019 年 7 月 26 日。

[2] 王彩屏：《2016 年中国广电行业发展报告》，http://www.sohu.com/a/150868071_152615，2017-07-21。

容、技术应用、平台终端、管理手段共融互通，催化融合质变，放大一体效能"①，是媒体融合走向纵深和一体化的关键。

着眼于流程优化，中央电视台加快建设"融合云"制作系统，支持面向电视和新媒体一体化制作和分发，打造统一的移动资讯发布平台，推动整合全台"两微一端"，统一出口、统一品牌。②《温州都市报》组建新闻集成中心及中控室，打破按职能设置部门的管理方式，代之以业务流程为中心，重塑了记者的作业形态，极大地改变了新闻生产的传统流程。③可见，传统媒体积极利用各种新媒体开展符合现代传播形态的流程再造，有助于实现以受众／用户为核心的诉求。

从平台再造看，《人民日报》和中国国际广播电台在实现传统媒体内容与社交渠道的深度融合方面值得借鉴。2018 年 6 月，《人民日报》推出全国移动新媒体聚合平台"人民号"，旨在打造一个兼具主流价值与创新活力的内容生态，迄今已有 5000 多家主流媒体、党政机关、各类机构、优质自媒体及名人入驻。④抖音火爆后，《人民日报》又果断进驻，短时间内"吸粉"2086 万。原中国国际广播电台的微信公众号"国际锐评"，综合运用图文、音频、短视频等多媒体形态，打造时效强、观点锐、语言活、形态丰、互动多的原创国际时事评论，于 2016 年 1 月、2017 年 1 月分别进驻今日头条、一点资讯。如今，其在今日头条的粉丝数超过 11.3 万，一点资讯总推荐量超过 1 亿。这启示我们，"一方面，传统媒体大规模入驻各类社交平台，成为社交平台优质内容的重要来源，既实现了自身向全媒体角色的转型，也提升了社交平台的可信度；另一方面，社交平台助力传统媒体实现大众化传播，同时也提升了自身的影响力"⑤。

六、挖掘媒体场景应用潜力，增强用户黏性

深度挖掘全景影像的应用潜力，制作高质量、高 IP 热度的全景影像作品，给观众高质量、高互动、深度沉浸感的 VR 全景体验，是当前媒体融合的重要发力方向。这种沉浸体验"通过模拟立体声、质感和触感以及温度，甚至动觉的感官全部得到整合，向观看者传达存在于自然界复杂结构空间内的幻觉"⑥。

① 新华网：《习近平主持中共中央政治局第十二次集体学习并发表重要讲话》，http://www.xinhuanet.com/politics/leaders/2019-01/25/c_1124044810.htm，2019-01-25。

② 王彩屏：《2016 年中国广电行业发展报告》，http://www.sohu.com/a/150868071_152615，2017-07-21。

③ 郭乐天、刘旭道：《"三大再造"实现"三圈融合"——温州都市报的媒体融合实验》，《中国报业》2017 年第 7 期。

④ 丁伟：《新媒体内容生态演进的 8 个方向》，《新闻与写作》2018 年第 11 期。

⑤ 中国互联网络信息中心：《中国互联网络发展状况统计报告》，http://www.cac.gov.cn/2019-02/28/c_1124175677.htm，2019-02-28。

⑥ [德]奥利弗·格劳：《虚拟艺术》，陈玲主译，清华大学出版社 2007 年版，第 121 页。

新华社的融合创新项目《AR+VR 交互视频：从拾荒妹到全国人大代表——蔡群和她姐妹们的人生逆袭》首次选择 AR 交互程序嵌套 VR 全景视频的方式展示我国少数民族苗族的日常生活场景及苗绣这一民族文化遗产，彰显了新时代媒体融合的特征，它将文字报道、最新技术应用、全景声频、交互体验等完美融合、互相促进。"相较于传统的文字、图片、视频内容，AR 技术对于空间的扩展和再现能力方面效果突出，能够为用户带来强大而逼真的现场还原效果。"[①] 央视文化综艺类节目《朗读者》通过互动影像设计还原人与场景之间的感知关系，营造出基于现实关系的知觉性沉浸体验。H5 产品《长幅互动连环画 | 天渠：遵义老村支书黄大发 36 年引水修渠记》以水为主线，用下拉式长幅连环画、渐进式动画、360 度全景照片、图集、音频、视频、交互式体验等多种报道形式，全景式展现了黄大发带领老一代修渠脱贫、带动新一代致富的历史长卷，用新闻媒体的社会责任感，为当地的发展历程做了浓墨重彩的注脚。报道刊发后被全网转载。

第三节　广播电视与新媒体的融合效果

一、"自传播"延展了"他传播"的触达扇面

在移动互联时代，信息传递和信息接受方式上的改变是深远的，它颠覆并重构了过去由专业媒体人主导的大众传播格局，受众试图改变被动接受信息的角色地位，更多地参与信息的发布与传播。相较而言，传统媒体提供的是一条垂直的新闻流，它在源头上由主流媒体的记者和编辑生产，然后再传播给被动的受众；而社交媒体模式提供的则是水平的新闻流，受众处于不同消息来源的漩涡当中。

"面对社交媒体铺天盖地的自传播，传统新闻机构发现，无论如何努力都无法跟上作为新闻当事人随时发布消息的速度，因而'时新'本身变得不再是新闻机构的专长。"[②] 置身于这种传播环境，"每个人都有可能成为信息来源，或成为内容的传播者，每个组织或机构也能拥有自主的信息发布渠道。无处不在的自媒体，既是对专业媒体的一种延伸，也是对专业媒体的一种资源补充。在很多时候，它们也可能成为专业媒体能量的放大者"[③]。

---

① 霍婕、陈昌凤：《人工智能与媒体融合：技术驱动新闻创新》，《中国记者》2018 年第 7 期。
② 谢静：《微信新闻：一个交往生成观的分析》，《新闻与传播研究》2016 年第 4 期。
③ 彭兰：《新媒体传播的新图景与新机理》，《新闻与写作》2018 年第 7 期。

据统计，美国的互联网成人用户中有几乎三分之二的人都参与在线内容创建，他们的媒体创作包括文本、照片、音频、视频等多种形式。调查结果显示："内容创造活动的数量和投身其中的网络化的个人的年龄在逐步增长：有 65% 的互联网用户在 Facebook 等社交网站上撰写内容；55% 的使用者分享照片；37% 参与产品和服务的排名和评论；33% 创建内容标签；26% 在第三方网站或博客上发表评论；15% 获取在线资料并将之重新组合和创造；14% 创建并撰写博客；13% 使用 Twitter。"①

维基百科是为全球用户提供自由编辑、免费查询的百科全书，任何一位基于兴趣驱动的网络使用者都可以为其编撰贡献智慧、生产内容，其征引范围之广堪称互联网之最。维基百科的问世，意味着内容的创造和扩散不再由专业精英生产者垄断，它不仅"重组了专家和业余爱好者之间的关系，也重新配置了人们影响世界的方式。那些有东西想要表达的人，有了新的机会将他们的声音传递出去，并且获得反馈"②。

众所周知，短短六年间，"微信公众平台孵化出超过 2000 万个大大小小的公号，彻底改变了内容传播的生态格局，也彻底改变了很多人的命运。公号的繁荣，前所未有地激发了内容创作者的创业热情。来自主流媒体的精英，来自各行业才华横溢的人们，纷纷涌入自媒体大军，以一个公号为起点，几经耕耘，几经磨难，实现华丽的蜕变"③。如咪蒙和黎贝卡不拘一格的内容变现，沙小皮"视觉志"的内容创业，"罗辑思维"爆款语音的"有种有趣有料"……"网红"们不断刷新社交媒体神话的标高。

音频节目《在北大不吐槽会死》（简称《北槽》）在播客、荔枝 FM 等平台开播三年来，全网累计收听量达 5000 万次，成为大学生群体中最具影响力的音频节目之一，搭建起一个连接国内外学生的青年交流社群。"北槽"公众号虽然只有 1 万多人关注，量不算大，但是它的黏度非常高，每篇文章均有两三千的阅读量和数百条评论，且有很多打赏。④

综上可见，互联网视听传播的受众/用户通过提供不同制式的内容和多种平台发布的媒体内容，参与媒体内容生产并使之达到一个新水平。这些个性化的内容生产模式，"从生产内容到分享内容的闭环，既保证了内容的原创性，也加强了内容的传达效果，不仅使用户有被重视关注的感觉，也让观众获得亲近随和的观赏体验"⑤，其核心乃是卡斯

① [美]李·雷尼、巴里·威尔曼：《超越孤独：移动互联时代的生存之道》，杨伯溆、高崇等译，中国传媒大学出版社 2015 年版，第 164—165 页。
② [美]李·雷尼、巴里·威尔曼：《超越孤独：移动互联时代的生存之道》，杨伯溆、高崇等译，中国传媒大学出版社 2015 年版，第 183 页。
③ 二维酱：《六年，公号改变命运》，微信公众号"新榜"（ID：newrankcn），2018 年 8 月 20 日。
④ 崔义超：《社群媒体》，机械工业出版社 2017 年版，第 114 页。
⑤ 余欢：《网红经济还能红多久？——基于短视频传播模式的解读和思考》，《湖北经济学院学报》（人文社会科学版）2017 年第 11 期。

特尔（Manuel Castells）所谓的内容上自我生产（self-generated in content）、接收上自我选择（self-selected in reception）、发布上自我导向（self-directed in emission）。

二、"交流型媒体"匡补了"告知型媒体"的交互短板

如上所述，大众传播时代的新闻生产通常由专业机构生产并通过大众传媒发布，具有高度组织化和专业化的特征。以广播电视为代表的传统视听媒体属于单向的"告知型媒体"，它把所有参与者都变成听众和观众，并且命令式地迫使他们收听或收看对所有人都同时共在的节目，它缺少选择，缺乏快速灵活的对话交流，难以获知视听者具体细微的情感态度和价值评判。换句话说，传统媒体基本上是客观而又机械的"广而告之"。

而以互联网视听传播为代表的"交流型媒体"，信息流通快速，信息交换频繁，信息生产丰富，更重要的是，它克服了"告知型媒体"居高临下、倨傲自大的缺陷，拉近了媒体与受众/用户之间的心理距离，为人们提供了"天涯共此时"的即视化在场体验。2012年，谷歌在其发表的《多屏新时代：理解跨平台消费行为》中指出：在各种屏幕，包括手机、个人电脑、平板电脑、电视等新兴数字媒体上的互动已经成为消费者日常媒体互动的主要部分。相比传统的广播、报纸、杂志，新兴数字媒体的互动占比达到了90%。上班时间之外，人们平均每天要用4.4小时使用各种屏幕。[1]

2018年5月30日，国资委新闻中心入驻抖音短视频平台，并发出第一条视频。不到12小时，这条35秒的短视频播放量破200万人次，并获得15万人点赞。[2]用"秒杀"来形容用户对社交媒体的快速反应并非虚言。《人民日报》资深记者李泓冰在对比信息反馈机制的今昔变化时十分感慨：那时的《读者来信》互动周期很长，要从一麻袋一麻袋的读者来信里选上几篇，然后百里挑一、千里挑一地放到《读者来信》版。从读者来信到编辑回信，周期可能是好几个月。相比之下，现今的"大江东融媒体工作室"，可以24小时为《人民日报》"中央厨房"供稿。一篇有关《中国诗词大会》冠军武亦姝的深度报道，一夜之间就有150多家媒体转载，点击量秒破百万人次，这在从前是不可想象的。

与"交流型媒体"相伴而生的深度参与，是粉丝消费行为的重要特征。费斯克（John Fiske）认为，"粉丝"是"过度的读者"，是积极的受众，也是文化的主动生产者。[3]粉丝是互联网视听传播的拥趸和受益者，他们通过社交媒体平台结识名流，追捧偶像，进行声誉管理。詹金斯（Henry Jenkins）在《文本盗猎者：电视粉丝与参与式文化》一书中强调：粉丝不仅仅是文本的盗猎者，他们还是"游牧民"。粉丝总是在移动，却并不固定于

---

① 曹虎、王赛、乔林、[美]艾拉·考夫曼：《数字时代的营销战略》，机械工业出版社2017年版，第4页。
② 徐勉、杨晓彤、陈梦璇：《数说短视频：从5分钟到15秒》，《南方日报》2018年8月6日。
③ John Fiske, The Adoring Audience: Fan Culture and Popular Media, London & New York: Routledge, 1992: 39.

某一个文本。在向其他文本挺进的过程中，粉丝不断挪用新的材料，创造新的意义。①

融收视、评论功能于一体的弹幕之所以风靡全球并吸引无数粉丝，是因为弹幕的实时评论数据能够在视频界面上从右向左移动，这种创意设计不仅是对视频内容的一种补充，还能给用户一种实时互动的错觉，有助于深化用户对视觉传达内容的解读，促进浏览相同类型视频的用户之间的相互交流。

"交流性媒体"在增强用户黏性方面可谓费心尽力。为了让英国广播公司（BBC）的网络新闻更贴近、更吸引年轻人，费内（Ferne）和他的团队测试了不只停留在文本，而且超越文本的12种叙事方式，以帮助读者更好地理解新闻，提供个性化信息。其中的"观点（viewpoints）模式"是：用户首先看到的是人们描述自己支持或反对某一观点的短视频，然后会收到一个话题介绍，再对此进行评价和权衡。费内及其团队的目的是把令人脑洞大开的观点放进新闻页面，同时在评论中少些恶意、多些针锋相对的争论。②

三、"社群文化"汇成与"共同文化"的多重交响

李·雷尼（Lee Rainie）和巴里·威尔曼（Barry Wellman）在《超越孤独：移动互联时代的生存之道》中提醒我们："由少数大众传媒机构传播的共同文化已然成为过去，人们可以从更多渠道获取信息，碎片化的文化逐渐形成。"③如今，传统的大众传媒之所以沦为没有"大众"的大众传媒——报纸订阅已好景不再，广播听众寥寥，电视开机率持续走低，一个十分重要的原因就是社交媒体的强劲崛起。昔日依靠报纸、广播、电视等"告知型媒体"获取新闻和信息的受众已改变习惯，转而每日与"交流型媒体"见面。过去，一家几口晚饭后常常围坐在客厅，一起准时收看定点新闻、黄金剧场或是英超、意甲足球联赛节目的景象，已被家庭成员各自在移动终端上浏览新闻、观看网络直播、赏玩抖音的情形所置换。

互联网和移动终端技术的普及拉开了文化形态变革的序幕。"网络空间中的信息具有高频率流动性，这正在打破一切分割人群的边界。……网络是一个'去中心化'的领域，而且网络也必将引发人类社会的'去中心化'倾向。"④蔡骐从文化杂态共生的角度分析：新兴而庞大的网络虚拟社群"在现代化进程中寻求身份的认同和共同体的重建，并以

① Henry Jenkins, Textual Poachers: Television Fans and Participatory Culture, London & New York: Routledge, 1992: 24—49.

② 克里斯蒂内·施密特（Christine Schmidt）:《BBC如何增加网络新闻互动性》，刘丹丹编译，微信公众号"德外5号"（ID：dewaiwuhao），2018年8月15日。

③ [美] 李·雷尼、巴里·威尔曼:《超越孤独：移动互联时代的生存之道》，杨柏溆、高崇等译，中国传媒大学出版社2015年版，第25页。

④ 张康之、向玉琼:《网络空间中的政策问题建构》，《中国社会科学》2015年第2期。

新媒介技术为依托构建起'小世界网络'，形成了兼具传统社群凝聚力与现代社群自由度的趣缘共同体。从本质上看，趣缘群体是一种以身份认同为基础的亚文化体系，它构建了以兴趣和情感为核心的趣缘'圈子'，并形成了'圈子化'的文化传播机制"[1]。依玛丽贝尔·洛佩兹（Maribel Lopez）之见，虚拟社群主义者塑造了互联网的社会形式、过程和用途。全球范围内这种类型的社区都共同信奉两条价值原则：第一，他们呼吁"横向的、自由的沟通"，通常反对那种由企业、大众媒体和大型政府机构所定义的文化；第二，他们标榜"自我导向型网络，即任何人都有在网上找到自己目标的能力，如果没有的话，就去创造和分享属于自己的信息，从而生成一个网络"。[2] 对于网络虚拟社群文化形态的精神特质，杨嵘均将之概括为四个方面："第一，其具有突破时空间距的开放共享性与以社会分化为背景基础的感性自由。第二，基于社群互动关系的文化身份认同和情感共建以寻求共同体归属感，是虚拟社群文化形成的本质与关键。第三，其具有促进整体社会文化向多元文化格局的方向不断演进的亚文化特征。第四，由文化因素聚合的网络虚拟社群是强有力的社会参与力量并具有重要的民主参与意义。"[3]

号称"中国最大的年轻人文化娱乐社区"的 bilibili（简称 B 站）或许能够较好诠释社群文化的气质特征。我国大部分的动漫爱好者和参与者都聚集在 B 站，它不仅是年轻人的潮流文化社区，也已经成为二次元现象级事件的发源地，许多社会热点也是由 B 站的用户原创的，如成龙的"Duang"、雷军的"Are you OK"、《太子妃升职记》的爆款以及《元首的愤怒》"雪姨"等。作为一个细分领域的视频网站，B 站的 DAU（daily active user，日活跃用户数量）已经超过了 2200 万人，弹幕总数超过 14 亿次。其用户因为兴趣需求形成了一个个圈子，诸如科技圈、娱乐圈等。这些用户本身形成了一个潮流文化的兴趣网，其产品是具有文化属性的视频。庞大而活跃的 UP 主（在视频网站、论坛、FTP站点上传音视频等文件的人）生态圈、高度活跃的用户互动行为（每个正式会员平均发弹幕数是 247 条）和 UGC（user generated content，用户原创内容）的内容占主导的地位（占比高达 90%）是 B 站令人印象深刻的三个特点。[4]

四、媒介功能实现了从实用消费向心理消费的延展

传播学家拉斯韦尔（Harold Lasswell）、社会学家赖特（Charles Robert Wright）通过深入考察，发现大众传播的基本功能无外乎监测环境、协调社会、传承文化和娱乐大众。

① 蔡骐：《网络虚拟社区中的趣缘文化传播》，《新闻与传播研究》2014 年第 9 期。
② ［美］玛丽贝尔·洛佩兹：《指尖上的场景革命：打造移动终端的极致体验感》，平宏伟、龚倩、徐荣译，中国人民大学出版社 2016 年版，第 67 页。
③ 杨嵘均：《网络虚拟社群对政治文化与政治生态的影响及其治理》，《学术月刊》2017 年第 5 期。
④ 崔义超：《社群媒体》，机械工业出版社 2017 年版，第 65—69 页。

沿着这一思路，舒德森（Michael Schudson）作了进一步阐发："随着数字时代的临近，以及世界各地新闻业种种变化的发生，新闻业所服务的民主功能或是新闻业服务与民主的方式也将再次随之发生变化。"在舒德森看来，新闻业在现代民主社会通常承担着"信息提供、调查报道、分析评论、社会同情、公共论坛、社会动员"六种职责，以及宣传代议制民主的职责。[①] 无论是拉斯韦尔和赖特的"四大功能"，还是舒德森的"七种职责"，显然都是着眼于大众传媒的实际功用而言的。

当全息影像、数字仿真、数据可视化、类脑计算、虚拟现实/增强现实/混合现实（VR/AR/MR）、人工智能、可穿戴设备、场景应用等技术全方位地嵌入人们的日常生活，互联网视听传播便开始超越信息交流的原初功能，改变了人们对世界的认知途径、思维模式和体验方式。2016 年被称为互联网直播元年，直播形态的爆发出人意料：全国在线直播平台数量接近 200 家，市场规模约 90 亿元，网络直播平台用户总数量达到 2 亿，大型直播平台每日高峰时段同时在线人数接近 400 万，同时直播的房间数量超过 3000 个。在此背景下，用原生态、场景化的方式来呈现新闻事件和日常生活渐成常态，娱乐化新闻、体验式报道蔚然成风，手术直播、政务直播带给受众特殊场景的全新体验。

安德鲁·基恩（Andrew Keen）在《网民的狂欢——关于互联网弊端的反思》一书中从否定的方面对互联网视听传播的心理消费现象作了深刻阐析："据《纽约时报》报道：50%的人开博客只是为了与别人公开分享自己的私人生活和个人经历。YouTube 网的口号是'展示自我'。不计其数的人喜欢在谷歌引擎中输入自己的名字看看会出现哪些信息。"由于推崇自我展现，MySpace、Facebook 和 Bebo 等网站变成了"呈现个人欲望和身份的舞台。它们虽然宣称是'社会性网站'，但实际上已经变成方便个人展示自我的空间，我们的爱好和生活场景都可以在上面发布。……这些毫无品位的网站滋生了大量身份不明的性爱狂和恋童癖者也就不足为奇了"。[②]

游戏化是互联网视听传播心理消费的另一种表征。游戏化"通过把游戏中超强的对于人的欲望不断强化并带来效益的机理引入产品或者营销中，将平凡的体验变得不平凡，进而牢牢虏获用户内心，促成交易。游戏化的精髓绝不单单是提供了一种参与机制和激励机制，它更是在推动一个非常强有力的系统革命"[③]。简·麦格尼格尔（Jane McGonigal）把电脑游戏玩家在虚拟世界中获得的情感体验称作"社会临场感"。"网络游戏通过虚拟现实技术生成一个非常逼真的虚拟世界，游戏者利用视觉、听觉来感受这个游戏虚拟世界中所发生的一切，这种真实的体验使游戏参与者能全方位地投入这个虚拟世界，感觉

[①] [美]迈克尔·舒德森：《为什么民主需要不可爱的新闻界》，贺文发译，华夏出版社 2010 年版，第22—23 页。

[②] [美]安德鲁·基恩：《网民的狂欢——关于互联网弊端的反思》，南海出版公司 2010 年版，第 6—7 页。

[③] [美]简·麦格尼格尔：《游戏改变世界：游戏化如何让现实变得更美好》，浙江人民出版社 2012 年版，第 3 页。

自己就是虚拟世界中的一员。"①对游戏玩家来说,使用媒体的一个重要原因就是逃避现实,"通过把自己沉浸在媒体营造的虚拟世界中,使自己'从日常生活的直接制约和沉闷中解脱出来'"②。

有学者断言:"我们正在迎来一个真正的以'个人为中心'的新的'体验经济'时代。在这个时代里,产品的使用价值正在慢慢边缘化,但以'满足人内心欲望'为中心的体验价值正在慢慢占据人们日常决策的核心位置。"③

五、"'内容+'为王"重构了"内容为王"的价值法则

在大众传媒一统天下的时代,"内容为王"被奉为传媒业的圭臬。"内容为王"意味着,以专业化的内容供应为职志,提高内容生产的质量规格,重视内容品牌的塑造维护,是大众传媒提高竞争力和影响力的不二法门。内容生产既是媒体的创新动力,也是媒体的财富源泉。

但是在互联网时代,若再简单地说"内容为王"已不合时宜,因为"'内容'已经不再是具有霸权化的'传',无数的个体(用户)随时发现的信息将'内容'的面迅速扩展了;'内容'本身的实效性被众多具有传播力的且在场的个体(用户)所替代;由于资讯膨胀,个体(用户)选择的'内容'不再全由专业机构提供,而是自主选择"④。

如今的传媒"既非单纯的渠道平台,亦非内容生产,传媒的本质是内容连接服务"。在黎斌看来,"所谓'内容+','+'即是互联。'+用户',形成粉丝社群;'+内容',垂直聚合,打造细分顶级品牌产品;'+作者',媒体组织网络化;'+技术',产品富媒体化;'+程序',用大数据智能化建设智慧媒体;'+平台',进行全媒体合作与整合营销"。支撑"'内容+'为王"的逻辑是"用户中心、服务意识、产品思维、不断迭代、交流互动、个性化"。⑤

人们常说,占据用户金钱与时间的多寡,是估判一种传媒营销模式成功与失败的重要因素。"新媒体的用户不仅能够享受到传统电视所带给我们的新闻信息传播以及影视、音乐、游戏等各种娱乐服务,还可以完成购物、存钱、交费、预订等生活琐事,并能够将聊天、会谈、炒股、搜集查找资料、分析写作等工作转移至这方寸之间,甚至还有不

① 吴玲玲、黎友源:《网络游戏体验分析模型建构及媒介体验性分析——以大型角色扮演类网络游戏为例》,《南京航空航天大学学报》(社会科学版)2011年第3期。

② 吴玲玲、黎友源:《网络游戏体验分析模型建构及媒介体验性分析——以大型角色扮演类网络游戏为例》,《南京航空航天大学学报》(社会科学版)2011年第3期。

③ 肖苋:《社会化网络的发展与文化产业的演进特征》,《湖南师范大学社会科学学报》2014年第4期。

④ 刘德寰:《用户的选择性引领"内容为王"》,《新闻与写作》2017年第5期。

⑤ 黎斌:《媒体融合新思维:从"内容为王"到"'内容+'为王"》,《中国广播电视学刊》2017年第1期。

少人利用新媒体在家里足不出户就可以赚钱谋生。"①

场景连接创建了后连接时代的造物逻辑，它让我们惊叹移动互联时代令人目眩的品类创造。移动互联网中的很多新应用的开发，都在采用场景思维，如社交、出行、购物等应用。未来场景的意义会进一步增强，场景甚至可能成为新平台的入口。对于习惯了"内容为王"思维的大众媒体来说，理解与利用场景思维，来拓展媒体的传播能力，也将变得越来越重要。② 以人为逻辑、以体验为核心、以连接为中心、以社群为最大公约数的个性化的场景生态预示了互联网视听传播令人憧憬的前景。

统计数据显示，"美国人平均每月花费在看电视上的时间为 160 小时，其中的大多数节目都是媚俗的文娱节目"③。然而令他们感到庆幸的是，设备更新和场景运用为满足他们的媒体期待提供了更多的选择可能。iPad 应用程序 NextGuide 拥有数以百万计的用户，它会记住每位用户在家中所喜欢的电视节目；iPad 应用程序 Vidora 直接免去了人们对机顶盒的需求，用户可以很轻松地找到自己所喜欢的内容。

《场景革命：重构人与商业的连接》的作者吴声认为："今天判断一个企业能否进行产品迭代，能否快速形成一种消费主张，很多时候是看它对场景本身的定义能力和对亚文化社群的影响能力，即所谓的场景力。"④

六、精确营销"逆袭"了大众营销的目标客户

移动互联、万物互联使得人与人、人与产品、人与信息可以实现"瞬连"和"续连"，这种高度连接产生的可以追踪到的数据轨迹，使得消费者被"比特化"。营销的每个环节都可以用数据来说话，并在连接中实现消费者的参与，实现企业的动态改进。一个日益多元化、部落化的社会，迫使现代传媒的营销方式不得不做出非同寻常的调整，"选择小众作为目标市场的精确营销正悄然兴起"⑤。

基于大数据分析的精确营销实现了营销领域的最大转变——营销不再是营销，而是改变和用户之间的关系。企业通过传播对用户有价值的信息（与产品销售无关），与用户沟通和社交，让企业以一个"人"的形象，构建一个人格化的品牌。⑥ 精确营销跳出传统大众

① 许莉：《新媒体时代传统电视的传播策略》，《新闻爱好者》2011 年第 24 期。
② 彭兰：《新媒体传播：新图景与新机理》，《新闻与写作》2018 年第 7 期。
③ [美]罗伯特·斯考伯、谢尔·伊斯雷尔：《即将到来的场景时代》，赵乾坤、周宝曜译，北京联合出版公司 2014 年版，第 183 页。
④ 吴声：《场景革命：重构人与商业的连接》，机械工业出版社 2015 年版，第 98 页。
⑤ 曹虎、王赛、乔林、[美]艾拉·考夫曼：《数字时代的营销战略》，机械工业出版社 2017 年版，第 84 页。
⑥ 徐亮：《视频红利：由制作到传播，教你如何抓住视频红利》，机械工业出版社 2017 年版，第 190 页。

营销广泛撒网、以大博大的思维定式，实施数据驱动和客户中心主义的战略，抓住关键少数，出奇制胜。精确营销虽然不会取代大众营销，但蚕食其势力范围是不容置喙的。

这一策略也契合了统计学上的一个悖论，即："至少有98%的广告和营销信息被忽略或引起反感，但只要有0.5%的好评率，这样的努力就没有白费，如果好评率超过了2%，就会为营销带来直接的收益，事实也经常如此。所以当某人发送出1000万封电子邮件时（这种情况也很常见），他并不在乎那980万人是否忽视或厌烦该邮件。直销者希望通过互联网而不是广播电视来获得这2%的好评率，因为互联网的成本更低。"①

精确营销的关键是识别（recognize）、到达（reach）、关系（relationship）和回报（return），即所谓的"4R"要素。②B站弹幕有别于传统的评论，"一方面，弹幕文本的实时性和简洁性更有利于表达视频用户的真实观点和对视频情节即时评价；另一方面，针对不同用户群体发送弹幕文本用词习惯、表达的情绪的不同，可以以此为基础将用户群体进行分类，并根据分类结果更精确地向用户推荐适合的网络视频或者广告产品"③。

"飞兽社区"是一个汇聚无人机、智能机器人爱好者的在线社区。2015年4月16日，三名80后航拍发烧友带着无人机，沿着"北京—海南—西藏—新疆—北京"这一路线驱车3万公里，用无人机航拍记录下沿途各地独特的景观，制作完成了14集纪录片《飞去不可》，在优酷视频上独家播出，点击量达上千万人次。"飞兽社区"通过这些优质内容，聚集了国内外大量的无人机爱好者和摄影爱好者，形成了该领域的垂直社群，并影响了更多的人迷上无人机。如今，"飞兽社区"在微信公众号、App、PC网站等平台，汇聚了25万用户，形成了"有关、有趣、有用"的社群价值观。④

传统营销方式的传播速度更接近于匀速增长，而互联网媒体营销的传播速度可以达到指数级的程度，有鉴于此，"意外艺术"团队通过在各种社交平台上发布《艺术很难吗》系列艺术脱口秀节目，培养特定的社群，一举获得1300万美元的A轮融资。"意外艺术"团队的目的就是通过内容打通社群与艺术品电商。⑤

尼尔森网联最新一期研究报告声称，户外场景的精准化营销已剑指"Z世代"（1995—2009年出生的人群）。"校园场景的固定性（校园围墙是固定的，环境是固定的，学生身份是固定的）和受众人群的固定性使其成为场景化精准营销的自然平台，校园媒

---

① [美]罗伯特·斯考伯、谢尔·伊斯雷尔：《即将到来的场景时代》，赵乾坤、周宝曜译，北京联合出版公司2014年版，第195页。
② 李欣：《数字环境下出版企业4R营销策略研究》，《出版科学》2018年第1期。
③ 洪庆、王思尧、赵钦佩、李江峰、饶卫雄：《基于弹幕情感分析和聚类算法的视频用户群体分类》，《计算机工程与科学》2018年第6期。
④ 崔义超：《社群媒体》，机械工业出版社2017年版，第162—164页。
⑤ 曹虎、王赛、乔林、[美]艾拉·考夫曼：《数字时代的营销战略》，机械工业出版社2017年版，第246页。

体可以做到真正的精准营销。"[1]

第四节　广播电视与新媒体的融合策略

一、在节目中融入人际传播元素，凸显多媒体传播的鲜明特征

综观当下电视节目，不难发现有效的节目传播往往是大众传播与人际传播的结合。在央视二套的节目《交换空间》中，主持人王小骞作为人际传播的重要符号被刻意放大。主持人不仅是节目内容的组织者、规则的制定者（旧物改造环节），更是节目节奏的掌控者。《交换空间》将人们在日常生活中形成的独有经验、观念和感受纳入栏目中，并反馈给大众。在这种互动当中，艺术与生活不断融合，文化不断走向人本主义，突出了当下的生存空间及其意义。相亲节目《非诚勿扰》之所以红遍大江南北，一是把个人婚恋、择偶、创业这类以往属于人际传播的话题呈现在观众面前，满足了观众的窥私需求；二是得益于三位主持人风格迥异、特色鲜明的语言表达，他们与女嘉宾之间的言语交流始终保持着内在的张力和机锋，不时的话语冲突激发了观众的兴趣。

二、提升数据挖掘和数据监测能力，成为衡量信息传播效率和媒介价值的标尺

信息利用水平是媒体核心竞争力的重要组成部分。一个媒体如果想胜出，要拼的就不完全是信息的搜集能力，而是信息的加工和整合能力。大数据技术的战略意义不在于掌握庞大的数据信息，而在于对这些包含意义的数据进行专业化处理，即通过提高媒体从业者对数据的加工能力，实现数据的增值。广电传媒必须适应新的信息生产和传播方式，以多元化的媒介来承担信息传播的职能。

2018年12月28日，国家广播电视总局广播电视节目收视综合评价大数据系统试运行，表示将采用依托大数据的收视数据统计技术和综合评价系统来代替传统收视记录仪和抽样调查。[2]2019年12月17日，该系统以"中国视听大数据"（CVB）的名称，正式向社会发布黄金时段电视剧收视数据。数据基于对1.4亿用户和3219个频道的收视行

---

[1] 尼尔森网联：《2018年高校媒体价值研究：户外场景精准化营销已剑指Z世代》，微信公众号"尼尔森网联媒介研究"（ID：nielsenccdata），2018年8月15日。

[2] 国家广播电视总局：《国家广播电视总局广播电视节目收视综合评价大数据系统开通试运行》，http://www.nrta.gov.cn/art/2018/12/26/art_114_40072.html，2018-12-26。

为大数据分析[①]，不仅可以全面客观反映节目的影响力、传播力，还可通过实时处理精准到户，捕捉小众节目、边缘时段的收视特征。系统数据采集、清洗、分析、呈现等各环节无缝衔接，全流程自动化、封闭化处理，有效防范人为操纵。[②] 中国视听大数据也因此被大众誉为"国家队数据""脱水数据""无污染数据"。视听大数据的发布及应用，将进一步完善内容需求反馈机制，提升内容供给的贴近性和精准性，强化好节目进入好平台、好时段的政策取向，助力优秀剧目的广泛传播，推动建立正向舆论引导和市场激励机制。[③]

为了回应大数据时代的挑战，尼尔森网联着力打造电视收视率实时监测的海量收视数据库，并在此基础上深入挖掘家庭信息平台价值。数据监测机构是传媒产业链中的重要组成部分，承担着第三方监测和数据服务的重要职能，同时也提供了一个衡量信息传播效率和媒体价值的标尺。一方面，数据监测机构需要站在公正、客观、独立的角度，向市场提供准确、权威的数据信息，并在此基础上提供专业、科学的服务；另一方面，数据监测机构自身对传媒产业的发展应该抱有使命感和责任感，密切追踪大产业的每一步动态和变革，支持和推动传媒行业整体的进步与拓展。

三、强化"意见领袖"的"在场"，成为提升广电传媒影响力的利器

喻国明教授认为，现代社会要求传媒和传媒人从过去简单的资讯提供者转变为兼顾"信息管家、时事顾问、意见领袖"的智慧型信息提供者。媒介不但要为社会的发展提供更加及时、充分、周到的资讯服务，还要把重点转移到对资讯的解读、整合以及确立价值判断的标准上。在这方面，谁操作得更成熟专业，谁就可以在传媒竞争中获得更多优势。

电视节目主持人作为稀缺难觅的意见领袖，他们的"在场"和"话语权"，不仅是亮化电视荧屏的利器，也是提升电视媒体影响力的推手。《有报天天读》的意义在于，打破了电视与报纸之间的界限，符合多媒体信息整合的趋势，使电视新闻向深度和广度拓展。该节目突破了新闻与评论分开的定式，夹叙夹议，既读报，又点评，大大提高了新闻的深度，为电视深度报道开创了一条新路。《直播港澳台》节目的时事评论员刘和平，评论风格言简意赅，一针见血，几乎所有的港澳台热点新闻，他都能为观众提供独家见解，从而扩大和提高了深圳卫视的影响力与美誉度。《壹周立波秀》把评论和多种艺术形式巧

① 国家广播电视总局：《中国视听大数据"引领收视数据"透明时代"的到来》，http://www.nrta.gov.cn/art/2020/1/22/art_114_49594.html, 2020-01-22。

② 祖薇：《国家广电总局大数据系统上线 综合评价收视情况》，https://baijiahao.baidu.com/s?id=1653395180578246758&wfr=spider&for=pc 2019-12-20。

③ 国家广播电视总局科技司：《2019年度中国广播电视行业十大科技关键词评选结果公布》，http://www.nrta.gov.cn/art/2020/4/17/art_114_50777.html，2020-04-17。

妙地糅合在一起，观众在观看周立波表演的同时，也潜移默化地接受他传播的意见信息。一些段子表面上看是调侃，实际上蕴含着点到为止的独家观点，穿插得巧妙，观众很容易在不知不觉中认同其态度与观点。

四、节目资源二次开发，成为扩大传媒市场份额的重要手段

传媒资源是一切电视传播活动的基础和要素，电视传媒竞争的本质是对传媒资源的争夺与分割。电视传播的价值在于节目资源的流通和开发能够使它在更大的时空范围内重新配置，并通过这种资源共享实现电视传媒与社会的互动，进而推动文化的繁荣和社会的发展。

节目资源包括信息资源、环境资源、媒介资源和受众资源。对节目资源的开发，首先依赖于传媒主体对节目资源的发现和鉴别，其次在于对节目资源的有效转化和整合，实现资源的增值。

"多重新闻业"（multiple journalism）是美国和欧洲非常流行的资源开发方式，其核心是对素材进行再思考和再组织，使其能以数种形式表现。《媒体广场》是央视新闻频道开设的一个摘播其他媒体信息资源的早间新闻栏目，其宗旨是"集内外媒体，解读天下报章"，设立了《媒体浏览》《媒体导读》《媒体聚焦》《媒体数字》《媒体言论》几个子栏目，通过主持人解说和编辑视频内容两种形式的组合，将不同报纸的有关信息组织到上述子栏目里。这种共享报纸信息资源的栏目形式，很好地实现了电视媒体对报纸信息的二次开发。

●●●●●●●● **小结**

进入 21 世纪，以数字化、网络化、智能化为特征的新技术正在改变并将继续深刻地改变现有的广播电视产业结构、广播电视产业形态和广播电视产业内容。移动互联时代介质载体的创新，在改变人类文化心理结构的同时，也改变了社会的文化生态系统。以"四全媒体"为标志的媒体融合，勾画了一幅全新的媒体图景——从媒体机构的重组到生产方式的变革，从高新技术的应用到传播平台的再造，从商业模式的创新到行业生态的重构，仿佛一切都改变了模样。就信息传递和信息接受方式而言，广播电视与新媒体的相互交融，进一步凸显了自传播、交互性、社群文化、心理消费、内容连接和精确营销的传播特征。有鉴于此，增加视听节目的人际传播元素，提高数据挖掘和数据监测能力，强化意见领袖的"在场"，重视节目资源的二次开发，成为广播电视与新媒体转型发展的重要策略。

本章思考题

1. 什么是全程媒体、全息媒体、全员媒体、全效媒体？

2. 推动媒体融合向纵深发展，要统筹处理好媒体融合过程中的哪四组关系？

3. 广播电视与新媒体融合过程中呈现出哪些总体态势？

4. 从功能拓展角度看，广播电视与新媒体融合带来哪些方面的变化？

5. 如何优化广播电视与新媒体融合发展的策略？

第二章

广播电视与新媒体的历史沿革

【本章要点】中国的广播电视事业经历了一个漫长的蜕变过程，从"追赶时代"到"引领时代"，广播电视事业实现了一次又一次的历史性跨越。本章从广播电视事业发展的不同历史阶段入手，介绍和回顾 70 余年来中国广播电视事业的发展变化。在民族复兴的伟大历史进程中，广播电视事业经历了中华人民共和国成立初期的探索与全面建设阶段、"文革"时期的挫折与停滞阶段、改革开放后的快速发展阶段，以及当下的融合与创新阶段。

中华人民共和国成立以来，广播电视事业取得了长足的发展。"70 年来，广播电视在见证新中国发展成就的过程中成长壮大，自身也成为新中国发展成就的重要组成部分，并以其独特的功效成为新中国文化建设的一颗明珠，对社会进步起到了重要的推动作用。"[1] 在广播电视产业 70 年坚实发展的基础上，以视频网站、社交媒体、直播短视频，等为代表的新媒体应运而生，融合与创新成为中国媒体产业发展的源动力与大趋势。从发展历程来看，新中国的广播电视事业在政治、经济、文化和技术的综合影响下，大致形成了四个全然不同的发展阶段：初步探索和全面建设时期（1949—1965 年）；挫折停滞和拨乱反正时期（1966—1978 年）；体制改革和巩固提高时期（1979—2012 年）；融合发展和创新迭代时期（2013 年至今）。

---

[1] 张君昌、张文静：《新中国 70 年广播电视发展成就与经验启示》，《传媒》2019 年第 10 期（下）。

第一节　初步探索和全面建设时期（1949—1965 年）

社会主义广播电视事业起步于抗战年代，在烽火笼罩的 1940 年年底，周恩来组织和领导建设了第一座人民广播电台——延安新华广播电台，呼号 XNCR，意为新中国广播电台。解放战争时期，电台跟随党中央转战，并在 1947 年更名为陕北新华广播电台。1949 年 3 月，陕北新华广播电台随中共中央迁至北平，更名为北平新华广播电台，开始具有全国性中央台性质。其后，政协第一届全体会议改北平为北京后，北平台也随之在 9 月 27 日更名为北京新华广播电台。在四天后的 1949 年 10 月 1 日下午 3 时，毛泽东主席站在天安门城楼庄严宣布中华人民共和国中央人民政府成立的洪亮声音通过北京新华广播电台的实况直播，传遍大江南北。同年 12 月 5 日，经中央批准，北京新华广播电台最终定名为中央人民广播电台。

中央人民广播电台的定名无疑标志着新中国广播电视事业的新起点，而在此之前，1949 年 6 月 5 日，中共中央决定将新华社原口语广播部扩充为中央广播事业管理处，领导管理全国广播事业。在其统筹领导下，中华人民共和国成立前夕，全国就已经成立了近 40 座人民广播电台。而中华人民共和国成立后的 1949 年年底，全国总计建成各级人民广播电台 49 座，总发射功率 138 千瓦。正是这 49 座人民广播电台的建设，为新中国的广播电视事业拉开了帷幕，也为此后广播电视的发展奠定了基石。

一、发展广播电视事业，建立完善管理构架

新中国成立后，中央广播事业管理处改组成为新闻总署广播事业局。在它的管理和领导下，我国广播电视事业开始稳步发展并逐渐壮大。

首先，在各地人民广播的基础上，新建了一批广播电台，初步形成了以中央人民广播台为中心的全国广播宣传网。1952 年年底，全国共有广播电台 72 座，除西藏外，各省级都有广播电台。到 1958 年 5 月 1 日，建成了我国第一座电视台——北京电视台（中央电视台前身），并于 9 月 2 日转为正式播出，每周播出 4 次。到 1960 年，广播电视整体发展到当时最大规模。全国拥有广播电台 135 座，电视台和电视实验台 23 座，县广播站近 2000 座，有线广播喇叭 600 多万只，从业人数达到 3.44 万人。

其次，发展人民广播事业，明确管理架构。1949 年 9 月，中国人民政治协商会议第一届全体会议通过的《中国人民政治协商会议共同纲领》第 49 条明确提出"发展人民广播事业"。 这是中国广播电视建设发展的第一个法律依据。而此时，全国还有 33 座私营

广播电台，其中上海 22 座。为了改变其旧有的经营管理模式，适应新时期社会发展需要，国家在 1953 年采用公私合营的方式，将私营电台全部改组为国营，完成了全国广播电视事业的社会主义改造和统一化管理。在此期间，中央广播事业管理处改组为广播事业局，为国务院直属机构，负责领导中央人民广播电台内宣和外宣工作，指导和管理各地私营电台等。国务院在 1955 年、1956 年相继颁布规定，明确地方电台是各地人民委员会的直属机构，受各地人民委员会及广播事业局的领导。[①] 同时，明确除中央广播事业局负责建设全国农村广播网外，各省（区、市）人民委员会可设立广播管理局（处），负责全省农村广播网建设。随后，全国各省（区、市）相继成立了广播事业管理局（处），在广播电视业务上接受中央广播事业局领导，中央和地方广播电视管理架构初步成形。[②]

最后，开办对外广播，开始向世界发出中国声音。早在 1950 年 4 月，中央人民广播电台就成立了国际广播编辑部，使用 "Radio Peking" 的呼号和单独的频率，以 7 种外语和 4 种汉语方言对外国和华侨听众广播。1952 年 12 月，第一次全国广播工作会议中又进一步提出 "先中央，后地方；先对国外广播，后对国内广播" 的发展规划，并大力投入对外广播电视事业。1965 年，中央人民广播电台共开办 4 套节目；北京广播电台使用 27 种外语和 5 种对华侨广播的汉语普通话及方言播出，每周对外播出 687 小时；北京电视台与 28 个国家的电视机构建立了交换节目关系，向 30 个国家寄送电视片 473 条。[③] 到 "文革" 前，中国对外广播语种已达 32 个，成为世界上三个最大的对外广播中心之一。

总的来说，在中华人民共和国成立初期，社会主义建设全面展开，广播电视事业也随之获得了跨越式发展。与此同时，受到当时 "大跃进" 思想的影响，广播电视事业也出现了 "大干快上" 盲目追求数量的现象，不少电台或广播站建成不久就停播。在国家经济困难时期，广播电视压缩规模，调整布局，电台减至 91 座，农村广播站几乎压缩一半，电视台减至 8 座（北京、天津、上海、广州、沈阳、哈尔滨、长春和西安实验台）。调整精简后的广播电视事业，很快又迎来了快速的增长期，1966 年，全国广播电台发射功率达到 17462 千瓦，比 1960 年增加了一倍多；节目呈现出百花齐放的状况，中央电视台的《新闻联播》《阅读与欣赏》《小喇叭》等都是在这一时期成为全国家喻户晓的品牌栏目的。

二、广播电视研究机构设立，理论研究初见萌芽

随着中华人民共和国成立初期广播电视事业的蓬勃发展，相关研究机构也开始逐步建立，从业者开始对广播性质与功能展开广泛探讨，广播理论研究也随之拉开序幕，并

① 徐光春：《中华人民共和国广播电视简史（1949—2000）》，中国广播电视出版社 2003 年版，第 8 页。
② 黄金良：《新中国广播电视行政管理体制的演变》，《声屏世界》2009 年第 11 期。
③ 张君昌、张文静：《新中国 70 年广播电视发展成就与经验启示》，《传媒》2019 年第 10 期（下）。

为我国广播电视更好地实现广播联系群众、服务和引导人民群众的功能做出了理论贡献。1949年11月3日，中央广播事业局建立地方编播研究部，是广播（电视）系统第一个业务研究机构。1957年6月5日，中央广播事业局成立研究室，开始比较系统地收集与整理广播文件、史料，译介外国广播电视材料。1959年9月7日，北京广播学院正式成立，在新闻学框架内开始广播（电视）教学和研究工作；1960年，哈尔滨广播师范大学、哈尔滨电视大学创办，分别招纳来自工厂、企业、学校、机关和部队的干部及工人一万余人。[1] 这一批广播理论研究和业务机构的创办，推动了广播事业的科学化发展，促进了从业人员专业素养的提高。

随着广播研究机构的设立，广播电视刊物也大量出现，理论研究矩阵扩大。我国的广播电视刊物在20世纪50年代首发：1955年10月，由中央广播事业局主办的全国性刊物《广播业务》正式创刊，至1958年年底共出13期，1959年1月至1966年3月，共出100期。[2]《广播业务》刊载了北京广播学院新闻系教师的大量文章，对后来的广播电视理论研究有较大影响。1958年，中国开始创办电视，电视理论研究也随之起步，其主要成果也集中刊发在《广播业务》上；直至停刊，《广播业务》共刊发电视研究类文章400多篇。[3] 这些期刊文章最早围绕广播进行理论争鸣，使针对广播性质和业务的研究逐步走上正轨，同时，还从物理学的角度对广播播音和运作原理作出了阐述，极大丰富了广播理论研究，指导了广播实践。

第二节　挫折停滞和拨乱反正时期（1966—1978年）

新中国广播电视事业并不是一帆风顺的，也曾遭受破坏和摧残，也曾在挫折中有所停滞。"文革"十年间，广播电台功率增长了95%，但是工程质量多数不高，许多电台长期不能使用。广播电台在"四人帮"的影响下，成为批判修正主义和资本主义、宣扬阶级斗争扩大化的阵地；许多教育栏目被取消，文艺节目减少到25%左右，中央台一度只能播放8首歌曲、8个样板戏和3部电影录音剪辑；对外广播失去针对性，充斥着国内广播的空话、套话、大话，造成恶劣的国际影响。但是，我国的广播电视事业并未全然消沉，面对被破坏的媒介生态、趋向单一的内容形式，广播电视从业者坚持发展广播电视技术，持续推动技术迭代，为我国广播电视的未来蓄力待发。最终，在经历挫折徘徊之后，我

---

① 朱婧雯、欧阳宏生：《新中国70年广播电视理论研究的发展》，《中国广播电视学刊》2019年第10期。

② 左漠野：《当代中国的广播电视（下）》，中国社会科学出版社1987年版，第321页。

③ 欧阳宏生、李宜蓬：《中国电视理论研究的发展历程》，《现代传播》（中国传媒大学学报）2009年第2期。

国广播电视事业重回正轨，开始新的复苏。

一、在停滞中的技术推进

在这一特殊时期，广播电视技术依然在持续发展。20 世纪六七十年代调频广播技术从实验走向应用，使得广播"村村通"工程覆盖面进一步扩大。1972 年，美国总统尼克松访华，我国开始租用美国彩色电视设备，协助转播活动信号，这是首次从我国通过国际通信卫星向国外发送电视报道。1973 年 5 月 1 日，北京电视台恢复彩色电视试播，并于 10 月 1 日转为正式播出。[①] 截至 1975 年年底，全国共有黑白、彩色电视机 46.3 万台，其中彩色电视机 5900 台。电视机分布情况：城市占 68%，农村占 32%。电视传输逐步由寄送节目改为微波传送，1975 年建成可通达 26 个省（区、市）的微波传输网。1976 年 7 月 1 日，北京电视台试播《全国电视新闻联播》；10 月 23 日、26 日两天，通过三大洋上空的国际通信卫星，向国外传送了首都军民庆祝粉碎"四人帮"伟大胜利的电视片，36 个国家和地区收转了该消息。动荡年代广播电视技术的发展与积累，为"文革"后尤其是党的十一届三中全会召开后我国广播电视理论发展奠定了技术基础。[②]

二、扭转混乱，快速恢复

粉碎"四人帮"后的前两年，"左"的思想依然严重。[③] 也正是这两年成为我国广播电视事业调整向前的重要时刻，促使广播电视媒体成为引领社会风气转向的重要力量。1976 年，中央人民广播台开始逐步恢复各类名牌栏目播出，同年 12 月，北京电视台转播了《诗刊》编辑部主办的一场诗歌朗诵音乐会，1977 年 1 月又转播"首都人民纪念敬爱的周总理逝世一周年文艺晚会"；1978 年 10 月，话剧《于无声处》在上海公演，中央电视台破天荒要求上海电视台向全国现场直播，这是上海电视台第一次向全国直播节目……这些信号告诉人们：广播电视发展的春天来了，广播电视发展的机遇来了，她与我们国家的时代命运息息相关。1978 年 2 月，中央台取消语录节目，举办一系列理论性专题讲座，引起听众强烈的反响，为实事求是思想的提出做出了铺垫。同年 5 月，中央批准北京广播电台更名为中国国际广播电台，北京电视台更名为中央电视台。此后，一些原来以省会城市命名的各地电视台陆续改为以省名冠名。6 月，中央电视台租用国际卫星，从阿根廷向国内转播第 11 届世界杯足球赛实况，这是我国电视台第一次通过卫星从国

① 张君昌、张文静：《新中国 70 年广播电视发展成就与经验启示》，《传媒》2019 年第 10 期（下）。
② 朱婧雯、欧阳宏生：《新中国 70 年广播电视理论研究的发展》，《中国广播电视学刊》2019 年第 10 期。
③ 邵培仁、海阔：《大众传媒通论》，浙江大学出版社 2005 年版，第 168 页。

外传回赛事信号。12 月，党的十一届三中全会在京召开，中央人民广播电台、中国国际广播电台、中央电视台（简称"中央三台"）作了全面及时报道，见证并向国内外传达了中国即将改革开放的消息。复苏后，广播电视整体发展超过"文革"前水平。到 1978 年，全国共有广播电台 105 座，县广播站 2300 多座，电视台 37 座，1 千瓦以上电视发射台和转播台 237 座，电视节目可传到 26 个省（区、市）（内蒙古、新疆、西藏未通），全年向 83 个国家和地区寄出 227 个主题的电视片，计 1862 个拷贝。[①]

1978 年 5 月 10 日，《实践是检验真理的唯一标准》在中共中央党校内部刊物《理论动态》上刊出，中央人民广播电台在新闻节目中对此予以报道，为冲破当时思想束缚、开启思想解放，营造了良好的舆论氛围。党的十一届三中全会的召开，标志着新中国进入改革开放的新时代。从此，中国社会、经济都步入健康发展的良性轨道，我国广播电视事业也开始走上蒸蒸日上的发展快车道，并不断适应中国特色社会主义现代化建设的需要，加快改革的步伐。同时，新的广播电视方针政策陆续出台，初步形成了以广播电视功能属性理论、广播电视媒介生产理论和广播电视艺术理论为代表的三大理论框架，为广播电视接下来的巩固创新做了铺垫。

第三节　体制改革和巩固提高时期（1979—2012 年）

1978 年党的十一届三中全会以后，广播电视事业进入改革开放的历史新时期。建设社会主义物质文明第一次被权威性地明确为广播电视的任务之一。广播电视行业深入贯彻落实党中央决策部署，坚持围绕中心、服务大局，坚持稳中求进、守正创新，实现跨越式发展，取得了历史性成就。在改革开放后新政策的不断出台下，广播电视这一新兴媒体在中国县乡一级和广大农村地区的发展被迅速推动，并在"中央—地方"分权体系影响下出台了新的方针政策，形成新的条块格局；相继出台的法律法规也逐渐丰盈完善，为广播电视行业发展提供了法律保障。

一、改革开放后的体制变革与法规完善

1979 年 1 月 28 日，上海电视台播放我国广播电视史上第一条商业广告，揭开改革开放后广播电视改革创新发展的帷幕。在这一阶段，国家实施"四级办广播电视"方

---

① 张君昌：《新中国 70 年广播电视发展成就与经验启示》，http://media.people.com.cn/n1/2019/1030/c14677-31428064.html，2019-10-30。

针①，建立健全管理体制，颁布《广播电视管理条例》，推进"村村通"工程，系列台和主持人节目蓬勃兴起。广播电视被划为第三产业，一些地方尝试企业化改革适应社会发展的需要。

广播电视的改革发展离不开政策法规的支持。1983年3月召开的第十一次全国广播电视工作会议提出两个方针：一是"四级办广播、四级办电视、四级混合覆盖"的事业建设方针；二是"以新闻改革为突破口，开展多种经营"的产业发展方针。这两个方针对新时期广播电视改革创新产生了重大而深远的影响。同年10月，中央批准实施"四级办广播电视"建设方针（史称"37号文件"），极大地调动了地方办广播电视的积极性，各地普遍建立健全了地（市）、县两级广播电视管理机构。为进一步加强对广播电视工作的统一领导和管理，1982年5月，中央决定撤销中央广播事业局，成立广播电视部；1986年1月，广播电视部划入电影管理职能，改为广播电影电视部；1998年6月，改组为广播电影电视总局，实施"管办分离"。为保障广播电视健康有序发展，1997年，国务院颁布实施《广播电视管理条例》，确立了现行广播电视管理体制的法律地位，授予广播电视行政管理部门设立和管理广播电台、电视台的职责和权限，这是我国首部全面规范广播电视活动的行政法规，在广播电视法制建设史上具有里程碑意义。

也正是这些政策法规，为我国广播电视的改革创新提供了重要保障。新政策加速推动了广播电视这一新兴媒体在中国县乡一级和广大农村地区的迅速发展，使得中国全国电视普及率从1982年的57.3%提高到1987年的87.6%。随着电视机数量的迅速增加，电视信号中转台的数量也从1983年的385座急速增加至1986年的1.5177万座，多数都依靠地方财政的投资。1984—1990年，电视地面频道的数量从93座激增至509座。1990年，全国有超过1000家有线电视台，而这个数字三年后就翻了一番。1995年年底，地面广播电视台和有线电视台的电视频道的数量已经超过2740家。广播电视发展迅猛，广播电台、电视台数量迅速增加。1996年，广播电台增至1238座，电视台增至880座。广播、电视人口覆盖率分别达到83.7%和86.1%。②截至1999年年底，基本实现已通电行政村广播电视"村村通"的任务，广播、电视综合人口覆盖率分别达到90.4%和91.6%，党和国家的声音传进千家万户。③

① 随着改革的深入，中国政治体制改革的"中央—地方"分权体系日渐深化，使得"条块"中的"块"获得了形成与发展的政治经济基础。建立从顶层（中央）触达基层（县乡）的广播政治传播网络拓展的需求和改革开放之初较为拮据的中央财政经费之间的矛盾，使得新兴广电体系的建立必须充分发挥基层的动力和积极性，在这一背景下，"四级办广播电视"方针应运而生。其实质是放权，即授予地方开办电视频道的自主权。参见周逵、黄典林：《从大喇叭、四级办台到县级融媒体中心——中国基层媒体制度建构的历史分析》，《新闻记者》2020年第6期。
② 张君昌、张文静：《新中国70年广播电视发展成就与经验启示》，《传媒》2019年第10期（下）。
③ 东方网：《我国第三产业稳定发展》，http://news.eastday.com/epublish/gb/paper3/20001005/class000300010/hwz205506.htm，2000-10-05。

进入 21 世纪，广播电视面临深化改革、探索前行、巩固提高的任务。1999 年开始，国务院广电行政部门推动有线电视网与有线电视台分离，省级、市（地）级无线电视台和有线电视台合并，市（地）、县播出机构职能转变等三项改革。为适应新要求，广播电视实施了一系列深化改革措施，如深化行政管理体制改革、开展集团化改革、推动电台与电视台合并和制播分离改革、推动广播电视经营性单位转企改制、构建广播电视公共服务体系等，总体上推动了广播电视再发展，但集团化改革遭受严重挫折。张振华主编的《中国广播电视学》数据显示，2010 年年底，在全国需要转企改制的 75 个电视剧制作机构中，中国电视剧制作中心等 70 个单位完成转企改制；完成或基本完成有线电视网络整合的 23 个省级网络公司按照要求逐步建立了公司法人治理结构，并有 9 家有线网络公司成功上市，为落实党的十七届六中全会提出的"完善管人管事管资产管导向相结合的国有文化资产管理体制"奠定了基础。这一轮深化改革，以体制机制突破为特征，以广播电视行业由模拟向数字整体转换和政企分开、政事分开为标志，实现了体制机制从局部向整体、由微观向宏观改革的转变，推动广播电视在观念、政策、法规、管理、技术等各个方面发生重大变革。①

此外，广播电视法规建设速度加快。2003 年的《中华人民共和国广播电视传输保障法》(2003)、《最高人民法院关于审理破坏广播电视设施等刑事案件具体应用法律若干问题的解释》(2011) 推进和完善了国家层面相关法律的立法准备与司法解释。2001—2010年，广播电影电视总局共制定发布 62 个部门规章，内容涉及新闻宣传、安全播出、市场准入、节目制作、内容审查、广告管理、公共服务、设备入网、网络视听节目监管等。这些都标志着我国广播电视管理走上依法行政的轨道，为我国广播电视治理提供了切实的保障。②

二、改革开放后的繁荣发展新格局

改革开放的政策调整带来了整体产业规模的稳步扩大和产业结构的日趋合理。由于放开广告经营，广播电视产业收入持续稳步增长。截至 2012 年，全国共有各类广播电视播出机构 2579 座，有线电视用户 2.14 亿户，有线数字电视用户 1.43 亿户。广播、电视节目综合人口覆盖率分别达到 97.5% 和 98.2%，从业人员超过 70 万人。全国广播电视行业总收入达到 3268.79 亿元，广播电视广告收入达到 1270.25 亿元，占 2012 年中国传媒总产业的 25.7%。其中，电视保持着最大的市场份额，并较上年的 18.7% 增长近 4 百分点。虽然广播所占的市场份额只有 2.2%，但是广播与电视的广告经营额都持续增长，尤

---

① 方德运:《新中国 70 年广播电视管理体制形成、特点及改革》,《中国广播电视学刊》2019 年第 10 期。
② 张君昌、张文静:《新中国 70 年广播电视发展成就与经验启示》,《传媒》2019 年第 10 期（下）。

其是 2011 年和 2012 年，一直保持着较高的增长速度。同时，我国广播电视产业的收入结构逐渐优化，版权商业模式加速成长，这是广播电视商业模式转型和产业升级的重要标志。

由于政策放开，我国广播电视内容产业转型提质加快，专业化、集中化程度不断提高。首先，广播电视节目、电视剧、动画片、纪录片等内容生产创作水平不断提升，创新创优力度加大。广播电视节目类型多元化、创新提质，新闻、文化、公益、科技、经济类节目的制播数量不断增加，节目质量不断提升；广播电视节目制作机构坚持"小成本、大情怀、正能量"的自主创新方向，节目内容和表现形态呈现出原创化、模式化、全网化的制作传播特征。电视剧产业进入了提质升级期，产量平稳回落；电视剧生产制作活跃，结构更加优化。现实题材动画片备案生产数量同比大幅提升；动画制作企业投资生产更加理性，劣质动画片去库存、减存量，产品结构整体趋向合理。纪录片市场走向成熟，纪录片产业步入发展的快车道。央视、省级卫视和视频网站播放平台形成多方互动和协同，电视纪录片的产量、播出时长持续增加，现象级纪录片不断涌现，国产纪录片进入卫视黄金档，获得收视、口碑双赢，纪录片在国际上的传播力、影响力进一步拓展。其次，越来越多的制作机构主营单一节目类型的创作生产业务，专业化程度进一步提升，产业集群辐射带动效应明显，区域集中化凸显。1998 年，广播电视的"集团化"理念首次出现。1999 年，江苏省无锡市和黑龙江省牡丹江市相继成立了广播电视集团。2000 年 12 月，湖南广播影视集团正式挂牌，属于事业单位性质，实行企业化管理。2001 年，山东、上海、北京、江苏、浙江组建了广电集团或广电总台，或既称集团又称总台。2001 年年底，中国广播电影电视集团成立。2006 年 7 月 24 日，总局印发《广播影视体制改革工作实施方案》，提出"要逐步推进地方电视台、广播电台体制改革，实行资源整合，广播、电视合并"[①]。

技术变革无疑也是我国广播电视业快速发展的重要推动力量。20 世纪 90 年代初以后，随着有线电视、卫星电视、数字技术的出现，频道频率数量再次大幅增加，有线广播电视台开始大规模发展，不仅广播电视种类增加，而且以征收视听费的方式改变了广播电视的经费来源。随着广播电视信息传播渠道的进一步增多，广播电视节目开始了为销售而进行的专业化、商业化生产。科技进步使广播电视整个产业支撑系统得到了脱胎换骨的改造、更新和升级，从节目制作、播出到传送、接收各个环节逐步构建了现代化的传播新格局。

在此阶段，我国广播电视进行了跨世纪的变革，不仅解决了改革开放前所遗留的重大难题，在广播电视管理的依法行政道路上迈开了巨大的步伐，而且在政策引领，改革推动、市场拉动、技术驱动等多重因素影响下，实现了快速、持久、健康发展。

---

① 李岚：《改革开放 40 年：中国广播电视产业四次大跨越》，《中外文化交流》2018 年第 12 期。

第四节　融合发展和创新迭代时期（2013 年至今）

媒体融合是当今世界媒体的共同话题，是全球广播电视发展的新趋势。媒体融合从初始的理念出现（1983 年美国麻省理工学院传播学者伊契尔·索勒·普尔提出"传播形态融合"），到如今已将近 40 年，但真正的媒体融合，不过近 20 年时间，可见媒体融合有一个漫长的演变过程。在整个融合期间，报业的触网融合开辟了先河，继而广播电视与新兴媒体融合发展如火如荼地快速推进。随着 2014 年国家媒体融合战略的提出，"两微一端""中央厨房"迅速成为标配，以大数据、云计算、人工智能为标志的媒体"智慧 +"平台也纷纷亮相，广播电视事业在经历新媒体冲击后，通过融合又迎来了发展的新契机。

一、纸媒开启媒体融合新时代

报刊作为传统媒体中的核心力量，从 20 世纪 90 年代互联网刚刚进入中国开始就积极投向网络的怀抱，展开了各种融合实践。从"上网"到开设信息门户网站，再到开发有声报纸、手机报、新闻 App，报刊在新媒体与新技术的融合尝试领域始终领先广播电视媒体。

1995 年，《中国贸易报》首先开启了中国纸媒触网发展的先河，随后众多的报刊也开始纷纷跟进，建立起了自己的新闻网站。彼时，全国发行量最大的晚报——《扬子晚报》也从过去单一的报纸发行转向报网建设、微博平台拓展、全媒体等多元运作方式，其数字化的转型策略也为国内其他报业融合发展提供了有益的借鉴。[①] 纸媒凭借自身在新闻采编领域的传统优势与刚刚兴起的互联网形成强强联合，为当时的互联网提供了高质量的信息资源，也以多年的口碑为互联网引流。2004 年 7 月 1 日，《中国妇女报》彩信版与手机用户见面，是中国乃至全球第一份手机报。[②] 这是纸媒拥抱互联网、融合新技术的第二次尝试，用户像订阅传统报纸一样订阅手机报，每天收到经传统媒体精心编辑过的新闻信息。2006 年 12 月 20 日，《沈阳日报》报业集团的门户网站沈阳网开通的时候，借助天骄网络音视频发布系统而开始了"视听报纸"的尝试，既在原有的数字报纸上增加了视频栏，也开通了专门的视频网站。2007 年 8 月 1 日，宁波日报报业集团所属的中国宁波网推出中国第一份互动视听报纸《宁波播报》，这一创新形式"集报纸、电台和互联网三家

---

① 邵鹏：《媒介融合语境下的新闻生产》，浙江工商大学出版社 2013 年版，第 9 页。
② 邵鹏：《媒介融合语境下的新闻生产》，浙江工商大学出版社 2013 年版，第 51 页。

之长，完成了新闻传播方式的一次技术革命"①。紧接着，纸媒的应用程序时代到来了，它们以平板电脑等便携式电子产品为媒介，在其屏幕上提供各类纸媒的信息内容。2010年1月27日苹果公司发布iPad平板电脑后，默多克新闻集团旗下的《华尔街日报》《泰晤士报》都开发了针对iPad的应用程序，国内知名媒体《南方周末》《南方都市报》也相继推出针对iPad的新闻应用，这为移动互联时代手机端各种新媒体应用的开发奠定了基础。

纸媒除了在新技术的引入和应用上付出很多努力，在人才培养、岗位优化、制度创新等方面也做出了众多尝试。譬如，为新闻网站、新媒体平台成立独立公司；尝试风险投资、股权激励；组建或引入专业化的技术团队、实行项目制管理等。无疑，以报纸、杂志为代表的传统纸媒率先成为21世纪信息高速路上的"弄潮儿"，不断挖掘资源优势和整合先进技术，努力改革创新、培养人才，为之后的广播电视媒体融合奠定了基础。

二、广电媒体融合全面推进

从2013年起，广播电视整体跨入融合发展阶段。2013年年初，广播电影电视总局印发《关于促进主流媒体发展网络广播电视台的意见》，要求将网络广播电视台提升到与电台、电视台发展同等重要地位，推动台台资源互动和深层融合，打造具有广电特色的网络视听新媒体。为推动职能转变和资源整合，2013年3月，中央决定将新闻出版总署与广播电影电视总局合并，组建新闻出版广电总局。②

2014年8月18日，习近平总书记在中央全面深化改革领导小组第四次会议上就媒体融合发表重要讲话，媒体融合进入最高决策层，在我国媒体发展史上具有里程碑意义，再次将广播电视媒体与新媒体的融合推向高潮。这一年也被称为中国媒体融合的元年。2014年10月10日，上海广播电视台的新媒体转型产品——"阿基米德FM"正式上线，它能实现自动抓取自动识别全国广播播放内容，生成全国音乐榜单等新内容形式，对广播节目实施基于人工智能技术的自动拆条，同步完成自动标签、自动分类、自动摘要、自动标题等工作流程，真正实现了传统广播融媒转型生产效率的突破。③2015年2月11日晚，中央电视台网络春晚在中国网络电视台多终端及百家网站同步进行网络直播，2月17日—23日，在中央电视台综合频道、财经频道、综艺频道、中文国际频道累计播出7次，网络端、电视端播出均取得圆满成功。2015年"两会"期间，央视网大规模运用"两微一端"开展"两会"报道，运用手绘漫画、动画视频等互联网特色表达，精选政府工作报告、提案议案、立法法等重点内容，对"两会"核心信

① 石莉：《〈合肥晚报〉新闻"声动"声声入耳》，《媒介方法》2006年第3期。
② 张君昌、张文静：《新中国70年广播电视发展成就与经验启示》，《传媒》2019年第10期（下）。
③ 刘浩三等：《70年，70个难忘的广播记忆》，《中国广播》2019年第10期。

息进行故事加工、漫画演绎、数据归纳，新媒体多终端累计用户规模达 4.58 亿人。中央电视台以建设新型主流媒体和新型媒体集团为总目标，以视频为重点，以新闻为龙头，以用户为中心，以一批媒体融合工程为抓手，探索"电视 +"与"互联网 +"的契合点，从覆盖优势向用户优势转变，从数字化成果优势向传播力优势转变，从媒体优势向平台优势转变，从内容安全管理优势向全媒体融合管理优势转变，融合创新、一体发展、转型升级，打造"智慧融媒体"，走出了一条具有央视特色、体现国际水平的媒体融合发展之路。①

2015 年，新闻出版广电总局、财政部联合印发《关于推动传统出版和新兴出版融合发展的指导意见》，再次对广播电视媒体的融合发展提出了明确的指示性要求。2016 年，新闻出版广电总局发布《关于进一步加快广播电视媒体与新兴媒体融合发展的意见》，明确要求：力争两年内，在局部区域取得突破性进展；在"十三五"后期，取得全局性进展。此后，广播媒体开始全面启动多媒体矩阵相关工作。其中，中央人民广播电台陆续推出了《致我们正在消逝的文化印记》系列广播纪录片，成为利用多媒体矩阵推出的优秀作品。全国省级以上广播电视台基本实现高清化，县级全部实现数字化、网络化。高清电视和超高清电视得到进一步推广，4K 超高清电视频道开播，由此中国将逐步迈入全球最大的 4K 超高清市场。全国播出设备特别是大中小型转播车、调音台，也已经达到世界一流水平。② 同期，多屏幕、多平台、多终端"一云多屏"传播体系逐渐完善。广播电视媒体融合开始走向从桌面互联网、移动互联网（手机央视网、央视影音客户端、央视新闻客户端、公共场所视频传播平台、4G 视频集成播控平台）、宽带互联网（IPTV、互联网电视）到社交媒体（"两微"矩阵、海外社交媒体账号）四大平台的全面覆盖。其中，"央视新闻"形成了"三微（微博、微信、微视）+ 客户端"的产品新格局，重大新闻融媒体演播室与电视差异化直播，呈现小屏反哺大屏的传播新特点。中央人民广播电台也与学习强国、小米、天猫等互联网平台企业展开合作，推动网上播出走上新台阶，打造智能化、娱乐化和互动化的信息新平台。

与此同时，中央广播电视总台在 2018 年 3 月成立，全台拥有 47 个电视频道、129 个广播频率、103 个海外电台，其覆盖能力、媒体规模已超过美国有线电视新闻网（CNN）、英国广播公司（BBC），成为世界最大的传媒集团。我国政府把构建公共广播电视服务体系作为战略目标，广播电视实施城乡覆盖，先后实施了"西新工程"、"村村通"工程、无线覆盖工程和卫星接收入户项目，统筹有线、无线、卫星覆盖，大大提升了广播电视的

---

① 聂辰席：《以重点工程为抓手打造"智慧融媒体"——中央电视台媒体融合实践》，《中国广播电视学刊》2015 年第 11 期。

② 章榕、章信刚：《改革开放 40 年中国广播电视主要成就及启示》，《中国广播电视学刊》2018 年第 12 期。

公益性地位。① 此阶段，传统广播电视媒体的传统理论体系逐渐被打破，广播电视媒体与新媒体的融合从内容生产、渠道整合、智能化提升等多方面进行了转型升级。

三、县域融合打通"最后一公里"

县级广播电视一直是中国传媒产业发展的重要落脚点。2018 年 8 月，习近平总书记在全国宣传思想工作会议上提出要抓好县级融媒体中心建设，中宣部随后在全国启动了 600 个试点。2018 年也被称为县级融媒体中心发展建设的元年。此后，全国各地便开始积极投入县级融媒体中心建设。同年 11 月 14 日，中央全面深化改革委员会第五次会议审议通过了《关于加强县级融媒体中心建设的意见》，习近平主席在会上再次强调组建县级融媒体中心对于整合县级媒体资源、巩固壮大主流思想舆论的重要意义。县级广播电视媒体单位覆盖广，牵系着千家万户的基层群众，是最重要的宣传阵地，聚合资源。建立县级融媒体中心，打通"最后一公里"，可以更好地引导群众、服务群众，为党和国家大政方针的宣传和老百姓的下情上传之间提供一个最统一、最有效的通道，有利于推动政府职能的转变，建设服务型政府。

在县级融媒体中心的发展过程中，广播电视媒体充当了主力军的角色。2018 年 9 月 20—21 日，中宣部在长兴召开全国县级融媒体中心现场建设推进会，"长兴模式"在会议上亮相并推向全国。会议要求利用三年时间，在全国实现县级融媒体中心全覆盖。同年 10 月 11 日，四川广播电视台组织举办了"县级融媒体中心发展论坛暨建设方案发布仪式"，此次论坛探讨了县级融媒体中心建什么、怎么建的问题。四川广播电视台、中国电信四川公司、成都索贝数码科技股份有限公司共同签署三方合作协议，联合发布了《县级融媒体中心建设整体解决方案》，为四川地区县级融媒体中心建设的模式和路径提供了参考依据。

浙江省在县级融媒体中心的建设上具有一定的前瞻性和代表性。截至 2018 年年底，浙江全省 89 个县（市、区）已有 53 个整合县域媒体成立融媒体中心。县级融媒体中心将成为"媒体＋政务＋服务"的重要平台，把新闻宣传向公共服务方面拓展，最大限度地服务辖区内的居民，提供政务服务、生活服务、社交传播、教育培训等综合服务。② 河南、湖南、陕西、重庆、内蒙古等全国多个省份先后打响县级融媒体中心建设的第一枪，拉开了县级融媒体中心建设大幕。③ 截至 2018 年年底，北京和福建已经在全省（市）范

---

① 覃榕、覃信刚：《改革开放 40 年中国广播电视主要成就及启示》，《中国广播电视学刊》2018 年第 12 期。
② 崔保国：《2014 年中国传媒业回望》，《新闻战线》2015 年第 1 期。
③ 唐绪军主编：《新媒体蓝皮书：中国新媒体发展报告》，社会科学文献出版社 2019 年版，第 312—314 页。

围内完成了县级融媒体中心的挂牌，实现全覆盖，北京是全国首个实现融媒体中心全覆盖的省级行政区。部分省份的地级市也完成了市域范围内的全覆盖，比如河北衡水市、广西来宾市、安徽铜陵市、内蒙古乌海市等。[①]

从目前的发展现状来看，一方面，县级融媒体中心建设工作已经成为我国基层宣传工作的重点；另一方面，融媒体中心所承担的并不仅仅是信息传播平台的角色，其更将成为基层社会治理的重要组成部分。随着技术的发展，大数据、云计算、人工智能、智慧城市、5G等新兴技术手段的应用，媒体、政务、社会服务等众多本地服务性职能的融合，县域融媒体中心无疑将大力推动县域治理的信息化与智能化。

四、融合发展和创新迭代时期

随着移动通信技术的快速迭代，广播电视采制、传输和播放设备的不断更新，今天的广播电视事业正在从高清化走向智能化。

在高清化方面，5G通信技术逐步落地，更大容量、更高速率和更低时延的通信网络，正在使4K/8K走向普及。2020年，我国5G商用加快推进，已经开通5G基站超过20万个。移动、电信和联通三大运营商正结合各自优势和业务特点，打造示范应用，建设5G生态。中国广电也首次公布5G网络建设计划，力争2021年年底基本实现广电5G的全国覆盖，提供5G普遍服务。其中，中国广播电视网络有限公司联合北京歌华、浙江华数、东方明珠，以及国家广播电视总局广播电视科学研究院、广播电视规划院，基于广电"5G+8K"技术实现北京、杭州、上海三地联动直播，是首例应用5G中低频段8K超高清直播。为迎接2020年全国"两会"，中央广播电视总台成功进行了国内首次"5G+8K"实时传输和快速剪辑集成制作。2020年5月19日，中央广播电视总台举办了"5G+4K/8K+AI"媒体创新应用推广活动周启动仪式，通过"5G+8K"背包对两路8K外景信号进行了实时传输，同时对收录的8K信号进行了快速编辑，展现8K视音频传输和制作流程。通过8K与4K信号对比测试，在8K LED大屏幕上呈现出来的精美画质，栩栩如生，纤毫毕现，带来极致视觉感受。在AI云剪辑技术应用方面，实时收录的多路信号通过人工智能计算，进行人脸检测、动作检测、镜头质量评测、穿帮镜头检测等主要算法逻辑展示，并现场生成了AI剪辑成片，呈现出总台一年来全面推进"5G+4K/8K+AI"创新应用的成果。几乎在同时，新华社也首次推出5G全息异地同屏系列访谈，使用5G网络传输和全息成像技术，让身在异地的代表与记者跨越时空"相见"，实现"5G+全息+访谈"，打破了距离限制，实时交流畅通无阻。在5G网络下，全息成像画面不再需要提前

---

① 何胤强：《县级融媒体中心建设背景下四川省县级广电媒体的转型策略研究——基于对苍溪、江油、青川、剑阁的调研》，电子科技大学硕士学位论文，2019年。

录制，软件硬件齐全，国产设备亮眼，"5G+4K"视讯终端、全息膜显示终端，将北京演播室和武汉、广州、昆明的摄影棚"无缝衔接"，虚拟与现实融为一体。

在智能化方面，广播电视"智能+"融合已经形成了十种不同模式的应用。一是智能语音，AI可以自行读取识别多种语言的语音，并输出为文稿形式；二是智能主播，AI作为一名虚拟主持人，完成视频形式的播报；三是智能标签，通过自动检索媒体题材的内容，对视音频中的场景、物品、人物等信息做标示；四是智能审核，借助图像、字符、语音的识别技术，对需要审核的内容完成审核；五是智能搜索，即在素材库中实现快速检索并提取，基于网络媒体的数据提取有价值的新闻线索；六是智能编辑，即自主识别音视频的不同场景，智能分类后进行整合与剪辑；七是智能写稿，根据算法迅速生成文字稿件；八是智能广告，基于数据分析，准确定位广告的投放，提高广告投放效率；九是智能推荐，根据用户行为数据与节目评价，为用户量身推荐合适的节目；十是智能转码，自动检测用户网络环境，并及时调整播放码率，确保用户观看流畅。[①]譬如，2019年央视网络春晚首次起用人工智能主持人，该智能主持人利用自然语言处理和语音合成等技术重构主持人的虚拟分身。同年5月5日，中央广播电视总台"5G+4K+AI"媒体应用实验室在上海启动。5月30日，中央广播电视总台成立央视频融媒体发展有限公司，助力总台建设5G新媒体平台。8月26日，新华智云对外发布其自主研发的25款媒体机器人，这些机器人具备自主文字识别、自动字幕生成、实时直播剪辑等多种功能。9月10日，"人民智作"平台上线，通过内容批发市场模式从源头对内容进行集合、交换和交易，通过风控、分类、分级确保内容的安全可靠，最终实现针对不同场景的内容精准分发。11月20日，中央广播电视总台"央视频"5G新媒体平台上线，平台建设基于"5G+4K/8K+AI"等技术，是我国首个国家级5G新媒体平台。[②]

除此之外，智慧电视、智能网关等家用智能化设备的普及，让广播电视媒体在实现传递信息功能的同时，更好地服务用户生活，实现更为现代化、智能化的社会治理。广播电视"智能+"的发展正在给人们带来前所未有的视听体验以及无与伦比的智慧生活。

从本阶段的发展现状来看，"两微一端"、"中央厨房"、推动县域级融媒体中心建设、全面迎接"智能+"，已经成为我国广播电视媒体的发展趋势。当前，我国广播电视事业的重要使命和任务，是继续拥抱新技术、把握新机遇、迎接新挑战，进一步推动广播电视新型主流媒体建设和现代传播体系建设，在铸就中华民族伟大复兴中国梦的历程中更好地发挥主力军、主阵地的作用，做出更大贡献。[③]

① 侯玉娟：《基于智慧广电的"5G+4K+AI"技术应用发展研究》，《广播与电视技术》2020年第6期。
② 甘险峰、郭洁：《5G与人工智能技术赋能下媒体融合的新发展——2019年中国新闻业事件回顾》，《编辑之友》2020年第2期。
③ 彭锦、周思宇：《砥砺前行70年：中国广播电视从大国向强国迈进》，《声屏世界》2019年第10期。

●●●●●●●● **小结**

　　本章整理了70余年来广播电视和新媒体的发展历程，结合我国的整体发展脉络，分析了我国广播电视在不同阶段的发展情况与原因，并结合实例阐述在发展过程的曲折与佳绩。我国广播电视的长足发展是值得肯定的，即使在这个过程中曾经有过短暂的挫折和停滞，但是及时整顿恢复之后，又重新获得生机；并且，在国家战略与技术的双重推动下，广播电视开始了全方位的变革，颠覆了传统观念与传统思维模式。我们期待，在未来，中国的广播电视会开创更加具有颠覆性的成果。

本章思考题

　　1. 我国广播电视事业发展经历了哪些不同的历史时期？

　　2. 改革开放对我国广播电视事业发展带来怎样的影响？

　　3. 媒体融合对我国广播电视的发展带来怎样的影响？

　　4. 我国广播电视媒体的发展趋势是什么？

第三章

广播电视与新媒体的融合发展

【本章要点】当新媒体已强势占据大众传播环境时，广电媒体并没有走入人人唱衰的落魄境地，广电媒体融合成为面对传媒困境的一次成功尝试。广电媒体融合是经济全球化的产物，是科学技术环境催生的结果，是传播观念融合造就的产业图景。在全球视域下，跨国媒体集团的融合是广电媒体与新媒体融合的典型代表，各国各类媒体产业从中吸取经验教训。我国的媒体融合自 2014 年上升到国家战略层面，广电媒体融合形成了"以中央媒体为引领广电媒体融合之路的标杆，以省市媒体为广电媒体融合模式创新的弄潮儿，以县域媒体为打通广电媒体融合的搬运工"的媒体融合布局。但广电媒体融合也遇到了瓶颈，媒介融合的内容生产模式如何创新、落地，广播电视与新媒体融合过程中的产业运作模式如何做到最优化，广电媒体融合中如何维护国际传播秩序，都是广电媒体融合必须面对的课题。

第一节　广电媒体融合的全球视野

媒介技术持续更迭，媒体全球化态势不减，广电媒体融合的范围也在扩大，融合的深度更在拓展。传统媒体在全球化的媒体融合中，不断汲取新技术的营养，创新媒体传播方式；新媒体在媒体融合浪潮中，持续优化和丰富媒体传播内容。纵观跨国媒体集团的融合发展历程，其经验与教训无疑对中国广电媒体的未来发展具有积极的借鉴与启示意义。

一、广电媒体融合及其发展历程

1. 媒介融合的内涵

美国麻省理工学院伊契尔·索勒·普尔（Ithiel de Sola Pool）是最早提出媒介融合的传播学者。他在 1983 年提出了"传播形态融合"（the convergence of modes）的概念，认为"媒体之间点对点的传播与大众传播点对面的传播之间的界限，由于一种传播形态融合过程的出现，已经逐渐变得模糊"，"过去由任何一种媒介提供的服务，现在可以由几种不同的媒介来呈现"。[①] 在我国，中国人民大学新闻学院教授蔡雯于 2005 年率先引进"融合媒介"（convergence media）和"融合新闻"（convergence journalism）的概念。她认为，"媒介融合是在数字技术与网络传播推动下，各类型媒介通过新介质真正实现的汇聚和融合"[②]。

但国内外对媒介融合一直都没有形成一个统一明确的定义，学者们纷纷从不同的视角理解媒介融合。堪萨斯大学新闻与大众传播学院前任院长金特里（James Gentry）认为，媒介融合是一种能力，"一种可以通过报纸、电视、广播、网络、个人数字助理记忆其他一切可能出现的信息平台进行讯息传递、广告售卖的能力"[③]。美国学者安德鲁·尼克森（Andrew Nachison）认为，媒介融合是一种联盟，是"印刷的、音频的、视频的、互动性数字媒体组织之间的战略的、操作的、文化的联盟"[④]。美国密苏里新闻学院章于炎等人认为，媒介融合是一种过程，"媒介融合是大众传播业的一项正常的项目或者说是一个渐进的发展过程，它整合或利用处于单一所有权或混合所有权之下的报刊、广播电子媒体，以增加新闻和信息平台的数量，并使稀缺的媒体资源得到最优配置"。[⑤] 亨利·詹金斯（Henry Jenkins）认为，媒介融合是一种文化融合，"媒介融合不仅仅是技术融合、媒介转型，更是一种文化融合，融合代表了一个范式转换"。[⑥] 清华大学新闻与传播学院教授熊澄宇认为，媒介融合是一种技术推动作用，"所有的媒介都向电子化和数字化这一种

---

① Ithiel De Sola Pool，Technologies of Freedom，Cambridge：Harvard University Press，1983：23.

② 蔡雯：《媒介融合前景下的新闻传播变革——试论"融合新闻"及其挑战》，《国际新闻界》2006 年第 5 期。

③ 章于炎、乔治·肯尼迪、弗里兹·克罗普：《媒介融合：从优质新闻业务、规模经济到竞争优势的发展轨迹》，《中国传媒报告》2006 年第 3 期。

④ 蔡雯：《从"超级记者"到"超级团队"——西方媒体"融合新闻"的实践和理论》，《中国记者》2007 年第 1 期。

⑤ 章于炎、乔治·肯尼迪、弗里兹·克罗普：《媒介融合：从优质新闻业务、规模经济到竞争优势的发展轨迹》，《中国传媒报告》2006 年第 3 期。

⑥ Henry Jenkins，Convergence Culture：Where Old and New Media Collide，New York：New York University Press，2006.

形式靠拢，这个趋势是由数字技术驱动的，并在网络技术的推动下变得可能"。[①] 本书认为，"媒介融合是指数字技术推动下，不同媒介生产者、内容、渠道、接收终端之间，传统边界日渐模糊、趋于融合的轨迹日益清晰的现象和过程"[②]。

2. 广电媒体与新媒体融合历程回溯

广电媒体与新媒体的融合伴随着技术的进步而深化。PC 互联网刚刚兴起时，广电媒体和新媒体的融合方式是将广电媒体的内容复制粘贴到互联网渠道上。1994 年，英国广播公司（BBC）首个网站上线；1997 年，BBC 推出官方新闻网站。1995 年，美国有线电视新闻网（CNN）推出网络电视。1996 年，中国中央电视台推出央视网。

当移动互联网占据了公众的视野时，广电媒体和新媒体的融合方式是共同构建 PC 端和移动端的媒介产品。2010 年，CNN 在苹果公司的 iTunes 平台陆续发布新的软件产品；同年，CNN 与 Facebook 展开全面合作。2011 年，BBC 提出"1-10-4"多平台融合转型战略，即 1 个 BBC 品牌、10 个核心产品、4 个媒体终端。2012 年，日本电视业整合数据传播，与 Facebook 合作，推出"JoinTV"服务，让观众通过手机更多参与到电视节目中。2015 年，中央电视台羊年春晚推出微信"摇一摇"互动，开启春晚网络评论通道，实现跨屏互动；2017 年，中央电视台推出央视新闻微博、微信和客户端。

广电媒体与新媒体的融合是整个媒体生态圈的融合。美国西北大学教授李奇·戈登（Rich Gordon）依据媒介融合变化的趋势将其分为五种类型：所有权融合（ownership convergence）、策略性融合（tactical convergence）、结构性融合（structural convergence）、信息采集融合（information-gathering convergence）和新闻表达融合（storytelling or presentation convergence）。[③]

二、跨国媒体集团的融合历程与路径

媒介融合是媒介经营观念和方式的转变与创新，是对媒体集团人力、物力、财力的综合考验，跨国媒体集团的软实力和硬实力为其进行媒介融合提供了全方位的支持。其中，时代华纳（Time Warner Inc.）、网飞（Netflix）、新闻集团（News Corporation）、BBC、CNN 等媒体巨头的融合之路不仅起步早，而且融合的广度和深度较高。

---

① 刘颖悟、汪丽：《媒介融合的概念界定与内涵解析》，《传媒》2012 年第 1 期。
② 邵鹏：《媒介融合语境下的新闻生产》，浙江工商大学出版社 2014 年版，第 5 页。
③ 宋昭勋：《新闻传播学中 Convergence 一词溯源及内涵》，《现代传播》2006 年第 1 期。

1. 时代华纳（Time Warner Inc.）

时代华纳是美国一家跨国媒体企业，成立于 1990 年，其媒体业务包括出版、电影与电视产业、《时代》杂志、《体育画报》《财富》杂志、《生活》杂志、特纳电视网、CNN、HBO 电视网、DC 漫画公司、华纳兄弟娱乐公司等。时代华纳以自身丰富的视频内容为支点，翘起了全球媒介融合之路。时代华纳的官网主页以瀑布流形式展示其最新、最热门的内容，用户可将感兴趣的内容直接分享到 Facebook、Twitter、Google+、Pinterest 等社交媒体上，实现了电视电影资源和新媒体的融合。2001 年，全球最大的互联网服务商美国在线（America Online）与时代华纳合并，组成"世界上第一家面向互联网世纪的完全一体化的媒体与传播公司"，时代华纳与互联网新媒体的融合更深一步。2012 年，时代华纳成立媒体实验室，"致力于理解消费者行为、媒介接触习惯以及预测行业发展趋势，以此为每一位用户创造一流的内容"，"媒体实验室用技术和数据为时代华纳的重要部门 HBO、特纳广播、华纳兄弟等提供内容创新支持，指引媒介融合的前进方向"。[1]

2. 网飞（Netflix）

Netflix 成立于 1997 年，它从最初的一家在线影片租赁提供商发展成全球知名流媒体平台，同时向全球提供大量优质原创的电影、电视剧、综艺节目等内容产品。2007 年，Netflix 转型流媒体，推出第一款流媒体产品，将 DVD 租赁业务和流媒体业务拆分运营。2013 年，Netflix 投资 1 亿美元，推出自制剧《纸牌屋》，进入原创电视领域，提供大量内容产品。

Netflix 的流媒体全球化战略是其媒体创新的关键一步。2010 年，Netflix 在加拿大开通电视与流媒体服务，并开始拓展拉丁美洲、加勒比地区以及欧洲的市场；同年，Netflix 登陆苹果商店，为全球的电视剧追随者提供产品和服务。2014 年，Netflix 完成欧洲 13 国的流媒体平台布局，针对德国、法国、英国等西欧人口最多的国家提供流媒体服务。2017 年，Netflix 在荷兰阿姆斯特丹开设客户服务中心，面向西欧国家的客户提供多语言支持。2018 年，Netflix 在西班牙马德里建立首个内容制作中心，实现原创内容的全球接轨和本地化输出。

3. 新闻集团（News Corporation）

新闻集团是全球规模最大、国际化程度最高的综合性媒体集团之一，是一个庞大的传媒帝国，涉足所有的媒体领域。2013 年，新闻集团执行拆分计划，两家独立上市的公司分别是新闻集团和二十一世纪福克斯公司，新的新闻集团主营所有出版和新闻业务，二十一世纪福克斯公司主营电视和电影业务。2013 年以来，新闻集团一只手在持续推动

---

[1]　刘婕：《由点及面的媒介融合策略——时代华纳的转型启示》，《东南传播》2015 年第 6 期。

传统业务的数字化改革，另一只手在不断摸索新型数字业务跨界融合的投资方向。

新闻集团的媒体融合尝试集中在传统业务的数字化改革中。一方面，新闻集团关注传统业务的数字化，通过 2010 年收购提供电子书制作技术的公司 Skiff，2014 年收购全球最大言情小说出版机构禾林公司，进一步推进了集团数字图书业务的发展。近几年，集团出版的全部新书和大部分经典图书都同时销售数字化版本，甚至只发行数字化版本的图书。另一方面，新闻集团重点开发数字化营销服务，如为超市等商家提供促销服务平台，为商业客户提供数字营销方案和渠道，实现信息服务数字化。此外，新闻集团还提供数字化的新闻与广告分发服务，其收购的社交媒体新闻分发服务公司搜视（Storyful）、视频广告技术提供商安如利公司（Unruly），可分别提供新闻素材的筛选、抓取和供应服务，以及跨平台视频广告效果监测评估服务。

数字化房地产服务更是新闻集团跨界媒体融合的创新举措。2010 年，新闻集团收购教育科技提供商无线世代公司（Wireless Generation）90% 的股份，进入数字教育市场，目标是成为基础教育市场的数字化解决方案的领导者。这一融合尝试受制于数字教育业务中硬件设备的不足，发展缓慢。随着 2013 年新闻集团的拆分重组，集团将数字化房地产服务列为主要扩张方向之一，并随之展开一系列新型数字化业务的收购、控股、投资行动。2014 年，收购美国著名房地产网站运营商穆维公司（Move）；2015 年，控股澳大利亚房地产集团（REA），收购马来西亚房地产网站运营商艾朴迪公司（iProperty）；2017 年，收购提供在线抵押贷款服务的斯玛特兰公司（Smartline），投资印度的数字房地产平台（如 housing.com）。"2017 财年，数字房地产业务对集团的利润贡献接近 40%，已承担起新闻集团在未来发展中的盈利'引擎'的重任。"[①]

4. 英国广播公司（BBC）

BBC 是英国最大的新闻广播机构，也是世界最大的新闻广播机构之一。2005 年，BBC 成立"用户生产内容集成中心"（UGC Hub），用于处理用户通过各种渠道提供的新闻信息，并将拥有的信息提供给 BBC 的各编辑部和播出平台使用。2007 年，BBC 重组编辑部，将原本独立运作的电视台、电台、网络三大部门搬入同一座大楼，并将三者整合成两个部分——多媒体新闻编辑和多媒体节目部，从而实现媒介间的资源共享和资源有效循环利用。2011 年，BBC 提出了"1+10+4"多平台融合转型战略，"1"即一个品牌，"意指旗下所有服务都归属于 BBC 这一核心品牌"；"10"即十个产品，"包括新闻、体育、天气、儿童、青少年、教育、网络电视、在线数字广播、BBC 首页与搜索，BBC 旗下所有网站的信息内容都要为这十个产品服务"；"4"即四个终端，"包括电脑、电视、平板电脑

---

① 韩晓宁、耿晓梦：《跨界融合与战略聚焦：美国新闻集团数字化战略的执行、调整及启示》，《中国出版》2018 年第 10 期。

和智能手机，即确保所有产品在四个终端上统一呈现"。"1+10+4"的布局"符合融合媒体的发展逻辑，也为 BBC 未来的发展提供了前瞻性的顶层规划，各支端的运营目标均指向维护乃至提升 BBC 自身的公信力"。①

5. 美国有线电视新闻网（CNN）

作为一家具有世界级影响力的媒介集团，CNN 也是媒介融合中最早的弄潮儿之一。CNN 在媒介融合中的创新举措之一就是推出了 iReport。iReport 是一种参与类型的新闻平台，能让公众用自己所特有的方式来制作新闻稿。"CNN 在 2015 年 11 月对 iReport 全面改版，同时与多家社交媒体合作，用户发布内容时带上'#CNN iReport'，由 CNN 筛选后可以被显示在 iReport 上。该功能连接 CNN 移动应用和社交媒体，将社交媒体用户吸引到了 iReport 应用中。"② 通过这款全新的应用，CNN 不仅颠覆了用户和媒体之间的关系，更将用户在社交媒体上的时间和习惯与用户在电视广播上的时间和习惯有效地串联了起来。

对新媒体渠道中内容传播形式的设计也是 CNN 实现媒介融合的重要尝试。CNN 在 Snapchat（一款"阅后即焚"照片分享应用）平台打造了一档每晚 6 点播出的新闻节目，三分钟节目时长播出五个新闻事件；为了适配 Snapchat 的竖屏视频播放特征，新闻特意设计了垂直视频界面，并对播放方式进行了调整。紧随 CNN 的脚步，传统媒体集团开始更多地基于用户思维进行媒介融合的实践创新。

三、跨国媒体集团融合的特点

跨国媒体集团的融合之路虽然有充足的人力、物力、财力做支撑，但要实现传统媒体和新兴媒体的深度高效融合，仍然必须遵循新闻传播的规律和媒体发展的规律。跨国媒体集团中传统媒体的共同优势是多年积累的内容库资源、强大的内容生产能力、媒体知名度及媒体权威性。因此，跨国媒体集团的融合既要聚焦、延伸、放大自身的内容生产优势，更要发挥新媒体的互动性、及时性、形式多样化等优势，将传统媒体的影响力扩展到新兴媒体形态上，进而让媒体集团发挥跨越媒体形态、超越国界的影响力。

1. 媒体融合的立身之本：内容

媒体内容是媒介得以发展的基础。不管是时代华纳专注生产的影视内容，还是迪士尼以动画起家并以此延伸的各类媒体内容，媒体生产的内容都是全球化媒体融合中最有力的竞争武器。迪士尼媒体集团的利润来自整个文化产业链，其中诸如《玩具总动员》系

① 王晓培、常江：《英国传统媒体的媒介融合：开放、坚守与共赢》，《对外传播》2016 年第 11 期。
② 黄淼：《媒体融合的英美实践》，《新闻与写作》2016 年第 11 期。

列、《复仇者联盟》系列、《冰雪奇缘》、《星球大战》系列、《加勒比海盗》系列等全球知名的优质 IP 起到了绝对的推动作用。流于形式创新的媒体融合或许能博得一时的关注，但在当今注意力稀缺的时代，只有高品质的、经得起推敲的、真实可信的媒体内容才能在全球化媒体竞争中立于不败之地。

2. 媒体融合的血管：传统媒体和新媒体的产品组合

跨国媒体集团善于用媒体市场的思维，将传统媒体中的"节目"改为"产品"，构建媒体产品的制作、营销思路。BBC "将所有的节目、栏目、内容都统称为产品，如果继续把产品叫做节目或者栏目，就不具备新媒体的互动元素。只要是在 BBC 新媒体终端上可以呈现的内容，必须是十个产品，所有人、所有内容必须为这十个产品服务"[1]。"媒体在生产传媒产品时，不仅要关注技术与新传播形式，更应思考到其背后的人工化、在场的孤独、视觉、感知的依赖等文化隐喻。在互动中实现符号互动，构建场景的仪式感。"[2]

3. 媒体融合的核心：媒体理念的革新

BBC 新媒体首席运营官安迪·康罗伊（Andy Conroy）曾说过，在 BBC 看来，新媒体转型是一次适应未来全媒体的战略性的"转身"，只有自上而下的整体转型，才能推动这一改革，而顶层设计也即决策管理层能否真正接受转型的理念，是这一战略成败的关键。媒体融合时代，理念的转变对构建公共信息传播影响力至关重要。"从单一媒体到多元媒体的理念转型，从提供信息到提供服务的理念转型，从机构传播到社会分发的理念转型，从服务用户到开发用户的理念转型"[3]，将是媒体融合取得成效的关键。

4. 媒体融合，不可一蹴而就

媒体融合，离不开技术进步、社会变迁、经济发展和文化的融合碰撞。因此，媒体融合之路并非一劳永逸，也不是一朝一夕就可建成的。以 BBC 为例，其全媒体转型大致分为三个阶段。[4] 第一阶段是 1997—2006 年，BBC 实现媒体的数字化，即传统业务的数字化运作，为 BBC 的全媒体转型打下了基础。第二阶段是 2007—2012 年，BBC 将不同平台的媒体资源实现了连接。2007—2008 年，BBC 改革了传统广电制播流程，将 BBC 广

---

① ［英］安迪·康罗伊（Andy Conroy）:《BBC 是如何从传统媒体向全媒体实现战略转型的？》，http://www.xmtnews.com/operation/p/2121.html，2015-05-15。

② 李彪、刘泽溪:《思维、创意与技术：融媒体时代传媒产品的生产路径创新》，《新闻战线》2018 年第 5 期。

③ 高钢:《媒体融合：传播变革与社会进步的交叠演进》，《对外传播》2016 年第 6 期。

④ ［英］安迪·康罗伊（Andy Conroy）:《BBC 是如何从传统媒体向全媒体实现战略转型的？》，http://www.xmtnews.com/operation/p/2121.html，2015-05-15。

播新闻、网络新闻和电视新闻三大部门进行整合，推出了多媒体新闻部和多媒体节目部，总编辑变成了"全媒体总编"，记者以"全媒体总编"为中心，集中在一个大厅里工作。2007—2009 年，BBC 建成了三个新媒体平台（iPlayer、iPhone 移动端、Red Button 数字互动电视服务），完成了新媒体平台的布局。2009—2012 年，BBC 开始进行"6+6+6+2"四个周期内的内部转型，即 6 个月转变高层领导的观念、6 个月将转型理念覆盖到中间管理层、6 个月综合多方意见，细化具体的规划方案，2 年具体执行。第三阶段是 2013 年至今，该阶段的目标是实现新旧媒体的真正融合。

正如高钢所言，"媒体融合不是一个静态目标，而是一个动态进程。媒体融合是随着人们信息需求的变化和信息技术的发展，在信息集成手段、信息交流方式、信息使用方法、信息的经营模式等各个领域不断完善、不断创新、不断优化的复杂的变革过程，它永远不会终结"①。

第二节　广电媒体融合的央媒实践

党的十八大以来，以习近平同志为核心的党中央高度重视传统媒体和新兴媒体的融合发展，强调要利用新技术、新应用创新媒体传播方式。2016 年 2 月 19 日，习近平在党的新闻舆论工作座谈会上指出，"要尽快从相'加'阶段迈向相'融'阶段，从'你是你、我是我'变成'你中有我、我中有你'，进而变成'你就是我、我就是你'，着力打造一批新型主流媒体"。②

中央级媒体作为引领广电媒体融合的标杆，凭借其超前的媒体融合理念、创新的媒体人才队伍、大胆的媒体内容生产方式、扎实的受众基础以及国家政策的扶持帮助，成为中国媒体融合发展进程中的"领头羊"。

一、中央广电媒体融合路径

《2018 中国媒体融合传播指数报告》显示，广播频率融合传播力百强中，中央级广播频率占 14%，中央广播电视总台的中央电视台位列电视融合传播力指数第一名。中央广电媒体强大的融合传播力主要通过组织结构创新、媒体形式创新、媒体产品创新、媒体

---

① 高钢：《媒体融合：传播变革与社会进步的交叠演进》，《对外传播》2016 年第 6 期。
② 人民网：《习近平谈融合发展"金句"：建成新型主流媒体 扩大主流价值影响力版图》，https://www.sohu.com/a/291670994_697084，2019-01-25。

生产创新四种路径实现突破。

1. 组织结构创新

中央广电媒体在结构上的融合为媒体融合奠定了扎实的组织基础。2018年3月21日，中央电视台（中国国际电视台）、中央人民广播电台、中国国际广播电台建制被撤销，组建中央广播电视总台，作为国务院直属事业单位，归口中央宣传部领导。中央广播电视总台的目标是建设国际一流的国家级现代传媒航母，"以'台网并重、先网后台'的思路，持续推动'三台三网'加速融合，其中的三网就是央视网、央广网、国际在线，按照建立总台新媒体'一键触发'机制，三台移动端共同推送总台重要评论和精品报道，从而实现立体化传播和效果最大化"[①]。中央广播电视总台于2018年4月19日正式揭牌，新成立的总台迅速重组了中央电视台（中国国际电视台）、中央人民广播电台、中国国际广播电台的资源，为中央广电媒体的融合之路养精蓄锐。

2. 媒体形式创新

媒体形式创新是中央广电媒体融合的一大尝试。中国中央电视台以视频业务为主打，基本建成多屏幕、多平台、多终端的"一云多屏"传播体系，央视新闻形成"三微（微博、微信、微视）一端（客户端）"的产品格局，重大新闻"融媒体演播室"与电视开展差异化直播，实现小屏反哺大屏。"目前央视网多终端覆盖人次达到14.3亿，央视影音累计下载量7.4亿。"[②]中国国际广播电视台也在积极与新媒体进行融合。2017年党的十九大报道中，中国国际广播电台开通了40种语言融媒体微直播，新媒体产品阅览总量达1.14亿次，图解文章《这五年，发生在你我身边的那些变化》、H5新媒体产品《学习大外交》等备受热议。同期，中央电视台融合传播观众触达人次达248亿，其中电视端185亿次、新媒体端62亿次，新媒体端发起移动直播133场。2018年"两会"期间，中国国际广播电视台首次使用40种语言对人大开幕会进行多媒体直播，新媒体浏览量超过7200万次，互动量超过90万次。[③]

3. 媒体产品创新

中央广电媒体发挥传统媒体的内容生产优势和新媒体的形式创新、传播创新的优势，打造众多具有互联网思维和传播特质的融媒体产品。央视出品的综艺节目产品，凭借精良的内容和新媒体的传播方式赢得了各类观众的喜爱，如《朗读者》《国家宝藏》《中国诗词大会》等节目都在各类新媒体中大放异彩。以《国家宝藏》为例，它的传统媒体收视

---

① 高艺:《数说中央广播电视总台媒体融合"增量"》,《中国广告》2018年第11期。
② 高艺:《数说中央广播电视总台媒体融合"增量"》,《中国广告》2018年第11期。
③ 高艺:《数说中央广播电视总台媒体融合"增量"》,《中国广告》2018年第11期。

率并不是很高，但在互联网上的热度非常高。第一季第一集一播出，就登上了新浪微博的热搜榜，在知乎上迅速形成话题。第一季豆瓣评分 9.0 分，第二季豆瓣评分 9.2 分。节目在以"95 后""00 后"为收视主力的 B 站上，有 69.9 万粉丝。第一季总播放量 2054.8 万人次，弹幕数 121.8 万条；第二季总播放量 2438 万人次，弹幕数 62 万条。

2019 年"两会"期间，中央广播电视总台央视新闻新媒体打造了一系列融媒体产品，包括政微视频、时政特稿、时政快讯、独家 V 观、央视快评、时政特稿、VR 全景视频、时政新闻眼、快讯等产品。原创时政微视频《听总书记讲新时代学雷锋》《连家船民上岸记》等获全网推送；原创时政长图特稿《习近平 6 年两会下团组 36 次，都去过哪？》回顾 2013—2018 年习近平先后 36 次下团组的重要讲话；VR 全景视频《我是你的眼》带观众提前走进代表团审议现场；VR 互动视频《全景 VLOG | 特殊视角见证人民大会堂的一天》让网友体验置身人民大会堂的感觉。

央视新闻新媒体联合阿里巴巴集团推出"两会"H5 融媒体产品《上新了·两会》，利用时下流行的 H5 呈现方式，在央视新闻移动网首页和央视新闻客户端等社交端平台的重要位置展现。产品运用了图文、音视频、VR 和全景图片等各种形式，以时间顺序将"两会"每日的要闻看点集中呈现，给用户带来了全新的"两会"报道体验。

4. 媒体生产创新

中央媒体也在媒体生产上积极融合创新。中央广播电视总台"2019 年央视综艺频道创新节目招投会"公开向社会征集创新节目方案，包括灿星制作、唯众传媒、能量影视、唐德影视、可以传媒、欢乐传媒、银河酷娱等在内的优秀社会制作机构，以及腾讯、爱奇艺、喜马拉雅、B 站、字节跳动等新媒体平台建言献策，都参与到了中央级广电媒体的内容生产中。央视新闻移动网的用户上传、用户直播和用户评论区等功能更是全新的媒体生产模式尝试。在突发事件中，央视新闻移动网通过位置信息可找到距离事件现场最近的用户，获得授权后用户可以直接传输现场画面，从而参与到新闻生产中。

2017 年央视新闻打造的移动融媒体新闻平台——央视新闻移动网，也是中央级媒体在媒体生产上的创新举措。央视新闻移动网是一个可以随时互动获取新闻视频与直播的信息平台，它由一个移动端新闻 App（"央视新闻+"）和一个 PC 端新闻网站（www.newscctv.net）构成，以长短视频和移动直播的形式使用户直击新闻现场。此外，央视新闻移动网包括五个主要功能系统：记者视频回传系统（VGC）、用户交互系统（有效 UGC）、移动直播系统、账号矩阵系统（央视新闻矩阵号）、信息核查系统。通过五个系统的通力协作，不仅将全国各个电视新闻机构的媒体资源汇聚共享，传播更加专业权威的新闻资讯，还能使专业记者在平台上进行直播的同时保护原创内容版权，让用户直接参与到新闻内容生产中来，实现了资源共享、渠道分发和新闻生产的媒体创新。

二、中央广电媒体融合特点

1. 开创性

作为媒体融合的排头兵，中央级广电媒体的融合往往起步早、创新迅猛、影响范围大，是省市级广电媒体和县域广电媒体融合的标杆。中央级广电媒体通过传统媒体和新媒体的融合，依托最新的技术，开展"首页首屏首条"的媒体融合建设，将中央媒体的舆论导向功能延伸到所有形式的媒体上，壮大了自身影响力，实现了"从群众中来，到群众身边的媒体中去"的创新性媒体融合。

2. 影响力大

中央级广电媒体的受众基数大，媒体融合产品覆盖的用户数多。"截至 2018 年 5 月 17 日 17:00，央视新闻移动网共发布短视频 256880 条，日均发布 567 条；发起移动直播 6259 场，日均直播 13 场；目前矩阵号已入驻 312 家；VGC 后台共收到 13033 条 UGC 投稿。"[①]

3. 平台性

中央级广电媒体有较强的公信力、号召力，搭建融媒体平台是它的强项。2017 年 2 月，央视上线平台型产品"央视新闻移动网"，通过构建资源共享、高效分发的通稿系统和媒资系统，推动各级电视媒体与新媒体一体化深度融合。

第三节 广电媒体融合的省市媒体实践

省市媒体作为广电媒体融合中模式创新的中坚力量，通过拓展内容产品形式和功能，洞察用户的痛点和需求，实现了"媒体＋活动""媒体＋服务""媒体＋会展"等模式创新。

一、省市广电媒体融合的历程与路径

《2018 中国媒体融合传播指数报告》显示，北上广、苏浙沪等经济发达地区的省市广

---

① 央视新闻：《突破千万大关！央视新闻移动网累积总用户数量达 10017264》，http://news.sina.com.cn/o/2018-05-19/doc-ihaturfs5901469.shtml，2018-05-19。

电媒体融合均衡发展，探索出了适合自身媒体集团的融合方式。中西部的省市广电媒体融合也各具特色，表现出了较强的媒体融合传播力。

1. 上海广电

上海广电的媒体融合战略集中在打造融媒体产品上。2016年，上海广播电视台成立融媒体中心，全力打造融媒体新闻产品"看看新闻Knews"，覆盖东方卫视频道，上海东方传媒集团（SMG）所属东方明珠新媒体公司的交互式网络电视（IPTV）、手机电视和百视通（BesTV）互联网电视平台以及"看看新闻"手机客户端三种新旧媒体渠道，实现产品IP在大屏、中屏、小屏等介质上的全面覆盖，达成真正意义上的广电媒体融合。在传统渠道中，东方卫视的新闻节目由"看看新闻Knews"团队生产，对现有节目的实效性、感染力、引导力等进行形式和内容的优化。在新兴渠道中，在已有的IPTV、手机电视和BesTV互联网电视平台上开设"看看新闻Knews"专区，提供一条24小时持续更新的视频新闻流"Knews24"和一批可供点播的互联网视频新闻节目。"'Knews24'的主要内容将由常态化的新闻资讯播报、重大事件和突发事件直播、深度调查报道、新闻解读和评论、可视化数据新闻、'专业拍客'特色内容等构成，除时政、经济、社会以外，还将涵盖新知、科技、历史、文化等人文类话题。同时，将着力增强、充分体现上海在国际新闻、财经新闻领域的优势。"[①] 此外，"看看新闻"手机客户端下设新闻、看点、直播三大板块，以原创视频深度报道为主，以具备新闻性的直播互动为产品特色，是"看看新闻Knews"丰富内容的源头和移动端最有效的内容首发平台。2019年，上海广播电视台融媒体中心陆续关停并转八档电视节目，将优秀的内容生产力量聚焦于打造"看看新闻Knews"的影响力。

2. 湖南广电

湖南广电是省市广电媒体融合中起步较早、程度高、创新强的代表之一。湖南广电的多轮改革是其保持媒体融合活力的基础。1993年，湖南广电揭开了第一轮改革的序幕，原本电视台的十几个部室撤并为六大中心，请星空传媒设计了湖南卫视的新台标。1997年上星，改称湖南卫视。1999年，"湖南电广传媒股份有限公司"挂牌上市。2000年，湖南广播影视集团挂牌成立，它是全国第一个省级广播影视集团，拉开了中国广电行业集团化改革的序幕。第二轮改革始于2002年，成立电视剧交易管理中心和广告经营管理中心，统管市场价格；经视、都市、生活三个频道合并成"新经视"；娱乐、影视、体育三个频道形成文体军团，集约化运营。此次改革使湖南卫视成功冲出全国广电市场的蓝海，建立了高知名度、高美誉度的媒体形象，激活了中国电视行业的持续创新活力和竞争动

---

① 曹玲娟：《上海：融媒体新闻产品"看看新闻Knews"上线》，http://sh.people.com.cn/n2/2016/0607/c134768-28473323.html，2016-06-07。

力。湖南广电的第三轮改革始于 2010 年湖南广播电视台的成立。2014 年，湖南广电制定出台《湖南广播电视台建设新型主流媒体若干意见》，明确"湖南卫视、芒果 TV'双平台'带动、全媒体发展的战略布局"，芒果 TV 全新亮相。2017 年，芒果 TV 实现净利润 4.89 亿元，成为国内主流视频市场中第一个实现盈利的综合性视频平台。2018 年，芒果 TV、快乐购、芒果互娱、天娱传媒完成资产重组，"芒果超媒"诞生，建立了影视、音乐、社交、硬件、游戏生态圈；同年，湖南广播影视集团有限公司、潇影集团、网控集团合并成全新的湖南广播影视集团，为湖南广电未来的改革奠定了基础。

3. 江苏广电

江苏广电的全媒体矩阵不仅构建时间早，而且布局完整，是通过搭建广电媒体移动端，实现媒体融合目标的典范。2012 年，由苏州广播电视总台打造的新闻类和生活类城市应用客户端"无线苏州"上线，对城市资源、环境、基础设施、产业等多方面要素进行整合，构建了一个集媒体资讯与城市便民服务于一体的城市信息共享新媒体平台，为公共服务和政府社会管理决策提供了一个智能化的全新窗口。2013 年，在全国省级广电媒体中江苏广电率先推出"荔枝新闻"，全面覆盖 ISO、Android 等主流操作平台，标志着江苏广电向全媒体战略集团转型向前跨越了一大步。"荔枝新闻"具备新闻客户端的常规功能，并为用户提供不同的生活场景服务，是一个集广播、电视、网站、报纸、PGC（professional generated content，专业生产内容）、UGC 等多态多样内容为一体的融媒体平台。江苏的 10 个区市的大部分党报集团或广电集团先后推出了自己的新闻客户端。2016 年，苏州广播电视总台打造的"看苏州"新闻客户端上线，传播党和政府的声音，发布苏州本土及全球资讯，建成了一个全方位报道苏州经济社会发展的移动平台，以及集新闻资讯、直播互动为一体的新型主流媒体平台。2017 年，由我苏网、苏州广播电视总台官方微博等共同构成的产品群，即融媒体平台"我苏"正式上线，江苏全省 13 个区市建立高效联络沟通机制，实现图文、视频以及 H5 等内容的及时发布，形成规模化、集群化的传播效应。

4. 浙江广电

媒体融合、浙江卫视、家庭购物、影视产业是浙江广电集团的四大战略重点，其总体目标任务是发展"一云（集团云媒资库）、两网（新蓝网、蓝天视频网）、三集群（新型媒体集群、电视媒体集群、广播媒体集群）、四平台（4G 等新型信源平台、市县云媒体联动平台、跨媒体宣传协作平台、IPTV 及 OTT 传播平台）、五化（内容集成数据化、平台发布多元化、渠道传输快捷化、终端服务优质化、组织结构全媒体化）"，以"合理打造新蓝网"为战略举措，使浙江广电成为有实力、有传播力、有公信力、有影响力的新型媒体集团。

　　浙江广电于 2009 年组建的新蓝网，是集团直属的互联网企业，是助推集团实现媒体融合发展和全媒体战略的先发平台。新蓝网打造的"中国蓝 TV""中国蓝新闻""喜欢听"三大客户端构成了"中国蓝家族"新媒体矩阵，使浙江广电的新闻内容实现跨屏落地、多端传播。2015 年起，浙江广电开始打造"中国蓝云"项目，"通过采用基于多租户的混合媒体云架构，充分利用互联网资源，为媒体业务提供强大的基础资源，是一朵融合了'采、编、发、管、存、用'等媒体服务特质的媒体云"①，实现了多租户、自主式、全业务的内容生产。2017 年，"中国蓝融媒体中心"正式投入试运行。浙江卫视新闻中心、浙江之声新闻中心、新蓝网新闻中心等"三中心两频道"及集团总编室、融媒技术中心等单位和部门相关人员纷纷入驻，充分发挥"中央厨房"业务平台、技术平台、空间平台的作用，加强跨部门、跨业务单元的沟通协调，努力实现集团新闻资源有效聚拢整合，提升融合新闻生产力。2018 年，在"中国蓝融媒体中心"建设和融合传播机制探索取得阶段性成果的基础上，浙广电集团以新蓝网、"中国蓝新闻"客户端为平台，省市县三级媒体融合联动，组建了浙江省广电融媒体联盟，上线"中国蓝新闻·蓝媒号"。"蓝媒号"以新闻视频和移动直播为核心竞争力，建设"蓝媒头条""蓝媒直播""蓝媒产品"和"蓝媒行动"四大品牌，在全省范围内构建内容共享、渠道共享、技术共享、数据共享的广电融媒协作联盟。2019 年，"中国蓝新闻客户端·蓝媒号 +"政务号聚合平台上线，同浙江省各级机关部门、地方媒体、行业媒体以及企事业单位的新闻宣传部门携手合作，实现同步发布、共享资源、全力服务。

5. 广东广电

　　广东广电较早推出了融媒体拳头产品参与媒体融合。2016 年，广东广电启动触电融媒体项目，推出融媒体拳头产品"触电新闻"。作为一个以广电资源为核心的视频资讯聚合分发平台，"触电新闻"一方面高效聚合广电、政府、企业以及自媒体资源，另一方面通过大数据技术向不同人群、不同年龄段的用户分发信息，最终实现了权威媒体海量资讯的精准推送。此外，广东广电整合原有的三个新闻中心和四个官方网站，建成了新媒体融合平台。在该平台上，新闻节目一旦完成即可被数字化存入融资中心，各频道、IPTV、网络电视、手机、网络台等可根据需要调用编排节目，社会用户通过移动端和 PC 端上传的内容也能进入该内容库，实现了媒体融合的生产创新。

---

① 浙江广播电视集团：《浙江广电集团：立足内外兼修，做好融合发展"一号工程"》，https://www.sohu.com/a/312644406_451230，2019−05−08。

二、省市广电媒体融合的特点

和中央广电媒体融合相比，省市广电媒体的融合离区域用户更近一步。各省市广电媒体根据自身的优势与不足，以及各省市的政治、经济、社会特点，探索因地制宜的媒体融合策略，围绕建设融媒体中心，积极展开体制机制创新，布局媒体产品传播矩阵，打造省市级媒体生态圈。

1. 建设融媒体中心，保障内容的聚合与分发

融媒体中心的构建，使不同形式、不同渠道的内容更高效地汇聚在一个数字化的现代平台上，媒体工作者和普通用户都能在融媒体中心这个内容的蓄水池中出力；而且基于融媒体中心的资源库，各分发渠道、各工作岗位的工作人员又能准确快速地找到需要的内容，大大提高了内容的再生产和分发的效率。上海融媒体中心为新闻综合频道、上海外语频道、东方卫视以及"看看新闻"客户端等多个平台提供内容支持。浙江省广电和丽水广电跨区域进行媒体融合合作，创建丽水市广播电视新闻总台融媒体中心。"广东广电媒体融合共同体"聚合带领广东省 20 多个地方电视台共享文稿资料库，积极保护版权，运营媒体资源。各省的融媒体中心建设织就了一张内容聚合与分发的大网。

2. 发挥强大的内容生产、营销传播优势，构建融媒体产品矩阵

不管是传统媒体还是新媒体，内容始终是其向用户提供的最基础、最直观的产品。因此，各个省市媒体都在不断提升自身的内容生产能力。湖南卫视是内容创新的标杆媒体。2004 年，在第一轮的广电媒体内容创新下，湖南卫视诞生了《快乐大本营》《天天向上》《快乐女声》《快乐男声》等一系列品牌节目，也创新了广电媒体的内容营销方式。2013 年，湖南卫视构建了一条包括综艺节目、真人秀、自制偶像剧、大型活动晚会在内的节目产品线，在大屏首播、小屏互动、社交软件营销的内容产品营销模式下，《我是歌手》《爸爸去哪儿》《偶像来了》《真正的男子汉》《花儿与少年》等一系列节目大获成功。

此外，省市广电媒体可凭借内容优势实现平台化的发展。和报业集团的媒体融合相比，广电媒体在实现传统电视大屏与移动端小屏的融合上，不仅更加便捷，也更顺理成章。因此，众多省市广电媒体都形成了有特点的、有竞争力的平台产品。如，"芒果TV"延伸湖南卫视在综艺娱乐方面的内容优势，将休闲娱乐的优质内容多屏覆盖，实现了娱乐内容平台的生态化发展。"荔枝新闻"不仅实现了江苏广电的热播节目的小屏播出和互动评论，还延续了《一站到底》《知识就是力量》等电视节目塑造的知识型媒体的形象，上线了问答模块，推动了江苏广电的知识内容平台的生态圈建设。

省市级媒体构建的融媒体产品矩阵，实现了内容的产品化。一方面，融媒体产品矩

阵激发出了媒体擅长生产内容的 IP 个性，提升了媒体的时代形象；另一方面，借助时下流行的技术和互联网应用平台，具有个性的软硬件呈现方式更赋予了新旧媒体更多融合的可能性。湖南的"芒果 TV""芒果直播"、江苏的"荔枝新闻""我苏""大蓝鲸"、浙江的"中国蓝 TV""中国蓝新闻"、上海的"看看新闻 Knews"等融媒体产品矩阵的诞生，都是省市级媒体的内容产品化的成果。

3. 拓展广电媒体属性，打造"广电＋"产业

省市广电媒体积累的当地各类区域资源丰富，且人们对这些资源较为熟悉和信赖，基于此资源优势和媒体本身的公信力，省市级广电的媒体融合往往会向不同的产业延伸，打造具备服务属性的"广电＋"产业链。在湖北，作为湖北本地用户量最大、活跃度最高的移动互联网入口之一，湖北经视手机客户端"经视摇摇乐"已经发展成了本省资讯娱乐生活服务平台。湖北电视台向教育、旅游、金融等领域延伸，推动"广电＋产业"的跨领域融合发展。在江苏，苏州电视台推出的"无线苏州"移动互联网生活服务平台，集合了媒体资讯、智慧交通、智慧社区、诚信苏州、电子商务等功能，打造了"广电＋出行""广电＋便民服务""广电＋政务服务""广电＋购物"等创新模式。

第四节　广电媒体融合的县域媒体实践

随着广电媒体融合的纵深推进，从中央到省市，主流媒体积极探索、集中发力，县域媒体作为媒体融合的"最后一公里"也开始发力。2018 年 8 月 21 日，习近平总书记在全国宣传思想工作会议上指出，"要扎实抓好县级融媒体中心建设，更好引导群众、服务群众"，这不仅推动了县级媒体融合的发展步伐，更指出了我国媒体融合发展的新思路和新趋势。2018 年 11 月 14 日，中央全面深化改革委员会第五次会议审议通过了《关于加强县级融媒体中心建设的意见》，为县级融媒体的发展确定了顶层设计。做好县域媒体的广电媒体融合，就是打通传播的"最后一公里"。

目前的县域媒体融合大多借鉴中央媒体或其他省市媒体的融合路径，将不同媒体形式、不同渠道的媒体内容整合起来。部分县域媒体采取因地制宜的本土化策略，结合自身实际情况和发展需求，在省市级媒体的带动下，通过自我创新，走出了县域广电媒体的特色发展之路。

一、县域广电媒体的融合历程与路径

自 2018 年县域媒体融合开局之年至今，全国各地出现了不少独树一帜的县域媒体融合典范。

1. 北京十六区融媒体中心

从 2018 年 6 月起，北京市各区的融媒体中心密集揭牌；7 月 21 日，海淀区融媒体中心挂牌，自此北京市十六个区全面建成融媒体中心。

北京十六区融媒体中心实现了媒体融合从"相加"到"相融"。通过媒体资源和平台调配整合，用"中央厨房"的运作模式进行一次采集、多次生成、多元传播，整合广播、电视、报社、移动客户端、微博微信、第三方账号等资源，打造融媒体产品矩阵。如大兴区融媒体中心将之前的渠道整合成由大兴电视台、广播台、《大兴报》政府网、政务微博、官方微信、官方 App、大兴融媒联盟、市级媒体、中央媒体、社会媒体、海外媒体等十二大平台组成的融媒体宣传矩阵，从内容生产、人员分工、办公区域改造方面使融合向纵深推进。

基于北京的区位优势，北京十六区融媒体中心积极同各方展开合作，与人民网、新华网、央广网、北京日报社、北京广播电视台、千龙网、人民日报媒体技术股份有限公司等中央和北京市属媒体、技术公司合作，同高校、传统媒体集团、新媒体公司、互联网科技公司、科研机构等建立合作关系，探索更加专业、高效的媒体融合模式。如东城区融媒体中心同《人民日报》、新华社、中央电视台、《北京日报》、北京电视台等中央和北京市属媒体的媒体人，以及网络"大 V"合作，为东城区的新闻宣传出谋划策。

县域媒体的融合重点之一是增强政府与民众的互动，扮演好"民众身边的媒体"这样的角色。因此，北京十六区的融媒体中心将媒体、政务宣传、生活服务有效地融合。丰台区融媒体中心在百度开通百度政务熊掌号，实现了"新闻＋政务""新闻＋服务"的模式创新，群众通过评论和政府进行沟通，政府也可及时落实惠民政策；在今日头条开设"丰台头条"专区；通过悟空问答、抖音等 App 展开新媒体传播。平谷区融媒体中心将平谷电视台、平谷广播电台、《平谷报》、平谷区人民政府网站、"北京平谷"政务微博与官方微信等传统媒体和新兴媒体整合成了融媒体生态圈，实现了"信息源＋新闻＋政务＋服务＋电商＋短视频"的横纵融合。

2. 浙江湖州长兴传媒集团

浙江省县域融媒体改革起步较早。2011 年 4 月，浙江省湖州市长兴县通过体制机制调整组建长兴传媒集团，整合了广播、电视、报纸、杂志、网站、"两微一端"、数字电视网络公司、大数据公司等，成为全国第一家县域全媒体传媒集团。

长兴集团的融媒体创新首先体现在媒体生产流程中。长兴集团的"融媒眼"融媒中心指挥平台类似于一个高效的"中央厨房","融媒地图"实现了办公室人员和在外记者的点对点视频通话、调配，利于进行高效的新闻生产活动；每个工作人员的"咔咔"移动账号实现了平台内部信息的共享，推动了传统媒体和新媒体业务资源的共享，进而提高了生产效率。集团的办公场地是全部连通的开放式设计，采编人员全员在一起工作；集团设立的全媒体采访中心，打通了原本独立的生产流程。

长兴集团还通过优化传统媒体，构建"两微一端"新媒体产品矩阵，满足县域民众的各类需求。一方面，长兴集团打造的《长视新闻》《小彤热线》《观点致胜》等多个优质电视节目和FM97.3"太湖之声"、FM106.6"新闻交通"等广播频率为其积累了大量的忠实用户。另一方面，长兴集团打造的微博、微信公众号、"长兴拍客"微信公众号等传播渠道，建立的本地拍客的QQ群，鼓励用户上传UGC内容、留言评论，实现了媒体和用户的双向沟通。集团打造的集媒体和电商于一体的"长兴帮频道"，将手机和电视结合起来，为用户提供新闻内容的同时，也提供便民服务信息，包括商家折扣信息、商品信息、餐饮商家推荐以及本地资讯、天气预报等。如，客户端上的《小新帮忙》栏目为用户提供一对一的咨询服务，《在线报料》栏目为用户提供健康、优质的新闻产品。长兴集团打造的"掌心长兴"App，把新闻资讯的传播形式用拍客、读报、H5、滚动新闻等形式展示，并在客户端上提供"一键式"的政务服务和生活服务，用户可以在客户端办理驾驶证换证、居住证办理、身份证申领、机动车登记等事宜。

长兴媒体集团还着眼于用户需求，通过"媒体+"的跨界合作实现媒体融合。"小浦镇银杏节""吕山乡湖羊节"等品牌商业节日的推出，以及各类商业活动和公益活动的推出，都是"媒体+旅游""媒体+会展""媒体+服务"的创新尝试。县域媒体这一系列立足本地民生民情的媒体融合，具有深刻变革意义。

3. 江苏邳州广电"银杏融媒"

立足本土现实、服务本地民众，是县域媒体融合的最大优势之一，苏州邳州广电打造的"银杏融媒"品牌就很好地发挥了这一优势。其依托"银杏之乡"的背景，以银杏为主题，推出了一系列如"两微一端"等既有当地特色，又具竞争实力的融媒产品。"邳州银杏甲天下"App提供当地新闻资讯，开通智慧城市服务、政企云服务、直播等服务；微信公众号"邳州银杏甲天下"以政务服务为主，开通了求助平台和新闻爆料业务；微信服务号"银杏直播"的功能以展示当地群众的文化生活为主，是当地重要的文化信息交流平台。此外，邳州依托融媒体平台，开展"政企云"服务项目，代运营政务微信号，吸引了全市多家乡镇企事业单位合作入驻。2018年5月，融媒实验室创作推出的H5互动新媒体产品《@邳州人，书记喊你加入群聊，讨论这件事》，以市委书记的名义和10万多用户展开讨论。

邳州广电整合广播、电视、报纸、网站、新媒体等媒体资源，组建融媒体中心，实现了新闻的一次采集、多次发布、全媒传播的生产流程创新。

4. 四川丘区三台县融媒体中心

四川丘区县级广电媒体融合始于 2016 年年初，县委、县政府制定了新媒体发展规划，确定了"以县广播电视台为依托，以媒体融合为抓手，建造全媒体综合信息服务平台，推动智慧三台大发展"的总体思路，分步分期完成媒体融合。第一，制定总投资 400 万元，分四步实施的全媒体综合服务信息平台，打造第五个三台本土广电服务终端。第二，投入资金购买高清设备、音视频解码器、互联网安防设备、前端高清采编播等新设备，建成全媒体中心办公区域，将六个内设机构整合成全媒体中心（下辖采访中心、编辑中心、播音中心）和制播中心等部门。第三，打造"直播三台"App，设立"微观三台"公众号，升级三台新闻网，构建起"声、视、网、端、微"五位一体的全媒体宣传矩阵。

三台县广电媒体融合过程中，除了积极融入新媒体战队，还对以往的节目进行本土化、精准化、生活服务化等内容生产创新。首先，三台县电视台重塑新闻综合频道，取消该频道的广告和电视剧，将一天的节目分为早中晚 4 小时的新闻节目大时段播出。三台人民广播电台重新包装 FM100.1 "梓州之声"广播频率，以全天早中晚 10 小时的个性化直播频段传播优质内容，打造了如《老窦说事》《杨妹汇生活》《阳光好心情》《涪江史话》等一系列具有鲜明本地特色的品牌节目。其次，对关注度高的《三台新闻》《民生播报》等日播栏目进行全面改版升级，打造了《热点追踪》《阳光问廉》《挑战 24 小时》等一系列现象级节目。

二、县域广电媒体融合的特点

和中央级媒体、省市媒体相比，县域广电媒体起步较晚、资源较少、资金较紧张，但凭借对确定范围内的用户进行精准洞察和分析，以及本地化的资源优势、受众优势、文化优势等，县域广电媒体找到了自己的融合方向。

1. 建立融媒体中心（平台）根据地，为媒体融合保驾护航

融媒体中心不仅能使媒体快速适应媒体融合背景下的内容生产流程，还能使媒体内容实现一次采集、多次编辑、多渠道分发的高效传播，融媒体中心（平台）由此成为县域广电媒体融合的根据地。县域融媒体中心的建设模式有：与其他媒体和高校建立智库联盟；与中央级或省市级媒体开展渠道合作；在中央级或省市级媒体帮助下构建。

北京大兴区与北京广播电视台建立的首个"区属媒体 + 市属媒体"多方协作、融合传播的融媒体平台成为县域融媒体中心的标杆。甘肃省玉门市广播电视台从 2017 年开始进

行"数据融合服务中心暨融合媒体共享平台项目"建设，开启县域广电媒体的融合进程，实现了业务内容的共享融合、传播技术的交互融合、应用服务的产业融合，打造了以"一中心四系统＋爱玉门App"为技术架构的融合媒体共享平台。安徽省通过在全省所有县域覆盖融媒体中心，建成"全省一朵云、一地一个端"的省域媒体融合立体化传播新格局。河南省项城市将电台、电视台、《项城市讯》和《项城瞭望》等传统媒体的新闻资源整合成了融媒体中心，依托中心资源，建构了"项城网"、手机App客户端、"瞭望项城"官方微博、"印象项城"微信公众号四大平台。陕西省延安市富县把县委通讯组、县委网信办、县广播电视台、县广电办、县电子政务办等五个单位的职能相整合，组建成立了富县融媒体中心，实现了县域媒体"三屏一声"（电视、电脑、手机、广播）全覆盖。

2. 组建县域融媒体联盟，借力借势跨越发展

县域融媒体联盟有效克服了媒体融合中人才匮乏、资本和资源等不足的困难，联盟成员之间互帮互助，加快了县域媒体融合发展的步伐，丰富了县域媒体融合的路径。

2017年，浙江省融媒体联盟成立。该融媒体联盟由宁海县新闻中心、椒江区新闻中心等单位发起，由浙江省各地的26家县（市）区媒体、院校和知名互联网服务提供商组成。浙江省融媒体联盟通过整合现有的内容、渠道、人才、媒体影响力等资源，提供理念创新、理论支持、案例支撑、技术保障和渠道共享等服务，进一步推动媒体融合，让县域媒体在转型中获得支持。2018年，安徽广播电视台全媒体中心与全省60多家县级广播电视台结成安徽广电（县域）融媒体联盟，以"海豚云"融媒体智能化平台为基础，以"多来源内容汇聚、多媒体制作生产、多渠道内容发布"的全新模式，通过内容共享、内容合作、平台互通、主播参与、全媒体记者汇集、渠道共享等形式，助力县域媒体打造县级媒体综合信息服务平台和移动新媒体产品，实现了全省广电媒体的融合转型升级。北京海淀区融媒体中心同北京大学新闻与传播学院、清华大学新闻与传播学院、中国人民大学新闻学院等高校以及新浪、今日头条、网易、快手等企业合作，成立中关村媒体融合发展联盟，设立"百度融媒体工作室""短视频融媒体工作室""交互动画融媒体工作室"等海淀区融媒体工作室，借助强大智库和社会力量，生产融媒体产品，传播海淀声音。

3. 内容生产扎根民生，媒体属性扩展服务

县域广电媒体的一大优势是广泛贴近民众，聚焦本地资讯，能利用本土化资源，进行有本地文化特色的传播。因此，因地制宜的本土化政策是县域广电媒体融合的标配，内容生产立足现实、服务当地民众的媒体属性成为县域广电媒体的融合优势。

河南省项城市的融媒体中心，从民众痛点和需求出发，实现了媒体服务的线上线下融合：通过市长信箱、市长热线、群众报料、民生诉求、城市管理、业务查询等功能模

块，落实"新闻＋政务"的创新媒体模式；通过纳入市图书馆、文化馆、豫剧团与镇文化站、村文化大院等公共文化资源，落实"新闻＋文化"的创新媒体模式；通过融媒体中心的"报料功能"，连接民众和党委政府，落实"新闻＋服务"的创新媒体模式；通过与食品监管部门联合打造"明厨亮灶"工程，把食品安全经营和监管全程搬上互联网，落实"新闻＋监管"的创新媒体模式；通过建立农村连锁超市，落实"新闻＋电商"的创新媒体模式。邳州广电打造的"邳州银杏甲天下"融媒体品牌具有独特的媒体个性，以本地特色银杏为融合的切入口和记忆点，围绕媒体、政务、服务和企业进行一系列的内容生产。浙江省杭州市萧山区的"智慧萧山"App注重呈现本地文化和提供便民服务，如：推出全景萧山图H5，全面展现全区和各镇街（场）改革开放历程，展现本土文化；推出智慧医疗、萧山天气、律师在线、掌上营业厅等便民服务。

● ● ● ● ● ● ● ● **小结**

随着媒体融合的不断推进，主流媒体集中发力，县域媒体也加入其中。媒介融合已经到了向纵深推进的关键阶段，从早期的转变生产方式迈向连锁反应的社会过程。但我们在学习媒体融合先进案例的同时，也要看到部分媒体正"照猫画虎"地照搬其融合模式，区域媒体融合发展中的同质化问题亟待解决。正如波兹曼所言："媒介革新不是叠加性的，而是生态性的。"媒体融合从来都不只是传统媒体的自我求赎，而是关乎国家顶层设计。媒体融合既没有固定模板，也没有标准答案。未来，地方媒体需充分结合自身情况设计适配的媒体融合矩阵，加强对受众的动态分析，并将信息传播和提供公共服务相结合，构建"中央＋地方媒体"的广泛融合格局，真正实现从"相加"到"相融"的路径突破。

本章思考题

1. 怎样才能更好实现传统媒体和新媒体的高度融合？

2. 请列举一个央视出品的文化类综艺节目，谈谈如何对这档节目进行融媒体传播。

3. 中央广电媒体融合的特点是什么？

4. 省市广电媒体融合的特点是什么？

5. 谈谈你对县域融媒体的认识。

第四章

广播电视与新媒体的政治属性

【本章要点】本章探讨广播电视与新媒体的政治属性，分析了在监测环境、协调社会、文化传承功能之外，音视频新媒体在新闻舆论宣传、意识形态把握与建构、社会治理与公众参与等层面的新特质，论述了融合发展视野中的政治新生态。

第一节　广播电视的政治属性

20世纪中期，拉斯韦尔在《传播在社会中的结构与功能》开篇阐释大众传播的功能时指出大众媒体具有三个功能：环境监视功能——帮助人类适应社会与自然变化，充当社会"瞭望哨"；社会协调功能——协调整个社会各组成部分之间的不同分工；社会遗产继承功能——对历史的记录及整理并且传承后代。[①] 外交官、使馆随员和驻外记者的功能便是守望环境，编辑、记者和演说家的功能则是协调社会以及对环境做出回应。在有些人看来，这是对政治传播的一种直接描述。在施拉姆看来，这种监测功能在石器时代的洞穴人身上就已有了，他们用社会分工完成环境监测以防范危险并寻求机会的分工，如今，媒介接过了这些任务。施拉姆将大众传媒的社会功能进行细分，认为除经济功能、一般社会功能之外，媒介还具有政治功能。对政治功能的具体描述，施拉姆并没有细致

---

① ［美］哈罗德·拉斯韦尔：《传播在社会中的结构与功能》，何道宽译，中国传媒大学出版社2013年版。

展开，但从其对媒介内外功能的阐释中可以看出他对媒介信息流动的强调。广播电视等音视频媒介在新媒体技术的支持下，凭借自身的视听传播符号，对媒介功能理论的这些经典特质作了深入与延续，在传递施政理念、动员社会参与、塑造政府和领导人形象方面发挥着不可忽视的作用。[1]

一、监测环境

2007 年是网络视频用户迅速成长的一年，网络视频成为继音乐、即时通信软件之后的第三大互联网应用。2016 年，移动短视频的社会影响力尤其是边缘影响力已经超过想象。视频自媒体是网络视频行业中具有互联网风格的内容形态，具有强大的内容生产力和传播活力。伴随着视频自媒体的崛起，公众自我表达的意愿也越来越强烈，各类媒体平台纷纷推出以普通人为主体的短视频产品，作为竞争的优势资源，利用 UGC，收集来自各行各业的动态，实现对社会风向的全面把握。在新媒体与大数据技术的共同作用下，用于收集情报的技术已经有了较大的革新，涌现出不少新成果。比如，通过对网络上各类音频流、视频关键帧、图像等信息源的分类、整合、分析处理等，可以有效监测和规范自媒体视频的内容与传播。

人民网 2008 年推出"人民播客"，2010 年推出"人民电视"，2014 年创立"人民拍客"，展现了主流媒体不断顺应历史潮流，吸纳用户生产内容，提供平台用于公众自我表达的希冀。拍客准入门槛较低，在受到商业利益驱动时，难免会出现作品质量良莠不齐的情况。有鉴于此，"人民拍客"这类大平台的建立也旨在规范表达边界、保护版权和规避过度追求商业利益所带来的负面影响。2018 年，人民拍客策划"人民拍客大 V 行"活动，走进雄安、兰州、成都等城市，记录不同地区的发展历程与建设成绩，以平民化视角全方位展现了民众对我国改革开放以来建设成果的认可，同时呈现了纷繁多样的社会风貌，观众可以从视频中了解民生百态。

二、协调社会

广播电视通过直观的文字、图片、声音、影像等传播符号，对政治信息、公众政策进行解释与宣传。例如，2019 年上海开始实施垃圾分类政策，上海市政府和下属区级单位分别制作了生动活泼的垃圾分类宣传片，在各视频网站进行播出。宣传片采用卡通人物形象对具体的垃圾分类标准和要求进行了解释，用简洁的话语阐释政策出台的必要性，有助于公众更好地理解和实践。2019 年 12 月，新型冠状病毒肺炎疫情暴发，公众通过

---

① 李舒、孙小咪：《时政微视频：媒体政治传播的新探索》，《电视研究》2017 年第 10 期。

央视的《新闻1+1》等新闻栏目、微博和微信等社交媒体平台、各类短视频平台，以及官方高频的新闻发布会直播，获知政府部门和专家对当日疫情的分析、研判及对策，平复焦虑的情绪，满足迫切的认知需求。可以说，多媒体手段的应用提升和强化了信息的时效性，"眼见为实"的现场感伴随着手持镜头，让公众对场景的主观感受更为真实，在场意识唤起的情感形成了巨大的社会共同情绪。

三、文化传承

广播电视媒体在文化传承等方面具有先天的优势，"在所有现代媒介中，电视是没有任何门槛、最能让人轻松接受的媒介，在整个媒介进化图景中，是唯一的家用媒介，也是迄今最有效的广告传播载体"[①]。即便受到了自媒体的冲击，电视在文化传承方面依然具有良好的效果。

2015年央视羊年春晚，一种新的春晚节目参与方式——微信摇红包吸引了2000多万观众参与。有数据显示，当晚10点半春晚送红包，微信"摇一摇"总次数达到72亿次，峰值达到了每分钟8.1亿次，当年春晚实现了全国189个电视频道同步转播。央视第一次开放播出权限，与商业视频网站合作共同直播春晚，让观众可以在多个屏幕收看节目，实现了多屏收视率29.6%的好成绩，几乎追平电视收视率。弹幕元素的加入，让观众可以边看节目边发表意见，网友对春晚节目的评价都会实时显示在电脑屏幕上，"边看春晚边评价"的愿望第一次真正得以实现。此外，节目结束后，观众还能在屏幕的图片弹幕中选择心仪的节目继续观看。电视媒体和移动互联网的跨屏互动，将电视、手机和观众联系起来，观众的主体地位和社交需求得到了彰显与满足。

广播电视媒体的文化传承功能还表现在对政治性事件的报道中。从2015年中国人民抗日战争暨世界反法西斯战争胜利70周年大阅兵，到2017年朱日和阅兵，再到2019年海军成立70周年阅兵，借助移动视频观看并在社交媒体平台发起互动已经成为公众参与政治性事件的新常态。每个网友都有机会"参与到现场"，实现"指尖上的阅兵"。这种借助互联网实现的"离场介入"，让民族自信心和民族认同感的建立超越了时空。

---

① 　徐立军：《中国电视收视年鉴（2018）》，中国传媒大学出版社2019年版，第249页。

第二节　音视频新媒体的政治属性

新媒介生态环境下，音视频新媒体在新闻舆论工作、意识形态把握与建构、社会治理与公众参与等层面展现了新特质。

一、新闻舆论工作新路径

按照马克思主义新闻学的相关理论学说，针对不同的受众对象应采用不同的宣传方式。借助不同的社会事件和话语平台，在对马克思主义新闻学理念传承的基础上，我国广播电视机构在宣传实践上有了较多的尝试和拓展。尤其是党的十八大以来，中共中央在许多场合提出用"新闻舆论工作"代替"新闻宣传工作"，这不仅仅是措辞上的改变，也是政治主体、传播主体沟通意识增强和重视信息互动机制的表现，意味着一种优化了的传播政治生态的形成。当下，从中央到地方，"中央厨房""三微一端""一台一网"等多种新的组织结构和传播形态已经成为新闻媒体的常态，这些新设立的媒介融合部门将短视频、移动直播、H5、VR、AR 等新媒体形式积极吸纳到日常节目的播出中，大部分的省级频道在6 个以上的传播渠道中开设了相应的端口并积极更新节目。例如，2018 年全国"两会"期间，《东方新闻》在视频网站、短视频平台上的发布量分别稳定在单日近40 条和400 条的水准，充分体现了较为强劲的内容生产力和新媒体时代内容宣传的转型思路。

1. 严肃时政议题的理性政治模式

（1）依靠自身政治资源建立严肃新闻报道的新模式，紧握主流媒体的话语主导权

由东方卫视新闻团队和上海电视台新闻团队联合出品的上海"看看新闻"，是上海广播电视台（SMG）官方客户端，它将追求原创视频新闻作为品牌导向，用新闻叩击时代，旨在实现"新闻是核心、视频是特性、直播是亮点"。

（2）平台高度重视官方信源

由上海广播电视台、上海市高级人民法院策划推出的《执行第一线》（2019）以纪实拍摄的手法直击执行现场，真实记录执行法官的日常工作，生动展现上海司法战线执行干警的信念和精神风貌。

（3）呈现攻坚精神和正能量取向

在新中国成立 70 周年之际，江苏卫视联合上海、浙江、安徽广电媒体联合制作的全媒体大型新闻行动《聚力长三角　奋进新时代》，体现了城市大脑、互联网＋、AI 技术等奋进中的长三角各省市的发展新动态。

（4）重大新闻议题报道中，注重用官方素材进行直播

2019 年，围绕生猪价格上涨的问题，媒体直播国务院新闻办公室的记者招待会，增强了公众的社会信心。

（5）开拓新的节目类型和合作方式，在多个平台发挥主流媒体的舆论导向作用

2016 年 3 月 20 日亮相央视中文国际频道的《中国舆论场》，是国内首档融媒体新闻评论节目，主要点评一周关注度较高的国内外热点事件，纠正网络舆论偏差，拨开网络舆论迷雾。该节目通过引入"在线观众席"保证全球网友可以通过手机实时抢票，当期节目参与者可以直接分享观点、向嘉宾提问，全程互动。融媒体的即时传播与互动方式增强了节目的趣味性，评论版块的设置既亲民又很好地完成了舆论引导的任务。

2. 打造轻量化传播的媒介事件

广播电视媒体的轻量化传播，是指在直播与音视频符号传播中，实时引入意见表达渠道，让媒体与媒介本身成为一个高度互动的载体，将传播内容高度渗入生活的各个环节，实现传播议题的生活化解答与日常化建构。

2017 年建军节前夕，《人民日报》客户端策划出品并主导开发，腾讯"天天P图"提供图像处理支持的 H5 产品《快看呐！这是我的军装照》，一经发布就吸引了用户的深度参与，并很快在社交媒体上掀起了晒图热潮。由于互动简单，单日访问量就过亿，平均每分钟生成 22 张照片。2016 年 5 月 5 日是马克思诞辰 198 周年纪念日，中国青年网在当天推出专题视频《您好，马克思》，分为四屏内容，包括主题鲜明的原创视频、原创报道，以及交互性强、表现形式多样的图表、H5、公众号文章等，适合移动端阅读，并实现了形式、内容与主题思想的统一。2017 年开播的电视剧《人民的名义》，以过硬的品质引起了强烈的舆论反馈，在收视市场势如破竹。该剧弘扬主旋律、推动反腐倡廉的信心得到了观众的巨大共鸣，电视端、移动端、PC 端联动，话题不断，微博热点不断，吸引了年轻观众的收视流量，成为年度热剧。在国家新闻出版广电总局电视剧司为迎接党的十九大胜利召开下发的第一批推荐播出参考剧目名单中，《人民的名义》居榜首。

3. 传播新手段的综合应用

（1）建立新的综合平台，努力打造现象级媒体

2019 年 1 月 1 日，中宣部基于互联网建设的"学习强国"平台正式上线。它是以习近平新时代中国特色社会主义思想和党的十九大精神为主要内容的综合创新学习平台，也是最权威、最全面的信息平台。平台上线之初就设立了包含《学习电视台》《学习慕课》《美丽中国》等几大音视频在内的多媒体内容板块；不仅有核心重磅栏目《新思想》等，还有主要新闻单位"强国号"等提供的原创内容和优质服务。严肃的时政新闻内容如

《新闻联播》每日更新上线，轻松的时代热歌和爱国主义电影片段也成为用户点击量较高的板块内容。地方平台入驻更新当地动态短视频，让用户第一时间掌握国家大小事。这些短视频也成为党员学习内容之一。平台强调运用手机客户端实现组织学习的便捷性，通过"高性价比"的信息流通强调利用碎片化时间领略中华文化精髓、中华壮丽山河、今日中华崛起之成果。[①] 借此，平台迅速成为一款现象级学习App，不仅成为人们茶余饭后的社交话题，多样化的互动形式更是让用户感受到学习的快乐。

（2）综合利用现有的成熟平台，搭载相关内容，让政治宣传时效性更强

由阿里巴巴开发并免费提供给所有中国企业的智能移动办公平台"钉钉"（Ding Talk）在全国范围内已经获得超过1000万家企业认可并使用。值得一提的是，"钉钉"具有非常广泛的党员干部群众基础，管理员可以在线发布关于主题教育的打卡任务，而视频学习方式满足了互联网时代智能化、便捷化的学习需求，让主题宣传生活化。

短视频为新时期的政治传播提供了新的路径，央视制作的系列微视频《初心》，《人民日报》制作的系列政论微视频《习近平用典》，新华社制作的"一带一路"微视频《大道之行》等，都产生了深远的社会影响。2016年11月15日，"央视新闻"新媒体推出时政微视频《习近平总书记的一天》（呈现了习近平总书记在G20杭州峰会上一天参加了19场活动的细节），借助传统平台的优势，把电视端未播出的画面重新编辑，生产出优质且适合移动互联网的音视频内容，在新的多元渠道和终端分发，提升了宣传效果。央视还成立了微视频工作室，在新闻客户端推出时政微视频栏目《V观》，有效提升了主流媒体的传播力和影响力，创新了政治传播的手段，补齐了传播渠道的短板，形成平行的传播视角和平等的传播信息流，拉近了政治传播主客体之间的距离，优化了政治传播生态。

4. 搭建媒介组织新架构

新的传播方式拷问着媒介组织的运作效率。2018年3月，中共中央印发的《深化党和国家机构改革方案》提出，中央电视台、中央人民广播电台、中国国际广播电台撤销并合并为中央广播电视总台，作为国务院直属事业单位，由中共中央宣传部统管。三者的丰富资源、强大外宣力量被进一步整合，在网络传播力上有了更明确的总体整合红利。2018年第二季度，中央广播电视总台的融媒体发展势头强劲，大小屏的发展上都显示出绝对优势，微博、微信、手机App、官网和其他第三方平台等正常更新的新媒体产品超过了1600个。

在地方，各省级新闻媒体单位分别建立"中央厨房"推进媒体深度融合，打造新闻宣传的终端，建立功能综合、贴近民众的融媒体平台。"上海广播电视台融媒体中心搭建了由KNEWS新闻中心、上视新闻中心、综合节目中心、外语节目中心和办公室、总编

---

① 李斌：《用"学习强国"激发学习力量》，《人民日报》2019年1月15日。

室、人力资源部、制作部、广告经营部、财务部、品牌推广部等四中心、七部门组成，共有员工 1000 多人的融媒体中心，融媒体中心承担了电视新闻综合频道、东方卫视新闻版面、看看新闻网、上海外语频道四大平台的日常运转工作，并投入使用了自主研发的Xnews 全媒体融合生产平台，解决了'电视新闻全媒化'的生产、管理和传播整套流程问题。"[1]

　　在全国范围内，各地政府高度重视县域融媒体中心建设。2016 年 2 月 19 日，在党的新闻舆论工作座谈会上，习近平总书记指出，要尽快从相"加"阶段迈向相"融"阶段，从"你是你、我是我"变成"你中有我、我中有你"，进而变成"你就是我、我就是你"，着力打造一批新型主流媒体。2018 年 8 月 21 日，习近平在全国宣传思想工作会议上强调，要加强传播手段和话语方式创新，让党的创新理论"飞入寻常百姓家"；要扎实抓好县级融媒体中心建设，更好引导群众、服务群众。2019 年 1 月 25 日，在中共中央政治局举行的第十二次集体学习中，习近平强调，推动媒体融合发展，要统筹处理好传统媒体和新兴媒体、中央媒体和地方媒体、主流媒体和商业平台、大众化媒体和专业性媒体的关系，形成资源集约、结构合理、差异发展、协同高效的全媒体传播体系。[2]目前，全国93.9% 的县（区、市）至少拥有一个融媒体平台，60% 的县（区、市）已经拥有多样化的融媒体平台。为解决县域融媒体在发展过程中存在的内容质量、定位导向、人员设置等诸多问题，2019 年 1 月，中宣部发布《县级融媒体中心建设规范》作为技术指南。舆情研究与服务是县级媒体融合的重要内容与方向，具体来说有以下方面：立足本地民生，全面监测研判；发展"在地政治"，助力政府治理；强化风险评估，实现科学预警；协助账号运营，做好互动服务；建设统战渠道，团结活跃网民；打造新型智库，推动思想生产；助推企业转型，提供品牌咨询；着眼形象修复，加强持续引导。[3]县级媒体融合要以"长兴模式"为标杆（"形成了信息互通、资源共享的集约化融媒体运作模式；重塑采编流程，实现了不同媒介对同一信息进行不同形式的差异化报道；统合营销方式，将营销与产品生产融合，变以往卖硬广为卖产品、卖服务"[4]），真正将传播的桥梁搭建起来，打通媒体融合的"最后一公里"。

① 王琦：《省级广电融媒体"中央厨房"模式探析》，《当代电视》2018 年第 7 期。
② 央视新闻客户端：《习近平绘就媒体融合发展路线图》，https://www.chinanews.com/m/gn/2019/01-28/8740754.shtml#backtop，2019-01-28。
③ 沙垚：《审时度势谋发展，媒体融合纵深行》，http://ent.cnr.cn/zx/20180823/t20180823_524340225.shtml，2018-08-23。
④ 王晓伟、薛雅敏：《"融"出来的长兴模式》，http://media.people.com.cn/n1/2019/0328/c426163-31001072.html，2019-03-28。

二、意识形态新把握与构建

"意识形态安全是指一个国家占统治地位的思想政治意识不受威胁与侵害，能够稳定存在和健康发展，是主权国家的立国之本。媒体是意识形态斗争的主阵地和战场。"[①] 一方面，新媒体的高效、广众、强渗透等特点弱化了国家意识形态的控制；另一方面，部分消极言论在网络中甚嚣尘上，对公众造成误导。

巩固马克思主义在意识形态领域的指导地位，巩固全党全国人民团结奋斗的共同思想基础，是媒介融合的基本价值导向。在利用广播电视与新媒体技术提升意识形态领域的文化软实力方面，近些年来有了新的尝试和实践，广播电视媒体积极转变思路，以群众喜闻乐见的形式传播马克思主义和社会主义核心价值观。

1. 组织上线：坚持党管媒体原则

文化产品有意识形态属性和商品属性，而文化传媒企业最重要的产品就是舆论影响力。党管媒体是马克思主义新闻观的基本要求，也是中国特色社会主义制度的基本要求。因此，在激发从业者的创新创作积极性的同时，要高度贯彻依法治国的理念，使党管媒体进一步规范化、制度化和法治化，确保媒体行为的科学、合理和有序，在每一项文化工程、文化活动的开展中都把意识形态导向和商品竞争的市场性统一起来，社会效益和经济效益并重，实现文化产业的可持续发展，让社会主义主流价值观深入人心。2013 年11 月，党的十八届三中全会公布的《中共中央关于全面深化改革若干重大问题的决定》指出，对按规定转制后的重要国有传媒企业探索特殊管理股制度，确保国有资本有渠道进入网络安全企业和其他互联网企业，从根本上确保国家网络和信息安全。2017 年，国家互联网信息办公室发布并施行的《互联网新闻信息服务管理规定》再次强调"符合条件的互联网新闻信息服务提供者实行特殊管理股制度，具体实施办法由国家互联网信息办公室另行制定"。例如，2019 年人民网投资收购了北京铁血科技 1.5% 的股份，按市场估值，拥有公司董事名额，并拥有在试听内容的生产、投资、合作方面的表决权、审查权以及主管内容高管任命的表决权。

2. 传统文化与科技联姻：中华文化的新生

2015 年起，广播电视文艺节目从引进国外版权节目、合作制片转向创新节目形式，深挖中华文化内涵，打造弘扬传统文化、彰显民族自信的各类文艺节目。2017 年，这类内涵精深的节目通过专业包装，展现出更多中华文化类型，激发了更多中国观众的文化

---

① 陈印昌：《传统媒体与新媒体融合发展的政治安全价值导向分析》，《中国广播电视学刊》2015 年第4 期。

自信。其题材涉及音乐、语言、书信、传统技艺到鉴宝等多个领域，诸如《中国诗词大会》《朗读者》等多档文化类综艺节目成为收视王者，彰显了社会主流价值观。2017 年 6 月，山西、宁夏、新疆、广西、福建等 7 家省级卫视与哈萨克斯坦、伊朗、印度、蒙古、泰国、斯里兰卡等国的 10 家电视媒体共同发起成立了"丝路国际卫视联盟"，融入"一带一路"的"泛文化"合作理念。通过融媒体平台的联动效应，该活动在视频网站和社交媒体上形成热点话题。

2013 年起，浙江省以"文化礼堂、精神家园"为主题，在文化特色鲜明、经济发展较好的历史文化村、美丽乡村精品村或特色村，选择群众便于聚集、环境相对优美的村居主要区块，建起了一批集学教、礼仪、娱乐于一体的综合性农村文化礼堂，使其成为农民群众开展文化活动、丰富精神生活的家园。文化礼堂配有舞台，能够满足农民群众举办文化节庆、文化仪式、文体活动、开展教育培训以及议事集会等功能需求；设置了有宣传教育功能、方便群众观瞻、美化村庄景观的展示展览设施。此外还拓展了线上文化礼堂——"礼堂家"。作为浙江农村文化礼堂咨询服务共享平台，"礼堂家"在上线文字报道的同时，用大量的视频新闻报道展现新农村建设成果和中华传统文化的继承发展新成果。

在国家政策鼓励科技创新、"鼓励电视上星综合频道在黄金时段增加公益、文化、科技类节目的播出数量和频次"的政策背景下，大量科技相关内容被引入节目制作中。科技类节目的创作从以解释说明为主逐渐转向综艺形态，并诞生了一系列具有品牌效应的节目。科技类节目通过对 VR、AR 技术的大量运用，在视觉呈现方面更具有冲击力。例如，湖南卫视和唯众传媒联合出品、中国科学院科学传播局特别支持的中国首档顶尖原创科技秀节目《我是未来》，为了展示基因技术对于人类的意义，通过 VR 技术，让已经灭绝的猛犸象重登舞台。另外，人机对战、人工智能和未来世界等话题在节目制作中娱乐性更加突出，更容易让观众接受，使观众对"大众创业，万众创新"与激发自主创新的国家政策导向有了更明确的感知。

3. 新话语与新文化：意识形态的新话语方式

打破权威、颠覆传统，用更为平等的视角重新加工大众传播符号，创建新的传播意义和符号意义，可以使传者和受众的界限进一步模糊。新时期的"群众路线"需要融合新媒体文化，而这一点多次体现在习近平主席的新年贺词中——不仅大量使用网络语言，还制作成短视频的形式传播，收到了良好的传播效果。"2013 年 10 月，一部动漫短片《领导人是怎样炼成的》在网上走红，这是我国国家领导人首次以动漫的形象出现，也是首次用讲故事的方式介绍中国的干部选拔机制。"[①] 视频迅速吸引网友关注，4 天内点击量超过 200 万人次，深受国内外受众好评，《纽约时报》更认为视频中的中国领导人形象较

---

① 王展：《新媒体背景下我国政治传播的变革》，《青年记者》2015 年第 35 期。

以往更加有趣。习近平主席的漫画形象还出现在人民网"学习达人"有奖知识竞赛的宣传广告中；与此同时，中国政府网首页上的"漫画"与"图解"两个篇目频繁使用了李克强总理的漫画形象进行国家大事的报道和国家政策的解读。

（1）传播主题：软内容硬道理

用更柔性的新闻、更接地气的视角、更具人情味与趣味性的语言传递主流价值观。例如，微视频《两会上的习近平》用5分多钟的时间记录了习近平同志参加6次团组会议，听取来自不同行业的代表和委员发言的事实，将中央关注的核心问题——经济发展、脱贫攻坚、政治生态、民族团结、军队建设、人才工作的重要性呈现出来，传递了中央的态度，指明了未来工作的方向。

（2）传播形式：小篇幅大主题

在借助音视频传达政治理念和主张时，采用形象而简短的视频传达抽象和宏大的主题，实现小切口大纵深。微视频《2016，习近平在世界舞台》时长仅3分多钟，其中既有"2016年，习近平五次走出国门，行程75000公里，去到16个国家，在国外时间30天"这样高度概括的表述，也有对习近平富有人情味的外交行为的详描细说。

（3）传播语言：显意图隐处理

政治传播的目的不仅在于突出某项议题，还在于通过对传播意图或显或隐的恰当处理，为受众设置认识框架和议程话题。例如系列微视频《初心》的传播意图很明显，"但在具体成片时却做了两个层次的'隐'处理，其中之一是采用习近平同志自述辅以相关人员他述的方式，记述其在陕西梁家河、河北正定、福建宁德的工作经历和人生感悟，全篇不见一句评价性解说词，却处处扣题，生动展现了习近平同志扎根群众、为民务实的党性原则和工作作风，呈现出血肉丰满的领导人形象。"[1]

三、社会治理与公众参与新机制

早在2009年，时任国务院总理温家宝在接受中国政府网、新华网联合专访时就强调："一个为民的政府应该是联系群众的政府，与群众联系的方式可以多种多样，但是利用现代网络与群众进行交流是一种很好的方式。"[2]在新媒体平台，新闻事件尤其是社会公共性事件极易快速发酵，在视频、声音、文字、图片等多种传播符号的综合作用下，情感动员的力度、社会心理的共振幅度超越了事件本身。网络集体行为如果引导得当，

---

① 李舒、孙小咪：《时政微视频：媒体政治传播的新探索》，《电视研究》2017年第10期。
② 中国新闻网：《温家宝：利用现代网络与群众交流是种很好的方式》，http://www.chinanews.com/gn/news/2009/02-28/1582851.shtml，2009-02-28。

可以形成一个社会公共空间，公众在这一空间平等、理性交流；如果听之任之，就会沦为一场缺乏社会建构意义的狂欢。

1. 政治参与新途径的诱惑

便捷的移动互联平台，新闻作品生产的低门槛，多元化的政治信息获取渠道，让公众的政治参与行为既粗放又直接。2011 年 7 月 23 日"温州动车追尾事故"发生后，网友拍摄到的视频第一时间引发网络争议，凤凰视频等媒体分别制作了视频、动画，模拟还原事故现场，让公众对事故的发生有了更加清晰的了解，对交通安全也有了的深切的体悟。最具有争议性的话题来自第一场新闻发布会，时任铁道部新闻发言人的王勇平的一番言辞引发舆论哗然。在视频拍摄和传输技术发达、自媒体信息飞速传播的当下，如何迅速回应公众质疑、满足公众寻求真相的迫切心理，考验着政府的治理能力。

2. 治理模式日常化

在新媒体语境下，"两微一端"、音视频媒体等平台都被政府纳入宣传工作范畴，实现了社会治理与公众日常生活的接轨。日趋成熟的电子政务平台，让问政变得更亲民，公众的诉求得到有效回应。2018 年，西安广播电视台新闻综合频道开播电视问政栏目《问政时刻》。该栏目除了设置传统的播出框架，在西安广播电视台电视一套新闻综合频道现场直播外，西安网络广播电视台、西安网、无限西安 App、西安新闻广播（AM810、FM950）、"长安号"微信公众号也同步播放节目视频和音频，公众也可以通过"长安号"微信公众号的"电视问政"板块进入投票系统进行场外投票互动，表达个人意见。多渠道、亲民化的互动平台，将问政参政的钥匙送到公众手中。

第三节　融合发展视野中的政治新生态

随着时代发展，媒体生态环境发生转变，广电媒体凭借庞大的群众基础与低准入的特点，对社会政治生态产生前所未有的影响。水越伸在《数字媒介社会》中提出，数字社会是由关于数字信息化的大叙事和关于草根阶层的小叙事共同组建完成的，而两者之间充满矛盾与统一。[①] 广电媒体正是构筑大、小叙事的重要组成部分，也是改变日常生活、引领技术发展、推动社会进步的中坚力量。从全球传播的角度看，广电媒体所呈现的媒体生态的政治性被广泛关注，针对世界信息传播新秩序与信息鸿沟、数字劳工与媒介素

---

① 水越伸：《数字媒介社会》，武汉大学出版社 2009 年版，第 145—150 页。

养、信息资本主义、网络公共领域、新型治理思路等多元命题的讨论，变得尤为迫切。

一、公民政治参与机遇与挑战并存

网络与媒体技术的发展使得以移动互联与智能终端为代表的新媒体成为民主社会中公民政治参与的重要渠道，资讯和观点在新闻平台和社交媒体中的汇聚形成了一种基于新媒体的"微观政治"，甚至营造了一种类似咖啡馆的公共空间。广播电视与新媒体平台成为一种相互联系的整合平台，成为公众获取信息、发表观点的重要渠道。当前，公民的政治参与热情日益高涨，参与程度日益加深，具有诸多新特征。

1. 良性参与促成政治互动深化

（1）参与主体大众化

媒介融合环境下，来自不同区域、不同阶层的民众都可以成为传播主体。恰如马克·波斯特所言，基于信息传播构建的后现代信息交往的方式，使参与主体具有不稳定、多重性和分散化的特质，较之大众媒体时代参与主体的时空单一性，这一特质更为凸显。[①]跨越地域的政治信息流动让来自不同国家、具有不同政治倾向和不同宗教信仰的个体都进入意见表达场域。曾经身处边缘地带或被社会边缘化的群体，亦可以凭借数字化技术产生新的身份认同，并参与到社会政治事务的讨论中。

（2）参与方式多样化

音视频新媒体拓宽了传播渠道，使公民的政治参与渠道更加多元化。2019 年，来自全国各地的梨视频拍客，上传了 500 多条春运短视频，记录回乡和返程途中他人的故事，观察普通民众的生活细节，见证春运背后的中国社会变迁，共同打造了关于中华文化的集体记忆。2019 年，在庆祝中华人民共和国成立 70 周年大会、阅兵式、群众游行中，中央广播电视总台首次实现了全流程全要素 4K 超高清和 5.1 环绕立体声直播，以覆盖多终端的立体化新媒体传播矩阵，完成了"5G+4K+AI+VR"多渠道的新媒体报道，在长安街两侧设置 VR 机位，对分列式全程进行 VR 直播，7 路特殊视角镜头让观众可以多视角（从高空看、从地面看、从远处看、从近处看等）观看阅兵仪式。阅兵式通过央视网、央广网、国际在线，以及 PC 端、手机央视网 App、IPTV、海外社交平台等多个平台和终端同步直播，用户访问总台"三网"首页时，无须进行任何操作即可进入央视的直播画面，真正拥有了"开门即视"的畅快体验。这次直播创造了直播并发在线人数的历史纪录。2019 年，由中央广播电视总台"央视频"出品、我国首部进入电影院线的"直播大

---

① ［美］马克·波斯特：《第二媒介时代》，范静哗译，南京大学出版社 2001 年版，第 44—45 页。

片"《此时此刻——共庆新中国 70 华诞》在全国 70 家影院同步播出。这是我国历史上首次将 4K 超高清信号通过卫星传输引入院线。全国十余个省份的观众在影厅中，通过总台回传的 4K 超高清信号，身临其境地感受庆祝中华人民共和国成立 70 周年大会、阅兵式和群众游行的震撼场面。[①] 除了央视外，短视频平台也积极参与国庆阅兵报道。例如快手便专门为此次转播央视阅兵直播设计开发了"多链路直播间"（类似于"多机位直播"，是根据用户需求定向设计的专属于短视频平台的全新功能）。在多链路直播间里，快手将几个同一主题，但不同视角、不同空间、不同机位的直播内容相互关联，并且提供便捷入口，供用户在几个关联直播间之间轻松切换。这一技术和功能，旨在将选择权交换给用户，让用户自己做自己的导播，自行决定和选择观看的内容。[②]

（3）参与意愿强烈

当前，越来越多的民众乐于通过新媒体参与公共话题，探讨民生问题和重大社会事件；同时，面对社会热点事件，民众纷纷自发传播，掀起全网讨论热潮。2017 年，共青团中央入驻 B 站号，以极高的投稿频率和年轻化的表达方式吸引点击量无数。"截至 2017 年 8 月 31 日，共青团中央已在 bilibili 投稿 486 个视频，并已经成为一个拥有 43 万粉丝、3515.9 万播放量的 LV6 用户，在短短八个月的时间内便取得了不少 bilibili 用户难以企及的传播效果。这些传播效果与其在 bilibili 独特的形象建构有关——既严肃主流，又不失年轻与活泼。"[③] 共青团中央在 B 站的走红折射的是青年群体强烈的政治参与热情。2019 年，在庆祝中华人民共和国成立 70 周年大会、阅兵式、群众游行前夕，短视频《今日中国，如你所愿》获得了 400 多万人次的点击量，一度成为全站日排名第 4 位的视频。中国人民解放军火箭军的官方微博账号"东风快递"以亲民和轻量化的表达方式受到许多年轻网民关注，2019 年征兵季，以动漫形式呈现的短视频《东风快递 2019 招聘启事》一经发布，就获得了 1000 条实时弹幕，"东风快递，使命必达"成为年轻网民熟知的政治话语，并在其他政治事件中以隐喻的方式被借用。

2. 网络围观

网络给每个人都提供了一个表现自己的舞台，音视频新媒体则递给公众低廉便捷的内容生产与传播工具，公众沉迷于网络世界，乐此不疲，音视频新媒体的传播版图呈现爆炸式扩张。在新的传播场景下，"网络围观"无处不在，以至于有人感叹"围观改变中国"。

① 央广网：《无央视，不直播！揭秘阅兵直播，央视都用了哪些"大招"》，http://baijiahao.baidu.com/s?id=1646235986005010754&wfr=spider&for=pc，2019-10-02。

② 蓝鲸 TMT：《快手多链路直播间正式上线，7 路特殊视角直播国庆阅兵》，https://tech.ifeng.com/c/7qOjkn8ZRF4，2019-09-30。

③ 吕子涵：《共青团中央在 bilibili 的形象建构——一个基于投稿视频及其相关文本的研究》，http://media.people.com.cn/n1/2018/0125/c416773-29787109.html，2018-01-25。

当代政治流行语就本质而言，是公众宣泄情绪的形式载体。这种情绪化表达可能会给政府的社会治理带来极大压力，相应的管理与维稳举措也往往治标不治本，反而进一步拉大精英政治与底层政治的鸿沟。①2019 年，一段"女子凌晨在街头被暴打"的视频引爆网络，在没有有效视频信息提示的情况下，网友基于情感驱动找到了事发地，并在社交平台上大量发表与个人经历相关的言论，宣泄个人情感。虽然这种情绪宣泄行为并不具有主观恶意，但往往容易形成更大的非理性表达的舆论漩涡。舆论传播速度之快与政府反馈的相对滞后形成对比，加剧了部分网友对相关办事部门的不信任。2019 年 10 月，云南昆明的"李某草事件"中，当事人凭借一段经过剪辑的视频推动了舆论的迅速发酵，当地警方较为滞后的信息通报很快便引来众多网友质疑，使得正常的信息报道受阻。

3. 治理挑战与民主风险

正是由于互联网技术赋予的超地域性和匿名性，公众既可以是虚拟主体，也可以是真实的自然人，网络舆论可以是意见气候，也可以是机器人数据。民主成为一个更难以琢磨和把握的政治要素，有可能滑向商业资本做主和操控的民主。②网络水军、有偿删帖、微信商业营销、网络大 V 的资本代言等，都让网络公共空间本身可能具有的公益性、公共性受损。

在信息传播的某一特定时期，尤其是沉淀后的理性声音出现之前，较容易呈现出不规范、非理性的传播，而这给网络空间治理提出了新的挑战。2019 年 7 月，安徽马鞍山一名女子在微博发布自述视频，哭诉称长期受到男子郭某的电话和短信骚扰，多次报警无果。尽管最后查明信息为编造，但这则具有情绪煽动性的视频，短时间形成较为明显的网络舆情热潮。2019 年 10 月，无锡高架桥侧翻事件现场视频引发网友高度关注，并诱发了"办案人员佩戴名表"的网络谣言。原本流动的、转瞬即逝的音视频内容在网络平台被网民一帧一帧地仔细"推敲"，并在被加工后引发新的关注和讨论。

音视频新媒体引发的多元价值观冲突对社会主义民主提出了新的挑战。新自由主义、历史虚无主义等思潮借助互联网，对历史成就、英雄人物和中华民族的伟大复兴事业进行新的冲击；泛主流意识形态质疑论成为新趋向。③社交媒体平台、音视频平台和社群的高度互动，易引发线上线下的群体性运动，导致普通事件发酵成热点事件，敏感事件演变为政治事件，不明真相的网民助推反政府舆论，最后酿成街头政治事件。此外，境外势力故意利用和炒作互联网舆论热点，恶意造谣和攻击中国政府，诋毁中国政府形象，或者利用互联网进行思想文化渗透，在网络上发表有损于中国的言论，煽动闹事，把一

---

① 张涛甫：《新媒体语境下大众政治勃兴与协商民主建设》，《南京社会科学》2014 年第 7 期。
② 赵春丽、张申悦：《新媒体政治参与背景下的民主风险及其防范》，《社会主义研究》2016 年第 2 期。
③ 赵春丽、张申悦：《新媒体政治参与背景下的民主风险及其防范》，《社会主义研究》2016 年第 2 期。

般问题政治化、意识形态化。

网络参政也具有一定的局限性。新媒体赋予更广泛的个体表达自由，每个人都可以表达自己的利益诉求或通过匿名的方式表达政治观点。这种基于网络虚拟空间和虚拟身份的政治参与，缺乏一定的组织性、科学性，大多数参与主体缺乏责任意识，理性思考和科学言论极易被情绪化表达与极化观点所淹没，甚至客观深入的分析也变得不合时宜。公众在网络空间这一公共场域对议题展开平等、公正探讨的理想化场景并未出现，相反，一种网络极化、"巴尔干化"的现实不断重演。众人所期待的民主善治仍在路上。

监管困境也是音视频新媒体治理的重要挑战。新媒体管理涉及国家若干行政部门、网络信息流动具有跨地域政治性、网络监管力度不够，三者共同导致网络安全形势日趋严峻，一些别有用心之人借助网络发表有悖社会主旋律、损害政府公信力的言论。解决监管困境，关键在于建立政治参与的约束机制。

二、政党政治与政府治理模式改变

新媒体发展为政府的执政理念提供了新的场域和实践平台，同时也对政府执政理念提出了挑战。21世纪以来，政党政治与政府治理模式发生了显著变化，媒介要素及其产生的社会影响力成为政府制定决策时必须考虑的重要因素。

新媒体的发展对政党的组织结构、制度和文化都产生了深远影响。诸多研究关注新媒体所呈现的选举政治模式中的新生态。早在2008年，任孟山就对"新媒体总统"奥巴马的政治传播学进行分析，指出新媒体因其即时性、交互性、自由性、超大容量以及跨越时空等特征在竞选活动中发挥重要作用。[①] 特朗普当选后，美国的选举政治相关研究认为"新媒体重塑了美国的政治生态"[②]。就中国特色政治传播而言，新媒体环境下政治话语发生了极大变革，官方政治传播的内容与形式都更趋生动化、平民化。

1. 政治阶层关系扁平化

新媒体"重构了政治精英的符号权力手段"[③]，国家领导人与普通民众之间的层级关系更趋扁平化。例如，习近平主席2017年的新年贺词中用了"撸起袖子加油干"等政治表达，迅速成为网络热词，可谓接地气聚人心，一个年轻领导人的形象跃然眼前。

---

① 任孟山：《"新媒体总统"奥巴马的政治传播学分析》，《国际新闻界》2008年第12期。
② 王丹彤、张孝芳：《新媒体的发展对政党政治的影响——以特朗普当选美国总统为例》，《哈尔滨工业大学学报》(社会科学版)2017年第6期。
③ 吴飞、龙强：《政治的幻象：时政新媒体的传播模式与困境》，《现代传播（中国传媒大学学报）》，2017年第7期。

2. 政治人物形象化

政治形象是政治人物在社会公共事务、政治活动中通过各种传播方式展现给公众的外在社会性表现，分为视觉形象、才能形象和伦理形象。[1] 新媒体技术辅助下的传播比以往任何时期都更注重语言符号，同时也更注重非语言符号的视觉形象表达。美国前总统奥巴马和现任总统特朗普都是利用互联网打造亲民形象的个中好手，奥巴马曾在社交网站上分享自己最爱的家常辣椒酱配方，特朗普则热衷于发表个人言论。

党的十八大以后，新一届中央领导集体的语言符号和非语言符号的运用，让民众看到了更亲民、务实、朴素的形象。2012 年 12 月 23 日，新华社推出"中共高层新阵容"系列人物特稿，并播发大量习近平从政以来的图片，其中就包括他在广东清远一位农户家做饭、年轻下乡时扛着锄头走在田埂上、陪伴母亲散步、与夫人在一起、带女儿骑车等诸多生活化场景。

3. 政治表达亲民化

（1）官方政治表达与政治话语的变更

新媒体时代，政党政治表达逐渐突破了传统内涵，呈现去等级化、去中心化趋势，以及透明性、可视性、形象化等后现代特质。[2] 有学者分析了 2015 年"两会"中的政治话语，发现政治表达中的宏大叙事和个人体验、政治叙事和民生议程、连续议程和碎片化表达，在新媒体语境下得以更好结合。[3] 去政治化的政治传播让个人化、碎片化、戏剧化表达成为政治话语转型的重要特点。在这种转型中，官方政治话语渐趋感性，比如通过某些意象或符号，调动受众的情绪，诉诸受众情感需求。2018 年，新华社微视频出品了《习近平代表的两会故事》，讲述作为一名人大代表的习近平同志的日常，让受众沉浸在一个场景化的描述中，政治主题进一步软化。2019 年全国"两会"上，新华网推出大型融媒体专题"奋力奔跑 同心追梦"，聚焦春天里的中国"两会"故事，展现代表们建言献策、尽心为民的工作日常。2019 年 2 月，中国人民解放军火箭军在微博开通了两个官方账号——"中国火箭军"和"东风快递"，短短几天内就收获了超过百万的粉丝数量。中国人民解放军火箭军的官微，文风俏皮时尚，尽可能贴近网民群体的阅读心理。微博名"东风快递"将核心武器"东风"系列与"快递"相结合，风趣幽默，减少了军事信息与议题的沉重感。2019 年 2 月 19 日，"@中国火箭军"发布首条微博——"即日开始营业"，

① 郎劲松、侯月娟、唐冉：《新媒体语境下政治人物的公共形象塑造——解析十八大后领导人的媒介符号传播》，《现代传播（中国传媒大学学报）》2013 年第 5 期。
② 赵宬斐：《新媒体视野下中国执政党政治表达的范式转向》，《中国出版》2012 年第 22 期。
③ 周庆安、杨昊：《中国政治话语变革的多重维度——从 2015 年全国两会看新媒体语境下的重大议题新闻发布》，《新闻与写作》2015 年第 4 期。

获得了近 10 万的网友点赞和 3 万的留言。2019 年高考结束后，"@ 东风快递"发布了一则旨在吸引青年学子报考中国人民解放军火箭军工程大学的博文——"不管是考了朵云还是考了维纳斯断臂，过去的就让它过去吧！（别忘了报考火箭军工程大学呦！）"，并配以自制短视频，自称"快递哥"，以《亮剑》角色李云龙为主人公，以夸张的背景音乐相衬托，呈现适合新生代网民的"魔性画风与鬼畜剪辑"，一时成为热搜热评对象。

（2）个人化的叙事与报道

新闻报道不再以高大全的人物形象为主，以个体为叙事框架成为新闻报道尤其是时政新闻报道的重要倾向[①]，制度和政治背景被进一步弱化，人物本身成为时政解读的主导视角。2011 年起，中宣部组织中央主要新闻单位在全国范围内开展"新春走基层"的全国性基层采访活动，从群众的切身感受、日常生活等方面深入报道，呈现了新闻报道的"三贴近"原则和党的新闻事业的人民性等特质。2019 年新春，央视"新春走基层"报道了顺丰快递员秦文冲凭借自身的努力，从一名传统的快递小哥转型成为顺丰货运机机长的故事，展现了当代年轻人的正能量追求：人生有梦才精彩。政治人物的个人化叙事弱化了时政新闻的政治性，凸显了政治人物的柔性色彩。例如，2018 年母亲节，组图《习近平和母亲：时常忆起小时候与母亲生活的点滴》在网上发布，细腻生动的文字展现了总书记作为一个普通人的柔情和生活日常。

三、国际政治场域更加扑朔迷离

"新媒体依然是民族国家的话语战场与形象之争的虚拟空间。"[②]传播方式的变化、新媒体影响力的提升，让国家间的新媒体竞争呈现为一种跨行业、全链条和全时空的综合竞争，竞争的对象已经不是单纯的受众多寡，更多的是伴随着移动化、智能化、个性化和数据化趋势而生成的新的网络舆论空间及其参与者。国际与国内、线上与线下、虚拟世界与现实世界的界限一旦模糊，网络舆论空间就愈发混杂。

毋庸置疑，新媒体影响着不同利益集团之间政治沟通的模式，发达资本主义国家可以将其作为"政治利剑"，达到自己的政治目的，即便是新自由主义的热门国家，以及号称是"新闻专业主义标杆"的美国，研究也同样发现在新媒体环境下的对外政治传播活动中，美国政府更便捷地传递反对声与施压、控制传播议题、强化舆论霸权、推动虚拟与现实世界的互动。[③]国际政治场域中的"弱势群体"则难以维护国家主权与信息安全，甚

---

① 吴飞、龙强：《政治的幻象：时政新媒体的传播模式与困境》，《现代传播（中国传媒大学学报）》2017 年第 7 期。

② 路璐：《媒介、哲学、政治：西方新媒体研究的三大面向》，《南京社会科学》2015 年第 5 期

③ 孟威：《新媒体与美国政治传播走向》，《当代世界》2011 年第 5 期。

至不得不牺牲国家利益。

面对扑朔迷离的国际政治场域，中国要崛起，就必须重视对外宣传工作，重视网络舆论空间的构建。2013年8月19日，习近平总书记在全国宣传思想工作会议上发表重要讲话，指出"要推进国际传播能力建设，讲好中国故事、传播好中国声音，向世界展现真实、立体、全面的中国，提高国家文化软实力和中华文化影响力"[1]。2016年4月19日，习近平总书记在网络安全和信息化工作座谈会上发表重要讲话，强调"建设网络良好生态，发挥网络引导舆论、反映民意的作用"，"为了实现我们的目标，网上网下要形成同心圆"。[2]

国际话语权不仅是在世界上"说话"的权利，更是指"说话"的有效性和影响力，是国家软实力的组成部分。[3]2019年"香港风波"中，海外社交媒体平台无故封停中国网友账号、歪曲事实的报道行为说明，面对世界范围内的政治文化交锋，迫切需要加强国际传播力，提升国际话语权，紧握舆论主动权，更好引导海外民众全面、客观、理性看待中国的发展。

小结

借助新媒体技术，广播电视媒体延续了大众传播媒介的经典功能——监测环境、协调社会与文化传承，呈现了民众的生活百态和多元价值的纷繁多样，社会文化功能与要素得以延续并焕发出新魅力。与此同时，音视频新媒体呈现了新的政治属性：通过建构理性政治态度，打造轻量化的媒介事件，综合应用传播渠道，依靠全新的媒介组织架构，营造了一条新闻舆论工作新路线；通过加强党的媒体组织的号召力，彰显中华文化，建构新的话语方式，呈现了对意识形态的新把握；良性政治参与、不断深化的对话以及变革中的扁平化、形象化、亲民化治理模式共同作用，推进了社会有序运转，但也给社会治理带来了新的挑战，在国际政治场域催生了更多纠葛。

本章思考题

1. 音视频新媒体的政治新功能如何展现？
2. 如何看待音视频新媒体在协调社会方面的作用？
3. 如何看待音视频新媒体在传承文化方面的新尝试？
4. 如何看待音视频新媒体在推进社会治理模式转变方面的功能？

① 沈申：《人民网评：展形象，讲好中国故事，提升中华文化影响力》，http://opinion.people.com.cn/n1/2018/0828/c1003-30254805.html，2018-08-28。
② 晁影：《构建新时代正能量充沛的网络舆论空间》，http://www.81.cn/rd/2019-04/20/content_9483406.htm?from=singlemessage，2019-04-20。
③ 新华通讯社课题组：《习近平新闻舆论思想要论》，新华出版社2017年版，第169页。

第五章

广播电视与新媒体的产业属性

【本章要点】新的历史时期，世界信息技术突飞猛进，我国市场经济不断发展，国际文化、政治、经济频繁交互，对广播电视产业属性问题的认知直接影响到我国广播电视的改革和发展。广播电视产业作为文化产业的核心组成部分，是文化内容开发创新的重要环节，是文化体制改革和技术升级的先锋力量，在推动文化产业发展的过程中扮演着不可替代的作用。"十三五"规划实施以来，中国广播电视产业积极探索媒介融合发展之路，逐步发展出"媒体＋互联网＋资本＋产业"的模式，为文化产业的发展注入新的推动力。

第一节　广播电视与新媒体的产业特征

一、产业和广播电视产业

什么是产业？随着社会的不断发展，人们对产业的认识也经历了一个不断深化的过程。"产业"一词最早由重农学派提出，特指农业。在人类迈入资本主义大生产时代后，产业主要是指工业，英文中产业与工业的表示方式都是 industry。马克思主义政治经济学曾将产业表述为从事物质性产品生产的行业，并被人们长期普遍接受为唯一的定义。[①] 也

---

① 于斌：《广播电视产业之法律规制研究》，对外经济贸易大学博士学位论文，2006 年。

正是因为"物质性产品生产行业"的定位，我国广播电视媒体在很长的历史时期，尤其是计划经济年代，始终没有被赋予产业属性，仅被视为舆论宣传工具，属于国家财政拨款型的公益性事业单位。

20 世纪 50 年代以后，随着服务业和各种非生产性产业的迅速发展，产业的内涵发生了变化，不再专指物质产品生产部门而是指"生产同类产品（或服务）及其可替代（或服务）的企业群在同一市场上的相互关系的集合"。人们对广播电视媒体进行重新定位，把它当作一个产业进行经营管理，内容包括"广告经营、节目经营、信息经营、技术经营、劳务经营、混合经营"①。

从产业角度看，广电产业即生产、制作、经营、播放以广播电视节目（信息）或提供广播电视文化服务为主的企业组织及其在市场上的相互关系的集合。也就是说，与广播电视相关且按照商品标准生产、再生产、存储、分配和消费的所有节目及其他相关服务的一系列市场行为和经济行动，统称为广播电视产业。同时，产业是一个居于微观经济的细胞（企业）和宏观经济的整体（国民经济）之间的一个集合概念，它既是同一属性的企业集合，也是根据某一标准对国民经济进行划分的一部分。根据现行产业的划分标准，我们可以对广播电视的产业属性做如下界定：①作为对应于第一、第二产业的第三产业，属于社会服务业；②相对于第三产业内部的诸多行业，广播电视属于具有社会中介作用的信息行业，它的主要功能是为社会提供广义的信息服务；③在市场经济条件下，广播电视产业同样受市场规律的制约，价值规律、供求关系、市场竞争等客观规律也必然在广播电视产业中发生作用。

广播电视的产业属性是基于经济、政治、文化三种属性的交互滋养而开出的花朵，我们虽然一般强调广播电视活动所具有的经济特征，但却不可无视政治属性坚不可撼的衬底以及其经济属性与文化属性复合、交融的文化产业特征。

二、历史流变中动态统一的广播电视属性

1. 广播电视的经济、政治、文化三重属性

广播电视具有三重属性，即经济属性、政治属性和文化属性。② 不同国家、不同历史时期，广播电视的三重属性各有偏重。相对而言，欧美等资本主义国家更加重视广播电视的经济属性，中国等社会主义国家则更加重视广播电视的政治属性，而几乎所有的国家都重视广播电视的文化属性。在战争时期和重大历史事件发生时刻，广播电视的政治属性更加突出，比如东西方"冷战"时期、伊拉克战争期间，"9·11"事件中，美国的广

---

① 鲍金虎：《广电产业的法律视角》，《现代传播》2002 年第 6 期。
② 梁平：《"三个代表"重要思想与广播电视的"三重属性"》，《中国广播电视学刊》2003 年第 11 期。

播电视传媒就非常"讲政治"。和平发展年代，广播电视的经济属性、文化属性则更显重要。① 新的历史时期，信息技术突飞猛进，我国市场经济不断发展，国际文化、政治、经济频繁交互，对广播电视属性的认知直接影响到我国广播电视的改革和发展。

（1）经济属性是广播电视的基本属性，解决的是"广播电视是什么"的基本问题

广播电视是科技进步和经济发展到一定阶段的产物。其作为 20 世纪对人类社会有重大影响的科技发明之一，不仅仅是单一的科技发明，更是电力、无线电、录音、录像、收音机、电视机等一系列发明技术工业化、产业化的结果。② 从这个意义上讲，广播电视是社会化大生产和工业文明的产物，天然具有产业基因。经济是广播电视诞生和发展的前提和基础，而广播电视的出现加快了信息的流动，提供了新的文化消费渠道，又推动着经济发展和社会进步。

广播电视活动属于社会生产活动，企业体制是组织生产的基本体制。广播电视活动既是物质生产活动也是精神生产活动。它利用录音摄像设备、演播室非线性编辑系统、音频工作站播控设备、传送设备等工具生产广播电视节目，是媒介工作者运用技术、艺术、知识进行智力生产的过程，产品的外在形式表现为电波信号或数字信号。随着科技的发展，广播已从中波、短波、调频广播发展到数字立体声广播、多媒体广播，电视从黑白电视发展到彩色电视、数字高清晰度电视、交互电视。尤其是卫星、数字网络等技术的迅猛发展，使广播电视本土化生产、全球化覆盖成为现实，广播电视等传媒与电信等信息产业的融合加速，跨国界、跨媒体、跨行业的特大型传媒集团不断崛起，主导着世界传播秩序。纵观世界广播电视发展史，广播电视的生产资料所有制形式已从单一的私人所有制发展到包括私人所有、国家所有、社会公共所有等在内的多种所有制③，但不管采取何种所有制，企业体制是市场经济条件下广播电视生产的基本体制，并且始终在不断发展和完善。

广播电视是国民经济发展的重要产业。美国经济学家弗里兹·马克卢普（Fritz Machlup）曾针对知识、信息对经济发展的重要作用，指出对经济增长起决定性作用的主导产业正发生质的变化，并提出了"知识产业"的概念，其包括：教育业、企业的研发部门、新闻出版与广播电视等传播业、信息设备、信息服务业。广播电视已然被视为全球知识经济的重要组成部分。

随着改革开放的推进，我国广播电视按照先进生产力的发展要求，全面释放经济属性，被国家纳入第三产业发展的范畴。1985 年《国务院办公厅转发〈国家统计局关于建立第三产业统计的报告〉的通知》，首次将广播电视纳入第三产业进行统计，要求建立必

① 梁平：《论广播电视的"三重属性"》，《有线电视技术》2003 年第 17 期。
② 梁平：《论广播电视的"三重属性"》，《有线电视技术》2003 年第 17 期。
③ 梁平：《论广播电视的"三重属性"》，《有线电视技术》2003 年第 17 期。

要的核算制度，提供财务资料。1992 年党的十四大提出我国经济体制改革的目标是建立社会主义市场经济体制。1993 年党的十四届三中全会提出建立产权清晰、权责明确、政企分开、管理科学的现代企业制度；同年，《国务院批转国家计委关于全国第三产业发展规划基本思路的通知》规定：“将一部分有条件的文化、体育事业单位推向市场，提高其社会化程度。动员社会各方集资建设广播电视转播台（站）和其他文化、体育设施，并通过深化内部改革、放开经营，向社会提供更多适应群众需求的有偿服务，逐步增强自我发展能力。”[1]

1999 年，我国第一家广播电视集团——江苏无锡广播电视集团成立。同年，《国务院办公厅转发信息产业部国家广播电影电视总局〈关于加强广播电视有线网络建设管理意见的通知〉》第一次以文件的形式提出组建省级广播电视集团。2001 年，《中共中央办公厅、国务院办公厅关于转发〈中央宣传部、国家广电总局、新闻出版总署关于深化新闻出版广播影视业改革的若干意见〉的通知》对广播电视集团化改革作了详细规定。之后，电视与广播博物馆国际理事会在 2002 年北京年会时指出，“广播电视系统的产业化不断发展”。至此，广播电视产业属性显化，成为“广播电视体制机制改革必须适应世界科技发展趋势和生产力发展要求、必须适应我国社会主义市场经济和社会主义民主政治的发展要求、必须适应人民群众日益增长的精神文化生活的要求”的有力实践。[2]

（2）政治属性是广播电视的本质属性，解决的是“广播电视为谁服务”的本质问题

广播电视是大众传媒，也是社会公器。政治属性是广播电视的本质属性，是广播电视产业属性的坚实衬底。广播电视必须为国家利益服务。国家利益是统治阶级最高利益的体现。不管是资本主义国家还是社会主义国家，广播电视都必须为国家利益服务，这是广播电视政治属性的首要表现。[3]我国广播电视的传播功能与宣传功能是并举的，宣传党的方针政策、做党和人民的喉舌、动员全体人民投身于现代化与民主化建设的任务是不会改变的。

广播电视呈现政治意识形态。所谓意识形态，就是自觉地、系统地反映经济形态和政治制度的思想体系。在过往的阶级社会里，统治阶级的主导思想与非主导思想以及与非统治阶级的思想之间存在着矛盾冲突，甚至尖锐激化，这就是意识形态领域的斗争。随着经济技术的全球化、大众文化的兴起，各种文化思潮的碰撞和意识形态的交锋愈发激烈。在国际政治秩序中，意识形态领域一直存在着一个没有硝烟的战场。广播电视曾经是、未来依然是统治阶级意识形态的重要阵地，是国际舆论战的重要战场。

广播电视也是人民表达政治权利诉求的重要途径，是诸多社会结构问题下情上达的

① 梁平：《论广播电视的“三重属性”》，《有线电视技术》2003 年第 17 期。
② 张海涛：《按照科学发展观的要求 全面推进广播影视数字化发展》，《现代传播》，2004 年第 6 期。
③ 梁平：《论广播电视的“三重属性”》，《有线电视技术》2003 年第 17 期。

减压阀，是舆情裂痕的弥合剂。可以说，没有安定民主的政治环境，良好的产业发展条件就无从谈起。

（3）文化属性是广播电视的固有属性，解决的是"广播电视满足人们哪方面需求"的问题

广播电视是大众传媒，是社会舆论机器，也是大众文化载体。[①] 它的主导功能是发布新闻资讯、推进社会教育、提供文化娱乐、满足人们的精神文化需求。广播电视本身是文化建设的重要内容；文化属性是广播电视的固有属性，是广播电视诞生以来就一直具备的属性。

广播电视属于面向全社会的大众文化载体，它的诞生和发展创造了人类文化交流和文化传播的奇迹，改变着人们的价值观念和生活方式，一度使人类社会进入一个以广播电视为标志的文化新时代。党的十二大第一次将广播电视作为文化建设的内容写进报告，党的十五大报告则明确提出："发展文学艺术、新闻出版、广播影视等事业是文化建设的重要内容。"

广播电视是保护民族文化的重要工具。随着经济贸易的全球化、文化传播的全球化，越来越多的国家开始关注文化同化问题，提出了文化主权的概念。为了避免外来文化的冲击，保护文化的多样性，许多国家规定广播电视机构播放国内节目须达到一定比例，或者播放境外节目不得超过一定比例，或者不得播放境外节目。[②] 我国规定境外卫星电视节目限制在教育、科研、新闻、金融、经贸等业务工作需要的单位和常住外国人的涉外宾馆、公寓等。

总之，广播电视的经济属性、政治属性、文化属性相互联系、动态统一。在边疆地区，在 SARS 肆虐等重大事件时期，在争取性别平权、反文化同质化的斗争中，广播电视的政治属性更加突出；而在东部发达地区，在政治、经济、文化民主化进程稳步推进的时空，广播电视的经济属性、文化属性更为鲜明。

2. 我国广播电视产业化的四大阶段

我国广播电视产业化历经改革开放 40 余年，从 20 世纪 80 年代初的初始状态，演变成为当下在产业价值链上整体横向分布、各环节紧密连接的集约式发展态势，形成由内容生产与流通、广告销售业务、传输网络平台经营、媒体融合新兴产业四大板块联结而成的产业结构，营造出融媒体服务、智慧化传播的大生态。广播电视产业在挑战中迎来发展新格局。

---

① 梁平：《论广播电视的"三重属性"》，《有线电视技术》2003 年第 17 期。
② 梁平：《论广播电视的"三重属性"》，《有线电视技术》2003 年第 17 期。

（1）1979—1992 年：产业起步阶段

1978 年党的十一届三中全会以后，以经济建设为中心、坚持改革开放的基本路线为我国广播电视的产业化发展提供了政策保障和需求动因。1979 年 1 月 25 日，上海电视台成立广告业务科，成为中国媒介产业化初始的一个标志性事件；随后 28 日播出中国广告市场在 20 世纪 50 年代后逐渐消亡以来的第一条片长 1.5 分钟的商业广告，从此在上海点燃的传媒广告的"星星之火"迅速燃遍全国，标志着中国广播电视产业发展进入起步阶段。1983 年，四级办广播（中央、省、市三级办无线广播，县办有线广播）、四级办电视方针带来频率频道数量的增加以及对节目供应量的相应需求。80 年代后期，广播电视产业开始以多种经营和多元发展为目标。

（2）1993—2002 年：产业发展阶段

1992 年 6 月 16 日，中共中央、国务院下发了《关于加快发展第三产业的决定》，至此，中国广播电视具有了事业和产业的双重属性。"事业性质、企业管理"，解放了广播电视的生产力。

90 年代初以后，随着有线电视、卫星电视、数字技术的出现，频道频率数量再次大幅增加，有线广播电视台开始大规模发展，不仅增加了广播电视种类，而且以征收视听费的方式改变了广播电视媒介经费来源。随着广播电视信息传播渠道的进一步增多，广播电视节目开始为销售而进行的专业化、商业化生产。90 年代，在广播电视广告市场趋于成熟，商业广告经营基本实现了制播分离的基础上，广播电视节目市场开始逐步形成。广播电视节目的生产制作除了广播电视台这一生产主体之外，还出现了民营电视节目制作力量作为有益补充。这一时期，广播电视产业的市场框架已经初具规模。[①]

（3）2003—2012 年：产业兴盛阶段

自 2002 年起，国家把发展文化产业列为经济和社会发展的战略任务，《国民经济和社会发展第十一个五年规划纲要》和《国家"十一五"时期文化发展规划纲要》都明确提出发展文化产业的目标、任务、重点和政策措施。2003 年 1 月，在全国广播电视工作会议上，国家广播电视行政管理部门第一次明确提出了"加快发展广播电视产业"的号召。2003 年 12 月，国家广电总局颁布了《关于促进广播影视产业发展的意见》。2009 年 9 月，国务院印发《文化产业振兴规划》，从国家战略高度对广播影视产业发展做出了重大部署。一系列的政策支持，为广播电视产业的发展壮大创造了良好的生态环境。

这一时期，随着卫星通信技术的完善和数字压缩技术的突破，由卫星和地方有线电视网"星网"结合的立体广播电视传播形态初步形成，中国形成了一个巨大的广播电视媒

---

① 李岚：《中国广播电视产业 40 年的四次大跨越》，https://www.sohu.com/a/271699374_211289，2018-10-27。

介市场。这一时期，随着国家在准入政策方面对民营资本降低门槛，在电视剧、动画片的产业领域，民营资本投资投产的比重迅速增加，涌现出一批具有影响力与规模的民营影视企业，民营企业逐渐成为广播电视产业的重要力量。广播电视产业不断加大改革创新，广播电视产业收入大幅度上升。[①]

（4）2013年至今：产业高质创新阶段

党的十八届三中全会确定了全面深化文化体制改革的发展战略，为广电行业发展创造了良好的宏观环境，激发了广播影视发展的活力和潜力。2017年5月，中共中央办公厅、国务院办公厅印发《国家"十三五"时期文化发展改革规划纲要》，提出"十三五"末文化产业成为国民经济支柱性产业的目标。广播影视产业是文化产业的重要组成部分，也是文化产业改革中具有领导性的产业，生产力最先进，产业最为繁荣和活跃，必将成为国民经济支柱性产业的重要支撑。党的十九大从国家战略高度对新时代推动包括广播影视在内的社会主义文化繁荣兴盛提出了新的发展理念，阐述了新的战略部署和政策方针。

经过40余年的建设和发展，中国广播电视产业已具有相当的规模与扎实的基础。截至2018年，全国广播电视总收入年均增长率超过20%，远高于国民经济的增长速度。特别是党的十八大以来，广播电视产业改革力度进一步加大，实现了快速、持久、健康的发展，整体规模、质量、实力和影响力都获得了全面的增长，2017年全国广播电视资产总额达17437.24亿元，是2002年的10.49倍。[②]广播电视产业以习近平总书记系列重要讲话精神为指引，顺应新形势、新任务、新要求，引导新供给，形成新动力、新消费和新业态，推动广播电视服务产品化、精细化、精准化，延伸产业链，提升价值链，不断提高发展质量和效益，促进广播电视产业转型升级，形成新的发展格局。[③]

三、新媒体产业的属性及特征

什么是新媒体产业？新媒体（new media）是1967年由美国哥伦比亚广播电视网（Columbia Broadcasting System，CBS）技术研究所所长戈尔德马克（Peter Goldmark）率先提出的概念。新媒体产业是指以数字技术、计算机网络技术和移动通信技术等新兴技术为依托，以网络媒体、手机媒体、互动性电视媒体、移动电视、楼宇电视等新兴媒体和新型媒体为主要载体，按照工业化标准进行生产与再生产的产业类型，是文化创意产业

---

① 李岚：《中国广播电视产业40年的四次大跨越》，https://www.sohu.com/a/271699374_211289，2018-10-27。

② 李岚：《中国广播电视产业40年的四次大跨越》，https://www.sohu.com/a/271699374_211289，2018-10-27。

③ 李岚：《中国广播电视产业40年的四次大跨越》，https://www.sohu.com/a/271699374_211289，2018-10-27。

的重要组成部分。[①] 就外延而言，新媒体产业涵盖的范畴极其宽广。

横向上，新媒体产业按照媒体形态可以划分为两大阵营。第一阵营是以网络媒体产业、手机媒体产业及互动性电视媒体产业为代表的新兴媒体产业；第二阵营则是以楼宇电视产业、移动电视产业为代表的新型媒体产业。当然，网络媒体产业、手机媒体产业和互动性电视媒体产业都可以进行市场细分。网络媒体产业包括门户网站产业、搜索引擎产业、网络社区产业、博客产业、播客（网络视频）产业、网络游戏产业、即时通信产业、网络出版产业（包括网络报纸和网络杂志）、网络广播产业、RSS 产业、维客（维基）产业等细分产业；手机媒体产业细分为短信产业、彩信产业、彩铃产业、手机出版产业、手机广播产业、手机电视产业等；互动性电视媒体产业又包括数字电视产业和 IPTV 产业。

纵向上，按照盈利模式的不同，新媒体产业可以区分为新媒体广告产业和内容产业两个部分。广告是所有媒体的基础盈利模式，新媒体广告具备传统媒体广告的一般特征，主要向企业类广告主收取费用，而因为承载于"新媒体"这种新的媒体形态，新媒体广告又具备了一些不同于传统媒体广告的特征，如多元化、互动性、个性化等。内容产业是新媒体产业区别于传统媒体产业的盈利模式，它主要以新媒体为平台，销售内容和服务，收入来源主要是以内容、服务等向个人客户收取的相关费用。在新媒体产业盈利模式的两个部分中，内容产业占主体，广告产业处于依附和从属地位。随着新媒体产业的不断发展，内容产业的比重还会继续增加。

1. 共性与个性兼具的新媒体产业属性

（1）新媒体产业的经济学属性

新媒体产业与传统广播电视产业一样具备所有产业共有的经济学属性，是文化创意产业的重要组成部分，是第三产业的重要分支，也是国民经济发展不可分割的有机成分。

其一，新媒体产业具有集群性。新媒体产业是由新媒体硬件制造商、内容提供商、服务提供商、运营商等不同环节组合而成的，每一个环节都与前后环节存在竞合关系。集群性可以使新媒体产业降低成本，形成规模效应，促成规模经济和范围经济。

其二，新媒体产业的价值链具有增值性和循环性。构成新媒体产业价值链的各个组成部分是一个有机、统一的整体，每一个价值链环节都由大量的同类企业构成，以内容生产、服务集成为主的上游产业链环节同以平台运营、产品营销为主的下游产业链环节紧密关联、相互制约、相互依存，各环节交换物质、信息和资金，共同推进新媒体产业的价值递增。[②]

其三，新媒体产业具有生产性。新媒体产业的产品是无形的内容，它通过对思想、

---

① 王宁：《美国视听新媒体产业管理体制研究》，河北大学硕士学位论文，2014 年。

② 张雷：《文化产业视域下弹幕视频网的传播研究》，陕西科技大学硕士学位论文，2016 年。

文化、意识形态等的整合、加工和重构，不断地生产无形的内容产品，为社会创造价值，成为国民经济的重要组成部分。

（2）新媒体产业的意识形态属性和文化属性

媒体具有双重属性，即事业属性和经济属性。媒介既是社会公共服务单位，也是经济单位；既为统治阶级和社会公众服务，也为自身在市场经济中的竞争和生存追求利益最大化。媒介产业化是媒介经济属性的延伸，但同时其也不可能摆脱事业属性的渗透和制约，媒介产业的意识形态属性和文化属性正是其事业属性的表征。任何媒介产业都处于特定的社会环境中，不可避免地被注入该社会的意识形态和文化精神，新媒体产业也不例外。新媒体产业具有意识形态属性和文化属性。

文化研究学派的领袖人物斯图亚特·霍尔（Stuart Hall）在《"意识形态"的再发现：媒介研究中被压抑者的回归》一文中指出，现代文化领域是一个"意识形态战场"，"不同文化形式在这里相互争夺霸权，占主导地位的'意识形态'就是在各种话语斗争的事件中被制造出来的"，新媒体的互动性、草根性、个性化等特点为意识形态的互动提供了足够的平台和运作空间，也就在客观上将各种意识形态渗透进新媒体内容产品之中，使得新媒体产业相对于传统媒体产业更加强调意识形态的相互作用，而不是主导意识形态的绝对控制。[①]

作为文化创意产业的重要分支，新媒体产业是一种新型资源产业。文化、信息和教育等新型资源是产业的主导，并赋予新媒体产业以鲜明的文化属性。新媒体产业所生产的内容产品从本质上说是一种文化产品，具有文化产品的基本特征。从这个角度来说，新媒体产业的产品既要包含社会基本价值观和思想文化精神，又要满足消费者对新媒体产品"使用价值"的功能性需求，而这种功能性需求在很大程度上也要通过思想文化精神来满足。

2. 挑战与机遇并存的新媒体产业特质和发展方式

（1）新媒体产业本身就是媒介融合的产物，具有融合、竞争、变动的特质

从某种意义上说，新媒体产业最为典型地承载和反映了媒介融合的时代背景，相对于传统媒体产业，新媒体产业从发展之初就表现出明显的融合性、竞争性和变动性。[②]

融合性是由新媒体产业所处的媒介融合的时代背景决定的，新媒体产业的发展壮大又反过来印证和重构了媒介融合的内涵。例如，在网络媒体的细分产业中，网络报纸是互联网与传统报纸融合的结果，网络广播电视则是互联网同传统广播电视融合的产物；

---

① 王宁：《美国视听新媒体产业管理体制研究》，河北大学硕士学位论文，2014年。
② 北京印刷学院文化产业安全研究院：《中国新媒体产业安全报告（2013—2014）》，社会科学文献出版社2015年版。

同样，在手机媒体的细分产业中，手机报纸是手机媒体与传统报纸的融合，手机广播电视则是手机与广播电视的融合。新媒体技术是新媒体产业兴起的先导力量，但推动新媒体产业发展的关键因素是内容。由于新媒体本身并没有足够的内容积淀，因此，它只能借助媒介融合的力量从传统媒体和其他新媒体中获得内容资源。[1]另外，新媒体形式的创新也需要媒介融合的推动，无论是诸如数字电视、IPTV的硬件融合，还是诸如网络杂志、手机报纸的软件融合，都是在媒介融合的思想指导下诞生和发展的。

竞争性在新媒体产业中体现突出，原因之一便是新媒体产业的融合式发展使得上下游产业链各环节不断渗透、整合，加剧了产业链各环节的竞合重组。

融合性和竞争性相互激荡，塑造了新媒体产业与时俱进的变动性。目前，新媒体产业的这种变动性大多表现为一种良性的、积极的变动，即日新月异的增势发展。

所以，产业融合是新媒体产业的生存和发展方式，是新媒体产业存在、发展不可或缺的基础条件。新媒体技术、形态、内容不断融合，推动新媒体产业链和价值链的有机整合，为新媒体产业带来新的业务模式和盈利模式。[2]新媒体产业的融合式发展，不但促进了新兴信息传播产业形态的形成，同时也促进了新的信息传播产业生态环境及新的产业结构的形成。

（2）新媒体产业的融合性、竞争性和变动性，使新媒体产业模式也具有了内在不稳定性

新媒体产业模式的内在不稳定性实际上是新媒体产业链寻求自身稳定的合理应答。新媒体产业模式只有不断调整、完善，才能适应不断发展变化的新媒体产业结构的要求，适应整合后的产业链和价值链的要求，适应新媒体产业内外部市场竞争的要求。

3. 软、硬实力齐头的新媒体产业力量

一个国家的发展与壮大不仅需要提高科技、经济、军事等硬实力，也需要增强思想文化精神以及意识形态影响力、控制力等软实力。

新媒体产业以全新、互动、平民化的传播载体为运营平台，以一种"去中心化"的传播方式，将用户或消费者紧密地联系在一起，提高和增进了文化传播及意识形态渗透的效率与效力，增强了软实力传播的情感联动力。同时，新媒体的产业化，大大改变了传统媒介的生态环境，也改变了构建与提升国家软实力的传播环境和传播手段，为之提供了关键平台和全新渠道。

新媒体产业本身是国民经济的重要组成部分，甚至是国民经济的支柱或推动力量，能够像物质生产部门一样直接贡献于国民经济，从而通过提高经济水平来增强国家的硬

---

[1] 王宁：《美国视听新媒体产业管理体制研究》，河北大学硕士学位论文，2014年。
[2] 王宁：《美国视听新媒体产业管理体制研究》，河北大学硕士学位论文，2014年。

实力。另外，新媒体产业作为信息产业的重要分支和最新发展，能够为国家的信息化战略提供网络平台，推动军事信息化和国防信息化建设，从侧面提升国家硬实力。[①]

四、广播电视与新媒体的产业融合

1. 广播电视与新媒体产业融合的思路

广播电视媒体与新媒体的属性特征，决定了彼此融合发展的可行性与必要性。广播电视与新媒体产业的融合思路是：运用新媒体技术，挖掘新渠道、发展新平台。其一，构建广播电视云平台，实现广播电视产业"上下联动、内容共享"的整体发展局面，促进广电媒体内容资源的整合，形成规模效应，提高广播电视与互联网视频服务商以及通信运营商的竞争能力。其二，打造"双微账号＋多个 App 客户端"的广播电视移动化格局，使基于传统广播电视产业的网络广播电视台、手机电视集成播控服务、手机电视内容服务、互联网电视集成服务、联网电视内容服务遍地开花，全国省级以上广播电视机构一云多屏、多屏互动、城市信息云平台不断涌现。其三，加快中国广播电视产业进入互动时代，深化广播电视与新媒体的融合，完成传者与受者之间的移动端搭载互动。其四，使 IPTV 成为视频服务的重要渠道。其五，建立媒体融合中心，面对不同的终端渠道，着力打造节目内容"中央厨房"采集和多渠道全媒体分发流程。

2. 广播电视与新媒体产业融合的路径

（1）内容融合

广播电视媒体应充分利用新媒体平台和渠道带来的机遇，以互联网思维进行内容产品的升级，坚持"内容为王"，以内容优势赢得发展优势，使文字、图片、音视频等内容产品兼具垂直创新的表达呈现；重构内容生产体系、进行流程再造，强力推进媒体资源聚合、生产流动融合、采编力量整合，建立"中央厨房"式的全媒体发布平台，实现"一次采集、多种生成、多元传播"，打造官方微博、微信公众号、微视、客户端等发声矩阵，在新兴舆论场中占据高地；打造重大报道中各平台第一时间推送快讯、微博及时更新动态、微信推送深度报道、客户端提供海量信息和视频直播的新媒体复合发布模式，实现新闻资源的多级开发利用。

（2）渠道与平台的深度融合

全面推进"三网融合"进程，充分发挥广播电视媒体的"内容＋新媒体渠道"的优势，通过 PC 端、移动端多平台传播实现用户深度对接。通过技术创新搭建统一的技术平台，

---

① 王宁：《美国视听新媒体产业管理体制研究》，河北大学硕士学位论文，2014 年。

丰富消费内容、产品服务，加快促进融合性业务发展，着力推动不同渠道、平台间的深度融合。譬如芒果TV 2015年跨年演唱会，以网络直播方式改变了以往电视播出内容的模式，在国内首开先河推出五屏网络创意互动新模式，实现多媒体互动直播。

（3）经营融合

打造最具传播力、公信力、影响力、市场价值的新型互联网传媒产业，业务涵盖媒体运营、版权销售、文化投资、现场演艺、文化旅游、电视购物等领域；内容整合发布，实现广告增值，利用新媒体的支付功能促进销售。

（4）人才培养与引进

培养全媒体人才，加大新兴媒体内容生产、技术研发、资本运作和经营管理人才的引进力度，加强广播电视与新媒体产业的人力资源储备，打牢媒体融合发展的人才基础。

第二节　广播电视与新媒体的产业角色定位

一、文化产业分类指标体系中的广播电视

不同国家与地区有各自不同的产业门类统计选择，大致上包括三大部分：艺术、工艺和古董等传统产业群；电视、广播和电影等现代产业群；软件、互动式休闲游戏等数字内容的新型产业群。中国采用文化产业"N+1"分类指标体系，其中"N"为national index的简写，意为国家指标；"1"为最后一项，即地方特色文化产业，需中央认定。一般分为产品层、服务层、交叉层等三个层次，共16个门类，见表5-1。

表5-1　中国文化产业分类

第一部分：产品层	包括音乐及表演艺术业，视觉艺术业，新闻及出版业，广播影视业，动漫及游戏业、工艺及古董业，数字内容（包括网络文化），共7项
第二部分：服务层	包括产品设计（工业设计、建筑设计、视觉传达设计、时尚品牌设计）、公关及广告业、节庆会展、咨询服务，共4项
第三部分：交叉层	包括文化旅游、体育休闲、文化设施应用、教育培训，以及其他经中央机关认定的行业等，共5项

资料来源：向勇：《文化产业导论》，北京大学出版社2015年版，第59页。

我国香港地区的"创意产业"（后改称"文化创意产业"）门类包括文化艺术（包括艺

术、古董和工艺、音乐、表演艺术）、电子媒体（包括数字娱乐、电影与录像带、软件与计算机、电视与广播）、设计（包括广告、建筑、设计、出版）等三大类。

我国台湾地区的"文化创意产业"门类包括视觉艺术产业、音乐与表演艺术产业、文化展演设施产业、工艺产业、电影产业、广播电视产业、出版产业、广告产业、设计产业、数字休闲娱乐产业、设计品牌时尚产业、创意生活产业、建筑设计产业等。

我国文化产业统计指标历经两次调整，分别是 2004 年"核心、外围、相关层"的三层分类法以及 2014 年的五层分类法，广播电视产业一直处于文化产业的核心层，是文化产业的重要组成部分，是文化内容开发的重要环节，在文化产业发展过程中发挥着不可替代的作用。除了发挥经济效益和社会效益双引领作用，广播电视产业对文化产业的内容创新和技术升级也发挥着主导作用。[①]

同时，广播电视产业是文化体制改革的先锋，自 2017 年实施"十三五"规划以来，广播电视行业正在全面突破传统的业态，积极探索媒介融合发展之路；广播电视新媒体逐步发展出"媒体 + 互联网 + 资本 + 产业"的模式，为文化产业的发展注入新的推动力。2017 年 4 月，文化部发布了《关于推动数字文化产业创新发展的指导意见》，数字文化产业成为文化产业的重头戏，新媒体产品对传统文化产业的整合、对文化产业的发展及扩张产生了重大推动作用。新媒体开创了全新的文化产业，手机游戏端、手机视频客户端、手机音乐客户端、信息推送服务 App 等新媒体产品，形成了一个庞大的新型文化产业。

二、文化产业中的广播电视与新媒体角色定位

1. 广播电视与新媒体是文化产业的经济推动者

我国的文化产业增值迅猛，在国民经济中的地位举足轻重，广播电视产业作为文化产业的核心层，为文化产业的发展做出了重大贡献。广告和版权这两部分收入创造了广播电视产业大部分的经济效益，2015 年广播电视行业总收入 4634.56 亿元，同比增长 9.66%，其中全国广播电视行业广告收入为 1529.54 亿元，比 2010 年增长 62.72%。

（1）传统广播电台广告收入逆势上扬

互联网新媒体对传统广播电台媒体造成了不小的冲击，但视听分离的分众需求，使得广播电台在暴涨的车载人群中获得固定的收听率，听众规模逆势上扬。2016 年，中国广播听众 6.91 亿人，比 2015 年增加 300 多万听众。广播电台不仅听众数量不降反增，而且其吸引的听众群越来越具有广告价值。广告主力消费群占比高，高消费能力人群规

---

① 邵鹏、梁亮：《新媒体环境下文化产业中广播电视产业的角色与定位》，《声屏世界》2017 年第 7 期。

模不断扩大，高学历人群规模不断扩大。[1]2017年，全国广播电视总收入6070.21亿元，比1982年增长了685倍，以广告、有线网络、新媒体业务收入为主的广播电视实际创收达4841.76亿元，占总收入的80%。[2]

（2）传统电视行业的广告收入止跌反弹

在爱奇艺、优酷、腾讯视频等视频网站的冲击下，传统电视媒体受众大量流失，但电视媒体凭借其规模和公信力、各类节目及晚会的冠名赞助等植入广告，扩大了广告收入，尤其值得一提的是，爆发式增长的综艺节目成为电视媒体吸引广告商的主要方式。2016年，中国电视行业广告营业额为1239.00亿元，增长幅度为8.05%，远超过2015年的1146.69亿元；2016年，各大卫视播出的综艺节目数量超过了200档，以季播节目为主的形式则进一步拓宽了广告招商的空间。[3]

（3）版权收入成为广播电视产业新增收入的重要来源

版权市场交易表现出巨大的增长潜力。一是国内版权市场迅速发展。单从电视剧这一项来看，2013年电视剧国内销售额就超过百亿元，2015年电视剧国内销售额已经达到154.48亿元。二是海外版权市场不断拓展。中国电视剧和电视节目正在逐渐走向海外市场，海外版权贸易额逐年增加，其内容结构也更加多元化。中国对外出口电视剧呈逐年增长趋势。综艺节目成为海外版权交易新的增长点，许多节目销往东南亚、中东、欧洲、大洋洲、北美、非洲等地区。越来越多的广播电视媒体意识到了优质节目的版权价值，开始充分发挥自身的内容优势，创新综艺节目模式，力争成为国际版权售卖的领跑者。[4]

（4）广播电视与新媒体产业融合，收入模式日趋多样化

随着广播电视产业继续向前发展，广播电视媒体不断开拓媒介融合创新之路，结合互联网拓展传播渠道，提升自身媒体价值，为广播电视行业营收带来新的增长点，也为文化产业的发展提供更多的经济推动力。2017年，全国广播电视总收入6070.21亿元，比1982年增长了685倍，以广告、有线网络、新媒体业务收入为主的广播电视实际创收达4841.76亿元，占总收入的80%。广播电视产业结构进一步优化，传统广电业务收入占比逐渐收缩，而基于融合业务的新兴产业快速发展，收入不断增长。广播电视节目交易活动频繁，节目销售收入保持高速增长，2017年节目销售收入523.54亿元，同比增长43.42%，占实际创收的10.81%。IPTV、网络视听等业务快速发展，用户收视习惯发生变

---

① 邵鹏、梁亮：《新媒体环境下文化产业中广播电视产业的角色与定位》，《声屏世界》2017年第7期。

② 国家广播电视总局：《2017年全国广播电视行业统计公报》，http://www.nrta.gov.cn/art/2018/6/5/art_113_38021.html，2018-06-05。

③ 中商产业研究院：《2017—2022年中国电影行业研究年度报告》，https://www.askci.com/reports/20161117/0953243721739291.shtml，2016-11-07。

④ 邵鹏、梁亮：《新媒体环境下文化产业中广播电视产业的角色与定位》，《声屏世界》2017年第7期。

化，新媒体业务收入 277.66 亿元，占实际创收的 5.73%。[1]

2. 广播电视与新媒体是文化产业的内容生产者

文化产业本质上属于内容产业，内容生产决定着文化产业发展的方向和质量，是广播电视产业发展的原动力。广播电视产业内容转型提质加快，专业化程度不断提高，将传统广播电视优质内容的生产能力向广播电视新媒体延伸，推出了一批现象级融媒体产品，形成了一批有影响力的新媒体品牌。广播电视产业以互联网作为推动媒体融合的平台，实现内容的平台增值，既发挥了主流媒体的社会信息中枢的作用，又稳占文化产业价值链的核心环节。

（1）广播电视内容制作机构规模持续扩大，专业化、集中化趋势明显

目前，全国共有经审核合格的持有《广播电视节目制作经营许可证》的机构 14389家，同比增长 40.6%。其中民营机构 12925 家，占比近 90%，广播电视节目制作机构多种所有制协调发展。越来越多的制作机构主营单一节目类型的创作生产业务，专业化程度进一步提升。北京、浙江、上海、广东、江苏五省（市）的制作机构占全国总量的64%，产业集群辐射带动效应明显，区域集中化凸显。[2]2016 年 6 月，国家新闻出版广电总局颁发《关于大力推动广播电视节目自主创新工作的通知》，各级广播电视媒体开始更加注重原创节目的制作，不断研发生产拥有自主知识产权，广播电视节目、电视剧、动画片、纪录片等内容的生产创作水平不断提升，创新创优力度加大。

（2）广播电视节目内容提质提量，类型多元化、制播海量化，节目内容和表现形态呈现出原创化、模式化、全网化的制作传播特征

全国广播节目制作总量达千万小时，节目自制率占比高，交通、新闻和音乐三类节目是中国广播收听市场的主角，其累计市场份额高于80%。交通广播发展迅猛，凭借自身优势推出实时路况信息节目，并以多元的《一路同行》节目，受到广大车主的喜爱。新闻广播稳步前进，在诸多重大突发事件报道中走差异化路线，时效性与权威性并存。音乐广播线上线下积极探索，以主播的编导思想精心制作音乐节目，同步以互联网平台特定场景吸附新媒体听众，积极策划参与线下的音乐活动，为电台赢得产业口碑。如 2014年，黑龙江广播电视台依托龙广战略数据部，线下组建各节目的听友俱乐部，全年举办73 场活动，直接带动全省相关行业销售突破 15 亿元。[3]

---

① 国家广播电视总局：《2017 年全国广播电视行业统计公报》，http://www.nrta.gov.cn/art/2018/6/5/
art_113_38021.html，2018-06-05。

② 李岚：《改革开放 40 年，中国广播电视产业的四次大跨越发展》，https://www.sohu.com/a/271720035_613537，
2018-10-28。

③ 崔忠芳：《全国广播业媒体融合调查报告》，https://news.sina.cn/cm/2015-09-28/detail-ifxieymu0908253.
d.html?from=wap，2015-09-28。

全国电视节目制作总量逐年同比增长，制播分离改革更进一步激发了电视节目制作市场的活力。各级电视媒体机构自身制作团队的能力在市场竞争中得到了充分的强化，联制联播合作机制被业内广泛接受，不少播出机构共同策划、生产、播出优质节目内容。尤其是综艺节目（包括以新媒体为依托的网络综艺），由过去大量引进海外节目转向自主创新。据不完全统计，2016 年主要卫视开播的 29 档综艺新节目中版权引进的只有 4 个，其余均为原创。电视剧生产制作活跃，进入了提质升级期；结构更加优化，投资方向更为理智，内容更加丰富多元；2018 年国家新闻出版广电总局"限薪令"的出台，使得电视剧制作资本开始倾向于单部剧的精耕细作。纪录片市场走向成熟，纪录片产业步入发展的快车道。央视、省级卫视和视频网站播放平台形成多方互动和协同，电视纪录片的产量、播出时长持续增加，现象级纪录片不断涌现，国产纪录片进入卫视黄金档，获得收视、口碑双赢，纪录片在国际上的传播力、影响力进一步拓展。

（3）云计算、大数据、移动互联等新媒体技术的运用及媒介融合，为文化产业提供了更加丰富、智能、新颖的内容生产方式

广播电视产业机构按照媒体融合下的"中央厨房"内容生产机制，一方面在安全可控的前提下，打通基于广播电视全媒体制播云技术的全台网与新媒体内容生产制播网络，实现传统媒体与网络媒体的交互，一方面按照内容汇聚、融合编辑、资源共享、审核发布、统计考核的流程，实行统一指挥调度，以实现针对重大事件、重大活动的快速响应和融合报道。积极开发 4G、5G 版的内容 App，开通微博、微信，作为频道、栏目与网民、观众、用户互动的窗口，开展线上、线下立体的内容传播；在全媒体大数据演播室内，实现大数据系统平台与演播室虚拟前景系统的对接，使各类数据内容在演播室可视化呈现，提升受众的视听体验和即时互动体验。

基于新媒体技术的 H5、直播、短视频等方式丰富了文化产业的内容形式。微视频、网络直播深耕垂直领域发展，内容创新热度不减。随着基础网络服务的提速降价，信息获取形式的视频化将是未来网络内容发展的主流趋势，视频类信息产品生产的热度将继续保持。随着大数据技术的不断发展，网络平台上的用户画像更加清晰，这使得信息产品与用户个性化需求对接的精准度进一步提升。高质量的内容一直有市场，取得最佳传播效果的前提是根据市场需求不断调整呈现方式与呈现时机。

（4）以资讯类内容为基础、泛娱乐内容为核心、垂直细分内容为头部的文化产业内容交互

资讯类内容由传统媒体、互联网门户巨头和垂直自媒体三分天下。传统的广播电视媒体历史悠久，内容版权、生产实力、对内容价值和立场的品牌坚持，让传统媒体依然是内容生产的主力。以腾讯、百度、新浪和搜狐为首的互联网门户巨头，在互联网第一波浪潮中占据了内容分发的入口，入口反向催化了内容的采编和生产。新媒体的出现给了垂直

类资讯媒体足够的用户群体和曝光机会。资讯类内容时效性短、更新频次快的特征决定了它的内容生产团队需要资深媒体人才、反应迅速的内容生产机制、长期积累的媒体品牌信誉、独特和专有的内容渠道来源。这四点必须基于媒介的融合创新才得以实现。

相比资讯类内容对于生产效率和渠道的要求，泛娱乐内容生产的核心是娱乐价值，竞争力来源是用户入口、团队创意迭代能力、优质 IP 拥有者。其主要呈现方式为文字、图片、视频。新媒体的崛起，造就了一大批以创意为主的娱乐内容产业，而网络 IP 和影视业的整合，使得传统广播电视与新媒体呈融合共赢状态。

垂直细分内容重在专业价值，相对于资讯类内容的时效性限制、娱乐类内容的新鲜感危机，垂直类细分内容则是时间价值最长的。垂直细分内容的价值需要有垂直行业的积累，所以其团队需要兼具传统行业积累与新媒体呈现观念。现阶段，垂直内容和娱乐性、热点时效性相结合，是广播电视新媒体内容生产的一大趋势。对于大部分涉及新媒体内容的文创团队来说，垂直细分行业永远是最优先的选择。

3. 广播电视与新媒体是文化产业科创融合的促进者

文化产业的发展离不开技术的升级和革新，媒介融合是科技创新的重要组成部分。随着媒介融合的程度不断加深，广播电视产业开始不断应用大数据、云计算等新技术，构建与新媒体相融合的文化产业服务平台，以创新技术引领媒体融合发展与媒体转型升级。2016 年国家新闻出版广电总局出台《电视台融合媒体平台建设技术白皮书》《广播电台融合媒体平台建设技术白皮书》后，中央电视台和北京、上海、江苏、浙江、湖南等省级电视台都积极打造制播云平台和基于用户互动的制播大数据系统，围绕全媒体大数据演播中心，通过全新的融合生产流程和工作机制，实现全方位的资源汇聚能力、共享平台的协同生产能力、多向融合的发布反馈能力、大数据下的指挥调度能力，为媒体融合内容生产提供可靠的系统支撑平台。

（1）渠道层面

广播电视产业加快制播技术和传输覆盖技术的升级改造。全国各级广播电视台积极推进制播技术数字化、网络化、高清化建设，全面升级传输覆盖技术，大力实施无线广播电视覆盖工程，构建无线数字传输覆盖网络。全国有线电视网络互联互通平台先导项目开始上线调试，有线、无线卫星融合网第一阶段试验工作有序推进。高清制播取得重要进展，其中央视已经实现全高清制作播出，各级电视台主要频道高标清同播能力不断提高，4K 超高清电视节目制作等关键技术进一步提升，标准规范趋于完善。广播电视与新媒体融合增加了新的渠道、平台和产品，互联网属性、数字化、移动化、内容海量化、数据的多样化、传播交互化的特征更加明显。

（2）接收终端层面

广播电视产业全面实现设备更新，提升了立体化、智能化传播能力。2015 年 12 月，智能电视操作系统升级版 TVOS 2.0 正式发布。该系统由我国自主研发，具有自有知识产权，对于保障广播电视文化安全，把握智能电视产业发展主导权，支撑广播电视数字化、网络化、智能化快速可持续发展，具有重大意义。[1]广播电视新媒体大力推进 TVOS 智能电视机顶盒的规模化应用，加快智能电视终端业务部署，打造智能家庭入口。同时，进一步增强智能终端的整合力，打造移动传播矩阵。广电媒体普遍开通微信、微博、微视频以及客户端，"三微一端"已成为广电媒体重要的融合传播社交平台。各级广电媒体纷纷开通了频率频道、栏目、节目、主持人等多层次微博与微信账号，形成集群化态势，并推出了系列移动客户端，形成各具特色的移动产品体系和规模化发展态势。同时，广电媒体着力于推动"电视大屏 + 移动小屏"的跨屏互动，实现多屏、多终端贯通。例如，湖南广电采取"台网融合 + 一体两翼"的整体融合策略，打造 TV 端、手机端、PC 端、Pad 端全平台产业链，并通过资源整合，打通大屏与小屏，多渠道联合出击，多 IP 整合齐发。[2]

总之，广播电视新媒体依托文化产业优势资源与科技创新研发实力，致力于泛娱乐产业领域的产品创新和运营，专注于产品化服务与平台化运营，打通各种媒体、各种渠道、各种终端、各种资源之间的通道；建立跨区域融合服务平台，探索跨区域、跨产业的资源整合和资源共享运行方式，实现广播电视新媒体的集约化、规模化发展。

4. 广播电视与新媒体是文化产业意识形态的引领者

广播电视与新媒体的产业属性决定其既要尊重文化市场的发展规律，又发挥着意识形态主阵地的作用。中国社会正处在转型期，人们的思想观念、社会政策走向、社会规范与制度都以产业化、市场化为轴心转变，文化产业作为社会转型的重要呈现载体，直面社会诸多矛盾。在文化产业中，广播电视媒体需要起到文化风向标的作用，不仅要追求经济效益，积极融入市场竞争，更要引领好社会效益，深入挖掘家国文化与个人情感的正能量内涵，坚守舆论阵地，大力推动文化产业的良性发展。

第三节　广播电视与新媒体的产业价值链构建

广播电视媒体在新媒体冲击、党和政府高度重视、政策支持力度加大、资本结构多

---

① 邵鹏、梁亮：《新媒体环境下文化产业中广播电视产业的角色与定位》，《声屏世界》2017 年第 7 期。
② 肖叶飞、周美霞：《广播电视全媒体产业生态的特征与构建》，《声屏世界》2018 年第 9 期。

元化等背景下，呈现出依托资本运作的产业转型升级和新媒体产业布局的发展趋势。广播电视产业要充分发挥自身竞争优势，着眼长远产业布局；树立全产业链思维，联合新媒体巨头，集中布局新媒体产业，构筑泛娱乐产业生态；以资本运作推动核心业务整合，加快与金融体系的融合，发挥金融资本优势。

一、全产业链中的广播电视新媒体

全产业链是文化产业最典型的商业模式，也是最能体现文化产业独特性的商业模式。同时，全产业链也是最好的集聚形态和发展模式选择。其由纵向价值链、横向产业链和斜向网络链等三条价值链整合形成的协同价值链（图5-1），在实践中往往是以各种专业化的产业链来展现的，是在劳动分工提高生产率基础上实现的新的产业整合。它是一种同一内容资源在空间和时间维度都重复延伸使用的结构，显示了更强的连贯性和扩展性。空间上，全产业链以创意内容为轴心，实现纵向的伸展，使上下游各产业要素有机地连接为一体，又可以实现横向打通与协同，使各个向周围辐射的移动硬件实现类型扩充（如Kindle、手机、存储器等）。时间上，它以消费者需求为导向，使创意内容时刻跟随或者引导消费者的生活方式及消费方式的变化，保持文化产品生产过程的时效性和动态性。

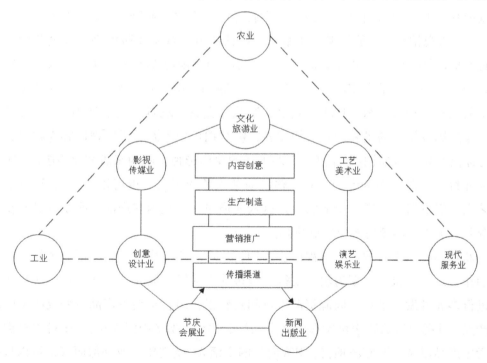

图5-1　文化产业全产业链模式图

（资料来源：向勇：《文化产业导论》，北京大学出版社2015年版，第72页）

总之，全产业链以消费者的文化需求为导向，以文化价值为整合要素，实行横向整合、纵向整合和斜向整合，采用"一源多用"的商业模式，体现了文化产业的全产业链价值思维，进而推动了第六产业的复合经营。第六产业即"第一产业 + 第二产业 + 第三产业"，也可以是"1.5 产业（农林牧业及其深加工）+4.5 产业（服务业及其品牌化）""2.5 产业（工业及其设计）+3.5 产业（物流及其服务）""3 产业 +3 产业"。第六产业表达了产业融合、产业跨界的创新观念，即以文化符号为连接、文化品牌为纲领，推动现代农业、特色加工业和现代服务业的跨界共生，大力推进"文化的产业化"和"产业的文化化"的协同发展，将第一产业、第二产业和第三产业融合为第六产业。[①]

文化产业的产业链与传统产业的产业链不同。以成都市"东区音乐公园"项目为例。东区音乐公园具有三个比较重要的条件：其一，成都具有较好的音乐消费市场；其二，中国移动数字音乐基地落户成都；其三，经营主体成都传媒集团拥有较成熟的运作平台。由此，根据园区的资源基础和创新要求，可以将整体理念确定为全景式体验、全品牌联动。全景式体验包括全类型音乐体验、驻地观赏体验、驻地互动体验、音乐茶座、新媒体体验等；全品牌联动即所有品牌之间相互联动，形成以品牌为核心的音乐文化和文化产业的聚集，通过活动和合作延伸产业链，形成园区产业链、园区与活动产业链、园区活动与广电新媒体产业链三个产业组合，同时包含专业化音乐经营、文化旅游等。

以影视产业（含动画电影）为例，我们可以将它的产业链分为六个模块：一是影视创作；二是影视拍摄；三是影视制作服务，包括通过影视制作服务平台提供共性技术支持，服务平台包括独立剪辑工作室、CGI（电脑三维动画）制作室、大型影视审片室、影视动画制作设备、三维数字动画制作管理平台等；四是影视内容产品的延伸开发，包括版权交易发行、形象授权、DVD、图书、游戏、文具、玩具、服装等协同圈；五是影视体验，包括影视拍摄场景和影视人物体验、影视拍摄地旅游、以影视内容为题材的主题公园等休闲娱乐，譬如拍摄《长安十二时辰》的象山影视城就迎来唐文化旅游高潮；六是影视人才经纪，既可作为专门培育、输出演艺人才的平台，也可以作为明星经纪平台，为演艺人才提供营销传播等全面服务。这六大模块以影视内容产品、明星等具有符号价值的资源为核心，连接为一个有机整体。

以新媒体技术支持的广播电视产业为例，从广电产业内部来讲，形成了从广电视听节目创作、录制拍摄、后期剪辑、发行、销售的产业链，同时可以在其他的文化产业门类下进行多元开发与销售。同源资源得以相互转换，声音类线下产品可变成线上的流量视听产品；可视节目的原声可发布于各大网络云平台，如《中国新声音》；可以打造人气周边衍生产品以及主题旅游项目，如《向往的生活》。就文化产业外部而言，可以打破传统文化产业的边界，形成产业交集和产业融合，以上中下游项目推进的方式，进行产业

---

① 向勇：《文化产业融合战略：一源多用与全产业价值链》，《前线》2014 年第 6 期。

资本布局，将 IP 资源的价值发挥到极致，创造丰厚利润。

全产业链作为一种系统的、有机的、整体的商业模式，它为广播电视产业自身的产业升级，实现产业价值链的可持续发展提供了较为合理的解决方案。但全产业链的形成和实践需要具备一些基本的条件：较为充沛的人力资源；全产业链经营理念；开放的空间；全方位的资源支持；龙头企业作为驱动；服务平台及配套产业；等等。同时，全产业链促进产业集聚所要综合考虑的因素包括：顺势进行产业选择，延伸产业链长度；以纵向产业链为主，向横向产业链扩展；充分利用核心资源，实现无形资产价值的最大化；组织大型交易和大型交流活动，特别是会展、培训等，促进文化旅游；走向国际市场。

二、广播电视新媒体产业价值链重构

20 世纪 90 年代初，我国的经济体制改革使得广播电视传媒业走向自负盈亏的发展道路，多元化经营、建立传媒集团、重构产业价值链成为发展的必要路径。一如彼得·德鲁克（Peter Drucker）所说的："21 世纪企业的竞争不再是产品之间的竞争，而是商业模式的竞争，也就是价值链之间的竞争。只有把握价值链环节上的战略环节，企业才能获得竞争优势。"

1. 多向拓展的广播电视价值链重构

基于迈克尔·波特（Michael Porter）的价值链理论，可以得出电视产业价值链不同于传统制造业价值链，它由基本价值链、延伸价值链、拓展价值链、虚拟价值链及价值网络五个部分构成。除了最基本的内容生产、输出服务之外，广播电视的发展纵向围绕产业核心环节"做大做强"，呈现更强的专业性；横向拓展产业边界，形成多点多线的价值链条，变单一环节为多元环节；斜向协调价值网状布局，即将各个业务环节相互连接、配合，取长补短，减少单一环节的经营成本。

（1）纵向拓展的延伸式价值链重构

延伸价值链是以基本价值链为前提，围绕主营业务进行纵向延伸的价值链模式。它是广播电视媒体实现能力扩张、创造价值增值最常用的方法，一般包括内容的延伸和跨区域的延伸。延伸价值链的主要特征为：在整条价值链中突出主营业务，在业务空间上进行纵向展开，目的为实现价值最大化；在价值链延伸过程中，各环节有效连接、相互贯通、相互流动。

（2）多维拓展的虚拟价值链重构

互联网技术的飞跃发展将人类带入了全新的新媒体时代，信息作为独立的生产要素的优势开始凸显，在虚拟的空间上新媒体代替传统媒体发挥重要作用。[①]广播电视媒体在价值链重构的过程中实行"互联网+"的经营理念，将一部分内容投放到流量大、门槛低的虚拟网络平台，取得了突出的成绩；在广告经营方面，虚拟空间的应用更是给广播电视媒体的广告代理业务打开了市场，新媒体的蓬勃发展拓宽了广告投放的平台。

（3）多元经营的拓展价值链模式重构

拓展价值链模式即在基本价值链的基础上，以品牌运作为核心，向多产业、多领域扩张的价值链模式。其主要运作方式是通过经营与主营业务相关度较低或完全不相关的产业，提高产业总体利润，形成规模效应。主要拓展业务有创投业务、酒店旅游业务、动漫网游业务等。如北京广播电视台生活频道与北京新媒体集团、人民日报媒体技术股份公司等达成战略合作协议，并成立了旅游、健康、文创、味道、旅居、施工等六大产业联盟，挖掘更丰富的商业模式。

（4）多效并举的资本运作方式重构

资本运作是广播电视媒体发展的重要形式和动力。广播电视媒体主要通过首发、增发、以股抵债三种基本方式进行资本运作。[②]随着广播电视产业市场化的不断深入，广播电视新媒体产业对接资本市场，开启产业先行、资产重组、兼并收购、参股控股、股权交易等多元化的资本运作方式，走向融合转型、拥抱资本的发展之路；通过资本运作的形式，更为深入地调整和布局产业形态，打造核心业务，发挥自身核心竞争力，实现自身资源的最大化，获得资本增值的竞争优势。如云南广电携手云南电信公司开启云南IPTV运营，开创视频新媒体时代，形成主流内容传播渠道和新媒体平台优势互补、利益共享的新格局。

（5）合作化的外部联盟系统

即根据广播电视产业价值网络交互动态的特点，打破原有基本价值链的线性思维和机械化的价值活动顺序，寻求更加灵活的价值网络体系。通过组建商务合作、技术合作及内容生产等外部联盟系统，围绕受众及自身主体利益重构价值链，联合外部集团与合伙人，在关键节点上达成合作，从而使价值链各环节都能开展最优的价值创造活动。如2015年湖南广电传媒以2.4亿元人民币收购深圳亿科思奇广告有限公司，向移动互联网领域布局，开启互联网广告营销模式。亿科思奇达成的网络商务合作涵盖了电商、金融、游戏和视频App等领域，合作企业包括百度、京东、阿里巴巴等国内知名互联网企业，广告营销效果明显，2016年实现营业收入10.14亿元，成为广电传媒广告业务的主要收

---

① 卜凡娜：《我国电视传媒企业的价值链重构——以湖南电广传媒为例》，安徽大学硕士学位论文，2018年。

② 周根红、周亮：《广电媒体资本运作与产业发展模式》，《声屏世界》2018年第9期。

入来源。①

2.多元融合的广播电视价值网体系

在传统媒体产业链的基础上，新媒体产业链条的形成速度也正在加快。根据新媒体的特性，其产业链能够形成硬件平台服务、内容传播服务和监测营销服务相互拉动的产业链运行模式。在这个模式下，从软件到硬件、从内容到传播、从产品到服务、从监测到推广，形成了一个立体交叉、纵横贯穿的产业结构群。②在价值链上，新媒体具有社会意义上的文化价值优势和技术意义上的功能价值优势，新媒体的产业群之间会形成各有分工的价值开发与转移体系。在企业供应链上，新媒体产业群形成以技术设备开发与内容设计开发为上游的基础资源型企业群，以网络服务与内容生产为中游的资源加工型企业群，以及以软硬件产品、内容产品、平台服务等产品的营销、推广、反馈为下游的资源推广使用型企业群。

广播电视产业要在新媒体环境下获得竞争优势，就必须从战略环节角度重新审视并整合企业内外部各环节资源，形成"广电＋新媒体+N"的产业链模式，将诸如电商、旅游、直播、健康、金融、物联网等可盈利产品、服务放到产业链上去，建立一个有公信力、影响力的广播电视新媒体产业生态；打造"优质原创内容＋平台增值服务"，增加用户黏性，使各价值活动之间的互动更加密切高效。广播电视产业价值链内部是一个有机整体，产业链的上下游产业之间、各产品线之间存在大量的信息、资源、技术、资金之间的交换，彼此密不可分。广播电视新媒体可以基于全新网络融合的思路，构建跨屏服务平台，通过对用户、内容与网络资源状况的汇聚、挖掘和分析，达到内容、用户与网络的适配，布局多终端的产品服务。广播电视产业价值链外部也是一个有机优化整合的整体，广播电视新媒体可以在整合中打破个体自身在资源和能力上的局限性，在市场经济的大环境下，信息共享，利益互换，共同拓展利益空间。广播电视产业价值链各环节在品牌性、盈利性和增值性方面存在一定差异。受众市场的细分、内容生产的多样化带来的节目收视率直指品牌化效果，高收视率、高收听率的增值性效果更加明显，直接影响广告的投放，在盈利性和增值性方面造成差异性。广播电视新媒体应当将广告和制作纳入平台战略，力图在观众市场、广告市场、社会效益上取得长期竞争优势。广播电视产业价值链以内容为核心，遵循"内容为主，质量为王"的制作目标，广播电视新媒体应当完善广播电视内容智能分发机制，满足个性化、专业化、定制化的用户需求，实现"一云多屏""千人千屏"的服务目标。品牌化是构建产业价值链的强力助手，广播电视

---

① 卜凡娜：《我国电视传媒企业的价值链重构——以湖南电广传媒为例》，安徽大学硕士学位论文，2018 年。
② 赵智：《论新媒体视域下的城市文化建设》，《湖南商学院学报》2015 年第 3 期。

新媒体可借由品牌效应获得更多资源，延伸产业链，实行多元化的业务拓展。

3. 广播电视新媒体产业模式融合创新

广播电视新媒体产业模式融合创新，即基于全产业链思维，结合文化产业共性的产业发展模式，在文化资源、金融资源、人力资源、政策资源、市场资源等诸多产业资源的综合作用下，动态调整广播电视新媒体产业发展模式，实现产业模式的升级创新。

从发展经济学视角看，我国现阶段文化产业的发展形态可分为追赶型产业、领先型产业、提升型产业、融合型产业和战略型产业等不同产业。广播电视产业属于提升型文化产业，它通过技术革新、体制改革和机制创新，推动传统媒体与新兴媒体的融合，技术生产和手工制作的融合；通过加强版权开发和品牌塑造，实现产业的振兴发展，协调好文化经营的社会效益与经济效益的关系；通过制播分离、采编分离，工艺创作与工业设计结合，开创平台自营与内容委托的业务模式，打造公共影响力和商业竞争力双重能力。广播电视媒体作为党和国家的舆论阵地，依然具有权威地位和意见领袖功能，追求舆论引导、文化传承与商业经营、市场竞争的双重平衡。同时，广播电视产业又兼具领先型文化产业特征，其抓住了互联网尤其是移动互联网的发展契机，通过基础研究和技术开发等自主研发的形式，推动文化与科技的融合，正在催生世界级的文化产业巨头。

文化产业日益成为经济发展的驱动力和社会可持续全面发展的推动力，基于亚当·斯密的绝对优势理论、大卫·李嘉图的比较优势理论、弗朗索·佩鲁的增长极理论以及迈克尔·波特的竞争优势理论假设，结合当下文化产业资源型、制造型、内容型、平台型以及生态型五大文化产业模式，匹配广播电视新媒体产业复杂、多元、链状网状的产业发展现状，本章提出广播电视新媒体产业的三种融合创新模式。

（1）基于绝对优势理论的资源型文化产业发展模式

资源型文化产业是一种在地型文化产业，其以文化资源的膜拜价值为开发和利用的焦点，利用独特的文化传统和地理环境，依靠膜拜价值的辐射力和吸引力，如自然山水、文化遗产、名人书画和历史典故，构建文化产业的竞争优势，吸引外来游客观光、度假、休闲。它是一个国家和地区发展文化产业的现实起点，也是广播电视新媒体全产业价值链中取之不竭的故事创新的源头，是广播电视新媒体产业内容创新的驱动要素，是不可或缺的协同融合模式，有助于形成产业的互动共赢局面。

（2）基于比较优势理论的制造型文化产业发展模式

比较优势理论认为，只要各国和地区存在生产技术上的相对差别，产品在成本和价格上就会表现出相对差别，它支持了制造型文化产业的发展模式。制造型文化产业是以一定的科学技术为支撑，以文化产品的制造、销售为主的现代文化产业，包括印刷包装、广电影视器材、演艺器材和娱乐设备等。此外，广电影视基地、动漫代工业也属于广义范围内的制造型文化产业。广播电视新媒体产业价值链布局中，以科技为依托的强相关物质产业是制造型文化产业坚实的组成部分。

（3）基于增长极理论的园区型产业发展模式

如果把发生支配效应的经济空间看作力场，那么位于这个力场中的推进性单元就可以被描述为"增长极"。特定的经济空间所带来的区位经济、规模经济、活动经济和外部经济强化了竞争优势。增长极助推了聚落型产业，其基于产业分工的特色资源、技术支撑等增长要素，形成特殊的文化经济空间。生态型文化产业是一种园区型文化产业，包括创意研发型、生产制作型和交易体验型等不同形态。为推进广播电视和网络视听新媒体产业高质量发展，推动和规范广播电视和网络视听产业基地（园区）充分发挥示范先导作用，增强集聚和规模效应，促进产业做大做优做强，国家广播电视总局于2019年发布《总局关于建立广播电视和网络视听产业发展项目库的通知》《总局关于推动国家广播电视和网络视听产业基地（园区）建设发展的通知》，要求积极构建国家级广播电视和网络视听产业基地（园区），以园区型发展模式为抓手，培育扶持符合行业高质量创新性发展方向的广播电视和网络视听新媒体产业重点项目。这些项目包括：高新技术创新开发与应用推广类；精品内容制作能力与衍生开发项目；智慧广电生态体系建设与网络融合类；海外传播"走出去"拓展推广类；其他对广播电视和网络视听产业发展有重要影响和促进作用的项目。

（4）基于竞争优势理论的"内容型+平台型"产业发展模式

迈克尔·波特1990年提出经济发展的"四个阶段"说：要素驱动、资本驱动、创新驱动和财富驱动。四个驱动循环构成一个国家和地区的产业周期。为了缩短产业周期的过渡时间，加快驱动力的转换，就要构建竞争优势，包括区域间的比较优势和产业间的竞争优势。竞争优势理论强调的是在全球文化市场竞争格局下同类文化产业的关系，为内容型文化产业模式和平台型文化产业模式提供了理论支持。

内容型文化产业作为新兴文化产业，以文化资源的内容创意和设计服务为手段，以具有知识产权的文化产品的生产、销售和保存为目的，包括文化艺术、广电视听、新闻出版等领域，具有高附加值。内容型文化产业是广播电视新媒体产业的核心内容和逻辑起点，是立业之本。

卫星技术、网络技术尤其是移动互联网技术的发展，催生了传媒、互联网和移动终端等规模化平台运营的文化企业。基于竞争优势理论的"内容型+平台型"产业发展模式，强调广播电视新媒体产业基于全产业价值链的创新能力、管理模式、价值共享、核心竞争力，吸附更多的吸引力资源和高黏性用户，它整合了无边界的内容资源，组织了无领导的创意团队，提供了无限制的消费用户，在技术上实现产业价值创新，在资本上实现产业价值转换，在品牌上收获创新价值评估，在管理上实现创意领导力，在文化经营上实现商业模式创新。

●●●●●●● **小结**

中国广播电视发展的历程，是不断深化产业属性认知和实践的过程，伴随着媒体格局、舆论生态和消费模式的深刻变革。

（1）党和国家方针政策的推进力量。中国广播电视产业发展一直与政策推动高度关联，这既是广播电视产业的意识形态特殊性决定的，也说明广播电视产业发展离不开系统完善的产业政策支持，产业政策创新的走向决定着产业的发展方向。只有在党和国家方针政策的正确引导和推动下，中国广播电视产业发展才能不断实现质的飞跃。

（2）改革创新构建升级的转型力量。中国广播电视产业一直是文化产业价值链中的先锋力量，经过"四级办广播电视""网台分离""有线无线合并""网络整合""经营性单位转企改制""集团化""制播分离""媒体融合发展"等一系列改革，实现创新升级、全面振兴，产业规模迅猛拓展，市场主体多元细分、有机整合，产业链不断完善，广播电视产业发展重心正在从量的积累转向质的提升。

（3）遵循产业规律对接市场机制的构建力量。以市场为导向的社会主义市场经济体制逐步确立，给广播电视产业的发展带来长足的进步，使之迅速找到产业规律，成为经济和社会发展的重要组成部分。经过改革开放40余年的培育建设，中国广播电视市场体系已经形成，包括广播电视节目内容市场、广告市场、网络传输业务、广播电视衍生业务等在内的广播影视产品市场和服务体系日趋成熟。以"创新体制，转换机制，面向市场，增强活力"为指导，广播电视新媒体产业以全产业链思维重构产业价值链、重塑市场主体，进行产业化发展、集约化经营、企业化管理和市场化运作，以多种形式吸纳和运用社会资本，混合所有制的优势进一步凸显。

（4）技术驱动突破产业发展关键节点。科技进步使广播电视整个产业支撑系统突破了质的改造、更新和升级，内容生产方面，形成一次生产、多渠道发布的融合新闻生产机制，从节目制作、播出到传送、接收各个环节逐步构建了现代化的传播新格局。广播电视新媒体产业加速大数据、云计算、移动互联、人工智能、VR等新媒体技术的普及应用，升级生产方式、提高生产能力、突破产业发展的关键节点，积极参与新兴产业开发，形成多终端、多平台联动的管理架构。广播电视新媒体产业把握数字化、网络化、智能化融合发展的契机，加紧推动广播电视业务从功能型向智能型转变，实现基于产业融合的跨屏服务，大力推动产业优化升级、高质量发展，努力满足用户"任何时间、任何地点、任何终端"享受广播电视服务的需求，形成了可持续性发展的融媒体服务、智慧化产业大生态。

本章思考题

1. 广播电视的三大属性是什么?

2. 中国广播电视产业化历经哪几个阶段?

3. 新媒体的产业特质和发展方式有哪些?

4. 广播电视新媒体与文化产业有什么关系?

5. 广播电视新媒体的产业发展模式有哪些?

第六章

广播电视与新媒体的文化传播

【本章要点】本章探讨了广播电视与新媒体的新文化生态，如技术先行、民粹主义以及亚文化的发展现状。与此同时，广播电视与新媒体也呈现出了个性化、科技化与可视化、调适性与商业性、实践性与生产性等新兴文化属性，从而让广播电视与新媒体拥有多种文化发展的类型，基于此，广播电视与新媒体能够在文化传播中发挥更加独特的作用。

第一节　广播电视与新媒体的新文化生态

媒介形式的变化造就了人类交往方式、传播方式、媒体格局本身的变革，从而带来了信息传播方式前所未有的变革。传统媒体单兵作战的生存与发展方式面临挑战，融合媒体的文化传播方式，以及移动化、场景化、智能化、个性化、数据化的发展趋势，在一定程度上推进了新的文化生态的形成。

一、技术先行的文化心理

自媒介技术充分展现其社会影响力后，技术先行成为全社会共同的理念，不同国家和地区竞相推出革新传统传播行业的战略举措——英国BBC的"画布项目"（Project Canvas），美国康卡斯特电信公司（Comcast Corporation）和时代华纳有线电视公司的"电视无处不在"(TV Everywhere)理念、中国科技部和广电总局合力构建的"下一代广播电视网",都是希望结盟技术,维持或加强广播电视的传播地位。[1] 我国 2001 年的"十五"计划纲要第一次明确提出"三网融合"的概念,近 20 年来,这一设想得到了诸多政策的支持。党的十八大以后,习近平关于新闻舆论与意识形态工作的重要论述更是明确提出构建立体多样的现代传播体系,占领新传播格局下的信息传播制高点,推动融合发展走稳走快走好。广电要发展,技术架构要有新布局、新投人已经成为一个先决条件,"互联网 +"的思维也要求媒介机构、政府组织和个人用新思想谋篇布局,甚至是先发展技术,只有这样才能做到内容与技术协调发展。

在信息快速流动的当下,大数据、云计算等信息技术使得人类的认知和体验进入新的层面,甚至在人们根本没有意识到数字技术如何具体发挥作用的时候其已经构筑了新的社会文化语境,丰富了人们的交往活动,生活成为一场可以编辑的艺术,人的主体性也受到了人工智能或新媒体的表意实践的影响。[2] 人们所看到的世界更多是算法所修正过的世界。

二、民粹主义的兴盛

2018 年 2 月下旬,《人民论坛》组织相关领域专家探讨和筛查 2017 年大众最为关心的社会思潮,"民粹主义"登顶。[3] 2019 年 1 月中旬,在国际重要社会思潮研判中,"民粹主义"居第二,仅次于"贸易保护主义",影响指数五颗星。[4] 民粹主义的特质主要有强调民众的价值[5]、表达非理性[6]、对抗性[7]等。随着互联网等新兴技术的发展,民粹主义得以在网络空间生存与蔓延,形成网络民粹主义。2013 年以来,网络空间的反精英趋势变得更加明显,在以平民化、草根化为特征的网络亚文化背景之下一度喧嚣,表现出反抗精英阶层、解构既有权力结构、煽动群体对立等种种特点。此外,热点事件呈现迅猛发酵之势,在网络空间掀起了持久的网络讨论。从演艺明星范冰冰的偷税漏税和翟天临的学

① 张卓:《新一代广播电视的科技创新与文化融合》,《湖北大学学报》(哲学社会科学版)2013 年第 4 期。

② 陈伟军:《新媒体语境中的文化引领与价值形塑》,《现代传播(中国传媒大学学报)》2013 年第 7 期。

③ 人民论坛"特别策划"组:《国内社会思潮——基于 2017 及当前的分析研判》,http://www.rmlt.com.cn/2018/0223/511820.shtml?bsh_bid=1952008390&from=groupmessage,2018-02-23。

④ 人民论坛问卷调查中心:《2018国际重大思潮演变趋势研判》,http://politics.rmlt.com.cn/2019/0115/537397.shtml,2019-01-15。

⑤ 陶文昭:《互联网上的民粹主义思潮》,《探索与争鸣》2009 年第 5 期。

⑥ 王君玲、石义彬:《网络事件中的民粹主义现象分析——以"哈尔滨警察打死大学生"事件为例》,《国际新闻界》2009 年第 4 期。

⑦ 李良荣:《警惕网络民粹主义"暴力"——中国民粹主义新动向》,《人民论坛》2015 年第 1 期。

历风波等事件中，足以窥见网民反抗权威与精英话语、倡导规则与公正的强烈需求。公众在从众心理作用下跟风发表意见或参与恶搞，公私界限模糊，非理性的抑或是极端性的言论造就了一定的负面舆论与恶俗现象。民众权利意识觉醒，介入公共事务、维护自身权益的诉求更为强烈，维护自身权益的渠道也更加多元，而收入不平等等社会现实造成了民众切实的心理压力，互联网所提供的多元平台，为民众提供了发泄与维权的空间。在相对匿名的环境下，民众更愿意在网络世界中表达意见、发泄情绪，借助多媒体手段，产生强大的文化感染力和立竿见影的社会动员效果。

三、亚文化的兴盛与收编

2005 年，胡戈以一部网络短片《一个馒头引发的血案》引爆互联网，短片的下载率甚至远超电影《无极》本身，开启了国内网络恶搞视频的先河。2005 年至今，新闻图片、视频的恶搞或再加工已经成为稀松平常的事情，以制作短视频为主要工作内容的播客团队、短视频平台已经成为数字市场中不可或缺的重要力量。"2016 年，短视频进入井喷时期，抖音、火山小视频、好看视频、梨视频纷纷上线。2017 年，土豆视频正式入局短视频，今日头条再加码西瓜视频，短视频竞争进入白热化阶段，而 2018 年年初，短视频格局已经初步形成，抖音、快手领跑在前，美拍、秒拍等跟随在后……" "截至 2018 年 12 月底，我国短视频用户规模达 6.48 亿，同比增长 58.05%，高出长视频用户 0.36 亿，网民使用比例达 78.2%；2019 年 6 月，我国短视频行业的用户规模达 8.57 亿人。同时，短视频用户使用时长占总上网时长的 11.4%，超过综合视频，成为仅次于即时通信的第二大应用类型。"[1] 可以说，曾经的恶搞或者趣味视频现在已经成为中国网民的日常生活。

在这一流变中，抵抗、认同与收编的力量依然在发挥作用。随着媒介技术的发展，以制作音视频为业的群体，队伍不断壮大，逐渐成为网络音视频的活跃力量，他们有创作欲，也有想法，更能把握风口，力图突破主流的自媒体范式。如视频自媒体博主李佳琦，通过护肤化妆品的产品测评直播实现了粉丝数 2000 万。这是对传统自媒体生产与营销模式的抵抗，也是对传统职业观念的反击。这类群体急切希望寻求积极的社会评价，又希望构建自身的文化价值体系，展现出与主流文化截然不同的价值观，他们的创作不断成熟和进步。例如网红博主"Papi 酱"的走红仅仅是因为几段语音模仿，但后续的视频显示出生产者对社会现象和问题的高度关注，生产的内容也随着主播的成长而不断改变。收益、自我价值的实现、粉丝、同行竞争和来自亲友的关注是内容生产改变的重要影响因素。他们努力寻求来自主流文化的肯定，逐渐在作品中接纳来自外部的影响，改

---

① 智研咨询：《2020 年中国短视频行业的发展现状、未来发展趋势、短视频行业发展中面临的问题及未来发展前景展望》，http://www.chyxx.com/industry/202003/839310.html，2020-03-03。

变创作风格，重组并形成新的自我风格。音视频的生产者，并不完全否定主流文化的价值，甚至很多时候在积极应对市场、主流意识形态和文化的冲击，积极向大众文化和主流文化靠拢，主流文化也乐于接纳这些新生群体。而这个产业中的运作机构MCN（multi-channel network，多频道网络）在打造网红群体、生产音视频内容，作为内容产业的链路时，更是异常重视市场的要求和平台资源对接，以广告、电商流量等实现商业变现。

第二节　广播电视与新媒体的文化属性

一、个性化

移动媒介根植于后工业土壤而崛起，是形成后现代文化的重要介质。[①] 在与多元社会群体和信息的交往与接触中，大众走上追求个性化之路，重视自身价值的实现，追求个体快感和欲望的满足。在"人人捧机"的时代，内容的创新、主体的创新、价值观的创新、文化符号的创新，让个性化被提到一个新的高度，得到无以复加的呈现，成为消费的看点和卖点。

文化生产的去中心化，形成了"所有人对所有人的传播"，开创了个体传播的新世代。[②] 每个人都可以成为内容生产者，都拥有表达的权利，成为新世代文化的推进者。凭借简单的视频设备，甚至只是一部手机，个体（如大量的自由职业者和个人工作室，或依赖于互联网的"斜杠"青年）就能完成一次媒介传播实践，传达个人化的信息，甚至直播自己的生活。即便内容是个性化、碎片化甚至是日常的，也会因为这种环境加工而产生意义。价值观的高度个人化使社会的中心价值遭到消解，众声喧哗中多元价值观浮现。

二、科技化与可视化

就技术的维度而言，科技化与可视化辅助下的数字文化呈现出巨大的基础性力量，不仅给广播电视产业带来结构性的变化，更影响了社会文化的变迁方向。

1. 媒介形态发生变化

媒介融合已然成为社会共识：传统广播电视衍生出的在线广播、IPTV、OTT 服务、

---

① 宫承波：《新媒体文化精神论析》，《山东社会科学》2010 年第 5 期。
② 孟建、祁林：《新媒体文化：人类文化的全新建构》，《新闻爱好者》2016 年第 4 期。

移动互联网、流媒体平台等都已成为常态；短视频和短音频服务被许多业界人士看成下一个发展风口；5G技术的大力推广与商用，在2019年2月28日工业和信息化部、国家广播电视总局以及中央广播电视总台印发的《超高清视频产业发展行动计划（2019—2022）年》中"4K先行，兼顾8K"行动的映射下，变得更加明晰。

2015—2017年，全国有线电视网络中双向数字用户规模持续提升，有线电视互联网实际用户规模也在不断提升，高清和融合成为市场与用户的双向要求。互联网电视集成服务规模的扩张，让我们重新看到互联网与电视融合所产生的巨大社会影响力，以及规范视听服务的必要性。

媒介生产的工具和技术也在不断地革新，生产模式已经不再是分而治之，而是在"中央厨房"和同一个移动终端就可以完成，生产制作的门槛也在日益降低，单枪匹马亦能完成新闻报道。这意味着媒体文本的消费、产制以及整个业态都发生变化。生产与消费门槛的下降，媒介文化的形态和外延的丰富与拓宽，使得媒介化社会跃然眼前。

2. 广播电视功能发生变化

广播电视的功能已经从早先的信息传播、舆论监督、文化交流、社会教育、经济驱动等向更广泛的社会领域延展。

就媒体组织本身而言，随着媒介融合加快，新闻生产者将更关注信息传播的两个维度：一是叙事方式；二是信息传播的及时性或被公众关注的程度。一方面，音视频、H5、文本等手段被新闻传播者综合采纳进行新闻叙事，提升了受众信息接受的快感和便捷度。另一方面，从业者难以做到的随时在场、及时传播，将由更多公民记者或公众补位实现。这些将改变新闻机构本身的工作定位：从原本的"传者中心"的信息传播者转向信息和服务提供者。例如，浙江杭州交通经济广播电台（FM91.8）在收听高峰尾段（9:00—9:30）开辟了《杭帮侠》板块，对接其应用程序平台"开吧"，每日邀请汽车维修、法律等行业的专业人士在线解答网友与听众提出的问题，通过广播、微信、微博和客户端的多重互动，分享热点话题，突出了节目的服务功能。家装、相亲、生活资讯等方面的电视栏目增多，则体现了电视媒体在角色转变上的尝试。

根据《2018年全国时间利用调查公报》，中国人在个人自由支配活动时间内上网的时间已经远超通过传统设备看电视的时间；而2017年9月的数据显示，移动互联网单设备月使用时长为180.4小时，即人均单日使用时长为208.5分钟，移动视频观看时间已经超过了通过移动设备观看新闻资讯的时长。[①]广播音频和电视视频作为两种媒介形态，其功能更多的是满足用户的娱乐消遣需求，而非信息传播。

---

① 智研咨询：《2017年中国移动互联网单设备月度使用时长及文教娱乐消费支出及分析》，http://www.chyxx.com/industry/201712/593913.html，2017-12-08。

3. 新闻呈现方式发生变化

"有图有真相"可称为可视化的第一个阶段，而在音视频技术为媒介从业者和普通人所掌握的当下，"有视频有真相"才是新闻生产与传播的必要条件。在特定的新闻操作中，音视频先行成为一种默认的现象。

任何新闻或表现要素都将通过音频或视频的形态展现出来。音视频形态的新闻超越了同类内容的文字形态的力量，甚至超越了作品在传统媒体上释放的影响力。2019年，根据网络小说《全职高手》改编的同名网络剧播出一周后获得了9440万次的播放量，而在喜马拉雅平台上，小说原著已被拆分为1544个付费音频片段，播放量8.3亿次。同类型的网络IP小说，其音频作品的播放量可达千万次，开放版权的免费作品，甚至能实现3亿~4亿次的播放量，远超文字作品的市场影响力。此外，《百家讲坛》的音频播放数量一直维持较高水平，专题节目如《易中天品三国》也能实现8600余万次的点击量。

突发事件中，视频的传播速度较高，往往超越了文字表达的力量，而同题视频合集产生的震慑力也远远高于单一视频或文字报道的力量。梨视频、红星新闻、界面新闻、新京报等主攻新闻视频生产的新闻客户端受到了用户的高度肯定。"8·12"天津港爆炸事故现场视频及航拍视频被剪辑成合集，并纳入"央视要闻精选"。[①]8月14日央视《第一时间》栏目再次利用航拍技术，俯瞰爆炸现场，产生的视觉冲击力超过了文字，让观众对爆炸规模及其巨大影响产生了直观认知。

三、调适性与商业性

1. 调适性

一方面，广播电视媒体发生了结构性的变化。20世纪90年代以来，传播技术逐渐整合，而整体以技术管制为合法基础的媒介管理政策仍然没有变化。随着"三网融合"的深入发展，在互联网电视集成业务牌照以及网络音视频内容的管理上，广播电视媒体和互联网机构呈现出了更多的融合互动，2011年中华人民共和国国家互联网信息办公室的成立则意味着政府管理理念的革新。

另一方面，广播电视监管体制也发生了变化。2018年3月，根据中共中央《深化党和国家机构改革方案》，中央电视台（中国国际电视台）、中央人民广播电台、中国国际广播电台建制撤销，对内保留原呼号，对外统一呼号为"中国之声"。新组建的中央广播电视总台将加强党对重要舆论阵地的集中建设和管理，强调广播电视媒体、新兴媒体融

---

① 央视网视频：《8·12天津港爆炸事故现场视频及近日航拍视频》，http://tv.cntv.cn/video/VSET10025 2386413/28a2ae3e69f44d9f8d50e243cfaa2561。

合发展，打造更为宏大的传媒版图，管理主流媒介声音。

2. 商业文化属性

经历了市场化、集团化和产业化历程，广播电视媒介集团如雨后春笋般崛起，迈开了拓展的脚步，进入各个相关领域与产业，通过各种经济活动，获得相关利润。如上海东方传媒集团旗下拥有多家电视剧制作公司、文化演出公司等商业属性浓厚的子公司，其中，上海东方电视购物有限公司在广东、湖北、四川、甘肃、江苏等地都开设电视购物频道，利用媒体资源销售商品，取得了较为可观的商业收益。杭州文化广播电视集团投资 1000 万元成立杭州华智传媒有限公司，负责新媒体开发。

当下，广播电视新闻栏目的跨界互联网营销风生水起，其一般要考虑安全系数、收视率、商业回报等，"当各种势力、元素介入之后，媒介文化就既非纯粹商业文化，也非纯正的主流意识形态文化，但它往往既是商业文化又是主流文化"[1]。

四、实践性与生产性

随着媒介形式的深度融合，广播电视新媒体的公共空间和私人空间的相互渗透变得更为鲜明与快速，媒介语境相应改变。[2]

1. 空间转移的实践

在传统广播电视尤其是电视的空间叙事中，电视是一种家庭文化，人们在家庭环境中通过屏幕了解外部世界，参与公共空间的建构。当广播电视与新媒体互嵌时，电视既是家庭文化，也构成社会文化，是私人的也是公共的；广播亦是如此，私人属性被充分彰显。如今，广播电视的公私界限被打破，要求我们将其放在由家庭生活和公共生活交织而成的网络中来审视。

借助互联网直播技术，安德森的"想象的共同体"在多个媒介事件上得以呈现。2018年 10 月 1 日，央视财经频道策划了 10 小时的大小屏同步直播，邀请观众参与 H5 互动，讨论改革开放 40 年的生活变化。观众通过腾讯微视搜索"# 央视约你国庆来连线 #"，上传身边的国庆活动视频，就可以参与直播。此举唤醒了观众对社会生活变迁的时空记忆，他们由此产生了新的集体认同感。当然，公共化媒介的使用也可以借由新媒体变得更为私人化，比如私人广播的出现，播客主的大量涌现，改变了广播节目的消费环境和形式，让广播收听变得个性化。

---

① 赵勇：《大众媒介与文化变迁：中国当代媒介文化的散点透视》，北京大学出版社 2010 年版，第 19 页。
② 石长顺：《新媒介生态下的广播电视文化自觉与重塑》，《中国广播电视学刊》2013 年第 1 期。

从线上到线下的空间拓展是广播电视栏目生产活跃性的体现。2017年央视大型综艺节目《朗读者》上线后受到了全社会的高度肯定，为了提升节目的参与度，央视在线下设立了"朗读亭"，鼓励大众走进朗读亭表达自己的情感。

2. 实用性和生产性

信息的实用性或实际的使用满足性是用户媒体使用的重要因素，支付宝等一站式服务平台的大量涌现足以证明单一媒体或平台在让用户形成依赖后所能产生的巨大能量。短视频风靡全网的一个重要原因，是其能普及实用知识，针对有特定需求的用户开发分众化产品，实现信息的高效传播。在用户一方，这种实用主义导向表现在主动利用媒介，生产符合个人需要的音视频产品，实现商业推广或媒介化抗争。在今天，普通用户积极主动利用音视频技术满足个人需求，已然成为一种默认的社会文化。

3. 采集性和筛选性

当下的媒体生态已经不能用"信息爆炸"来形容，信息已然呈现"雪崩状态"，但信息的有效性和有用性却明显不足，广播电视媒体和公众共同面临信息采集和筛选困境。

广播电视媒体依靠记者、编辑等从业者的专业知识有效采集和筛选信息，并打造出诸多具有话题性的新闻。采集的信息为公众所用、成为公众信赖并依赖的信息来源，是信息生产者追求的目标，致力于提高信息筛选准确性的算法技术自然受宠，广播电视媒体竞相用之。

第三节　广播电视与新媒体的文化发展类型

一、主流文化建设

1. 官方的主流文化再造

信息接受方式的变革促使主流媒体改变宣传报道方式和叙事方式，匹配民众日益提高的媒介素养。

（1）抓住热点，营造媒介事件

例如，2017年人民日报"中央厨房"制作出品的微纪录片《20年，香港正青春》，从音乐、影视、家庭、旅游、金融和教育等6个维度解读香港，讲述回归20年岁月里香港的人与事，营造了一场集体回忆，让观众在纪录片所呈现的生活细节中感悟香港旧情怀，民族自豪感油然而生。同年，中央人民广播电台港澳节目中心音乐部也策划了《香港流行音乐20年》，制作播出符合广播传播规律和新媒体传播特点的音乐回顾节目，用观众易于接受的形式，将时事主题融入日常。

（2）将意识形态色彩浓厚、容易产生距离感的信息拆解，以受众尤其是青年群体易于接受的音视频形式传递

2016年五四期间，中国青年网重大采访策划中心出品的网络专题《您好，马克思》，运用了主题鲜明的原创短视频，让受访者讲述自己心中的马克思及其对马克思思想的理解。该作品不仅适合移动端阅读与观看，其所采用的网络化表达，青年新闻人为主讲的展现形式，也别出心裁，让"青年特色"尤为鲜明。连续十年的全国新闻战线"新春走基层"活动，在与新媒体技术结合后更加贴近百姓生活。2019年春节，人民网推出短视频《95后快递小哥成"通话王"春节不休为爱追梦》，聚焦底层青年生活，其奋斗拼搏的精神面貌得以直观呈现，传播效果远好于文字报道或议程设置式新闻报道。

（3）借助已有的相对成功的视频平台与社交平台，走进青年群体，建立话语空间

2018年10月1日，共青团中央入驻快手、抖音，这是继入驻B站、知乎、微博和网易云音乐平台后，共青团中央进入短视频领域开展宣传的新阶段。为了更好地了解当代青年的网络文化，用"互联网+"的思维做好青年思想工作，早在2016年，共青团中央就采用了新媒体矩阵，入驻各大社交平台和流媒体。2016年8月，中共中央办公厅印发《共青团中央改革方案》，其中就提到要实施"网上共青团"工程。同年12月，正式入驻知乎平台的第一天，共青团中央的关注人数就已经达到3000人。如今，被青年网友亲昵地称为"团团"的共青团中央在抖音上已经发表作品600多个，粉丝数量突破了600万，点赞更是已经达到1.5亿人次，超过了许多知名机构媒体。结合抖音、快手平台的用户风格，共青团中央邀请在青年群体中具有一定号召力的关键意见领袖发起社交话题，如"我要笑出'国粹范'"，一系列的直播活动，吸引了网友的广泛参与。共青团中央利用生动活泼的文化产品走进青年群体，真正意义上建立了主流文化的话语空间。

近年来，在"互联网+"思维的引导下，官方媒体走上了打造自有品牌、建立自有音视频融媒库这一轻负荷的主流文化建设之路。2019年1月，中共中央宣传部以习近平新时代中国特色社会主义思想和党的十九大精神为主要内容，建立了一个立足全体党员、面向全社会的优质平台——"学习强国"。在传统的文字报道和理论文章学习基础上，"学习强国"平台高度强调视听学习，引入短视频新闻、公开课、歌曲、戏曲、影视剧等多种可视化的媒介素材，借助和共享自有媒体资源，借力地方媒体或机关党委组织，建立了一个内容极为丰富的媒体资源库；视频长度和呈现方式高度契合移动终端，用户可以在听广播、看影视剧、听音乐中了解时事政治、党史理论、科技前沿等采集自多个渠道

的内容，大大克服了以往党员学习形式化、抽象化的不足。

2. 主流文化的重构与解读

（1）创新性

创新思维是媒介思维变革的内在驱动力之一。如上海广播电视台、东方传媒集团每年投入上千万元开展节目研发的"千金买创意"活动，着力营造创新文化，强调原始积累、核心人文、激励机制、原创技巧以及团队协作等，共同形成原始性创新；同时，优化资源形成集成创新，打破创新主体壁垒推动协同创新。[1] 主流媒体可以通过讲好中国故事，优化富有文化特色的产品，将"新"作为新的媒介文化的常态，并在产品推广、商业模式和管理经验中根植"求新求变"的思维。

（2）亲民性

新闻内容采用网络化的语言表达更易为民众接受与传播。以央视《新闻联播》为代表的传统严肃新闻一经采纳网络流行语，就极具传播性。2019年7月，央视《新闻联播》"国际锐评"板块连续几天采用了网络语言风格的评论方式，受到了高度评价，观众纷纷进行二次传播。例如7月25日，央视新闻的微博号配发了相应视频作出预告："今天（25日）的《新闻联播》在'饭点儿'讲了件荒唐事，大家听了可别'喷饭'啊。"该条微博转发量超过了13万人次，而《新闻联播》播出后，"#荒唐得令人喷饭#"作为新鲜话题迅速登上了微博热搜榜，引发了众多网友的围观和点赞。此后几天，"怀着'怨妇心态'的美方人士""满嘴跑火车"等迅速成为网络热词。严肃的时政新闻通过改变话语表达方式，引发了受众的强烈共鸣，并与社交网络形成联动效应，实现了"1+1>2"的传播效果。

融媒环境下，不少新闻人也积极改变风格，采用网络化的语言表达方式。比如，央视主持人就开始更多采用幽默风趣、极富个人色彩的主持风格，拉近与观众之间的距离。朱广权凭借幽默的语言和深厚的文学素养，以讲段子的形式说新闻，金句频出，让传播效果更加优化。例如，小雪节气被他表述为"听说小雪节气要进补，来根人参配卤煮，或者火腿肠蘸豆腐乳，卡布奇诺就松仁小肚，我的菜谱我做主"，不仅提高了观众对节目的喜爱程度，也使其形象深入人心，在社交平台俘获一大群粉丝。

反映民生的音视频内容在吸引关注度上更占优势，也更能引发深入思考。"紫光阁"等一些活跃的国家机关组织的政务微博都将民生作为音视频内容的重要题材。2017年，上海市卫计委联合上海广播电视台策划拍摄的10集医疗新闻纪录片《人间世》，以医院为拍摄地，聚焦面临病痛与生死时的医患双方，展现真实而略显残酷的人间百态。通过10个短故事、10个不同视角讲述重症抢救、救护车、临终关怀和器官捐赠的不同的就医

---

① 裴新：《创新驱动发展广播电视事业，打造国际一流传媒文化集团》，《中国广播电视学刊》2013年第1期。

故事。4位编导带领8个拍摄小组，在上海的几家医院完成了浸入式的拍摄，让观众看到医患关系中每个角色的不易。尽管故事不完美，失败的手术、家人的绝望直接呈现在镜头前，但恰是这种严肃探讨生死的态度与视角，让观众意识到纪录片本身的力量、生命的力量，从而直面医疗行业的缺陷。

（3）共同参与性

音视频具有巨大的传播能量，可作为主流媒体构建统一舆论场和新主流文化的重要载体。人民网的人民视频除链接地方频道外，还增加了直播内容，开设"大家聊"直播互动板块，实现了双向传播。2019年高考结束后，各高校纷纷开展直播活动"打卡，我的大学"，不仅方便了高考生直接了解心仪学校，也让在校大学生和毕业生共同完成了一次校园文化和青春文化的构建。

（4）技术性

新技术的运用除了让受众体验到新的观看视角外，也让新闻传播具有了新的卖点。2017—2018年，以新华网海外版为代表的媒体以图集、小视频等多种形式，运用航拍等新摄影技术，展现浙江安吉、富阳、绍兴等地四季风貌，深入报道了浙江在改善人居环境、推进生态文明建设等方面的成就。"秀美风景""人间天堂""中国文化缩影"与"旅游胜地"等成为外媒报道浙江人文风貌的关键词。央视纪录国际传媒有限公司制作播出的《航拍中国》，采用了无人机、载人飞机和轨道卫星进行多层次呈现，使用VR摄像机在平面影像上进行特效呈现，并采用"一镜到底"的飞行拍摄手法，展现了中华大地自然景致和丰富多彩的生态环境。

技术形态的革新改变了内容生产方式。在2018年第五届世界互联网大会上，新华社联合搜狗发布了全球首个全仿真AI主持人，通过语音合成、唇形合成、表情合成以及深度学习等人工智能技术，克隆出具备和真人主播一样播报能力的"AI合成主播"，这是继"小冰"等机器人新闻写作技术问世后，AI机器人领域取得的新成就。人工智能与数字化技术的广泛应用，意味着未来新闻的可视化播报可以更快突破时空局限，呈现身边百事。当然，普通的技术手段如手机摄像，已足以推动民众参与新闻生产。比如"温州动车事故"的一手视频、找寻浙江女孩章子欣的视频，不成熟的拍摄技术不仅没有损耗新闻的信息传播力，反而让公众更深地参与到新闻事件中。

二、大众文化的多维展现

在法兰克福学派看来，大众文化并非一个正面、积极的词语。而在当代中国，不可否认，以互联网为起点的新媒体成为满足最广大群众精神需求的重要渠道，它比以往任何时期的媒介形态都要更深地植入日常生活。当前，中国的移动互联网用户以16~25周岁的年轻群体为主，这造就了一轮又一轮的文化新思潮和一波又一波的现象级媒体。抖音、西瓜视频、火山小视频等平台都凭借着短视频的红利，实现了市场规模的扩大和用户数量的增长，更为重要的是，实现了对下沉市场的渗透——对接三、四线城市的用户群体。点赞、转发、评论、发弹幕等成为新的大众文化展演形式，寻求感官刺激、彰显个性成为主要诉求。个性化、分众化和多元化成为大众文化的主要特点。[①] 而在一些学者看来，这样的大众文化最明显的特质是"海量信息却换不来积极行动、意义消解与理性的悬浮、用瞬间代替永恒"[②]。

1. 文字表达与群体狂欢

来自日本的弹幕文化一经流行到国内便从二次元群体蔓延到大众群体，如今几乎每个网站都开设了弹幕，这种共同参与的群体狂欢使得"看剧不如看弹幕热闹"。麦克卢汉所说的"媒介即讯息"再一次确证，任何媒介的内容都是另一种媒介，视频节目中包含了大量语言文字信息，给予弹幕这种文字表达方式以活跃空间，脱离语境的文字可能并不会产生太大的价值，但若搭配视频内容，其冲击力不容小觑。这正如麦克卢汉所言，媒介决定了我们如何表达信息，决定了信息的内容，正是新媒体加持的视频文化提供了个人化的实时或时移收视空间，才让个性化、狂欢性的文字"大放异彩"。

施拉姆曾经以经济学中的"最省力原理"计算出受众选择传播媒介的概率公式：受众对媒介的选择概率与受众可能获得的收益及报酬正相关，而与受众获得服务的成本或费力程度负相关。对大多数受众来说，弹幕是他们与媒介文本、媒介生产的一次最低门槛、最近距离的接触，所使用的工具也是他们最熟悉的，这种低参与门槛，让弹幕文化成为当下受众所喜爱的文化。每个受众的关注点不同，但又能在同一个虚拟空间中对话，甚至可以超越时空，与过去对话。可以说，弹幕文化是一种由身处不同时空、拥有不同标签的受众共同构建的高参与度的文化。社交氛围下的对话造就了一场集体的虚拟狂欢，触手可及的共鸣信息让参与者找到了归属感和互动的乐趣。

2. 视频内容生产与泛娱乐化

在人人都会修图、都懂技术的今天，视频作为一种内容类型进入新闻生产环节。视频直播的快捷引入促使新闻报道走向轻量化。拥有几千万个粉丝的民生新闻栏目《1818黄金眼》，结合短视频生产新闻内容，收获了无数流量。2019年10月，中央广播电视总台与浙江省人民政府合作，在杭州文化广播电视集团建立国家级短视频基地，充分发挥

---

① 孟建、祁林：《新媒体文化：人类文化的全新建构》，《新闻爱好者》2016年第4期。
② 于小植：《淹没于瞬间里的非理性碎片——对新媒体时代文化特征的反思》，《学习与探索》2018年第6期。

短视频内容生产在新闻生产中的重要作用，这意味着作为一种常态的短视频新闻拥有了更广阔的发展空间。

大众不仅是文化产品的消费者，也是文化产品的积极生产者。用户生产内容已成为网络传播的重要类型，快手、抖音等短视频平台孵化的网红文化和直播文化，让部分人有了改变社会经济地位的可能，基于注意力经济的网络直播也让具有极强目的性和商业性的言论或行为"吸睛"无数，满足了各类社会欲求。

三、精英文化的降维和再解读

精英文化本质上是一种自觉的文化，其功用表现在：教化大众；提供高尚的精神文化产品；树立价值尺度和审美标准。[①] 在新媒体作用下，精英文化或知识分子群体的文化出现了降维，这值得我们重点解读。

1. 审美降维与文化工业

在一些学者看来，精英文化的降维是审美文化向普通文化靠拢，或可说是普通文化向审美文化的弥漫。[②] 某种意义上，它折射的是以消费文化为因子的文化工业（产业）的崛起。

通过多种新媒体传播方式，精英审美文化走下神坛，变得更通俗、更易接近。音乐会、戏曲和相声等较为小众的曲艺形态可以通过直播呈现给更多受众。借助数字影像技术，精英艺术形态充分实现了世俗化。注重空间视错觉、光影特效、视频效果的沉浸式艺术展，强调可触摸、可进入、可任意玩味的真实4D炫酷场景的光影展览，更适合被受众通过小视频分享在社交媒体上。艺术气息消失在商业策划中，消失在复制技术中。

普通文化向审美文化的弥漫更多地反映在被边缘化的作品中，其被加工成一种审美文化与精英文化，并将参与者视为具有一定文化鉴赏能力的社会精英，经济化的呈现方式也圈定了特定的社会阶层。唢呐在公元3世纪由波斯、阿拉伯一带传入中国后，在中国各地流行起来，因其发声高亢嘹亮，在民间吹歌会、秧歌会、鼓乐班和地方曲艺、戏曲伴奏中广泛应用。随着社会变迁，唢呐艺术已经从流行文化中退隐，并在2006年被国务院批准列入第一批国家非物质文化遗产名录。2016年一部关于唢呐老艺人的电影《百鸟朝凤》上映后产生了热烈反响，电影片段在视频网站B站上获得了41.8万人次的点击量和近千条评论。作为剧情片的《百鸟朝凤》即便斩获了8600万元的票房收益，仍被定为文艺片，适合一、二线城市群众观看。

在法兰克福学派看来，具有齐一化、同质化、标准化的文化产品掩盖了其图式化的

① 邱雪：《广播电视文化的四个维度分析》，《新闻界》2013年第23期。

② 赵勇：《大众媒介与文化变迁：中国当代媒介文化的散点透视》，北京大学出版社2010年版，第21页。

运作和伪个性的"恶质化"特点,实现了欺骗与操纵性的结果:束缚了大众的意识并维护了极权统治。同质化程度极高的电视剧、真人秀等节目类型产生了相似度极高的思维模式,也进一步影响了观众的认知模式和审美标准。如电视选秀综艺节目推出了一大批具有相似气质的年轻偶像,通过线上线下联动,形成流量文化,偶像本身是否拥有代表作品不再是关注热点,能影响市场且产生边际收益才是重要衡量指标。选秀文化成为一种社会现象,更发展出一条产业链,而大众对"美"和"成功"的界定在一场场选秀中被人为圈定下来,形成了一种社会共识或曰社会成见。

2. 圈层文化

切特罗姆在论述电影时便认为电影"创造了一种新的大众文化"①。同样,自广播电视进入市场化和产业化发展以来,也分别创造了更为新颖的大众文化。个人社交行为的复杂和多样,使得影视文化内部也形成了依附于不同介质的文化分层。基于不同影视作品的圈层文化在逐渐稳定后,留下了相应的时代痕迹,并形成了一定的内部话语。

2019年7月,周杰伦和蔡徐坤的粉丝之间发生的"流量圣战"可以视为不同代际粉丝的集体行动②,但背后却是不同圈层文化之间的论争:成长于大众影音(MV和CD)时代的文化圈层对成长于互联网小视频时代的文化圈层的不信服甚至是不满。这种打击或反攻的潜在心理是维护自身的"精英"地位。不同来源地的影视作品也能形成相应的文化区隔,并形成相应的文化鄙视链。欧美影视作品、日韩影视作品和内地影视作品的粉丝形成了各自不同且互相鄙视的文化圈层,特定的话语表达方式和交往方式让跨圈层文化活动大大减少。而对于本圈层文化,内部人都自认为是一种精英文化。

3. "知道分子"与内容付费

精英文化往往与知识分子发生紧密联系。尽管在一些学者看来,"知识分子"一词自进入中国后就发生了变异③,但知识分子所发挥的启蒙作用在当时和当下的中国仍然值得称道。随着音视频等曾经专业化的技术为越来越多的普通人掌握,那些"在其活动中表现出对社会核心价值的强烈关切","希望提供道德标准和维护有意义的通用符号的人"④,开始出现两种集中动向——"知识分子的学院化和知识分子的传媒化"⑤,知识分子

---

① [美]丹尼尔·杰·切特罗姆:《传播媒介与美国人的思想——从莫尔斯到麦克卢汉》,曹静生、黄艾禾译,中国广播电视出版社1991年版,第32页。

② 吴畅畅:《论周杰伦与蔡徐坤"流量圣战"背后的大众心理》,微信公众号"南都观察家"(ID:naradainsights),2019年7月29日。

③ 方维规:《"Intellectual"的中国版本》,《中国社会科学》2006年第5期。

④ [美]刘易斯·科塞:《理念人——一项社会学的考察》,郭方等译,中央编译出版社2001年版,第3页。

⑤ 赵勇:《大众媒介与文化变迁:中国当代媒介文化的散点透视》,北京大学出版社2010年版,第45页。

不再是经典的知识分子，而是媒介的掌控者。① 《百家讲坛》火爆后，"电视知识分子"成为一个家喻户晓的词语，尽管并非一个褒义词，但观众的确通过他们获取了新知。

"电视知识分子"的高阶版本"知道分子"，更擅长利用媒介，准确拿捏公众的信息饥渴心理，与媒介合谋，共同营造了一种浅薄的媒介文化。正如视频无法传达复杂而深邃的思想，这种"知道分子"所构建的分答文化也必定是比较为浅显的，"知道分子在媒介的掌控中已不可能产生出精英文化"②。如网易公开课纳入的课程多为通识类课程，而TED 讲座更多的是对听众的心灵鼓舞，唤起情感共鸣。历史视频播客主在很大程度上只是扮演非历史专业人士的入门导师角色。在众多互联网教育平台上进行自媒体授课的老师也并不能称为真正的知识分子。

大量的信息通过"知道分子"涌入互联网，并产生了能带来高额利润的内容付费产业。用户的自我驱动和简单匹配的授课模式成为"知道分子"和内容付费产业的切入口。部分教育类 App 或微信公众号通过社群内容输出、关键意见领袖打造、活动策划和精准把控用户需求等，在竞争中脱颖而出，成为互联网行业的独角兽。2018 年 9 月，基于深度学习技术，主要为用户提供英语阅读音频材料的"流利说"成为这一年在纽约证交所上市的第十家中国公司。据称，其在中国和全球拥有 8380 万注册用户和超过 100 万的付费用户，仅在 2018 年上半年便实现了净收入 23230 万元。③

四、消费文化

消费文化是消费社会的产物，并以后者作为基本前提，首要的任务就是遵循市场逻辑把文化变成商品。取消商品和艺术品的分野——商品艺术化、艺术商品化，目前已成为一种主要趋势，其核心内容就是消费主义或享乐主义，主要的功能在于刺激人们的感官，激发人们的想象，再重塑人们的消费观念。时尚、情调、格调等，都是消费的符号、内容和刺激物。④ 数字时代，中国的年轻群体尽享消费文化，各类购物平台和社交媒体、影视作品极力引导当代的消费潮流和文化趣味，重新定义了符号性、炫耀性消费的丰富内涵和基本准则。人们追随潮流或网络红人，相互攀比，将炫富式消费基准推向更高。物质生活富足成为人们追求的终极目标，感官的多重享受让人们甘愿被消费社会的理念裹挟。20 世纪，"电视正在向我们以前占统治地位的、有文化修养的精神气质发起挑战，并代之以自身触觉的和集体的口语状态，它威胁到了我们通过读写而获得的神圣不可侵

① 张颐武：《从现代性到后现代性》，广西教育出版社 1997 年版，第 91 页。
② 赵勇：《大众媒介与文化变迁：中国当代媒介文化的散点透视》，北京大学出版社 2010 年版，第 63 页。
③ 桂小笋：《流利说发布上市后首份财报 全年营收有望突破 6 亿元》，《证券日报》2018 年 11 月 28 日。
④ 赵勇：《大众媒介与文化变迁：中国当代媒介文化的散点透视》，北京大学出版社 2010 年版，第 25 页。

犯的自主权"①。21 世纪，数字媒体技术和新媒体的发展让这种自主权继续失落，在一些人看来，电子媒体是消费文化的催化剂。

1. 商品拜物教

广告是验证与拉动受众消费的重要渠道。自 20 世纪 90 年代末电视进入市场化与产业化运作后，广告营销的目的便是最大限度地刺激消费者，引发强烈视觉震撼，最终达到说服消费者购买的效果。媒介广告所代表的消费文化昭然若揭。在新媒体环境下，传统的广播电视广告日渐式微，取而代之是让人眼花缭乱的新媒体广告。

电视节目内容本身可用于引发消费欲望，并形成相应的粉丝购买链条，起到广告投放的效果。2014—2016 年，东方卫视联合几家传媒公司推出时尚真人秀节目《女神的新衣》，邀请女性演艺明星，围绕主题设计服装，争夺品牌服装公司和买手的订单，最终将产品推向市场。每期节目中，现场获得订单的产品当天便会在天猫上线销售，并命名为"女神同款"，实现"看到即买到"，国内数家女装品牌都参与节目并高价拍走产品。女性观众在观看节目的同时，产生了对某位参演者的高度认同与代入感，并赋予产品美学意义，这一系列心理过程最终引向购买行为——占有商品，成为自己的"女神"。该节目对于粉丝经济的带动意义不言而喻。

贴片广告、创意中插广告、植入广告等形式也越来越多地被影视作品生产者采用，二维码或 AR 扫描这类新颖的形式也被用于刺激消费。随着抖音、快手、小红书等社交平台的崛起，音视频产品被也成为刺激消费欲望的重要渠道。

商品的符号价值被无限放大。一些视频博主通过推荐小型日化品，营造了一种"消费即可以获得精致生活"的假象。"日常生活的审美化"让精巧的外包装掩盖了我们对商品本身功用的需求，资本和商品共同渲染的占有欲盛行于消费社会。

2. 形象迷信

形象本身只是一个美学概念，被置于艺术领域进行探讨，而当它作为经济概念时，所产生的长期和潜在的影响，足以改变整个社会的消费结构，甚至是产业结构。

对传播者而言，建立新的品牌形象，是竞争制胜的关键。浙江电视台民生休闲频道开办于 2004 年 1 月的《1818 黄金眼》是一档以"关注民生、服务百姓"为宗旨的民生新闻栏目。节目联合 B 站、火山小视频、微博、微信和抖音平台，将新闻视频进行快速扩散。如《小伙骑车逆行被拦后爆发》的新闻在微博平台上单条转发 88324 次，评论 43310 条。如今，《1818 黄金眼》已全国知名、火遍全网。纵使节目中不乏新闻价值不高、同质化程度

---

① ［加拿大］德克霍夫：《文化肌肤：真实社会的电子克隆》，汪冰译，河北大学出版社 1998 年版，第 9—17 页。

较高的新闻，但经过筛选推送到各社交平台的新闻片段有力塑造了节目的品牌形象。

对受众而言，形象是品牌价值的体现，品牌所关联的关键意见领袖和聘请的代言人中，谁能刺激消费，谁就能成为网络红人。据统计，2018年，粉丝规模在10万以上的网络红人数目较2017年上涨51%，粉丝规模超过100万人的头部红人较2017年增长23%；截至2018年4月，中国网红粉丝总人数已经达到了5.88亿。[①] 网红经济市场规模以及变现能力也随之扩大与加强。粉丝和网红规模的双增长为相关的商业领域提供了更多的变现土壤。

3. 资本追逐

音视频媒体和新媒体的结合对资本的需求较以往任何时期都要迫切。新榜研究院与CVSource投中数据联合发布的《中国互联网内容行业投融资报告(2017—2019 Q1)》显示，2018年，在内容生产融资企业中，短视频生产平台年融资72起，网络综艺/网络剧目、音频、VR/AR内容和直播平台获得了来自国内独角兽企业、投资企业和金融行业的高额投资，分别为21起、11起、5起和6起。以二更视频为例，2018年已经完成了1.2亿元的B+轮融资。[②]

除了来自跨行业和金融资本的投资，媒体也在努力寻求来自政府的投资和集团内的投资。如四川报业集团的封面视频在未如期获得来自阿里巴巴集团的投资后，通过成立的四川封面传媒有限责任公司，由四川华西都市网络科技有限公司（四川日报报业集团旗下互联网公司）担任股东，注资5000万元，并分别在2018年和2019年获得了四川文化产业股权投资基金的两轮融资。

●●●●●●● 小结

广播电视在当下的时代潮流中逐步凸显着其与时俱进的文化价值和生机活力，移动化、场景化、智能化、个性化、数据化的发展在一定程度上推进了新的文化生态的形成。科技化与可视化、调适性与商业性、实践性与生产性成为新兴媒体不可忽视的文化属性。顺应时代潮流的广播电视新媒体有许多新的变化，但是建设主流文化的步伐从未停止。主流媒体通过一系列让受众喜闻乐见的形式改组官方宣传阵地，使主流文化不再乏味呆板，因而更易被接纳与认可。新媒体在降维精英文化以及生产分众文化方面扮演着重要角色，其催生的消费主义文化以及资本逐利现象仍需以批判视角加以看待。

---

① 艾瑞咨询、新浪微博：《2018年中国网红经济发展洞察报告》，http://report.iresearch.cn/report_pdf.aspx?id=3231，2018-06-19。

② 新榜研究院、CVSource投中数据：《中国互联网内容行业投融资报告（2017—2019 Q1）》，https://wenku.baidu.com/view/f79aabb9bb1aa8114431b90d6c85ec3a86c28b54.html，2019-05-29。

本章思考题

1. 如何理解新媒体的新文化生态？
2. 广播电视新媒体的商业文化属性如何体现？
3. 如何看待新媒体在官方的主流文化再造中的作用？
4. 请举例说明新媒体怎样进行"精英文化降维"。
5. 请反思新媒体文化传播中仍然存在的问题，并试着提出解决方案。

第七章

广播电视与新媒体的全球传播

【本章要点】当今的全球传播形式多样，其中广播电视开启了全球传播的新模式，广播电视信号穿越国界、通过频道向全球传递信息，已经成为常态。以互联网为代表的新媒体真正地将公众带入了麦克卢汉所想象的"地球村"时代。其中，技术的发展与迭代成为全球传播的基石，全球化背后的政治、经济与文化力量成为全球传播的驱动力，而发达国家和大型跨国媒体集团则成为全球传播的主力军。决定未来全球传播格局的既是不同国家间信息技术的发展水平，也是以政治、经济和文化为代表的综合国力发展水平。本章主要梳理不同技术背景下广播电视与新媒体的全球传播格局，并从音视频内容层面梳理全球传播的规律。

第一节 从繁荣走向衰落的国际广播

在广播诞生前的 19 世纪，媒体几乎局限在一国范围之内，影响范围也仅局限于语言和文化相近的一些国家。报纸、杂志这类印刷媒体虽然也可以被携带到无远弗届的外部世界，但笨重的印刷设备使其依然无法摆脱地理空间的限制。同时，受限于读者的受教育程度，报纸和杂志注定就是办给一个国家的读者看的。[1] 而广播则开启了一个电子传播的时代，在这一时期，美国站在了传媒技术发展的前列，美国的媒体行业开始在世界范

---

① 陈阳：《全球传播》，北京大学出版社 2009 年版，第 155 页。

围内独占鳌头，与此同时，"站在世界史的角度看，20世纪影响最广泛的突出事件之一，便是美国的崛起"①。与广播激发电子媒介蓬勃发展相伴的，是全球政治、经济与文化力量格局的变革和重建。

一、从线下走到线上：广播的诞生与发展

1906年12月25日，圣诞节之夜，人类历史上第一次成功地进行了语言广播。晚上8点左右，美国东北部新英格兰海岸附近几艘轮船上的无线电报务员在接收电报时，突然听到一个男人朗诵了一节《圣经·路迦福音》中的圣诞故事，接着是小提琴的演奏声，之后是播放德国作曲家亨德尔《舒缓曲》的唱片声，最后是"祝大家圣诞快乐"的话语声。这就是世界上第一次无线电广播。这次历史性的播音就是费森登（Reginald A. Fessenden）从其实验室播出的。费森登是一位加拿大出生的美国发明家，他曾经受聘为著名发明家爱迪生实验室的技术员，后又在美国西屋电气公司担任电气工程师。1900年，他开始为美国气象局工作，实验将无线电技术用于天气预报。1902年，在两位匹兹堡金融家的赞助下，费森登在美国东北部的马萨诸塞州建起了一个实验室，并开始从事如何把人的声音加到电磁波上传送出去的研究与实验。经过四年的埋头苦干，终于在1906年圣诞节前夕实现了声音转化为电流的无线传播。

广播电台正式使用始于1910年的美国。当时，"无线电之父"李·德·弗雷斯特（Lee De Forest）博士首次直接从闻名于世的纽约大都会歌剧院的舞台上发布现场演出的实况。他在1906年发明的三极管使无线传输得以将声音转化成能量形式进行传递，而三极管成为改变20世纪面貌的重大发明，被称为"无线电的心脏"。20世纪的最初十年，无线电广播已经取得决定性进展。作为一项传播技术，广播已经初具形态。不过此时人们还只是把这种技术当成一种有趣的"玩意儿"。②在美国，数以百计的无线电爱好者参与其中，建立业余电台，不定时地播放音乐、新闻、天气预报、市场行情等。与此同时，民间爱好者组装收音机的成本在不断降低，大规模的商业化生产也在推进。直至1920年11月，世界上第一家正式运行的电台——美国匹兹堡的KDKA电台开播，标志着世界广播事业的诞生。继美国之后，1922年，苏联、法国、英国开办了电台，德国（1923年）、意大利（1924年）、日本（1925年）也相继建立了电台。至20年代末，欧美各国大多有了自己的广播电台。1923年，美国人奥斯邦（E. G. Osborn）在中国上海创办ECO广播电台，电台设在上海广东路大赉洋行楼上，这也是中国境内最早的广播电台。具体到美国，截至1924年年底，美国已经拥有了近600座商业电台，收音机数量则从1921年的5万台

---

① 李彬：《全球新闻传播史（公元1500—2000年）》，清华大学出版社2009年版，第240页。
② 李彬：《全球新闻传播史（公元1500—2000年）》，清华大学出版社2009年版，第250页。

增加到 1922 年的 60 万台。

20 世纪三四十年代，随着第二次世界大战的临近，广播事业得到了爆发式的发展。第二次世界大战后，广播事业逐步普及至全世界其他国家和地区。随后，广播技术也始终处于不断的发展迭代之中。80 年代，各国纷纷开始通过卫星传送广播信号。90 年代后，传统的模拟广播逐步向效率和质量更高的数字音频广播过渡。进入 21 世纪，广播技术逐步同计算机网络相结合，把地面传送、卫星传送和网络传送结合起来。如今，"广播则从原本自上而下的单向传播，发展成为拥有传统频率、互联网平台的多渠道传播格局，收听终端逐渐多元化。便携式收音机、手机自带 FM、传统收音机三大收听终端鼎力的格局被打破，'车载收听＋智能收听＋传统收听'的收听新格局雏形初现，其中车载收听及智能收听成为两大收听主流"①。

近年来，随着移动互联网和智能化设备的迅速普及，智能终端成为广播技术发展的主要突破口，通过移动网络和智能化终端收听广播已经取代了传统收听方式。这也使得从整体趋势来看，网络广播成为广播产业发展的最主要增长点。2014—2018 年，美国网络广播业的产业规模增长了 32%，2018 年的产业规模达到 50 亿美元。同时期，从事网络广播的企业数量增长了 27.5%，员工数量增长了 29.1%。②而全球网络广播用户调查数据显示，在世界各国中，波兰和南非的网络广播收听率最高，均达到 94%；其次是德国，达到 93%。③在未来 5G 通信技术的逐步普及之下，全球网络流量资费将进一步降低，而基于移动互联和智能化终端的网络广播，无疑将成为持续增长和快速发展的新风口。

二、政治使命与国家力量：国际广播的发展

从广播的发展历程来看，"20 世纪前 50 年代全球进入了一个属于广播的时代，其中第一个 10 年和第二个 10 年，广播还处在实验和探索阶段，吸引了众多科学家、发明家和业余爱好者。到了第三个 10 年，即 20 世纪 20 年代，广播事业开始形成，美国的 NBC 和 CBS，英国的 BBC、苏联的共产国际广播电台以及其他国家众多电台的纷纷诞生，都标志着广播已经成为一种新兴的大众传播媒介。在这半个世纪的最后 20 年，即 20 世纪 30—40 年代中，广播事业走向繁荣，迎来了它的黄金时代"④。随着广播技术的不断更新迭代，尤其是短波和高频技术的应用，国际广播在 20 世纪 20 年代开始发端，并在第二

---

①　崔保国、徐立军、丁迈主编：《中国传媒产业发展报告（2019）》，社会科学文献出版社 2019 年版，第 128 页。

②　PWC.Perspectives from the Global Entertainment & Media Outlook 2018-2022, https://www.pwc.in/industries/entertainment-and-media/global-entertainment-and-media-outlook-2018-2022.html.

③　数据来自 IBISWorld 公司，http://www.ibisworld.com。

④　李彬：《全球新闻传播史（公元 1500—2000 年）》，清华大学出版社 2009 年版，第 258 页。

次世界大战和其后的"冷战"时期开始出现国际广播事业的爆发式增长。

国际广播又被称为对外广播，是指"一个国家为供另一个国家收听而进行的广播"①。荷兰最早在 1927 年开办了国际广播，其后德国在 1929 年、法国在 1931 年、英国在 1932 年、日本在 1934 年也相继兴办了国际广播。在国际广播的发展早期，由于技术水平限制和发射信号强度的影响，绝大多数国际广播覆盖范围有限，且播出时间较短，接收效果也较为一般。但是很快，国际广播成为那些拥有一定经济实力和综合国力的国家试图在国际舞台上增加国际影响力的重要手段和路径。"1929 年，苏联开办了主要针对外海广播的莫斯科电台，播出德语、法语和英语节目，因为对德广播因而受到德国电台的干扰。而德国同样在 1929 年开办了国际广播业务，主要针对国内和旅居国外的德国听众。到 1933 年希特勒上台后，国际广播被用来进行纳粹的军国主义宣传，广播范围也不断扩大。1934 年，德国在对奥地利的广播中，诱使其加入第三帝国，奥地利电台也对德国的诱降宣传进行了干扰。"② 在随后的发展中，随着电台技术的不断发展与完善，国际广播这种专门针对他国展开宣传的传播活动也变得越发系统化和制度化。在第二次世界大战全面爆发后，为了适应战争与外交的迫切需要，国际广播快速发展。据统计，1939 年大战全面爆发时，共有 27 个国家兴办对外广播，到 1945 年战争结束时，这个数字就增加到 55 个，差不多整整翻了一番。③

而到了"冷战"时期，对外广播更成为东西方两大阵营相互影响、彼此攻击、争夺国际话语权的重要"武器"。从 20 世纪 50 年代初期开始，西方国家就陆续在社会主义各国周边地区设置几十座广播电台、发射台和转播台，推行"反共冷战"战略，当时，在对社会主义国家的广播中，对中国广播的规模和实力仅次于对苏广播。为了抓住听众心理，这些西方广播电台除了意识形态宣传外，还创办了各种吸引观众的娱乐、文艺节目，其中最具代表性的有美国之音、英国广播公司、德国之声、莫斯科广播电台。以美国为例，它有五个著名的国际广播电台，其中美国之音和马蒂电台（Radio Marti）接受美国新闻署（U.S. Information Agency, USIA）的管理；自由欧洲电台、自由电台、自由阿富汗电台（Radio Free Afghanistan, RFA）则由国际广播管理局（Board for International Broadcasting, BIB）管理。④ 事实上，美国的对外广播主要针对这些"东方阵营"的社会主义国家，通过商业文化包裹下的意识形态和价值观输出，"美国的消费主义思想宣传在破坏前社会主义的全球部门的过程中发挥了重大作用，这个观点并非夸大其词。它成功地超越了美国

① 赵永福:《国际广播探析》，中国广播电视出版社 1987 年版，第 61 页。
② 程曼丽:《国际传播学教程》，北京大学出版社 2006 年版，第 26 页。
③ 张穗华主编:《媒介的变迁》，中国对外翻译出版公司 2002 年版，第 159 页。
④ [美] 罗伯特·福特纳:《国际传播：全球都市的历史、冲突及控制》，刘利群译，华夏出版社 2000 年版，第 16 页。

在冷战期间信息战的武士们的疯狂梦想"①。这场没有硝烟的战争打了半个世纪，以苏联的解体和东欧剧变宣告终结。

"冷战"终结之后，国际广播出现了显著的"东移"态势，"西方国家在几十年的硬件构筑的基础之上，进一步加强了对华广播。80年代以前，西方对华广播主要从我境外东部和东南部，即从日本、韩国到东南亚向我发射。进入90年代后，西方国家向俄罗斯和中亚一些国家租用发射机，在境外向我北部和西部地区发射，最终形成对我四面包围的广播放射网"②。其中，美国之音明显扩大了对华广播的规模，增加了对华广播的语种和播出时间。美国政府期待能在中国复制对苏"和平演变"的效果。20世纪60至70年代，美国之音中对中国的广播时间占其广播总时长的比例不到30%，但东欧剧变和苏联解体之后，这一比例提高至53%；至2007年，美国之音的普通话和广东话节目分别增至12小时和2小时。③

进入21世纪，随着"一超多强"的世界格局逐渐形成，各国的意识形态宣传和价值观输出开始逐步淡化，国际广播至此也开始逐渐走向萎缩。一些担负宣传任务的国际广播开始寻求转型，回归到相对客观、追逐新闻的媒体本质。而在互联网日益普及、信息逐步开放的时代进步中，"敌台"（境外广播）已经"过时"了，电台短波已不再是人们获取外部信息的主要来源。2011年3月，还差55天就满70岁的英国广播公司中文广播在《友谊地久天长》的苏格兰民乐声中"寿终正寝"。德国之声在播出47年后，于2013年1月1日停播中文短波节目。德国之声中文编辑部主任冯海音在官网中文公开信里宣布这一消息时，称这是一个"艰难的决定"，"德国之声必须节约经费"。根据2014年美国Asia Radio Today网站的报道，美国之音和自由阿富汗电台似乎要缩减国际广播的覆盖范围，虽然后经证实信息存在不实，但美国之音的在华影响力的确大不如前。特别是在1999年中国驻南联盟大使馆遭美国轰炸事件发生后，美国之音宣称"美国导弹的'误炸'是可以理解的，中国方面在炒作和扩大事态，缺乏合作和解精神"，这激起了中国民众的极大愤怒。而在此后的"李文和间谍案""南海撞机事件"等报道中，美国之音不负责任的消息和评论，使其作为媒体的公信力一落千丈，丧失了大量中国听众。更重要的是，互联网的到来使得信息的获取变得更为便捷，而受众也越来越无法忍受国际广播那些充满杂音和干扰的短波信号，国际广播的受众市场整体规模逐渐趋于下降，而YouTube、Facebook、Twitter等社交网站平台开始逐渐接替国际广播的职能。在互联网时代，短波广播虽然已经走向落寞，但国家间的宣传战与舆论战却从未落幕，这场没有硝烟的战争不过是换了一个战场。

① ［美］赫伯特·席勒：《大众传播与美帝国》，刘晓红译，上海译文出版社2013年版，第15页。
② 张海鹰：《走向多元：国际广播对国际格局变化和通信技术发展的回应》，《新闻大学》1998年第4期。
③ 美国之音中文网, http://www.voachinese/chinese/about.cfm。

三、大国博弈的中流砥柱：国际广播的实践案例

国际广播有一个长期发展的过程，西方国家的国际广播都有着悠久的发展历史，在经历了第二次世界大战和东西方"冷战"的宣传博弈后，英国广播公司和美国之音成为西方国家中国际广播的中流砥柱，而作为中国的国际广播电台，中国国际广播电台（CRI）的发展也同样受人瞩目。

1. 英国广播公司（BBC）

英国广播公司（British Broadcasting Corporation，BBC）诞生于 1922 年 2 月 14 日晚 8 时，是英国创办的第一座广播电台，总部位于英国伦敦，是英国最大的新闻媒体，也是世界最大的新闻媒体。英国作为资本主义世界秩序的中心，全球化的经济强国，也是跨国对外广播的先行者之一，早在 1932 年就推出了"帝国服务"（empire service），用英语向英联邦国家和殖民地广播，以维护帝国"内部团结"。[①]

第二次世界大战期间，参战国在地面展开"热战"之时，也在空中以电波展开了一场前所未有的新闻世界大战，天空中的电波不仅传递着前线最新的战况，更成为参战各国宣传博弈的"空中战场"。"按照播报内容及其风格，国际广播可以分为两种类型。一种是'宣传式'，其代表就是纳粹德国，对外广播充满浓烈的宣传意味，基本谈不上新闻的真实性与客观性。另一种则是'新闻式'，具有代表性的就是英国的 BBC。BBC 的冷静克制风格与纳粹的狂热煽情风格大相径庭，形成鲜明对照。而事实表明：BBC 的新闻式远比纳粹的宣传式更能赢得听众信赖，更能产生持久影响。"[②]

正是在第二次世界大战期间，BBC 作为对抗纳粹德国的舆论堡垒，获得了空前的发展。从战争初期 BBC 开办了针对欧洲大陆的广播，到 1944 年战争后期，BBC 已经成为全球规模最大的国际广播，涵盖 39 个语种，每周播出节目 763 小时。战后，BBC 成为英国政府面向全球的重要舆论阵地，"1999 年其年收入已经超过 28 亿英镑，并拥有超过 23100 名全职员工，可能是世界上最大最成功的公共服务性广播"[③]。

进入 21 世纪，互联网对于 BBC 的冲击同样严重。2011 年 1 月 26 日，BBC 国际部宣布一项约 4600 万英镑的全球业务支出削减方案。该部门终止其 32 种语言服务中的 5 种；关闭 7 种语言的广播服务，包括俄语、汉语普通话和乌克兰语等；停止 6 种语言的短波传输，包括印地语和斯瓦希里语等。全球听众由每周 1.8 亿人次减为 3000 万人次。[④]

---

① 郑一卉、庞然：《二战时期 BBC 的华语广播及其影响分析》，《中国广播》2020 年第 3 期。

② 李彬：《全球新闻传播史（公元 1500—2000 年）》，清华大学出版社 2009 年版，第 271 页。

③ ［美］戴维·冈特利特：《网络研究：数字化时代媒介研究的重新定向》，彭兰译，新华出版社 2004 年版，第 234 页。

④ Alex Barker, Cuts at BBC's world service attacked, Financial Times, 2011-01-27.

但另一方面，BBC 早在 2007 年就开始推出网络服务，通过 iPlayer 播放器将 BBC 的广播和电视节目互联网化。2015 年 11 月，BBC 推出了 iTunes 应用 BBC Store，用户可以线上购买和保存节目。2016 年，BBC 开始了新一轮的新媒体尝试，"在获得英国政府的支持后，BBC 环球正在考虑向更多地区推出其点播服务 BBC Player。BBC iPlayer 包含若干 BBC 国际品牌，分别是：BBC 地球、BBC First、BBC Lifestyle、CBeebies 和 BBC 世界新闻，以及 BBC 首次落户亚洲的国际新品牌 BBC Brit。"[1]2017 年，BBC 开始终止 BBC Store 服务。当下，BBC 的转型发展还在持续进行，但国际广播的形态已经发生了翻天覆地的变化。

2. 美国之音（VOA）

美国之音（The Voice of America，VOA）创立于 1942 年，是一家提供 45 种语言服务的动态的国际多媒体广播电台，也是全球最著名的英语广播机构之一。VOA 通过互联网、手机和社交媒体提供新闻、资讯和文化节目，每周服务全球 1 亿多听众。

VOA 的发展与壮大同样是在第二次世界大战时期，同样是为了应对法西斯德国铺天盖地的宣传战和心理战。作为美国第一家国际电台和官方电台，VOA 的首播是在"珍珠港事件"后的第 79 天，也就是 1942 年 2 月 24 日。最初，VOA 以英语和德语进行广播，随后又开播了日语广播，其声音迅速传遍了整个欧洲和太平洋战场。"到大战结束时，VOA 已使用 34 种语言播音，每周累计播出 833 小时。VOA 开播不久，1942 年 6 月 13 日，罗斯福又下令成立一个负责战时新闻宣传的机构——战时新闻局（Office of War Information），VOA 便划归战时新闻局领导，成为它的直属电台。"[2]

1946 年，随着二战结束，"冷战"的序幕被拉开。"美国之音也在 1947 年 2 月 17 日迅速开播了对苏联地区，并辐射整个东欧的俄语广播。美国之音在颠覆苏联和东欧政权的舆论斗争中发挥了重要的作用。比较典型的是 1962 年猪湾危机发生后，美国之音对古巴、苏联和东欧地区的广播，受到了时任美国总统肯尼迪的肯定。"[3]而在"冷战"结束之后，VOA 也迅速开始将工作重点从欧洲移向亚洲，直接表现为加强了对中国的广播（至 1990 年，VOA 不同频道中的普通话节目已经达到单日 32.5 小时），并在 90 年代中期进一步开通了藏语广播。1991 年南斯拉夫解体之后，VOA 又迅速开通了克罗地亚语和塞尔维亚语节目，宣传美国的巴尔干半岛政策。"9·11"事件之后，VOA 加强了对阿拉伯国家的广播力度，随后又增加了波斯语的广播内容。事实上，无论 VOA 在新闻理念和价值观上如何粉饰，其本质上并非为了达成任何公共服务的目的，其一直是美国政府意识形态宣传的"急先锋"，并在达成其政治目的后，相关地区的广播服务也就随即停止了。

---

[1] 张漠、熊晖：《传媒巨舰 BBC 如何驱动"转型之轮"？》，https://www.sohu.com/a/202748243_809031，2017-11-06。

[2] 李彬：《全球新闻传播史（公元 1500—2000 年）》，清华大学出版社 2009 年版，第 275 页。

[3] 周庆安：《美国之音"转战"65 年》，《国际先驱导报》2007 年 3 月 5 日。

视听融媒体概论

2018 年，特朗普决定将美国广播理事会更名为美国全球媒体总署（USAGM）。该署包括美国之音、古巴广播办公室、自由欧洲电台、自由亚洲电台、中东广播网络公司、萨瓦电台等。相关材料显示，美国全球媒体总署目前共有全职员工 3763 人，通过电视、广播和互联网向全球 3.5 亿人播出制作的内容，其中下属电视台在 100 个国家或地区采用 61 种语言播出。美国政府是全球媒体总署的全额出资人。该署 2020 年拨付预算为 8.1 亿美元，2021 年的最新预算申请额为 6.37 亿美元。美国全球媒体总署的工作目标是"影响对美国国家安全有战略重要性的地区"。2020 年，VOA 报道中国"武汉封城是成功的防疫模式"，并发布武汉庆祝封城结束的灯光秀视频，被美国白宫批为"花美国纳税人的钱，却为中国宣传"，"没有讲好美国故事"，美国总统特朗普甚至斥责其报道"令人作呕"。①

3. 中国国际广播电台（CRI）

中国国际广播电台（China Radio International，CRI）创办于 1941 年 12 月 3 日（起源于延安新华广播电台于 1941 年 12 月 3 日开办的日语广播。延安新华广播电台即中央人民广播电台的前身），是中国向全世界广播的国家广播电台，使用 65 种语言全天候向世界传播，是全球使用语种最多的国际传播机构。

在中国国际广播 60 年纪念活动中，中国国际广播电台台长王庚年感叹："中国人民对外广播事业 60 年来的发展，折射出新中国成立 60 年来发生的巨变，令人惊叹和震撼：从只有英语、日语以及东南亚少数几个国家的语言和对这些地区的汉语方言短波广播，到如今用 59 种语言全天候向全世界传播，每天累计播出 1500 多小时，拥有广播、电视、报纸以及网络、手机等新媒体传播手段，26 家境外整频率电台、12 家境外广播孔子课堂、18 家环球网络电台……日新月异的技术发展，'颠覆'了传统的对外广播模式和互动方式，使昔日传统单一的短波广播逐渐转变成现代综合的多媒体广播。"②

正如王庚年台长所说，CRI 正在向着全媒体和多媒体方向发展。1999 年 10 月，CRI 就开始制作自己的电视节目，并通过"亚洲二号"卫星向全国传送国际新闻电视节目。CRI 电视中心每天制作和传送上星 5 个多小时的电视节目，在全国 200 多家电视台近 300 个频道当中播出。CRI 同时还主办了《世界新闻报》，以报道国际新闻为主，内容涉及国际政治、经济、文化、体育、教育、科技、社会等各个方面，面向全国发行，发行量达 80 多万份。同时，为了完成国际新闻报道的工作，CRI 还在全球建立了拥有 40 个驻外记者站的庞大新闻网，并拥有 61 种语言超过 2000 人的采编记者队伍（截至 2020 年 4 月）。

---

① 肖岩、李司坤、柳玉鹏：《作用日益式微，"美国之音"挨训暴露美国外宣窘境》，《环球日报》2020 年 4 月 23 日。

② 人民网：《国际电台台长王庚年：中国国际广播 60 年》，http://media.people.com.cn/GB/10067291.html，2009-09-16。

132

第二节　单向流动的国际电视

　　"电视从其诞生至今才 70 多年，但它却经过了从机械电视到电子电视，从黑白电视到彩色电视，从模拟技术到数字技术，从局限狭小地域到国际性传播，发展成为最具影响力的传播媒介。"[①] 如果说广播和报刊开启了一个真正属于电子媒体的全球传播时代，那么电视则真正让全球传播突破空间地域的障碍，走向新闻、娱乐等各种媒体内容相互流通的媒体全球化时代。国际广播依赖的是短波无线电信号的覆盖范围和广播电台的设置地点，其本质上依然无法完全摆脱地域的限制，而电视的全球化则不仅是电视台频道信号覆盖范围的全球化，更是电视节目内容的全球化。至此，美国的电视节目可以出现在全世界任何角落的电视屏幕上，覆盖与干扰的博弈已经成为过去，跨国媒介和文化帝国主义已经借此形成了对全球电视荧屏的支配。

一、战前萌芽到战后爆发：电视的诞生与发展

　　电视可谓广播的同胞姐妹，两者的诞生都是以 19 世纪电磁学的技术发展为基础，当电磁学技术获得突破时，人们自然而然地想到电磁波既然可以负载声音信号来传送语言，那么它也必然可以负载图像。于是，科学家、技术人员和通信爱好者开始了各种大胆尝试，俄裔德国工程师尼普科夫（Paul Gottlieb Nipkow）发明了扫描技术和"尼普科夫扫描盘"，苏格兰工程师约翰·贝尔德（John Logie Baird）则在此基础上实现了电视画面的传送，并与 BBC 展开合作，实现了最早的电视广播。

　　1929 年 3 月，BBC 就开始了电视试播，使用的是贝尔德发明的机械电视，开始播出的是无声图像。1930 年，BBC 播出了第一个声像俱全的电视节目——舞台剧《花言巧语的人》（*The Man with the Flower in His Mouth*，又译《口含一朵花的男士》)。不过当时的扫描标准只有 30 行，图像质量不高。1936 年 11 月，BBC 在伦敦以北三英里处的亚历山大宫建成世界上第一座电视台，开始正式播放电视节目。刚开始时，使用的是贝尔德发明的机械电视系统，4 个月后机械电视系统被更为先进的电子电视机系统替代，新的电视扫描线达到了 405 行，而这以前只有 240 行。1937 年 5 月 12 日，BBC 有了第一辆电视转播车，它用了一条同轴线缆把亚历山大宫和海德公园连接起来，使得英国当时约 5 万名电视观众收看了 BBC 转播的英王乔治六世的加冕典礼，这也是世界上第一次户外电

[①]　卢小雁、张琦：《电子媒介广告》，浙江大学出版社 2006 年版，第 11 页。

视实况转播。1939 年，由于二战爆发，电视广播就此暂停，而此时英国已经有约 2 万家庭拥有了电视机。

美国也是世界上较早出现电视的国家，1927 年美国就有了实验性的电视广播。美国贝尔实验室的艾维·李（Ivy Lee）用电线将静止和活动的画面传送到数百英里之外。1930 年，美国无线电公司所属的全国广播公司（National Broadcasting Company，NBC）开始播出电视节目。而到了 1939 年 4 月 30 日，纽约世界博览会开幕，NBC 实况转播了世博会的开幕式。从此，NBC 正式开始定期播出电视节目，而 4 月 30 日也成为美国电视广播的诞生日。20 世纪 30 年代，除美国、英国外，开始从事电视广播的还有法国、苏联、意大利、德国、日本等国。1939 年二战爆发后，各国的电视广播都陷入停顿。[①]

在二战之后，世界各国迎来了电视事业的快速发展。"1950 年，已有 5 个国家有了定时的电视节目。到 1955 年，这个数字达到 17 个，到 1960 年则增加了四倍。十年后，播送电视节目的国家已超过 100 个……"[②]

二、全球覆盖到全球贸易：国际电视的发展历程

如果说广播依靠信号塔走向了国际传播，那么卫星电视技术和电视节目全球贸易则使电视成为可以真正从本国走向国际和全球传播的助推器。一方面，卫星电视技术使得"全球受众可以在几乎同一时间收看相同的电视节目，并使国家之间、地区之间、洲与洲之间的节目传播可以即时进行。这正是国际传播在全球范围内展开的一个必要条件"[③]。另一方面，国际电视节目市场的形成，使得电视节目内容产品的全球流动成为可能，"美国支配"的电视节目单向流动的全球传播秩序成为西方文化霸权的一个重要标志。

1. 卫星电视的产生与发展

1958 年 12 月，美国宇航局发射了"斯柯尔"（Score）广播试验卫星，进行磁带录音信号的传输。1962 年 7 月，美国电话电报公司（AT&T）发射了"电星一号"（Telestar-1）低轨道通信卫星，在 6GHz/4GHz 实现了横跨大西洋的电话、电视、传真和数据的传输，奠定了商用卫星的技术基础，"它将欧洲的 23 个城市同美国的 23 个城市相联结，并且可以承载 80 次同时进行的通话"[④]。从人类历史上首次通过人造卫星进行电视信号的转播开始，卫星电视的发展经历了 4 个阶段："第一阶段是各国为了解决国内的远距离视听难的

---

① 李彬：《全球新闻传播史（公元 1500—2000 年）》，清华大学出版社 2009 年版，第 292 页。
② [爱尔兰] 肖恩·麦克布赖德：《多种声音，一个世界》，中国对外翻译出版公司第二编译室译，中国对外翻译出版公司 1981 年版，第 84 页。
③ 程曼丽：《国际传播学教程》，北京大学出版社 2006 年版，第 33 页。
④ [美] 罗伯特·福特纳：《国际传播》，华夏出版社 2000 年版，第 153 页。

问题，通过卫星传递信号，使偏远地区能同时收看到电视节目。1984 年日本最先进行了这种形式的电视播放。中国也在 80 年代后期开始了同样的卫星电视播放。 第二阶段是跨国的卫星转播，这一阶段的重要实例是海湾战争。卫星转播具有同时性的特征，通过卫星的现场直播，世界范围内的观众能够同时看到地球的任何一个角落所发生的事件。我们并没有生活在海湾战争中的伊拉克，但通过卫星和实况直播，我们却仿佛也体验了那场战争。卫星电视发展的第三阶段是国际的卫星频道的产生。最先开始这种播放的应该说是美国的 CNN 的新闻台，到 1990 年 CNN 成立的第 10 个年头，CNN 使用了世界上的 6 个商用卫星，建成了覆盖全世界的卫星电视网，世界的任何一个地方只要安装上卫星接收天线便能收看到 CNN 的电视节目。CNN 对新闻采取无编辑的方针，由于是 24 小时的全天候播放，当美国是深夜的时候，就对海外的新闻进行播放，使节目源不单只限于美国，也包括了世界的每一个地方。CNN 的诞生意味着电视媒体由国家的范围扩展成以全球为市场的跨国界的媒体。卫星电视发展的第四阶段是数字技术的发展所带来的多频道卫星电视播放的异军突起，由于数字压缩技术在电视传输技术方面的运用，使同时播放上百套节目成为可能。"[1] 从电视国际传播的角度看，卫星电视"实现了电视信号传输由陆地转向太空的飞跃；使麦克卢汉的'地球村'理论基本变为现实；信息传播中的国界概念基本被打破；信息传播的统一标准逐渐形成。尽管卫星电视利用空间技术突破了地域阻隔，实现了国际信息传播的同步化与无障碍化，但是，卫星传输系统有赖于地面站和当地电视台的'落地'支持，能否落地则取决于各国政府的意愿；而卫星直播电视节目能否在世界范围内传送，也取决于各国政府是否允许安装卫星电视接收器，这同样涉及通道的控制与管制问题"[2]。

2. 电视节目国际贸易的发展史

电视的国际传播不仅是卫星信号的全球覆盖，更是一种跨国文化产品的全球流动。"从 20 世纪五六十年代开始，电视节目作为一种特殊的文化商品在全球范围内流动，对媒介的国际化和全球化进程起到了推波助澜的作用。"[3] 其中包含了电视节目内容的直接国际传播和电视节目模式的国际传播。

电视节目的国际传播主要表现为通过直接购买的方式进口国外电视节目的版权在本国播出。"西方传播学术界对电视节目流动的研究始于 20 世纪 50 年代，大规模的调查研究是 20 世纪七八十年代的事情，其中最重要的是联合国教科文组织资助和主持的一系列全球电视节目进口和出口研究，主要关注的是国家间电视信息流向的平衡和不平衡

① 龙一春：《国际卫星电视的发展及引起的反响》,《现代传播（中国传媒大学学报）》2000 年第 6 期。
② 程曼丽：《国际传播学教程》,北京大学出版社 2006 年版,第 35—38 页。
③ 李家伦：《电视节目全球流动及相关理论述评》,《当代电影》2012 年第 3 期。

关系。"① 相关研究结果认为，电视节目的国际流通呈现出两个显著特点：其一，娱乐性节目在这种特殊流通中占据优势，各国进口的电视节目中娱乐节目的数量占比第一；其二，电视节目的国际流通存在严重的不均衡，国家间电视领域的合作虽然在不断增加，但电视节目的流向明显呈现出从电视事业比较发达的国家向世界其他国家流动的单向流动态势，以美国为代表的发达国家基本上很少进口他国电视节目（美国除了进口少量墨西哥连续剧以外，电视节目市场基本被本国和英国电视节目所占据）。② 中国对外进口的电视节目以连续剧为主，"在 2008 年到 2012 年，我国电视剧进口额从 2 亿元增长到 4 亿元，五年之内翻了一番。随后在 2013 年，电视剧进口额大幅下降，这是由于广电总局为提高引进电视节目的质量，采取了一系列限制电视剧进口的举措。但在 2014 年，随着视频网站的发展，加之'一剧两星'政策的出台，境外电视剧在我国的版权销售似乎找到了一个新的突破口，进口额突增至 17 亿，达到历年来的最高值"③。从进口数量上来看，随着2018 年相关政策调整，电视剧进口税减至 800 部左右。进口电视剧播出集数整体呈现逐年下降趋势，其中 2018 年，我国进口电视剧播出集数为 2.65 万集，同比下降 34.2%。④而我国连续剧主要进口国家包括美国、日本、韩国等。

相对于电视节目内容的国际流通，电视节目模式的国际流通也在同期展开，其呈现往往是间接和隐秘的。20 世纪 40 年代晚期至 70 年代中期是国际电视节目模式的萌芽阶段，连锁式授权制作模式开始出现。1952 年，一档在巴尔的摩当地电视台播出的儿童节目《游戏屋》（Romper Room）大获成功，到 1957 年，已有 22 家电视台引进了这一节目模式。1963 年，更有多达 119 家美国电视台制作本地版《游戏屋》。20 世纪 70 年代晚期至 80 年代晚期是国际电视节目模式的初步发展阶段。随着经济全球化的推进，开发商开始将节目创意和制作知识以更为细致和系统的方式组织成可全球售卖的商品，打造国际性的节目品牌，并形成了电视节目的第一波国际化潮流。20 世纪 90 年代是国际电视节目模式的勃兴阶段。随着电视业的蓬勃发展，电视频道不断增加，竞争日益激烈，对于高质量内容的需求日趋紧迫。此时，全球性电视节目运营巨头开始出现，电视节目模式的国际流动也变得更为迅速，美国、英国和西欧等重要的电视市场取得了巨大的成功。2000 年至今则是国际电视节目模式的繁荣时期，参与国际交易的电视节目模式越来越多，流动速度也开始加快，参与企业迅速增加，一些具有全球影响力的超级模式也不断涌现。⑤

① 李家伦：《电视节目全球流动及相关理论述评》，《当代电影》2012 年第 3 期。
② 钟锐：《电视节目的国际流通》，《新闻记者》1985 年第 4 期。
③ 刘思远：《中国电视剧对外贸易发展分析》，《智富时代》2017 年第 4 期。
④ 前瞻产业研究院：《2019 年中国电视剧行业市场现状分析：电视剧产业对外依赖逐年降低》，https://kuaibao.qq.com/s/20191128AZMM2R00?refer=spider，2019-11-28。
⑤ 张建珍、彭侃：《电视节目模式国际贸易发展简史》，《新闻春秋》2013 年第 2 期。

当前，电视节目内容和电视节目模式的国际贸易已经形成成熟的国际市场，使得电视的国际传播不再受到信号覆盖范围的限制，但是电视节目的进出口贸易也更有利于主权国家对于电视内容这种特殊精神产品的管理。毕竟，电视节目贸易中的不平衡和单向流动，所造成的是美国的电视节目在全球的"泛滥"。持批判观点的学者认为，电视内容的国际流动所建立的又是一个以美国为主导的"文化帝国主义"霸权关系，其最终对弱小国家形成意识形态、价值观和文化上的渗透。他们以此质疑美国的电视节目国际发行商和美国的跨国媒介集团将电视节目销售到国际市场的动机。[①]

三、新闻话语博弈的"急先锋"：国际电视台的实践案例

以国外电视观众为目标对象的国际电视台兴起于 20 世纪 80 年代。"1980 年美国特纳广播公司创立的有线电视新闻网（CNN）开始通过卫星向邻近国家的电缆电视系统播出新闻，这标志着国际电视业的诞生。此后的二十多年间，国际电视台不断涌现，至 20 世纪末，世界上已经有几十个国家开办了官方、半官方的国际电视台，有上百之多。"[②] 其中，较为重要的有：美国有线电视新闻网（CNN）、英国空中电视台（Sky TV）、英国广播公司世界电视台（BBC World）、德国之声电视台（DW-TV）、法国国际电视台（CFI）、欧洲新闻台（Euro News）、日本广播协会世界电视台（NHK World TV）。除此之外，卡塔尔的半岛电视台（Al Jazeera）、俄罗斯的今日俄罗斯电视台（Russia Today TV）以及国内的中国国际电视台（CGTN）、凤凰卫视（Phonenix TV），都是近年来发展较快的国际电视台。

1. 美国有线电视新闻网（CNN）

美国有线电视新闻网（Cable News Network，CNN），由特德·特纳（Ted Turner）创办于 1980 年 6 月，总部设在美国佐治亚州的亚特兰大。CNN 开创了 7 天 24 小时全天候报道新闻的模式，电视开始取代报纸、广播，成为美国人获取新闻的首要来源。CNN 利用卫星将其传播范围向全世界辐射，国际电视业正式诞生。现已开通英语、西班牙语、韩语、日语、阿拉伯语等多种语言专区，设有美国、非洲、欧洲、亚洲、拉丁美洲等多个国家和地区频道，涵盖了国内外政治、军事、经济、体育等各个方面。

创办之初，CNN 就致力于打造独特的新闻资源，积极建设全球新闻采集网络，CNN 实现这一目标经历了清晰的三个发展阶段。第一阶段，创始人特德·特纳坚持确立"24 小时新闻"的理念，创新了电视新闻的播出模式。第二阶段，凭借 1990 年关于"海湾战争"

---

① 李怀亮：《多维视野下的国际电视节目市场——西方国际电视节目贸易研究综述》，《现代传播（中国传媒大学学报）》2004 年第 6 期。
② 程曼丽：《国际传播学教程》，北京大学出版社 2006 年版，第 120 页。

的相关报道，CNN一跃成为能够与世界上任何新闻机构相竞争的国际性新闻组织。在当下的第三阶段，CNN更加关注自身的发展，尤其是推进新产品和新服务的进一步全球化与本土化。[①] 如今，在国际上拥有强大影响力的CNN共有11个频道，分别是：国内频道、国际频道（CNNI）、财经频道（CNNfn）、头条新闻频道（CNN Headline News）、西班牙频道（CNN en Español）、土耳其频道（CNN Türk）、印度尼西亚频道（CNN Indonesia）旅游频道（CNN Travel）、空港新闻频道（CNN Airport Network）、体育频道（CNN Sports Illustrated）以及互联网络频道（CNN Interactive）。此外，CNN的新闻资源素材业务机构在全世界也独具影响力，向全球1000多家电视台提供CNN记者采集的国际新闻和有影响的美国新闻。

如今，随着互联网的极速发展，流媒体的不断涌现，曾经势头强劲的传统媒体依然无法避免收视率下滑的困境。如何进行调整、顺应时代潮流而不成为时代潮流的牺牲品，是传统媒体亟待解决的问题。因此，CNN也加紧开始了对自身的改革。2013年，杰夫·苏克尔（Jeff Zucker）成为CNN的全球总裁，大刀阔斧地施行"移动先行，数字第一"方针，而这一新媒体发展战略目前看来也卓有成效，使CNN在全球电视新闻行业的地位得以稳固。[②]

2. 英国空中电视台（Sky TV）

英国空中电视台由默多克（Rupert Murdoch）于1989年2月在英国境外创办。早在1983年，默多克的新闻集团（News Corporation）的子公司、位于英国的新闻国际（News International）就建立了天空频道（Sky Channel），为欧洲许多有线电视系统提供英语的体育节目和娱乐节目。但由于天空频道最初经营得并不景气，默多克决定利用卫星电视打入英国电视市场，由此创立了Sky TV，而当时其最大竞争对手则是基金实力雄厚的英国卫星广播公司（British Satellite Broadcasting，BSB），这是一家由四大媒体巨头共同成立的财团。双方在残酷竞争之下两败俱伤，直到1990年，Sky TV终于与BSB合并，成立了英国天空广播公司（British Sky Broadcasting，BSkyB）。合并后，BSkyB成为英国最大的数字订阅电视。

BSkyB被公认为全球运营最为成功的数字付费电视运营商。1998年，英国第一个数字电视平台由BSkyB建立，开播了200多个卫星频道。1999年，BSkyB又推出了互动体育频道，成为世界广播电视史上的一个奇迹。在经营方面，BSkyB并没有采取英国传统的从电视经营的广告中分取收入的策略，而是通过收费电视来获得收入，这无疑成为其获得成功的最重要的战略决策。BSkyB建立了英国最佳收视预订管理体制，将电视内容

---

① 李宇：《美国有线电视新闻类频道的发展现状与特点——以CNN、FOX News和MSNBC为例》，《现代视听》2016年第1期。
② 杜毓斌：《美国有线电视新闻网(CNN)的新媒体转型之路》，《南方电视学刊》2016年第4期。

作为商品进行买卖,成为全球付费电视成功运营的典范。[1]

BSkyB 基于分众化的市场和专业化的趋势对其频道进行定位。例如:天空 1 频道主要依靠原创节目和热门电视剧吸引观众;天空 2 频道更加关注重大事件且更注重时效;天空 3 频道由于拥有许多国际重大赛事的独家转播权,所以利用其先进的新媒体技术打造了独特的互动体育赛事频道;"天空首映""天空影音""天空影院""天空票房"等都是与电影相关的频道,吸引了诸多电影发烧友。[2]BSkyB 独特的盈利模式、制作精良的节目内容、对观众的精准定位以及频道的专业化分工等都值得其他电视媒体学习借鉴。

3. 半岛电视台(Al Jazeera)

半岛电视台由卡塔尔政府在 1996 年 11 月创办,是中东地区最有影响力的媒体。1999 年,半岛电视台成为中东地区第一家 24 小时连续不断播放新闻的阿拉伯语电视台。2001 年 10 月 7 日,半岛电视台凭借其独家播出本·拉登讲话的影像一夜之间火遍全球。

半岛电视台被称为"阿拉伯世界的 CNN",这与其机构的组成人员不无关系。半岛电视台的工作人员许多都是来自 1995 年解散的"BBC 中东频道",其中较多的记者由于受到过西方新闻理念的熏陶,在新闻节目的采访制作中都模仿了西方记者的风格。但这一机构中的所有工作人员(包括记者、编辑、技术人员等)都是阿拉伯人,因此是一支完完全全的"泛阿拉伯多国部队"。[3]"半岛电视台在新闻报道方面,秉承了西方媒介客观、独立、平衡的报道原则,以快速播放全球各地的即时新闻和组织主题尖锐的国际政治辩论见长,特别是在一些热点新闻和突发性事件报道中,半岛电视台充分利用其与阿拉伯世界的密切关系,以独立的观点,采用类似 CNN 的报道手法,连续不间断地进行跟踪直播,这在当时的阿拉伯国家中是独一无二的。"[4]半岛电视台在短时间内的异军突起得益于中东各国政府对媒体在政治和经济上实行的双重管制所造成的电视屏幕上形式单一的媒介环境,由于半岛电视台从成立之初就以独立于政府的姿态传播各种客观、中立的新闻,因此能够迅速地俘获中东大部分想要听不同声音的受众。同时,半岛电视台对于新闻一直都坚持着独立、自由的原则,保证了多元化的信息来源,也正是这一原则使得半岛电视台在短短的 6 年时间内确立了在中东地区的威信,受众和被采访者都对其非常信任。

虽然半岛电视台作为一个阿拉伯语言的电视台在国际传播上没有语言优势,但是在中东地区动荡战争报道之中却成为西方媒介争相获取信息的源头。半岛电视台客观、中立、负责的报道立场使其在中东以及其他国家遭受到巨大的压力,但是它作为来自阿拉伯世界的另一种声音,在国际传播中让全世界有机会看到另一个不同的阿拉伯,这正是

① 袁爱中:《管窥默多克数字付费电视运营方略》,《新闻知识》2006 年第 4 期。
② 季方:《英国天空广播公司营运评述》,《中国记者》2002 年第 4 期。
③ 王星白:《透析"半岛卫视"的异军突起》,《国际新闻界》2003 年第 1 期。
④ 王星白:《透析"半岛卫视"的异军突起》,《国际新闻界》2003 年第 1 期。

半岛电视台存在的最重要的意义。

三、娱乐与社交：新媒体的实践案例

与广播、电视时代国家和政治力量所主导的全球传播不同，网络空间的新媒体全球传播实践所呈现出的更多是基于市场需求的商业竞争。但是由于作为互联网创立国的美国具有先天的优势，美国众多的互联网新媒体企业在竞争中掌握了更多的主动权，进而也更大程度上强化了西方文化和价值观对整个网络空间的渗透，美国政府甚至通过Facebook、YouTube、Google 等互联网巨头对信息的控制来影响和控制他国民众的行为。当然，在新媒体时代，国际传播的竞争规则也在发生变化，新闻报道、舆论宣传和意识形态渗透的功能已经被弱化，娱乐与社交成为新媒体传播的主要功能。

1.Netflix

Netflix 是一家为世界多国提供网络视频点播的美国 OTT [①] 服务公司，并同时在美国经营单一费率邮寄 DVD 出租服务。该公司由里德·哈斯廷斯（Read Hastings）和马克·伦道夫（Marc Randolph）于 1997 年 8 月 29 日成立，总部位于加利福尼亚州洛斯盖图。2007 年，由于察觉到媒介环境发展前景更倾向于流媒体，Netflix 开始转移其经营的重心。如今，Netflix 已经成为全美流媒体用户数最多和全球付费用户规模最大的视频网站。

Netflix 通过 SVoD (subscription video on-demand，订阅型视频点播）模式吸引了大量观众，并产生了海量内容个性定制的效果。同时，Netflix 还通过协同过滤（collaborative filtering）推荐技术（即根据兴趣相投、拥有共同经验之群体的喜好来推荐用户感兴趣的信息，跟踪并记录用户的反馈，以之为依据进行信息过滤，从而帮助用户筛选信息），牢牢抓住用户的心理，并源源不断推荐相似的影视作品以增强用户黏性。Netflix 的辉煌不仅依赖于单一的推荐系统，还得益于诸多技术的应用：首先是个人视频录像（personal video recorder，PVR），这一技术可以根据相应用户的最新观看行为，搜索具有类似功能的视频并进行排名推荐；其次是视频相似性对比技术，这种技术也被称为 BYW（because you watch-technique），它能够计算电影之间的相似性，从而更好地筛选符合用户审美口味的影片。另外，Netflix 目前的推荐系统使用许多其他数据源，而不只是用户评分，一系列的技术机制使其能够在流媒体网站中脱颖而出。

2018 年 12 月 28 日，Netflix 推出的《黑镜：潘达斯奈基》成为交互式影片的里程碑。面对算法推荐、筛选机制已经无法满足用户需求这一困境，交互式影片是 Netflix 交出的答卷。在这部交互式影片中，观众可以替主角做选择从而决定故事情节的走向，这无疑

---

① OTT（over the top），指互联网公司越过运营商，利用其提供的宽带网络直接为网民提供各种业务。

成为影像交互时代大众化消费的开端。①

2.YouTube

YouTube 创立于 2005 年 2 月，由查德·赫利（Chad Hurley）、陈士骏、贾德·卡林姆（Jawed Karim）等创立于美国加利福尼亚州的圣布里诺市。YouTube 是目前世界上最大的视频分享网站，它吸引大量的个人和媒体机构入驻并上传视频，成为互联网历史上发展最快的网站。YouTube 的出现与发展体现了互联网时代媒体发展的规律，同时也改写了电视业的竞争格局和未来图景。②

YouTube 创立之初主要是为了方便在餐馆里就餐的顾客自由观看、分享影片和视频，后来网站调整其定位——成为 UGC 平台。2005 年 4 月，卡林姆在 YouTube 上发布第一段名为《我在动物园》的 19 秒视频，标志着 YouTube 视频平台的正式启用。③2006 年，谷歌以 16.5 亿美元收购 YouTube，对该平台经营业务做出调整。2010 年，YouTube 逐渐开始涉猎互联网电影点播业务，用户可以通过付费的方式点播收看美国的环球、索尼、华纳兄弟等电影公司的影片。除此之外，YouTube 还在 2011 年 4 月推出"优图直播"（YouTube Live），开始进军网络直播领域，并在 2012 年 7 月第一次在互联网上向全球用户直播奥运会。

YouTube 作为视频分享网站，其经营策略主要是着眼于大众市场，为专业频道提供播出平台。它通过搭建不同类型的频道稳固市场地位，一方面为普通用户提供原创视频的分享平台，另一方面凭借其强大的影响力与专业的主流媒体机构进行合作，推出众多专业化频道，如美国广播公司新闻频道（ABC News）、耐克足球频道（Nike Football）等，以此向该网站的用户提供更加专业化、高质量的视频内容。除此之外，YouTube 也吸引了许多国家的官方媒体入驻，成为众多境外国家传播本国声音，向世界展示本国文化的重要平台。尽管 YouTube 依靠 UGC 取得成功，但其并没有放弃原创内容的制作。通过自制优质的原创视频内容构建核心竞争力，是 YouTube 能够在不断涌现的视频平台市场中屹立不倒的原因之一。

3.Tik Tok（抖音海外版）

Tik Tok 是一款音乐创意短视频社交软件，同时是抖音全球化战略的产物，为全球用户提供统一的产品体验，针对不同市场采取符合当地需求的本土化运营策略，先后在日本、泰国、韩国等国家成为当地最受欢迎的短视频 App。2018 年 10 月，Tik Tok 成为美

---

① 陶梦顿、王甫：《交互式网剧在流媒体平台上的新样态——以美剧〈黑镜：潘达斯奈基〉为例》，《中国电视》2019 年第 7 期。

② 李宇：《YouTube 的发展策略及对传统电视的影响》，《传媒》2016 年第 3 期。

③ 李宇：《YouTube 的发展策略及对传统电视的影响》，《传媒》2016 年第 3 期。

国月度下载量和安装量最高的应用，其在移动社交领域的影响力得到进一步的凸显，同时也打破了一直以来西方的 Facebook 等垄断社交媒体市场的壁垒。

Tik Tok 打入海外市场时，主要通过吸引各个国家具有影响力的名人入驻，从而吸引更多的用户进行安装下载。如在美国是邀请脱口秀主持人吉米·法伦（Jimmy Fallon）和滑板运动员、演员托尼·霍克（Tony Hawk）入驻；在日本，邀请了日本人气偶像团体 E-girls 入驻；在印尼则是邀请网络红人和本土明星举行派对。从进入海外市场初始，Tik Tok 就巧妙地采用了本土化策略，让不同国家的不同文化背景的用户降低对新事物的抵触心理。① 除此之外，Tik Tok 能够在国际市场上取得如此大的影响力，离不开其本身所具有的内在优势。首先，Tik Tok 定位清晰。Tik Tok 的用户定位是伴随着互联网急速发展而长大的"Z 世代"，即"95 后""00 后"，"Z 世代"更加注重新奇、好玩，乐于追赶潮流、表达个性自我，Tik Tok 则为"Z 世代"打造了一个量身定制的平台。② 其次，Tik Tok 通过"人工智能＋算法推荐"为用户源源不断地推送更多符合其偏好的视频内容，从而获取用户的注意力。每一位用户的 Tik Tok 首页推送的视频都不尽相同，更具有趣味性也更加私人化。另外，Tik Tok 软件使用简单便捷，音乐成为其区别于其他类似短视频软件或社交软件最大的特点和灵魂，因此，Tik Tok 为海外用户提供了海量的音乐库，便于用户使用和创作。

然而，在海外快速拓展的同时，由于不同国家对数据收集和隐私保护的政策边界的差异，Tik Tok 也面临不同的诉讼风险。在美国，Tik Tok 曾因"违反儿童隐私法"被美国联邦贸易委员会处以 570 万美元的罚款③；在印度，部分议员也曾以过度监听用户会"危害国家安全"为由要求印度政府封禁 Tik Tok④；巴基斯坦则以未过滤"不道德内容"宣布禁用 Tik Tok⑤。

美方更是以"国家安全"为借口，在毫无证据的情况下，以莫须有的罪名，多次动用国家力量对 Tik Tok 进行打压，严重扰乱企业的正常经营活动。2020 年 9 月 18 日，美国商务部发布消息称，将在美国境内禁止与 Tik Tok 有关交易。次日，禁令被推迟一周，而

---

① 马玉宁：《社交媒体海外传播的叙事困境与未来想象——以抖音 Tik Tok 海外传播为例》，《对外传播》2019 年第 11 期。
② 郑嵘：《抖音国际版海外拓展之路及面临的问题探析》，《新闻研究导刊》2020 年第 11 期。
③ 搜狐网：《因违反美国儿童隐私法，美版抖音 Tik Tok 将被处以 570 万美元罚款》，https://m.sohu.com/ a/298250185_115563，2020-04-16。
④ 搜狐网：《危害国家安全、内容低俗……出海印度屡遭质疑，Tik Tok 将如何突出重围？》，https:// www.sohu.com/ a/342992160_100163814，2019-04-16。
⑤ 观察者网：《巴基斯坦宣布禁用 Tik Tok：未过滤"不道德内容"》，https://www.guancha.cn/internation/ 2020_10_09_567604.shtml，2020-10-09。

后又被法院裁定暂停实施。但美国政府不肯罢休，对此启动上诉程序。[①]Tik Tok 回应将坚决捍卫公司的正当权益。在美方步步紧逼下，"下架禁令"悬而未决，围绕 Tik Tok 的谈判也历经反转，尚未尘埃落定。最早入局的微软，由于收购条件出现分歧，最终暂停收购 Tik Tok。此后甲骨文成为大众眼中的"最后赢家"。2020 年 9 月，甲骨文称将作为 Tik Tok 技术合作伙伴，入股 Tik Tok 美国业务，而 Tik Tok 则将美国用户数据转移到甲骨文的云服务器中，以此方式来满足美国政府提出的数据安全要求。[②]以此来看，Tik Tok 在海外得以安身立命的根本——算法技术得以保全，这就使得 Tik Tok 在这场谈判中暂时处于安全状态。然而在此合作方案宣布后，特朗普曾于 9 月 21 日威胁称，必须要让美国公司完全掌控 Tik Tok，否则将拒绝批准协议。[③]

围绕着 Tik Tok 的收购"陪跑战"之所以会接连展开，最关键的因素是字节跳动背后的核心算法和技术，这也是字节跳动和多家巨头谈判的绝杀武器，是其不可替代的核心竞争力。因此，即使面临着失去北美市场的危机，Tik Tok 在其他的海外市场生命力依然旺盛。在收购案曝光的前几天，Tik Tok 就开始加速在欧洲的布局，加紧建设欧洲数据中心，对系统进行架构升级。此外，字节跳动也有加强东南亚布局的打算。9 月 11 日，字节跳动表示将在未来三年对位于新加坡的 Tik Tok 运营机构投资数十亿美元，并建立一座数据中心。[④]对于字节跳动来说，东南亚市场是一片名副其实的蓝海，虽然面临着 Spotify、Likee 等短视频平台与音乐流媒体的竞争，保有技术核心力的 Tik Tok 前途仍十分光明。而实现价值观上的"去政治化"以及文化传播的"在地化"，将是以 Tik Tok 为代表的中国互联网企业在海外市场实现"逆向扩散"的关键。

第三节　网络空间无国界的全球传播

"当传统报业告别'铅与火'，进入'光与电'的数字时代，报纸的扩版潮席卷全国；当数字信号替代了模拟信号，电视频道越来越多，清晰度也成倍提升；当数字摄像进入

---

① 观察者网：《Tik Tok 下架令被法院叫停，特朗普政府正式提上诉》，https://www.guancha.cn/internation/2020_10_09_567569.shtml，2020-10-09。

② 陈宇曦：《甲骨文：将作为 Tik Tok 技术合作伙伴，方案已交美政府》，https://www.thepaper.cn/newsDetail_forward_9174181，2020-09-14。

③ 观察者网：《特朗普放话美国公司须完全控制 Tik Tok，否则终止交易》，https://www.guancha.cn/internation/2020_09_22_565930.shtml?s=zwyxgtjbt，2020-09-22。

④ 凤凰网科技：《Tik Tok 收购案将落定，张一鸣的全球梦还能在哪里升起？》，https://tech.ifeng.com/c/7zgLDw2fV5S，2020-09-11。

影视行业，拍摄成本大幅降低、后期制作效率极大提高，而影视作品数量也出现爆发式增长。"[1] 技术对媒体的赋能不只改变媒体的成本效率，更让新的媒体形式得以诞生。新媒体时代的国际传播以互联网为重要标志，"互联网给计算机和通信领域带来了一场前所未有的革命。这种空前的融合能力建立在电报、电话、无线电以及计算机的发明基础上。"[2] 这也使其整合了报刊、广播和电视等所有的媒体技术，建立了覆盖全球的有线与无线网络空间和内容发布平台。通过有线网络和无线互联技术，普通用户可以获取世界上各个节点的信息，全球传播的技术壁垒被逐次打破，无国界的网络信息空间得以建立，全球传播一时间达到了前所未有的深度和广度。

一、互联网技术的发展与新媒体的繁荣

互联网技术是"冷战"时期的产物，是东西方大国博弈之下双方对峙的"攻防利器"——美国国防部希望在遭受敌方攻击的情况下，拥有更为可靠、高效的军事指挥系统，阿帕网（ARPANET）就此诞生。对于互联网技术发展阶段的划分，有很多不同的观点，但其中具有标志性的是阿帕网的诞生、TCP/IP协议的达成、万维网（WWW）的推广，以及移动互联技术的加入。1991年，美国国家研究委员会将互联网的技术发展划分为早期阶段（1960—1970）、阿帕网扩展阶段（1970—1980）、NSFNET阶段（1980—1990），以及Web的兴起阶段（1990年至今）四个阶段。[3] 在维基百科中，互联网发展史分为三个阶段：第一阶段（1965—1981），早期研究和发展；第二阶段（1981—1994），合并网络，创建互联网；第三阶段（1995年至今），商业化、私有化和更广泛的接入，形成现代互联网。过往的划分并不能完全经得起时间的考验，亦无法满足当下发展的需要。据此，国内学者方兴东等"将50年全球互联网发展史加上史前10年和21世纪20年代开始的10年，每10年一期，划分为七个阶段"：第一阶段，20世纪60年代的基础技术阶段，包交换技术实现突破，为阿帕网的诞生奠定了基础；第二阶段，20世纪70年代的基础协议阶段，TCP/IP协议诞生；第三阶段，20世纪80年代基础应用阶段，电子邮件、BBS和USEnet等应用的普及；第四阶段，20世纪90年代的Web 1.0阶段，万维网（WWW）的诞生将互联网带向大众；第五阶段，21世纪头10年的Web 2.0阶段，主要是博客、社交媒体等兴起，网民成为内容生产的主体；第六阶段，21世纪第二个10年的移动互联阶段，随着智能手机的全面崛起，移动互联网成为主力军；第七阶段，21世纪20年代开启的智

---

① 邵鹏、虞涵：《技术赋能下的传媒变革》，《传媒评论》2019年第7期。

② 熊澄宇：《新媒介与创新思维》，清华大学出版社2001年版，第348页。

③ National Research Council, Funding a Revolution: Government Support for Computing Research, Washtington: National Academy Press, 1999.

能物联阶段，随着 5G 应用的展开，全球将进入万物互联新阶段。（表 7-1）[①]

表 7-1　全球互联网发展阶段划分（以年代为界）

阶段	特征	年代	变革特点	代表性应用	通信基础	社会变革
1	基础技术	20 世纪 60 年代	军方项目	包交换	有线电话	欠联结
2	基础协议	20 世纪 70 年代	技术社区形成	TCP/IP	有线电话	欠联结
3	基础应用	20 世纪 80 年代	学界全球联网	电子邮件	有线电话	弱联结
4	Web 1.0	20 世纪 90 年代	商业化	门户	有线宽带	弱联结
5	Web 2.0	20 世纪头 10 年	改变媒体	社交媒体	2G、3G	弱到强
6	移动互联	21 世纪第二个 10 年	改变生活	App	4G	强联结
7	智能物联	21 世纪 20 年代	改变社会	AI	5G	超联结

资料来源：方兴东、钟祥铭、彭筱军：《全球互联网 50 年：发展阶段与演进逻辑》，《新闻记者》2019 年第 7 期。

在互联网发展过程中，其信息传播功能得到不断强化，"越来越多的人将它视为继报纸、广播、电视之后的一种新媒体，联合国新闻委员会也在 1998 年的年会上正式提出网络媒体'第四媒体'的概念。另外，互联网不仅是一种全新的媒体，它还是高新技术、信息技术的重要组成部分；它的功能也不只限于报道新闻、提供娱乐，而迅速扩展到包括网上银行、网上证券、网上零售、电子商务在内的各个方面"[②]。而"新媒体"（new media）作为一个全新的概念首次出现在 1967 年美国哥伦比亚广播电视网（Columbia Broadcasting System，CBS）技术研究所的一份商品计划中。1969 年，美国传播政策总统特别委员会主席罗斯托（E.Rostow）在向尼克松总统提交的报告中多次使用"新媒体"一词，并使其在美国社会流行，进而扩展到全世界。[③] 媒介技术的每一轮变革都会带来所谓的"新媒体"，特别是在信息技术快速发展、媒介技术迅速迭代的当下，新媒体似乎总是层出不穷，且不断更新迭代。但如果具体而言，新媒体则是互联网技术发展和信息全球化背景下提出的特定概念。它特指那些信息化、网络化技术背景下的媒介形态。

1. 美国新媒体的发展历程

1981 年 IBM 宣布第一台"个人电脑"（personal computer，PC）诞生，标志着 PC 走进了人们的工作和生活。同时，PC 为互联网的大众化奠定了基础，也为人们自由接入互联网世界提供了可能。1993 年，美国总统克林顿提出"信息高速公路"计划，一时间世界各国纷纷效仿。"至此，互联网随着个人计算机、卫星和光纤传输技术的发展，在世

---

① 方兴东、钟祥铭、彭筱军：《全球互联网 50 年：发展阶段与演进逻辑》，《新闻记者》2019 年第 7 期。

② 程曼丽：《国际传播学教程》，北京大学出版社 2006 年版，第 41 页。

③ 蒋宏、徐剑主编：《新媒体导论》，上海交通大学出版社 2006 年版，第 4 页。

界迅速普及。互联网以超出此前所有大众媒介的速度在全球发展，网页网站数量与日俱增。"① 与之相伴的是西方新媒体的崛起，其中具有代表性的是美国在线（American Online, AOL）于 1985 年成立，并发展成为一家全球领先的互联网服务公司。1994 年，美籍华人杨致远（Jerry Yang）和大卫·费罗（David Filo）共同创办了雅虎（Yahoo），1998 年 9 月谷歌公司成立，两家公司先后成为全球搜索引擎以及新闻资讯领域的霸主。微软作为全球软件霸主，在 1995 年推出了 MSN 网络在线服务，包含新闻资讯、即时通信、社交视频以及邮件收发等多样化的服务项目。2003 年是西方社交产品的元年。2003 年 LinkedIn 成立，2004 年 Facebook 成立，2005 年 YouTube 成立，2006 年 Twitter 成立。此后 Facebook、Twitter 等几乎形成了全球垄断的地位。同时，21 世纪头十年也是西方视频媒体的快速发展期。截至 2017 年 4 月，Netflix、Youtube、Hulu 和 Amazon 四大流媒体巨头占美国流媒体视频服务使用时长的 80%，其中 Netflix 占比 40%，Youtube、Hulu 及 Amazon Video 分别占比 18%、14% 和 7%。②

2. 中国新媒体的发展历程

1994—2000 年，中国迎来了第一次互联网浪潮，以搜索引擎和四大门户网站为代表的各大新闻在线网站开始崛起。1994 年，中国接入国际互联网；1997 年，丁磊创立了网易；1998 年，张朝阳创立了搜狐网；1998 年，马化腾创立腾讯、王志东创立新浪；1999 年，马云创立阿里巴巴；2000 年，李彦宏创立百度。在第一场浪潮中，中国互联网的基本格局开始形成，也形成了以信息获取和交流沟通为基础的新媒体基础形态。

2001—2008 年是中国互联网的第二次浪潮。2002 年，博客网成立；2003 年，淘宝网上线；2004 年，网络游戏市场开始蓬勃发展，这一年盛大成功上市；2005 年，土豆网、迅雷、VeryCD 分别成立；2006 年，优酷网成立。在这一时期，新媒体开始向网络游戏和网络视频领域拓展，基本形成了新媒体的产业格局。

2009—2014 年是中国互联网的第三次浪潮，移动互联与社交媒体开始渗入中国人的日常生活。2009 年，QQ、开心网、人人网等社交媒体平台开始活跃；2011 年，微博开始井喷式发展，各种政务微博、企业微博开始涌现；2012 年，微信朋友圈上线，中国移动网民用户首次超过了 PC 网络用户；2013 年，余额宝上线，移动支付开始从线上走到线下。移动互联的加入使得这一时期的新媒体真正完成了对传统媒体的颠覆，也正是在这一时期，传统媒体尤其是印刷媒体开始出现了发行量和广告收入的断崖式双下滑。

2015 年至今，新媒体发展主要表现为移动端的增长与变革。2014 年年底，中国 4G

---

① 邵培仁、海阔：《大众媒介概论》，高等教育出版社 2012 年版，第 226 页。
② 乐晴智库：《美国流媒体视频行业深度报告》，https://www.sohu.com/a/225891911_620847，2018-03-19。

用户开始突破 5000 万人大关，到 2015 年则出现井喷式增长，2016 年基本实现了 4G 的普及。这一时期，移动互联技术的发展为新媒体带来了 2016 年短视频和网络直播行业的发展。2017 年，自媒体百家争鸣，平台媒体相继崛起，传统产业"互联网＋"遍地开花。

总体而言，中美两国新媒体企业的创建时间并不存在代差，且近年来中国新媒体行业进步明显，《2018 年互联网趋势报告》显示，全球 20 个市值或估值最大的互联网公司中，中国占据了 9 家，美国有 11 家；而 2013 年，中国只有 2 家，美国有 9 家。中国在全球互联网中的地位与美国的差距正在进一步缩小。但是到了 2019 年，该报告统计的全球互联网市值领导企业的前 20 位中，美国占据了 14 家，而中国则下降到 5 家。[1] 可见，虽然在互联网领域中美企业长期占据全球领先地位，但是总体实力上中美之间还存在较大差距。美国互联网巨头基本都成为其所在领域的全球霸主，在操作系统、搜索引擎、社交媒体、视频媒体等诸多领域都拥有全球垄断性的优势。而中国互联网巨头虽然拥有庞大用户基数和较高营收水平，但在全球化发展上较之美国互联网巨头还存在较大差距。

二、新媒体时代的全球传播格局

新媒体时代的全球传播显然已经全然不同于传统媒体时代那种以印刷媒体、广播信号、卫星信号覆盖他国领土、领海、领空，从而影响他国民众的传播模式。"国际社会普遍认为，网络空间现已成为领土、领海、领空和太空之外的第五空间，是国家主权延伸的新疆域，这一主权又被称作制网权。"[2] 但网络空间不同于传统意义上的国家版图，网络是一个虚拟空间，在以信息数字化为基础的虚拟空间中，用户、组织、企业、政府都是以数字信息的形式而存在的，而数字信息的传播又不同于现实世界中物质实体之间的流通与交换。网络空间中信息的交流无处不在且无时无刻不在进行，传统意义上国家属人属地的清晰管辖，在网络的虚拟空间中显示出交织渗透后的复杂性。以至于有观点认为：网络空间中个人与社会组织的权力提升，必然意味着国家权力的下降和分散。原有的以国家为中心的局面，正在被一个"无主权"的"多中心"的世界所取代。信息革命正在使我们从以国家为中心的世界转入以信息网络为中心的世界，政治、外交、军事和安全战略也正在相应地从传统的以层级官僚中心为基础的实力政策，转向以网络为中心的信息战略。[3] 这样的观点显然是有局限性的，尤其当网络虚拟空间中所涉及的国家利益被越来越多的国家政府所认识并重视的时候，网络空间国家版图便开始重新划分。

方兴东与胡怀亮认为："我们可以根据各个国家推行的网络安全战略，对网络空间的

① Mary Meeker，Mary Meeker's Internet Trends 2019, https://www.bondcap.com/report/itr19.
② 方兴东、胡怀亮：《网络强国：中美网络空间大博弈》，电子工业出版社 2014 年版，第 7 页。
③ 陈宝国：《信息战争：第四空间的角逐与博弈》，中国发展出版社 2010 年版，第 42 页。

国家重新划分，美国由于在互联网空间推行网络威慑安全战略，即网络霸权战略，堪称互联网世界的第一世界——霸权国家。"[1] 他们同时认为，网络强国所代表的是一国在网络空间中的实力体现，其不能简单地用网民数量进行衡量，而是一个国家的技术实力、产业实力、国防实力、网络空间治理能力在网络空间中的综合体现。[2] 事实上，网络空间中的国家版图已经可以理解为一国硬实力与软实力在网络空间中的影响力与渗透力。它既涉及一国的网络技术与产业发展水平，也涉及一国的政府、企业与个人参与国际化的程度，以及国家经济、文化的发展水平。可以说，国家版图的影响因素是复杂而多元的。

1. 美国：网络空间中的领军者

2013 年，俄罗斯程序员詹斯兰·艾尼基维（Ruslan Enikeev）以网络星空来虚拟各个国家在网络空间中的版图。在这个名为"The Internet Map"的项目中，每个"星球"代表一个网站，网站所表现出来的"星球"大小，由它的流量来决定，流量越大则"星球"的个头越大，而该星系图中囊括了全球 196 个国家的 35 万个网站，网站间两百万条链接信息把其中的一部分网站连成了"星系"，这些"星系"又分属于不同的国家。"星球"与"星系"之间的距离则根据用户在网站之间的跳转频率来决定。其中，美国星系理所当然地成为"巨无霸"，在全部的 35 万个网站中，美国占据了 96978 个名额，占了总数的约 1/4。[3] 美国的网站基本都是全球化的网站，用户几乎遍布世界各地。譬如，Facebook、Twitter、YouTube、LinkedIn、Amazon 这些网站基本都是以全球市场为目标发展的。而其他国家的网站尤其是中国和日本的网站用户主要集中在本土。譬如，中国的互联网巨头"BAT"——百度、阿里、腾讯，基本以国内市场为主。

美国的互联网领军者地位除了得益于大量活跃于网络空间"内容层"的国际级互联网企业外，更大程度上有赖于一批活跃于网络空间"物理层"和"代码层"的高科技企业。这些大型的高科技企业基本上掌控着网络空间现阶段发展的核心科技，在网络空间中居于主导地位，其他国家的高科技企业难以望其项背。在"物理层"，美国有思科公司这样在全球数一数二的网络基础设备供应商。在新一代移动互联时代，美国有高通公司这样的移动互联设备芯片提供商，其掌握着该领域核心的知识产权协议，已经成为后发国家在移动互联时代难以逾越的一座高峰。英特尔、AMD 等企业更是在 PC 时代就已经建立起了行业领先者的优势地位，而随着威盛电子（中国台湾企业）逐步从主流 PC 领域中央处理器（CPU）市场退出，美国企业事实上已经在电脑处理器领域稳居垄断地位。在"代码层"，美国企业微软凭借其 Windows 操作系统，在 PC 市场已经保持了 20 多年

① 方兴东、胡怀亮：《网络强国：中美网络空间大博弈》，电子工业出版社 2014 年版，第 50 页。
② 方兴东、胡怀亮：《网络强国：中美网络空间大博弈》，电子工业出版社 2014 年版，第 12—13 页。
③ 张笑容：《第五空间战略：大国间的网络博弈》，机械工业出版社 2014 年版，第 45—47 页。

的行业垄断者地位。而苹果的 iOS 系统和谷歌的 Android 系统也完成了对移动智能系统市场的瓜分。当前，全球互联网的发展无不建立在美国企业搭建的网络空间"物理层"和"代码层"的基础之上，没有基础的网络设备和网络协议，全球化的网络空间根本不可能实现；没有核心的中央处理器，个人电脑和移动智能设备也无法满足普通用户的应用需求；同样，没有移动端和 PC 端的操作系统，所有的网站和应用程序也无立锥之地。而更为关键的是，"美国掌握着网络空间信息流动的总开关。一方面因为美国掌握着 13 台世界顶级域名服务器之中的 10 台；另一方面，美国建设了世界一流的网络宽带基础设施。进而有观点认为，美国事实上已经成为全球信息安全的最大威胁，有可能成为全球数字独裁者"[①]。

从当前网络空间的发展水平与趋势来看，美国政府和企业依然是网络技术发展的主要推动力量，其在网络空间中的优势地位也并非一朝一夕能够改变或超越。而其所推行的这种网络空间的霸权政策也并非某一国或少数几个国家能够挑战的。只有建立一种全球一体化的制衡机制，才有可能影响乃至改变网络空间中的国家博弈格局。

2. 欧洲：网络空间中的传统力量

欧洲尤其是英、法、德这些老牌的发达资本主义国家，由于其经济发展较早、经济水平较高，在网络空间技术与应用领域也形成了一批较为成功的企业。尤其是在移动互联时代，欧洲作为全球通信系统（GSM）和 3G 技术的发源地，拥有阿尔卡特、爱立信、西门子、诺基亚等行业领先的电信设备企业。其中，法国的阿尔卡特和美国的朗讯公司合并后，在固网宽带领域拥有着独特的优势地位；瑞典的爱立信公司则是无线网络接入领域的龙头企业；芬兰的诺基亚通信公司虽然在手机领域已经衰败，但是在无线设备领域依然拥有一定的领先优势。这些传统的欧洲企业虽然在近年的发展中受到中国企业的巨大冲击，但它们如同美国企业高通一样，在无线通信领域拥有大量的专利资源，其专利的优势从 2G、3G 一直延续到 4G 领域。事实上，虽然有欧盟这样的大型经济共同体，但是由于欧洲本身小国寡民的地缘特点，欧洲各国之间依然存在语言、政治、经济、文化等的差异，这对欧洲网络空间的一体化发展形成一定的障碍。而欧洲民众对于电子产品的消费热情普遍不及中、日、韩等亚洲国家，这导致近年来欧洲范围内大型跨国企业的规模及其对产业的影响力也较以往有所下降，网络通信领域的领先优势正在逐渐丧失。也就是说，在网络空间的"物理层"和"代码层"，欧洲的版图正在不断萎缩。欧洲的中小企业并不缺乏创新能力，其创新领域主要在音乐、影视、游戏等"内容层"。但就该领域的发展水平而言，欧洲国家也远不及拥有人口优势和电子产品消费习惯的中、日、韩等亚洲国家。"欧洲星系包含诸如俄罗斯、英国、法国及德国等，可以理解为在互联网上

① 方兴东、胡怀亮:《网络强国:中美网络空间大博弈》,电子工业出版社 2014 年版,第 38—39 页。

有一定实力，虽然不对别国构成威胁，但是在一定程度上可以防御外界的网络攻击和降低网络空间信息安全威胁。"①因此，欧洲国家所采取的同样是积极维护本国网络主权的观点和策略。在"棱镜门"事件中，欧洲主要国家的利益也普遍受到侵害，这些国家维护网络空间主权的意识也在进一步提升。但欧洲国家普遍不追求对于本国以外的网络空间的主导权，他们更看重的是如何维护网络空间的安全，以推动经济社会的稳步发展。

3. 日本、韩国：网络空间中的技术力量

日本在网络空间领域拥有索尼、东芝、松下、夏普等一批世界级的大企业，这些企业代表了日本在半导体领域的巨大成就，正是这些企业使日本在互联网发展的早期占据了巨大的优势。但是随着移动互联技术的普及，日本企业并没有跟上网络技术发展的步伐，且由于中国和韩国企业的快速崛起，这些在互联网初期崛起的日本企业，其市场不断被挤压，并逐步被中国企业收购。2016年，美的完成了对东芝的收购，联想完成了对NEC的收购，鸿海则收购了夏普。剩下的两家企业索尼和松下则在裁员、亏损的负面新闻中风雨飘摇。但是，即便这些日本民用设备供应商在中国和韩国企业的冲击下逐步走向衰落，在军事领域日本依然保持一定的优势。"日本半导体技术世界领先。日本的半导体保证了美国'战斧'巡航导弹、相控阵雷达和飞机以及潜艇的战斗力；日本的20种芯片用于美国武器，而其中9种是日本独有的，这些网络空间关键基础技术是日本不惧对手的资本。有日本媒体透露：'在信息技术军事应用的许多方面，日本并不比美国差。在有的特定技术上美国还要向日本寻求帮助。'"②从日本网络企业的发展态势来看，美国企业占据了市场的高端领域，中国和韩国企业则从低端领域向上完成包抄，但日本企业的研发与创新能力是毋庸置疑的，在下一代互联网技术来临之际，日本的技术力量是有可能把握到新的机会的。譬如，在人工智能、机器人乃至VR领域，日本企业已经走在了前端。

韩国作为互联网技术发展的后起之秀，虽然也和欧洲国家一样面临小国寡民的困扰，甚至在语言上也存在一定的障碍，但韩国政府对于互联网技术发展的扶持，以及对于网络空间基础设施的投入，成就了如三星、LG、现代这样的大型跨国企业。其中，三星、LG都已经成为全球重要的移动设备供应商，两家企业都拥有几乎完整的产业链系统，且产业链还在向外延伸渗透。譬如，苹果智能手机虽然占据了移动手机市场的半壁江山，但苹果的产品离不开三星和LG为其提供核心配件。当然，韩国的这些跨国企业在销售产品的同时，也在让世界认识韩国，并将韩国的文化传播出去，进而使得韩国的文化产品和企业在网络空间"内容层"得到了更大的渗透。因此，在"物理层"和"代码层"的成功显然会促

---

① 张笑容：《第五空间战略：大国间的网络博弈》，机械工业出版社2014年版，第53页。
② 方兴东、胡怀亮：《网络强国：中美网络空间大博弈》，电子工业出版社2014年版，第227页。

进一国企业、文化在"内容层"攻城略地，韩国就是一个很好的例子。韩国在网络空间的国家版图事实上已经超越了本国领土、领海和领空的范畴。譬如，韩国企业开发的网络游戏在中国市场的投放与运营，让其拥有了对游戏空间中的虚拟数据的掌控能力。

4. 中国：网络空间中的新生力量

中国的互联网发展并不是最早的，但发展的潜力和趋势却是所有国家中最大、最强劲的。中国在 1994 年才开始接入互联网，距今不过 26 年，但中国的网络实力不断增长，且已经基本超越欧洲，成为网络空间的重要大国。中国互联网络信息中心（CNNIC）发布的第 45 次《中国互联网络发展状况统计报告》显示，"截至 2020 年 3 月，我国网民规模达9.04 亿，较 2018 年年底增长 7508 万，互联网普及率达 64.5%，较 2018 年年底提升 4.9 个百分点。截至 2020 年 3 月，我国手机网民规模达 8.97 亿，较 2018 年年底增长 7992 万，我国网民使用手机上网的比例达 99.3%，较 2018 年年底提升 0.7 个百分点。"[1] 在中国网民数量快速增长的同时，中国的互联网企业也在快速成长。在加入世界贸易组织（WTO）之后，中国凭借廉价的劳动力迅速成为"世界工厂"，大量网络设备、移动智能设备的组装和生产工作开始进入中国。低技术含量的组装生产事实上为中国互联网企业带来了发展机遇，在网络空间的"物理层"涌现出了华为、中兴、联想等一批世界级的网络设备生产制造商。尤其是华为，在网络通信设备领域已经全球领先，而其在移动智能设备领域的拓展也将有机会将中国企业推上一个新的高峰。联想在传统 PC 领域的竞争优势也正在不断扩大，激烈的竞争使得大量竞争对手退出，为联想在世界范围的继续拓展提供了契机。事实上，在网络空间"物理层"的竞争中，中国企业正在逐步打破美国、欧洲等优势国家和地区建立的壁垒与障碍，且在该领域中国企业的国际化程度已经非常高。在"代码层"，中国企业的影响力则相对较小，传统 PC 端的操作系统中虽然有一些国企做出努力，但商业化水平较低，基本还限制在军事等专业应用领域。在移动端的操作系统中，中国企业的努力也基本都是在谷歌 Android 系统基础上的非原创性发展。阿里巴巴集团推出的AliOS（曾用名：阿里云 OS、云 OS、YunOS）操作系统虽然是独立研发，但商业应用领域的尝试还远未达到美国同类企业的水平。在"内容层"，中国涌现出了百度、腾讯、阿里巴巴等一批极具竞争力的企业，企业规模完全可以比肩国际最成功的互联网企业，但上述企业的市场还主要集中在国内，并不能像美国企业一样在全球范围内开展业务。当然，百度、腾讯与阿里巴巴近年来也有相应的国际发展计划，只是语言文化所带来的阻碍会在多大程度上限制这些中国"内容层"企业的国际化发展还是未知数。但显然，中国的网络空间版图随着本国企业的国际化正在不断拓展，在"物理层"与"代码层"的这些企业

① 中国互联网络信息中心：《第 45 次〈中国互联网络发展状况统计报告〉全文（2020 年 4 月）》，https://tech.ifeng.com/c/7w1QNPyBDNo，2020-04-28。

的发展意味着中国在网络空间中的更多领域成为真正的利益攸关方，而这些企业的强大也就意味着在这些领域中国将拥有更多的话语权。一国企业在网络空间的"内容层"的核心地位意味着该国的权力在网络空间的有效运行。事实上，国家对于网络空间的规制与管理也主要集中在"内容层"，但如果一国的民众主要使用的是他国的信息门户网站、搜索引擎以及社交平台，那么该国能够在网络空间实施权力的疆域就已经被压缩了。

5. 俄罗斯、印度：网络空间中的边缘崛起力量

俄罗斯与印度在国际网络空间中有着完全不同的存在方式，俄罗斯几乎是一种相对独立于英语世界的存在，而印度则完全成为英语世界或者说美国企业所占据的世界市场中的一部分。

俄罗斯已经达到了较高的互联网发展水平。根据 2014 年的统计数据，"俄罗斯互联网用户数量达到 8200 万，占俄居民总人数 66%，并且用户数量保持 7.4% 的年增长速度。且近年来，随着智能手机和移动互联网的迅速发展，俄罗斯移动上网用户人数出现了急剧上升。有关统计显示，目前俄罗斯移动上网人数已占市民总数的 40%。俄罗斯互联网产业报告显示，2013 年俄罗斯互联网产业规模已达上万亿卢布，如果加上互联网依赖市场规模，其总规模可达 5.2 万亿卢布，占俄罗斯 GDP 的 8.5% 左右。报告预测，至 2018 年，俄罗斯互联网产业年均增长幅度可达 15%~20%"[①] 更为关键的是，俄罗斯的网络市场中本土企业占据了市场的主导权。其中，Yandex 是俄罗斯搜索引擎市场的巨头，在和谷歌的对抗中拿下了俄语区近 62% 的市场；BKOHTAKTE 则是俄罗斯社交网站巨头，其超高的市场占有率如同美国的 Facebook 和中国的腾讯；而 Mail.ru 集团则是一家涉足全球的互联网投资公司，其参与投资的企业包括 Facebook、阿里巴巴、腾讯、京东等。因此，对于俄罗斯而言，本土企业已经成为网络空间发展的主力军，而它们正在资本的推动下逐步拓展国际市场。

印度是一个网络空间的人口大国，其互联网用户数量在 2014 年超越美国，仅次于中国而位居世界第二。但人口数量没有给印度带来网络空间的核心地位，因为没有语言和监管上的屏障，印度很早就成为国际大型互联网企业攻城略地的市场空间，甚至早在 20 世纪 90 年代，很多科技型企业已开始将一些技术含量较低的服务部门转移到印度。在 21 世纪初，印度软件企业就已经崛起，并深度介入网络空间的发展中。"根据本世纪初世界银行对各国软件出口的调查，印度软件的出口规模、质量和成本三项综合指数居世界首位。印度的软件产品已远销世界 91 个国家，竞争的优势使印度正在成为世界软件中心。

---

① 张健荣：《俄罗斯互联网啥水平？有的比中国好》，http://www.shobserver.com/news/detail?id=8111，2015-12-13。

且当时在印度就拥有各种软件公司 820 家之多，有一批超过千人的大型软件公司。"[1] 但这些企业几乎都是从事软件外包业务，真正大型的互联网公司没有在印度崛起，"如果你深入探视一下印度互联网市场的版图，反差之大可能更为令人震惊，谷歌一家拥有的印度搜索市场份额就高达 97%！而社交媒体也几乎同样被美国企业垄断。譬如，Facebook 目前全球的用户约为 22 亿，在亚洲，Facebook 最大的用户群集中在印度。2017 年 7 月，Facebook 报告数据表明，在印度潜在受众用户达 2.41 亿"[2]。印度在网络空间的发展现状事实上充分说明，软件企业的强大，并不意味着互联网事业的兴旺，互联网用户的数量也并不能等同于国家网络空间实力或国际网络空间的国家版图。

●●●●●●● 小结

　　早期的全球传播似乎更多的是国际政治和国际关系的延伸，无论是国际广播还是国际电视，都在以一种剑拔弩张的态势，展开类似犬牙交错式的交锋与对峙。他国的受众完全成为宣传战之下彼此攻击的靶子，而传播内容则是赤裸裸的舆论弹药。随着"冷战"的结束，全球化的商业与贸易开始成为全球传播背后的主要推动力量，跨国传媒集团和媒介内容的全球贸易成为全球传播的主力军与主要形式，文化交流开始繁荣，商业触角遍及全球，全球受众开始被商业化的媒介内容所包围，受众不再是政治宣传下的靶子，转而成为商业企业的营销对象。网络空间的崛起促成了全球新媒体的蓬勃发展，广播电视开始让位于新媒体，传统媒体的话语权威被弱化，一场网络空间众声喧哗的全球舆论交锋全面展开。在这个似乎没有国界的网络空间里，信息如同空气和水一般穿梭流动，受众似乎掌握了表达的无限自由，却也在媒介的包裹中愈陷愈深，而商业利益背后若隐若现的国际政治博弈，在此刻显得格外扎眼。

本章思考题

1. 如何看待技术发展对于全球传播格局的影响？

2. 从二战时期到"冷战"时期，全球传播背后的驱动力量是什么？

3. 如何看待全球传播背后的政治力量的影响？

4. 网络空间与广播电视在全球传播中的区别是什么？

5. 你认为 5G 通信技术的发展会给全球传播格局带来怎样的变化？

---

[1] 张志国：《信息战略——争夺 21 世纪制高点》，军事科学出版社 2003 年版，第 19 页。

[2] TechWeb：《印度已超过美国成为 Facebook 最大的受众用户群》，http://www.techweb.com.cn/world/2017-07-14/2557339.shtml，2017-07-14。

第八章

广播电视与新媒体的融合再造

【本章要点】2014 年 8 月 18 日，习近平总书记在中央全面深化改革领导小组第四次会议上发表重要讲话，强调要推动传统媒体和新兴媒体融合发展，2014 年也因此被称为"媒体融合元年"。经过几年的发展，媒体融合发展进入深水区，"中央厨房"是这一时期推进传统广电媒体和新媒体的"标配"和"龙头工程"。本章主要概述了"中央厨房"的理念、价值与发展沿革，从微观层面分析"中央厨房"对于传统新闻生产周期、流程、组织架构、产品等方面产生的颠覆性的影响，并从中观层面分析广电媒体发展"中央厨房"面临的新问题，同时提出相应的解决策略和建议。

第一节　"中央厨房"的理念、发展与价值

"中央厨房"原本是餐饮行业的术语，引入新闻传播领域后，成为新型媒体融合方式的一种代称。美国媒体融合的实践开始时间较早，但因时机欠妥，效果不佳。纵观我国的媒体融合实践与发展历程，许多媒介集团勇于变革、敢于创新，积极探索适合自身特点的"中央厨房"发展路径，但效果大相径庭。人民日报社作为其中的"排头兵"，把握媒体融合发展的重要战略机遇，进行媒体内部自上而下的改革，为其他地方媒体的"中央厨房"建设提供了研究和学习的范例。目前，我国各级媒体的"中央厨房"建设尚处在

探索阶段，需不断总结在实践过程中的经验，推而广之；同时，要善于吸取教训，避免造成人力、物力、财力的浪费，使"中央厨房"不至流于形式。

一、"中央厨房"的理念

"中央厨房"原指统一采购、统一配送、统一烹制的大厨房，特别是指一些管理先进的连锁饭店，采取统一采购、标准化生产、统一配送的模式。"中央厨房"的主要作用是按照菜单将食物原材料制成成品或半成品，配送至各连锁店进行二次加热或通过进行销售组合后出售给顾客，也可以直接制成成品或通过组合后配送销售。[①]"中央厨房"最大的好处就是通过集中化规模采购、集约生产降低成本，确保菜品质量的同时，实现价廉、畅销的目标。[②]

媒体借用"中央厨房"这个概念，主要是基于其在资源配置整合方面的优势。作为媒介融合的典型代表，其核心内容是"新旧融合、一次采集、多种生成、多元发布"[③]：通过统一的集约化平台，实现传媒组织内部人力、设备等资源的最佳配备；通过灵活的组合方式，实现对新闻素材的最优采集；通过多元的呈现方式，针对不同平台的受众提供不同的新闻产品，满足其不同需求。2014 年，中央全面深化改革领导小组第四次会议审议通过了《关于推动传统媒体和新兴媒体融合发展的指导意见》，习近平总书记强调，要坚持传统媒体和新兴媒体优势互补，一体发展。媒介融合被提升至国家战略的高度。在国家政策的推动下，媒介融合的脚步纷纷加快，"中央厨房"的诞生就是媒体融合转型中关键的一步。

我国媒体对"中央厨房"式集成化采编方式的探索早在 10 年前就开始了。烟台日报传媒集团 2008 年就成立了全媒体新闻中心，2013 年年底浙江日报报业集团成立了数字采编中心，广州日报报业集团 2014 年 12 月 1 日成立了中央编辑部。"中央厨房"建设进入高潮期始于人民日报社的探索：2014 年，人民日报全媒体（"中央厨房"）进入筹备期；2015 年的全国"两会"期间，《人民日报》3 月 2 日要闻 4 版开辟了新栏目《书话两会》，"中央厨房烹制新闻美味"的红色图标标志着人民日报"中央厨房"的首次亮相；2016 年 2 月 19 日，人民日报"中央厨房"正式上线。[④]由此，主流媒体对"中央厨房"的探索呈现白热化。

这段时间前后，经济日报"中央厨房"全媒体中心、光明日报融媒体中心、中国青年报"融媒小厨"、解放军报"中央厨房"先后成立，西安广播电视台、湖北广电集团、广

---

① 郭顺堂：《中央厨房——中国食品产业新的增长极》，《食品科技》2013 年第 3 期。
② 龚仪：《人民日报"中央厨房"的传播策略及运营现状研究》，湖南大学硕士学位论文，2017 年。
③ 龚仪：《人民日报"中央厨房"的传播策略及运营现状研究》，湖南大学硕士学位论文，2017 年。
④ 龚仪：《人民日报"中央厨房"的传播策略及运营现状研究》，湖南大学硕士学位论文，2017 年。

西日报社、江西日报社、南方报业传媒集团、珠海报业集团、苏州日报报业集团、河南日报报业集团、重庆日报报业集团等超过十几家地方传媒机构成立了"中央厨房"或"全媒体采编中心"。

具体地说，"中央厨房"的核心含义有以下三个方面。

1. 统一平台

过去，媒体集团内的各家媒体基本上都有自己的发稿系统，都有自己的网站，子媒之间信息不能互通，资源相对独立，不能共享。"中央厨房"首先要在集团层面建立一个共享技术平台，核心内容包括数字存储系统，统一发稿、审稿系统。这个技术系统的开发当下已经不是什么难事，国内有专门开发公司在做，也有媒体自己在开发。[1]借助数字技术，将记者采集的文字、图片、音频、视频等不同介质的信息，统一地以数据资料的形式存储、传播，建立一个以多元化、多媒体信息为特征的内容"中央厨房"，把集团的内容生产以及经营管理、客户反馈、信息服务等其他业务操作全部放入这一平台。[2]由此，实现对新闻采集、加工、分发、反馈等各阶段的全方位、全流程管理。

2. 统一采编

"中央厨房"要求传统媒体与新媒体混编，成立大编辑部，改变过去集团内各家媒体单兵作战的做法，实现集中采访，采访稿件统一上平台，统一审稿，各家媒体各取所需。在面对同一个新闻报道选题时，同集团的不同媒体集中整合、相互联动，同样的信息被制作成供应契合不同媒体的产品。[3]

3. 多平台滚动发布

"中央厨房"集中了集团内所有传统产品和新媒体产品的生产线与生产能力，能够生成纸媒、互联网、微信、微博、App、客户端等承载的多元产品，最终在集团拥有的所有媒体平台上发布。同时，"中央厨房"打破了传统媒体过去每天或每周刊发或播出一次的惯例，实现了网络、移动终端等所有新媒体平台24小时滚动发布，以满足不同客户端受众群体的不同需求和喜好，适应其信息接收习惯，避免在重大新闻事件报道中缺位，保持在舆论场中的影响力。[4]

① 陈正荣：《打造"中央厨房"的理念、探索和亟需解决的问题》，《中国记者》2015年第4期。
② 何筱娜：《内容处理的"中央厨房"》，《中国新闻出版报》2007年8月22日。
③ 龚仪：《人民日报"中央厨房"的传播策略及运营现状研究》，湖南大学硕士学位论文，2017年。
④ 陈正荣：《打造"中央厨房"的理念、探索和亟需解决的问题》，《中国记者》2015年第4期。

二、国内"中央厨房"的发展

我国媒体对于集约化新闻生产方式的探索早在 2007 年就已经开始。2007 年 6 月，广州日报社成立了"滚动新闻部"，滚动采访、滚动传播，主要职责是组织和催促报纸记者向滚动新闻部发稿，然后将稿子传递到集团内各个渠道。这种滚动新闻部的模式已经有了"中央厨房"的雏形。但是，当时"滚动新闻部"仍依附于报纸，并未形成针对新媒体平台的运营流程和规范，且内容同质化，造成内在竞争力被消解等难题，两三年后广州日报社停止了"滚动新闻部"的运行。[①] 由于互联网媒体的冲击，传统媒体以报业集团为代表进行转型，各种新形式的"中央厨房"模式开始出现。

2015 年 7 月 7 日，新华社新媒体中心构建的"中央厨房"式新型全媒体采编发空间揭幕，"中央厨房"通过一个"轮轴"指挥台，利用一种素材资源，同步加工生成通稿、集成报道等多种形态产品，进行多渠道分发推送，适配到微博、微信、客户端等多种新媒体终端。中央电视台在重大时政报道中建立"融媒体编辑部"，台网一体协同联动，搭建全球记者即时发稿平台，实现文稿、图片、视频等素材集中收集、统一生产、统一分发。2015 年以来，中央人民广播电台在平台建设、机制建立、内容创新三方面着力探索适合国家广播特点的融合发展道路，形成"一个领导班子、一个指挥系统、一个采编队伍"。[②]

2017 年 1 月 5 日，时任中共中央政治局委员、中央书记处书记、中宣部部长刘奇葆出席推进媒体深度融合工作座谈会。在座谈会上，刘奇葆强调，推进媒体深度融合，要重点突破采编发流程再造这个关键环节，以"中央厨房"即融媒体中心建设为龙头，创新媒体内部组织结构，构建新型采编发网络。[③] 在发表于《人民日报》的《推进媒体深度融合，打造新型主流媒体》的文章中，他重点谈了"抓好'中央厨房'建设这个龙头工程"。他指出："'中央厨房'就是融媒体中心，推进媒体深度融合，'中央厨房'是标配、是龙头工程，一定要建好用好。"[④] 媒介融合和"中央厨房"建设步入深水区，传统媒体对新媒体的探索越来越普遍，转型之路步步紧逼。

下面简要介绍国内媒体"中央厨房"建设的典型案例。

1. 人民日报——"中央厨房"

人民日报社搭建的"中央厨房"是新一代内容生产、运营和传播体系，是一个面向受

---

① 陈国：《中国媒体"中央厨房"发展报告》，《新闻记者》2018 年第 1 期。

② 人民网：《我国媒体融合步入深水区 各媒体"中央厨房"建设一览》，http://media.people.com.cn/n1/2017/0811/c14677-29464293.html，2017-08-11。

③ 新华社：《刘奇葆强调：坚定不移推进媒体深度融合》，http://www.cac.gov.cn/2017-01/06/c_1120255342.htm，2017-01-06。

④ 刘奇葆：《推进媒体深度融合，打造新型主流媒体》，《人民日报》2017 年 1 月 11 日。

众、面向国际和面向未来的媒体融合平台。"中央厨房"主要是生产和传播内容，辅以服务于人民日报社旗下的各个媒体，并能为整个媒体行业提供一个支撑优质内容生产的公共平台。[①] 从 2015 年"两会"首次试行"中央厨房"工作机制，到 2015 年年末发布"中央厨房应用系统 1.0"，人民日报"中央厨房 1.0 时代"正式来临。经过近几年的探索实践，一个形态各异、载体多样的现代传播体系粗具雏形。人民日报"中央厨房"的基础架构包括四个方面：理念再造、机制再造、流程再造和产品再造。[②]

从具体操作来看，人民日报对同一新闻事件的报道，安排了三个批次的产品生产和推送，第一批求快、第二批求全、第三批求深度。人民日报"中央厨房"打破了过去媒体板块分割的运作模式，专门设立总编调度中心，建立采编联动平台，统筹采访、编辑和技术力量，实现"一次采集、多元生成、多渠道传播"的工作格局。[③]

人民日报不是最早建设"中央厨房"的，但依托强大的传统资源和优势，一举成为主流媒体"中央厨房"建设的范例。与其他"中央厨房"相比，人民日报"中央厨房"有以下独特之处。

一是不同的顶层设计：并非简单的"采编发"一体化稿库，而是全流程打通、完整的媒体融合体系。作为一个体系，人民日报有一套完整的运行机制，建立了重大、突发事件应急报道机制，安排专人实时监控、随时调度，第一时间进行融合采集、加工、生产和传播。[④] 人民日报并非只为推广"千人一面"的内容，而是要激发所有渠道的积极性，通过信息再加工和深加工创造内容价值。

二是不同的技术体系：不是僵化的内部 IT 系统，而是数据化、移动化、智能化的融合云。"为了让技术变得更简单、更方便、更廉价，'中央厨房'的技术解决方案是中国媒体融合云：将十几家跟媒体技术相关、在各自领域领先的公司的能力全部做成技术工具，汇集在融合云上开放给全行业使用。"[⑤] 这样，技术所服务的对象就并不只是人民日报一家，而是全行业。

三是不一样的生态体系：不局限于人民日报内部的媒体融合发展，而是创造一个大开放、大协作的全新内容生态。人民日报"中央厨房"已经与《河南日报》《湖南日报》《四川日报》《广州日报》《深圳特区报》等地方媒体就内容、技术等建立了战略合作，推动地方媒体加快建设进程。[⑥]

① 江南、肖宁：《媒体融合背景下人民日报"中央厨房"运作与发展》，《传播力研究》2018 年第 10 期。

② 黄灿灿：《人民日报社"中央厨房"解读》，《新闻论坛》2016 年第 1 期。

③ 林功成、肖和：《媒体实验室之"中央厨房"生产线——"中央厨房"媒体运作模式与发展路径比较》，《传媒评论》2015 年第 9 期。

④ 叶蓁蓁：《人民日报"中央厨房"有什么不一样》，《新闻战线》2017 年第 3 期。

⑤ 叶蓁蓁：《人民日报"中央厨房"有什么不一样》，《新闻战线》2017 年第 3 期。

⑥ 叶蓁蓁：《人民日报"中央厨房"有什么不一样》，《新闻战线》2017 年第 3 期。

在推动创新方面，人民日报"中央厨房"也起到了积极作用。其一，"中央厨房"下属的"数据与可视化实验室"，能够把新闻报道加工成 H5 动画、小游戏、视频等多样化的产品，满足不同终端不同读者的需求。其二，"中央厨房"可以发挥平台作用，聚合更多更优秀的资源进行内容创新。其三，"中央厨房"也是对外传播的一个重要平台。以 G20 峰会报道为例，人民日报"中央厨房"在 Twitter、Facebook、YouTube 等主要海外社交平台注册运营"G20China"官方账号，及时有效地推送峰会实时新闻，向世界传递中国声音。[①]

总体来说，人民日报"中央厨房"的建设秉持开放和共享的基本思路，取长补短，集结全行业的优势资源，服务于全媒体采编中心的打造，生产出最优质的新闻内容服务受众。

2. 南方都市报——"全媒体集群"

2006—2008 年，南方都市报（下简称"南都"）就用多媒体数字报进行尝试，成为全媒体之路的启蒙者和开拓者。2007 年 8 月 10 日，以新媒体形态展现的南方都市报数字报上线运行，结束了南都没有官方网站的历史，实现了南都报网互动的质的飞跃。[②]2009 年，南都提出了宏大的"全媒体集群"工程，共包括十大工程，分别是：全媒体理念再造、信息集成中心研发与建设、《南方都市报》的数字化和数字化内容跨区域整体输出共享、奥一与南都全媒体的深度融合、全媒体组织流程再造、全媒体品牌再造、全媒体培训体系、全媒体考核体系、全媒体产品再造和全媒体商业模式再造。[③]南都"全媒体集群"的核心在于全媒体理念再造和全媒体组织流程再造，从"垂直型线性流程组织"到以"信息集成中心"为核心的"交互型流程组织"。[④]通过搭建平台，流程再造，将原有"母体"南都报系下属的《南方都市报》《江淮晨报》《云南信息报》、南都网、《南都周刊》《南都娱乐周刊》、奥一网、凯迪社区、《金融观察》、《南都 METRO》等子媒体进行资源整合，实现内容、形态、渠道等方面的全覆盖。[⑤]此外，南都"全媒体集群"实行"三跨战略"：跨区域办报、跨领域合作、跨行业拓展。这样的战略措施，使得南都从传统媒体向综合媒介集团转变，为南都全媒体集团建设打下良好的基础。

"全媒体集群"概念搭建之后，南都在 2010 年制定了详细的战略实施步骤并且搭建起全媒体业务主平台。2011 年至今，南都则将重点放在全媒体核心品牌战略的全面实施。尽管南都"全媒体集群"所采取的理念十分先进、工程浩大，但是实施的阻力依旧不容小觑。首要的就是我国传媒体制的变革相对滞后所带来的压力，许多的束缚限制了媒体全方位的发展，从而也抑制了运营模式的改革。其次，南都在市场地位依旧稳固的时期推

① 叶蓁蓁：《人民日报"中央厨房"打造内容供给新模式》，《传媒》2016 年第 18 期。
② 封静：《南都全媒体集群现象研究》，苏州大学硕士学位论文，2014 年。
③ 曹柯、庄慎之、陈雨：《南都全媒体集群构想》，《青年记者》2010 年第 13 期。
④ 郭全中：《"中央厨房"的扬弃与完善》，《新闻爱好者》2018 年第 2 期。
⑤ 封静：《南都全媒体集群现象研究》，苏州大学硕士学位论文，2014 年。

行这种规模宏大、彻头彻尾的改革，遭遇了来自内部的巨大阻力。再次，执行上不够坚决，导致这一先进理念难以落实。[①] 由此可见，发展"中央厨房"依靠的不仅是技术的迭代更新，最根本的是要转变传统的思想观念；同时，要切实推进传媒体制变革，以开放的体制和文化为"中央厨房"的发展扫清障碍。

3. 温州都市报——"全媒体中央控制室"

"全媒体集群"在南都没有得到实际落地和有效执行，但其核心理念却被时任温州都市报社社长的郭乐天引进再造，最终在温州都市报获得新生甚至壮大。2013 年年初，温州都市报社经过深思熟虑后，提出了全媒体转型和发展的顶层设计。[②] 即"三大战略"：理念再造、渠道再造和流程再造。理念再造方面，温州都市报成立全媒体领导小组，相继派出考察团队学习交流，分析试错原因；同时，举行多场全媒体讲座和报告，强化员工的新思维。渠道再造方面，温州都市报根据自身实际，设计合理恰当的转型方案。现已形成《温州都市报》、温都网、温都影视、温都微博、温都微信、"掌上温州"新闻客户端六大传播核心平台，以及"温都猫""温都金服"和"零碎八碎"客户端三大跨营销平台。[③] 流程再造方面，温州都市报建立起"全媒体中央控制室"，对新闻采编、发布流程进行再造。通过"全媒体中央控制室"来打通传统媒体和新媒体的通道，使其成为温州都市报全媒体各大平台信息整合与分发的中枢，实现一次采集、多元传播，追求第一时间、有效发布，使新闻传播更加快捷、服务更加广泛。同时，温州都市报坚持以新媒体技术为支撑，通过全媒体新闻采集系统等全媒体系统实现了传统采编系统和新媒体平台的互通，推进了传统媒体与新媒体的深度融合。温州都市报全媒体实现了常态化运作，而且很好地服务了新闻采编工作。[④]

当然，温州都市报的"全媒体中央控制室"也有问题。报网融合的演练给采编部门带来了更大的挑战，尤其是在网络首发的情况下，许多稿件线索公布于众，同城竞争对手过早地知道了次日即将见报的内容，增加了记者写稿和编辑的压力；同时，因为要采写网络稿和纸媒稿，一些稿件在采访中被遗漏。[⑤] 当然，这些问题并不只是温州都市报一家媒体所独自面对的，而是媒体融合转型过程中的必然现象，如何规避或解决这些问题，需要更进一步的针对性思考。

---

① 徐雯:《〈南方都市报〉的全媒体运营之道》,《东南传播》2015 年第 7 期。

② 郭乐天、刘旭道:《〈温州都市报〉：以"三大再造"战略促融合发展》,《传媒》2017 年第 5 期。

③ 张琦:《都市报媒介融合路径探究——以温州都市报的"蝶变"为例》,《新闻研究导刊》2018 年第 12 期。

④ 郭全中:《"中央厨房"的扬弃与完善》,《新闻爱好者》2018 年第 2 期。

⑤ 卢俊敏:《全媒体中控室指挥报道台风"苏力"——温州都市报的创新尝试》,《新闻实践》2013 年第 12 期。

4. 烟台日报报业集团——"全媒体新闻报道模式"

烟台日报报业集团是国家新闻出版总署第一批启动的"全媒体数字采编发布系统工程"的应用示范单位。烟台日报报业集团的"中央厨房"实践具有特殊的背景。烟台日报报业集团在烟台本地的市场具有垄断地位，想要进一步发展，首要任务就是有效降低内容生产成本。烟台日报报业集团"中央厨房"的主要内容包括：全媒体集团、全媒体平台、全媒体记者。

采编流程再造的基本路径是：集团将全部记者统一集中在全媒体新闻中心，统一采写，层级开发，集约化制作，以滚动即时播报的形式，向统一的全媒体采编系统发布各类初级新闻产品；经由这个系统，纸质报、手机报、电子纸移动报、网站、公共视屏等媒体编辑部各取所需进行深加工，重新排列组合，生产出各种形态的终端新闻产品。最后，按照传播速度的快慢，通过多种媒介逐级发布，满足不同受众的多元信息诉求。[①]

"全媒体平台"也即"全媒体数字采编发布系统"，由全媒体记者采集同一个素材，包含文字、图片、音频和视频等；然后将这些素材放入全媒体数据库进行二次加工和编辑，成为新闻半成品；最后，由各子媒体各取所需，并对新闻半成品再次深加工，以各种形态的新闻产品呈现。这种全媒体操作模式初步实现了"一次采集、动态整合、多个渠道、多次发布"的传播。其核心与"中央厨房"的理念基本一致。而"全媒体集团""全媒体记者"分别是"中央厨房"的架构和人才基础。[②] 但与此同时，负面效果也十分明显：同一集团下不同媒体的新闻达到高度同质化；与传统新闻分工规律大相径庭的全媒体记者带来新闻质量的下滑；编辑加工能力有待提高；对反馈不够重视；等等。上述问题都盘旋在集团的改革之上。[③]

三、国外"中央厨房"的理念及其发展过程

1. 坦帕新闻中心

2000年3月，媒介综合集团投资4000万美元，在坦帕建了一座4层楼高、面积为12万平方英尺（约合1.2万平方米）的"新闻中心"，将旗下本来分散在当地不同地点的3家媒体[《坦帕论坛报》(*The Tampa Tribune*)、坦帕湾在线 (TBO.com)、WFLA电视台

---

① 滕岳：《在深度融合中激活全媒体集群——烟台日报传媒集团全媒体战略探析》，《中国报业》2010年第8期。
② 陈国权：《中国媒体"中央厨房"发展报告》，《新闻记者》2018年第1期。
③ 张娥：《全媒体新闻报道模式研究——以烟台日报传媒集团"全媒体"战略为例》，上海外国语大学硕士学位论文，2010年。

（WFLA-TV）]的编辑部，迁入该中心合并工作，开启了从内容、流程到组织形式的融合实验，并被视为"未来编辑部的新模式"。①

该中心的 4 层楼做如下分工和安排：一楼主要用作电视台的两个较大型的摄影棚或演播厅；二楼的一部分用于电视台（该电视台也是全国广播公司的附属台），其余为 TBO 网站编辑部；三楼是《坦帕论坛报》编辑部和网站高管办公室；四楼是电视台高管办公室。这样看来，三家媒体虽然搬到一个楼里，却仍是各成一体、分署办公的。这有点像多年前佛山传媒集团将当地的报刊、网站、广电搬入一座新楼里，合而不融。关键在于，坦帕新闻中心在二、三楼的中空位置建了一个环形的"超级总编室"。这是一个多媒体的任务派遣与内容分发机构，三大媒体的编辑在此"并肩办公"，从而为实现内容和流程的融合分享创造了条件。② 但实践多年后并未取得成功，2016 年《坦帕论坛报》停刊。

媒介综合集团在佛罗里达的实验更进一步，被称为"合作操作模式"。集团设立"多媒体新闻总编辑"岗位，该总编的责任是统管各类媒介的新闻报道，负责对各重大新闻报道的策划，并组织各类媒体的记者一起工作，协同完成报道。这种模式使多媒体编辑走到新闻采编流程的核心位置。③

坦帕模式未能持续下去的原因，很大一部分是时机不对。首先，在 2005 年之前依旧是美国报业的增长阶段，突然间大刀阔斧地改革并不顺应当时的潮流。其次，当时智能手机还未大范围普及，报纸依旧是受众获取资讯的重要渠道。过于超前的坦帕模式，不能为当时报业的发展做出更大贡献。

2. 美国有线电视新闻网（CNN）

CNN 作为全球最先进的新闻组织之一，以全天候新闻直播，以及对全球各地区突发和重大新闻事件的捕捉与播报能力而闻名世界。在新媒体发展初期，CNN 就看好新媒体的发展前景，通过调整自身发展策略向新媒体靠拢和转型。目前，与其他全球性新闻组织相比，CNN 的新媒体战略显然更加成功，取得的成效也更加显著。④

根据 CNN 新媒体部门负责人和总编辑梅雷迪思·阿特莱（Meredith Artley）的介绍，虽然 CNN 并无一个类似"中央厨房"的名词来概括自己的融媒体编辑部构架，但其新媒体编辑部实际已经与其电视编辑部充分融合，有效地实现了资源共享和相互借力。CNN 的新媒体部与电视部门共享负责记者调遣的主编室、负责资料素材的媒资部等机构的公

---

① Bruce Garrison, Michel Dupagne, A case study of media convergence at Media General's Tampa News Center, presented at the "Expanding Convergence: Media Use in a Changing Information Environment" Conference, November 6–8, 2003.

② 辜晓进：《坦帕模式的失败与融媒分享困境》，《新闻与写作》2018 年第 11 期。

③ Stephen Quinn, Knowledge Management in the Digital Newsroom, Oxford: Focal Press, 2002:65–69.

④ 耿媛：《CNN 的新媒体战略探究》，《新闻研究导刊》2017 年第 4 期。

共服务。新媒体部每日早上参加全平台编辑会议，提出相关需求，也为其他部门提供相关新媒体服务，实现资源的有效配置和共享。新媒体部门内部，根据职能主要划分为三个部门：数字新闻采集节目部、数字新闻编辑部、数字产品部。具体而言，数字新闻采集节目部中包括策划组、跨平台协调组、新闻推送组、社交组、新闻邮件组、热门趋势组、搜索引擎优化组、数据分析组。数字新闻编辑部按照职能和题材，横向、纵向分为：视觉制作组、图片新闻组、评论组、互动新闻制作组、数字可视化组、视频组、长期项目组及 CNN 政治新闻、CNN 财经新闻、CNN 国内新闻、CNN 国际新闻、CNN 科技新闻、CNN 健康新闻等新闻组。而数字产品部则负责包含移动端、可穿戴设备、网页及移动优化、直播流、音频互动、OTT TV（基于互联网的视频服务）等多种产品和技术的开发。①

从微观的新媒体部门到宏观的新闻机构组织构架，西方新闻机构都在将其原有内容制作部门积极整合，探索数字化转型，实现深度融合发展。包括 CNN 在内的美国主流媒体，都致力于打通原来的广播、电视和网络新闻中心，"合二为一"或"合多为一"，打造统一的融媒体新闻编辑部，形成以"全媒体总编辑会议"为核心的组织架构。②（图 8-1）

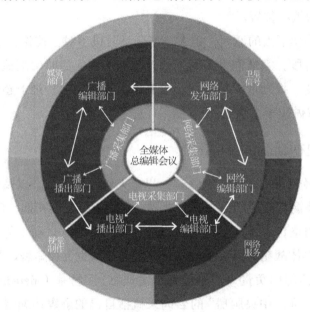

图 8-1　美国主流媒体融媒体组织架构

（图片来源：杜毓斌：《中美主流新闻媒体"中央厨房"比较分析与反思》，
《南方电视学刊》2017 年第 1 期）

"全媒体总编辑会议"是整个跨平台新闻编辑部的中枢，由全平台总编辑召集主持，各平台值班总编辑参会，在会上根据各平台策划和需求，统一调配全平台采集部门力量，

① 杜毓斌：《美国有线电视新闻网 CNN 的新媒体转型之路》，《南方电视学刊》2016 年第 4 期。
② 杜毓斌：《中美主流新闻媒体"中央厨房"比较分析与反思》，《南方电视学刊》2017 年第 1 期。

分配各平台任务，然后分由各平台采集部门执行；广播、电视、网络编辑部由"全媒体总编辑会议"辐射分为三个大编辑部，采集部门紧密对接总编辑会，执行采集任务，编辑部门进行基础编辑，播发部门进行各种终端的最后发布和播出。其周边是为全平台提供公共服务的媒资部门、网络服务部门、视觉制作部门、演播导控室等职能部门。[①]

三大平台编辑部负责将自己部门所编辑的内容整合起来，如广播、电视编辑部根据各自形态进行编排、包装，进行具有自身特色的版面设计；而网络编辑部则要根据其实时性、互动性、非线性进行突发新闻推送，与受众互动及多形态内容版面设计。三个编辑部之间可互相通过共享工作平台看到彼此制作的通稿内容，随时共享信息。广播、电视的播出部门和数字平台的发布部门之间也紧密合作，例如数字平台可重复使用广播的音频内容和电视的视频内容，融合在其多媒体制作中；广播编辑部也可以通过播客等新兴形式再次实现多次传播，电视编辑部的播出视频也是网络编辑部发布内容中重要的流量来源之一。三个编辑部都有各自的技术支持部门，根据各自的传播和制作的软硬件特点寻求有针对性的技术支持。[②]

自 2013 年杰夫·朱克担任全球总裁之后，CNN 便开始进行战略调整，全面实施"移动先行，数字第一"的新媒体发展战略，并取得显著成效。经过一系列的改革举措，截至 2016 年，CNN 新媒体在美国市场单月表现稳居 6 个"第一"：多平台独立访问量第一；多平台总浏览量第一；各平台访问时长总量第一；视频播放次数第一；视频播放时长第一；社交媒体总量第一。[③]"中央厨房"建设和媒体融合改革成效明显。相比坦帕模式的失败，CNN 模式成功的原因可以归结为"快、狠、准"：找准新媒体技术蓬勃发展的时机快速出击；大力发展新媒体业务，促进与传统媒体的深度融合，以壮士断腕之心重新调整部门；准确定位发展方向，将战略目标聚焦于全球视频、移动互联领域。

四、"中央厨房"的价值

媒体融合借用了"中央厨房"的概念，指的是采集同一个内容素材进入全媒体数据库，媒体内各类传播渠道、子媒体根据需要对这些素材进行二次加工，生产出各种形态的新闻产品，最后按照介质特点、传播速度、传播需要，通过多种媒介逐级发布、传播。"中央厨房"通过内容的集约化制作，实现新闻信息的多级开发，以提高传播效果，节约传播成本。

"中央厨房"对于传媒转型的价值主要包括以下三个方面。[④]

---

① 杜毓斌：《中美主流新闻媒体"中央厨房"比较分析与反思》，《南方电视学刊》2017 年第 1 期。
② 杜毓斌：《中美主流新闻媒体"中央厨房"比较分析与反思》，《南方电视学刊》2017 年第 1 期。
③ 杜毓斌：《美国有线电视新闻网 CNN 的新媒体转型之路》，《南方电视学刊》2016 年第 4 期。
④ 崔健：《媒体"中央厨房"建设及发挥的作用探索与思考》，《文化软实力》2018 年第 4 期。

1. 提高资源利用率，节约运营成本

传统媒体内部存在着巨大的人员冗余，建设"中央厨房"可以调整传媒内部的组织架构，充分调动工作人员的积极性。此外，有了"中央厨房"，媒体可以集中整合内部的人力、信息、渠道，以最少的人力和资源成本，实现最多的资讯内容分发，提高新闻素材和资源的利用效率。基于新媒体各终端和平台建设，分发渠道大量增加，"一次采集、多元加工、多样发稿"颠覆了传统新闻生产模式，单个新闻产品的触及面扩大，盈利程度大大提升。我国实行的是"事业化管理、企业化经营"的媒介管理体制，传媒组织自负盈亏，必须想方设法节约成本，"中央厨房"的建设就是保证媒体正常运营和生存的必然选择。

2. 兼顾时效与深度，实现与大众的双向交流

"中央厨房"的生产模式带来的不只是最快和多样的内容分发渠道，它也是保证新闻产品内容深度的有效途径。一方面，策划、采集、编辑、发布实时联动的"中央厨房"生产流程能够确保新闻产品的高效分发。另一方面，要抓住吃客的"胃"，内容是关键。"中央厨房"基于用户行为分析、社交分析之类的新手段，能精准定位用户的需求，有的放矢，再结合不同媒介平台的传播属性，将新闻素材库的半成品进行深加工，不断深挖新闻素材的价值，实现定制化生产。如人民日报社利用"中央厨房"的技术能力，能够精准地判断用户大致是什么人，他们的年龄区间、性别甚至是兴趣爱好，他们在什么时间、什么地点、用什么样的频率和方式，关注新闻报道。[1]大数据分析手段及新技术的应用，能够使新闻生产者通过掌握评论、点赞、转发数等情况，更好地进行传播效果的评估，完成与大众的双向交流。

3. 统一价值观，奠定媒体品牌影响力

"中央厨房"模式的主要理论依据是"水波纹理论"，即当一个新闻事件发生，通过不同媒体平台像水波一样一层一层传播出去，各平台发挥各自的媒体优势，形成一个完整的传播体系，使"中央厨房"一家媒体的价值观通过不同平台辐射出去，最终凝聚成该媒体品牌的核心影响力。核心价值理念是媒体品牌之魂。媒体品牌的"三观"是否正确，决定了品牌是否走得稳、走得远。媒体品牌是能给媒体拥有者带来溢价、产生增值的一种无形资产，不仅有其特定的政治价值，也具有社会价值和市场价值，这也决定了媒体品牌应该是"宣传品、作品、产品"的有机统一。[2]"中央厨房"能通过多平台协同运作，传达媒体的核心价值观，形成媒体的品牌效应。

① 叶蓁蓁：《"中央厨房"的数据化采编与传播体系构建——人民日报全媒体生产机制探索》，《传媒评论》2017年第7期。
② 刘敏俊：《融媒视域下地方广电媒体品牌建设的重构与突围》，《新闻战线》2019年第8期。

第二节　"中央厨房"对传统新闻生产机制的颠覆

在传统新闻业面临历史性冲击和根本性转折的今天，"中央厨房"可以说是挽救传统新闻业的又一次尝试，它使得传统新闻媒体在技术和组织架构等方面发生巨大的变化，因此也颠覆了传统媒体的新闻生产方式。"中央厨房"是已有媒介融合策略的延续和深化，"中央厨房"能否获得成效且避免成为一碗"夹生饭"，在很大程度上取决于新的新闻生产机制能否成功嵌入传统的新闻生产主体，二者能否产生积极的化学反应。

一、"中央厨房"的新闻生产机制

"中央厨房"通常有一个全媒体平台指挥中心，负责统筹和协调所有业务，下设采编团队、稿件数据库、技术支持平台三个要件，有些媒体还配置了相应的空间平台、数据处理平台、传播效果监测系统等来支持全媒体生产的需要，每个构成要件之间相互协作，形成"策采编发"联动的传播体系。

当新闻发生时，全媒体平台指挥中心进行统筹调度，统一分配记者任务，记者采集回事件相关的文字、图片、视频、音频素材，并将所有采集的素材上传到统一的素材库。编辑对这些素材进行初次加工，筛选剔除冗余信息，生成新闻半成品并进入"中央厨房"的稿件库后，采编团队的编辑和技术人员相互配合，根据报纸、网站、"两微一端"等不同媒介的属性，从稿件库中挑选合适的素材或半成品，并依托技术支持系统，对素材进行二次加工，生产出符合媒介特性的不同形态的新闻产品，分发给受众。"中央厨房"依托传播效果监测系统及时处理用户反馈情况，完成一整套的全媒体生产流程（图8-2）。

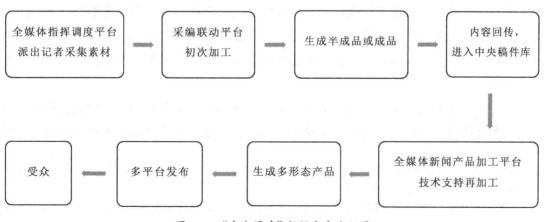

图8-2　"中央厨房"新闻生产流程图

比如，为适应融媒体生产，人民日报"中央厨房"构建了新的"策采编发"网络，再造"策采编发"流程，主要是设立总编调度中心，建立采编联动平台。

1. 总编调度中心

负责统筹报道策划、整合新闻资源、调度采访力量、协调技术支持。其运行机制包括：①建立总编协调会制度，每周召开一次，由总编辑主持，部署重要宣传任务，会商重大报道选题，评点一周传播效果，协调采编对接联动。②建立值班总编辑制度，分设白班和夜班值班副总编辑。白班副总编主持每日采前会，负责选题策划、报道组织、采访安排、计划落实；夜班副总编主持每日夜班编前会，研究版面安排，审定夜班版面，处理重点稿件。③建立采前会制度，由白班副总编辑主持，每日召开，报纸、网络、"两微一端"全媒体参加，汇报选题策划，通报新闻线索，研究当日舆情，确定重点稿件，布置采编对接。

2. 采编联动平台

实行采访、编辑、技术部门联席办公，随时会商，全天候值守、全领域覆盖、全链条打通、全流程协作，分设全媒体编辑中心、采访中心、技术中心。①编辑中心：根据上级报道指令和总编调度中心布置的任务，策划版面安排、设计页面呈现、联系记者、组约稿件，落实采前会布置的任务。②采访中心：根据上级报道指令和总编调度中心布置的任务，组织调度记者落实采访任务、审核记者稿件，并及时向总编调度中心反馈采访中遇到的问题。③技术中心：根据前方采访需求，及时调度采访设备，为前方记者提供技术支持，提出技术方面的建议，同时根据各编辑中心要求，做好多媒体呈现的个性化方案。各中心根据需要随时召开协调会、碰头会等，沟通情况、会商选题、交流观点、讨论问题，协调解决采编流程和前后方协作中遇到的问题。①

人民日报"中央厨房"的组织架构对新闻生产流程的再造作用主要体现在四个方面。

第一，在空间上，让传统媒体和新兴媒体的人能坐在一起工作，为他们之间的沟通交流、统筹协作创造空间上的便利，打破了传统资深编辑、记者和新媒体"小编"之间的身份界限，实现传统媒体思维和新媒体思维的交流碰撞，并根据各自平台特点生产个性化的新闻产品。②

第二，在技术上，从"融合态"的业务场景出发构建一套技术体系，由报社技术部和媒体技术公司牵头，整合人民网、新媒体中心技术力量，组建日常技术运营维护、可视

---

① 人民网：《人民日报中央厨房怎么做 杨振武社长这样讲》，http://politics.people.com.cn/n1/2017/0114/c1001-29023287.html，2017-01-14。

② 何炜：《"中央厨房"——探索融合新闻生产新模式》，http://media.people.com.cn/n1/2016/0822/c120837-28656152.html，2016-08-22。

化制作、无人机航拍、VR 设备等服务团队，为全媒体平台的业务运行提供强有力的技术支撑。从新闻热点的发掘到选题确定、任务分发，再到现场采集、产品制作，以及后期的产品推送和反馈收集……对这样整体的采编流程，通过技术化的手段使之尽可能的智能化，一方面提高采编效率，另一方面配备诸如用户行为分析、社交媒体分析之类的新能力、新手段。[①]

第三，在采编业务上，改革采编部门设置，强化各媒体总编室职能，统筹采访力量。对报纸、网络、"两微一端"采访力量实行统筹管理、打通使用。地方分社统一管理人民网地方频道采访配备，充实壮大一线采访力量；按照专业对口原则，各专业部门统筹调度人民日报"两微一端"、人民网对口专业的采访力量，采编人员被重新定义为指挥员、信息员、采集员、加工员、技术员、推销员等岗位；增加了技术团队和推广运营团队，他们通过有效的分工合作，最终实现重大报道"一体策划、一次采集、多种生成、多元传播、全天滚动、全球覆盖"的高效形态。[②]

第四，在内容呈现上，按照媒体形态，分设报纸、网络、新闻客户端三大总编辑室，负责各自内容总成、终端呈现。鼓励报纸、网络、"两微一端"各采编部门人员按照兴趣化组合、项目制施工原则，组建融媒体工作室，实施资源嫁接，组织跨界生产，为人民日报报纸、网络、"两微一端"提供优势产能、优质产品，形成不同平台的独特风格，呈现取向各异的新闻内容，满足不同受众的多样口味和需求。[③]

二、"中央厨房"新闻生产机制的特点

1. 一次采集、多种生成

现代的新闻媒体往往经过集团化整合，拥有多个不同的传播平台，如浙江广播电视集团现在就有电视频道、广播频率、"两微一端"等多个产品分发渠道。"中央厨房"将不同终端的采编作业有效整合起来，实现资源的共享，经过统一的加工处理，根据不同的传播平台和载体的特点，开发出不同形态的新闻产品，再用不同的传播方式发布给广大的受众。

"中央厨房"这个称谓很形象地表达了融媒体时代新闻生产的特征，新闻素材的采集者就类似厨房的食材采购员，他从市场上挑选各种新鲜的瓜果蔬菜、畜豆禽蛋，买进厨

① 何炜:《"中央厨房"——探索融合新闻生产新模式》，http://media.people.com.cn/n1/2016/0822/c120837-28656152.html，2016-08-22。

② 何炜:《"中央厨房"——探索融合新闻生产新模式》，http://media.people.com.cn/n1/2016/0822/c120837-28656152.html，2016-08-22。

③ 何炜:《"中央厨房"——探索融合新闻生产新模式》，http://media.people.com.cn/n1/2016/0822/c120837-28656152.html，2016-08-22。

房后经由简单的清洗、切割等处理，交给厨房的大厨们。这些大厨就类似于各新闻平台的编辑，每个大厨针对自己所服务顾客的不同口味和自己所擅长的烹饪办法，烹制出口味各异、风格不同的食物成品，满足口味不一的顾客的需求。

在这个过程中，同样的食物原材料经过不同厨师之手就能够变成满足不同顾客口味的定制化的食物成品。就像信息采集员上传到"中央厨房"的只是新闻原材料，传统纸媒和"两微一端"的编辑们则可以根据同样的原材料生产出适应不同平台特点的新闻产品，同样的材料被多次利用，能最大限度地开发其价值，这就是其"一次采集、多种生成"特点之根本所在。

2. 资源集成性

"中央厨房"的集成性主要体现为技术和资源的集成性。

首先，"中央厨房"的技术处理平台集合了大数据、云计算、多媒体、人工智能等多种先进的技术。如人民日报"中央厨房"技术平台，由内部用户管理系统、互联网用户管理系统、传播效果评估系统、可视化产品制作工具、新媒体内容发布系统、报纸版面智能化设计系统等六大功能模块组成。全方位的技术手段，可以保障"中央厨房"新闻生产、制作、传播过程中的不同需求。一旦有突发新闻，强大的技术处理中心可第一时间集结优势技术资源，支援和辅助现场新闻报道。

其次是资源的集成性。在过去，由于传统媒体和新媒体单兵作战，各媒体之间的资源各自利用，无法实现资源的有效共享。"中央厨房"下设稿件数据库，实现了图片、文字、音频、视频、数据的集中共享，提高了资源的利用率，也大大提高了新闻生产的效率。实行信息整合的流程，将传统媒体拥有的更丰富的资源，更灵活地运转和调度，传播方式互相渗透，传播渠道更为多样，营销平台更为广阔。[①]

这种集成性和共享性不仅体现在各媒体机构总部和子部门之间，还体现在此媒体与彼媒体的合作共赢上，不同媒体机构的新闻线索和素材资源共享，不仅可以避免遗漏重要新闻事件，还能节省人力、物力等生产成本，建构良性竞争模式和良好的行业生态环境。

3. 呈现方式多样性

多样性主要体现在新闻形式及产品的多样性上。

互联网的发展突破了传统媒体时代时间和空间的限制，同时也大大丰富了新闻呈现的方式。传统媒体时代，各个媒体发布信息的渠道和形式比较单一，进入融媒体时代，新闻信息的发布形式趋向多样化。以人民日报社为例，从最初的网络版发展到今天，已经成为一个包括"一个旗舰、三大平台、一个新平台"的庞大系统。"一个旗舰"是《人民

---

① 秦敏：《"中央厨房"：全媒体环境下的新闻采编方式创新》，《中国广播电视学刊》2012 年第 12 期。

日报》；"三大平台"是人民网、"两微一端"和户外电子屏，影响用户已经达到了3.5亿；"一个新平台"就是指作为全媒体平台的"中央厨房"。从互联网PC端，到新媒体的微博、微信、App移动终端，以及遍布大中小学、街道、社区的户外电子屏，人民日报已经将相关的传播渠道融合在了一起。[①]

有多少不同的平台和渠道就意味着有多少口味偏好不同的受众群体，传统"大锅饭"式的新闻生产无法满足受众个性化的需求。在"中央厨房"里，新闻的生产没有统一"食谱"，没有规定动作，采集回来的各种文字、图片、视频信息按照不同的"胃口"，进行加工、编辑，围绕相同的"食材"，可以烹饪出不同风格的"新闻菜肴"，比如纸媒适合深度报道，广播追求感染力比较强的内容，电视追求视觉效果，新媒体报道追求速度，语言风格上也更轻松，按照不同的媒体属性、受众的需求，可以定制生产多元化的新闻产品，解决了众口难调的问题。

三、"中央厨房"对传统新闻生产机制的颠覆

传统新闻生产的顺序、流程和原理众所周知。以一则火灾事故为例，按照传统新闻生产模式：首先是记者通过各类信源获得新闻线索；其次是记者前往采访写稿；再次是将采访到的材料制作成完整的新闻内容交给编辑，再由编辑审稿修改后整理编发；最后，新闻稿件通过报纸、广播、电视等传送至受众。

"中央厨房"的生产过程却与此完全不同，新闻素材的采集，记者和编辑之间的关系，新闻加工过程等，都与传统新闻生产大相径庭。"中央厨房"的新闻生产对传统新闻生产机制的颠覆主要体现以下五个方面。

1. 缩短传统新闻生产周期，传播效率大大提升

"中央厨房"首先会对传统新闻业的生产周期产生影响。传统的新闻生产都是以"天"为单位，然而在"人人都是记者"的自媒体时代，传统的截稿时间和"第二天见报"的工作时间规律不复存在。当前的传统新闻业，其生产周期已经被一种循环式、不确定的模式所取代，新闻记者对时间和工作节奏的感知发生了变化。[②] 由新闻频道和频率的专业化发展而产生的24小时滚动新闻频道，以及伴随传统媒体拓展传播渠道而出现的各种新媒体客户端，都对新闻时效性提出了更高的要求。新闻生产的周期被不断压缩，要求新闻编辑24小时在线已是业界常态。

---

① 徐蕾、常晓洲、姚雯雯：《媒介融合背景下〈人民日报〉数字化转型研究》，《新闻爱好者》2018年第1期。

② 张志安、束开荣：《新媒体与新闻生产研究：语境、范式与问题》，《新闻记者》2015年第12期。

"中央厨房"统一分派任务、统一加工素材、统一发布新闻，"流水线"操作大大提升了新闻生产的速度。借助与"中央厨房"的合作，突发新闻不超过半小时就能在微博上发布，重要新闻不超过两小时就能在日报、都市报的"两微一端"及官网上音频、视频、图片、文字并茂勃发，特别是重大活动进行网络直播，书记、市长活动一小时内网上播发。①"中央厨房"为新闻时效性的提升提供了技术支持、人力支持和渠道支持，分秒必争是获得竞争优势的关键，在这个过程中，"最快""第一时间"成为吸引受众注意的重要元素。

2. 重塑新闻生产流程，生产过程联动开放

传统新闻生产流程大致可分为三个环节：采集新闻信息→创制新闻文本→发布新闻内容。传统媒介环境下新闻采编流程体现了两个特点：一是"采编发"生产环节多，信息生产成本高；二是生产环节相对独立封闭，缺乏彼此之间的有机联系，尤其是缺乏编辑主体之间、编辑与受众、编辑与记者之间的即时互动。

这两个重要特征造成了传统媒介环境下封闭的新闻信息生产与"中央厨房"开放共享性生产方式不适应的现象。如前所述，"中央厨房"的新闻生产是集成性的，要达到资源的共享，实现灵活的运转和分配，就必须将新闻生产流程的采集、创制、发布三个环节彻底打通、整合和提升。流程再造一方面可以打破介质壁垒，形成覆盖各种媒介产品形态的集成化传播局面；另一方面有利于内容生产主体，包括编辑、记者、技术人员、营销人员等协同生产、联合作战，从而最大限度地提升媒介产品的质量和生产效率。②人民日报"中央厨房"采编流程再造就是对此进行的一次有益尝试。

3. 重构新闻生产组织，改变工作人员身份

"中央厨房"使传统新闻的生产流程发生变化，必将带来新闻生产分工的不同，继而引起新闻媒体内部机构的重组。传统媒体组织架构从采编、经营到行政，形成了一套层级多、部门细、职能杂的组织形态，这在一定程度上制约了新闻生产力的提升。③除此之外，传统媒体的新闻生产的各个部门之间相互分离，日常工作中单打独斗，原有的生产关系没有将生产力完全地释放出来，无法形成传播合力。"中央厨房"强调各个环节的融通、整合、配合、重构，打破原有采编机构的藩篱，在全社范围内打通策划、采访、编辑、发布、评价各环节，实现信息资源高度共享，形成传统报道与新媒体传播并重的全

---

① 陈国权：《中国媒体"中央厨房"发展报告》，《媒体观察》2018 年第 1 期。
② 段乐川、路畅：《论媒介融合视域下新闻采编工作的变革与对策》，《河南社会科学》2016 年第 8 期。
③ 段乐川、路畅：《论媒体融合视域下新闻采编工作的变革与对策》，《河南社会科学》2016 年第 8 期。

媒体生产机制。[1] 比如，中央电视台"中央厨房"实践中，将原来分散在各个部门、各频道的采编力量整合为一个大的新闻中心，建立了新闻指挥系统和新闻共享系统，新闻中心实行新闻中心总值班室，协调前后期、各频道、各栏目组、新媒体部门的新闻选题、线索以及排版，并对全台资源进行统一调配。[2] 而人民日报"中央厨房"也打破了传统的记者和编辑的角色划分，形成了基于融媒体新闻生产特征的人员和职能划分方式，这一切都挑战着传统新闻生产各环节的功能定位和工作人员的身份认同。

4. 提升新闻生产技能，动态把握用户需求

举例来说，新闻采集是新闻生产的第一步，完成一则新闻信息的生产，首先要做的就是采取各种手段，对具有新闻价值的信息进行采集。在传统的新闻生产方式中，记者采集新闻往往更多地依靠多年积累的信源和自己的工作经验，写成新闻报道后进行发布，新闻敏感的先验性、新闻采访的偶然性和新闻调查的主观性，都可能导致新闻事实获取的偏差。[3] 而"中央厨房"引入传播效果监测系统，可及时处理受众反馈情况，依靠大数据分析等技术手段，监测新闻热点、舆情动向，精准地把握受众的新闻喜好和动态需求，使新闻内容生产更加精准化。

5. 丰富新闻产品形态，扩宽新闻传播范围

基于传统媒体内容发布平台的特征，新闻的采集和发布很多时候只能用文字、图片、视频等形式。同时，新闻产品与受众的交互性较差，单一新闻产品的社会效果往往很难监测。而"中央厨房"融合了多种优秀的融媒体技术和新闻生产工具，例如文字排版系统、音像处理软件、AR 技术、VR 技术等技术手段，能将简单的采访做成全媒体报道。如，人民日报的"1+N"报道模式，即 1 名上会记者对应后方 N 名编辑和技术人员，一次现场采集，后方可以生产出图解、H5、直播、视频、VR 等多种形态的报道。同时，机器人新闻、数据新闻等新形式也大大丰富了原有的新闻产品和形态。

对于发布在"两微一端"的新闻信息来说，用户的阅读、点赞、转发、评论、收藏等数量，可以直观展示一则新闻信息在吸引用户注意力方面的效果。通过受众之间的人际交往圈子和社交网络渠道，新闻信息的传播范围大大扩展。同时，受众还能对原始新闻信息进行二次加工，受众与新闻产品之间的交互性大大提升，这有助于增加受众黏性。以上这些都是传统媒体渠道所不能实现的。

① 叶蓁蓁：《"中央厨房"的数据化采编与传播体系构建——人民日报全媒体生产机制探索》，《传媒评论》2017 年第 7 期。

② 陈国权：《中国媒体"中央厨房"发展报告》，《媒体观察》2018 年第 1 期。

③ 杨娟：《大数据技术驱动下的新闻生产方式变革》，《当代传播》2015 年第 5 期。

第三节 "中央厨房"对传统广电媒体的改造

由于对传统媒体报道的整合创新,"中央厨房"实现了重大新闻报道的"一体策划、一次采集,多次生成、多元传播,全天滚动、全球覆盖"[1],有效地整合了信息资源和人力资源,提高了新闻报道的效率和新闻素材的利用率。"中央厨房"为促进新媒体和传统媒体的融合发展提供了新思路,创新了传统媒体转型升级的新模式,对传统广电媒体的发展具有颠覆性的影响。媒介融合既是机遇也是挑战,目前我国从中央到地方的各级广电传媒集团建设了一批有代表性的"中央厨房",传统资源和新的管理思路相结合,为处于低潮期的传媒行业带来了一线生机,但同时也出现了传统工作方式与创新融合思路不相适应的情况。如何趋利避害,将"中央厨房"的优势作用发挥到最大值,是整个广电行业从业者需要思考的问题。

一、中央及地方广电媒体"中央厨房"的建设和发展

推动传统媒体和新兴媒体融合发展,既是党中央着眼巩固宣传思想文化阵地、壮大主流思想舆论做出的重大战略部署,也是城市广电媒体应对新兴媒体挑战,以转型谋生存、以融合求发展的重大机遇。成立"中央厨房",对采编流程和资源进行整合,是时下传统媒体应对挑战、重获发展生机的必由之路。目前,各级广电媒体都立足自身实际,根据各自对融合发展的理解和目标,打造出了一批各具特色的"中央厨房"。

中国广电媒体"中央厨房"建设的排头兵是中央电视台融媒体编辑部。作为全国广电媒体的龙头,央视的新媒体转型探索之路早在 2003 年新闻频道成立的时候就开始了。通过数次资源整合,新闻频道把原来分散在央视各个部门、各个频道的新闻采编力量整合为一个大的新闻中心,并建立了新闻指挥系统和新闻共享系统。而随后成立的融媒体编辑部则将融合之路继续深化,统筹报道资源,推动融媒体中心和"中央厨房"建设,对原有流程进行数字化、集约化改造,加快从相"加"向相"融"转变;将资源共享的理念继续落实在生产机制的变革中,求新求变,整合资源,保持并发挥中央级广电媒体在舆论引导中的主导作用。

和纸媒在子报间横向重点整合不同,现在包括中央电视台在内的电视台所要进行的"中央厨房"建设的重点部分在于,纵向地将电视和网络端口的资源打通,将原来在电视

---

[1] 侯洪强:《从"中央厨房"看传统媒体转型的困境与出路》,《青年记者》2017 年第 9 期。

端的采集任务延伸为多平台的采集和制作。中央电视台正在建设融合媒体素材库，实现电视和新媒体内容的共享共用；搭建电视和新媒体协同生产系统，增加诸如微信文章编辑、图片剪辑、H5 模板库、数据类制作工具等；搭建新闻云生产体系，形成三级多数据中心、差异化素材提供的多级生产架构；采用私有云方式建设新闻共享云平台，并构建用户新闻上传平台（UGC 系统）和面向生产的即时通信系统。

基于以上组织和机制优势，中央电视台在重大时政报道中台网一体、协同联动，搭建全球记者即时发稿平台，实现文稿、图片、视频等素材集中收集、统一生产、统一分发。建立"央视新闻通稿共享平台"，通过微视频"V 观"、网络直播等多种渠道，开展全方位、全媒体、全球化报道，实现报道中电视与新媒体多屏互动、同频共振；探索台网"一体化策划、一体化运行、一体化呈现"的节目融合模式，实现"大屏带小屏、小屏回大屏、多屏联受众"。目前，中央电视台已初步建成多终端、多语种、全覆盖的"一云多屏"新媒体传播体系。这些创新举措，推动了融媒体报道常态化。如今，中央电视台重大报道已建立 24 小时专人对接机制，前方报道团队有专人负责新媒体报道，后方新媒体团队有专人负责编辑、分发和推广。

2018 年，中央电视台媒体融合之路迈向新的高度。3 月，中央电视台（中国国际电视台）、中央人民广播电台、中国国际广播电台三台合一，整合为全新的中央广播电视总台，对内保留原呼号，对外统一呼号为"中国之声"。总台建立伊始，台长慎海雄先后同中国互联网巨头腾讯、阿里、百度的负责人接触交流，对外释放强烈信号，足见广播电视总台对于新媒体和互联网的重视。对原"中央三台"的品牌优势、人才优势、平台优势和市场优势的聚集，再加上新媒体的兼容性和用户规模优势，新成立的中央广播电视总台着力在三台融合实践上进行积极探索，构建"台网融合"的现代新型传播体系，以"国家队"的新身份正面同网络媒体进行市场、用户以及话语权的争夺。

这些举措都为中央电视台在时政类新闻报道中占据霸主地位提供了竞争优势。经过整合的中央电视台新闻中心运用分工明确、团队协作的专项统筹协调机制，打通了传送收录、剪辑包装、转码传输、生成发布等环节，引入 TVU4G 直播背包、记者视频回传系统（VGC）、GoPro 运动摄像机等先进技术手段，保证报道手段创新化、新闻产品制作精良化。2016 年 5 月 20 日，在 VGC 平台基础上，央视新闻自主研发的移动直播工作平台正式上线。记者可随时随地用手机进行视频直播和回传，移动直播又可剪辑生成微视频，实现了"大屏带小屏、小屏回大屏、多屏联受众"的良性互动，增强了新媒体产品的时效性和影响力。

在 2017 年"两会"报道中，央视新闻新媒体中心创新报道方式，其中最突出的特征是直播和短视频与时政新闻的融合。其间，央视新闻移动网更新直播方式、传播业态，全新展示"两会"现场，其矩阵号共推出 243 场移动直播，其中央视新闻移动网直播 110 场，直播时长总计 7363 分钟，累计触达人数逾 4.6 亿，在线观看人数逾 2.25 亿，开拓了主流媒体融合发展的新境界。[①]

2018年短视频热度不减，依旧是媒体博弈的重要战场。第六届中国网络视听大会发布的《2018中国网络视听发展研究报告》显示，截至2018年6月，热门短视频应用用户规模达5.94亿，占整体网民规模的74.1%，且年轻态格局突出。数据研究机构QuestMobile（北京贵士信息科技有限公司）发布的《中国移动互联网2018半年大报告》显示，截至2018年6月，短视频用户总使用时长同比增长471.1%，为7267亿分钟，长视频则为7617亿分钟，增速同比仅增9.1%，二者已经十分接近。此外，腾讯、阿里、百度等互联网巨头纷纷入局，快手、抖音等头部短视频应用正在受到来自微视、淘宝短视频等的挑战。短视频领域进一步垂直细分，"短视频+社交""短视频+资讯""短视频+购物"等模式逐渐清晰。

央视新闻新媒体中心认清了这一发展趋势，在"三微一端"的布局中，向微视频侧重的力度加大，继续在时政微视频领域集中发力，"小切口，大视角"系列报道亮眼，探索"短视频+资讯""短视频+时政"等融媒体新闻生产创新思路，精心打造以"短""新""快""活"为特点的"V观"系列微视频，有力引领舆论。2016年，央视新闻新媒体共制作习近平总书记重要活动"V观"微视频240余条，总阅读量超过7.5亿次。《习近平总书记的一天》微视频全程展示总书记出席G20杭州峰会一天的15小时、19场活动，累计点击量达到5000万次，产品规模和质量稳步提升，多部微视频产品获得传播与口碑的双丰收。

2016年全国"两会"期间，"V观"甚至"跑"到了《新闻联播》的前面，率先把现场全景画面带给了网友，并且提前"透露"《新闻联播》亮点，带动网友的收视期待，连续三天获全网"两微一端"集体转发。此外，还精心制作播出"V观"系列时政微视频共800余条，《习近平"两会"说》《习近平的"两会"时间》《人大代表眼中的习近平》等广受好评，形成热播效应。"V观"还推出一组时政动态微视频《习近平的"下团组"时间》，连续发出《人民群众什么方面感觉不幸福不快乐不满意，我们就在哪方面下功夫》《"功成不必在我"并非消极怠政不作为》等6篇时事动态新闻报道，鲜活生动地展现了"两会"期间习近平总书记到广东、山东、解放军和武警部队等代表团参加审议的新闻现场。在国内外重大新闻报道中，"V观"系列时政微视频在内容和表达方式上均有创新升级，打造出"V观习主席出访""V观两会""V观APEC""V观G20"等多个子品牌，运用独家视频资源和品牌优势，持续在各平台输出优势报道。

2017年3月18日晚，央视集中优势资源、历时百天打造的重磅微视频《初心》正式发布，点击量、阅读量迅速攀升，仅央视新闻"三微一端"和央视新闻移动网自有平台

---

① 人民网传媒频道：《我国媒体融合步入深水区，各媒体"中央厨房"建设一览》，http://media.people.
com.cn/n1/2017/0811/c14677-29464293-21.html，2017-08-11。

的 24 小时阅读量就突破了 4.1 亿人次，创下全网时政微视频传播新纪录。[①]2018 年 3 月，央视推出时政微视频《窑洞里的读书人》，选取独特视角，讲述总书记读书修身的故事。上线 3 小时内央视新闻各平台阅读量超过 100 万人次，24 小时内全网阅读量接近 1 亿人次。[②]《2018 年中国网络视听发展研究报告》显示，整合后的广播电视总台在网络视听行业中的能力被普遍看好，未来网络视听市场将形成"总台 + 腾讯、优酷、爱奇艺 + 抖音"的"1+3+1"格局。

中央电视台"中央厨房"的建设很具启发性，整合优势资源、优化新闻生产、创新呈现方式、加强与受众互动是其最主要的特征。经过媒体融合的中央广播电视总台实现了内容共享、技术共享、渠道共享，把整个组织变成了一个大的协作体，通力为受众服务，传播力、影响力、公信力大大增强。

除了中央级广播电视传媒集团之外，全国已有 55 家地市级以上媒体完成"中央厨房"建设。上海广播电视台融媒体中心，承担了电视新闻综合频道、东方卫视新闻版面、看看新闻网、上海外语频道四大平台的日常运作，并投入使用了自主研发的 Xnews 全媒体融合平台，解决了"电视新闻媒体化"的生产、管理和传播整套流程问题。浙江广播电视集团中国蓝融媒体中心，以"中国蓝云"云平台为主要技术依托，着力做强"中国蓝新闻""中国蓝 TV"两个核心客户端，不断推进内部打通、里外贯通、跨界融通，以内部打通强化优势集成，以里外贯通推动全媒体传播，以跨界融通突破市场边际，不断完善集团"一云多端、一键多发、一呼多应"的"广播电视 +"新型作业模式，努力追求更大意义上的媒体升级和新兴作业模式。[③]除此之外，湖北广电集团、深圳广电集团、黑龙江广播电视台、湖州广电传媒集团、四川广播电视台、西安广播电视台、山东广播电视台、北京电视台等都成立了新媒体中心或者"中央厨房"式集成采编中心。"中央厨房"在我国历经几年发展之后已经呈现出不同的样态和明显的分化，大致可概括为：纸媒发展快于广电，大台发展好于小台，央媒融合优于地方。[④]尽管融合程度不同，发展水平和报道能力有高有低，但全国范围内广电媒体的"中央厨房"建设已基本实现常态化和日常化。

二、"中央厨房"：传统广电媒体发展的必由之路

"中央厨房"对传统广电媒体改造的过程其实也是传统广电媒体集团与新媒体融合发展的过程。传统广电媒体打造"中央厨房"的必要性主要有以下三个。

① 闫松、赵新乐、李婧璇：《央视〈初心〉：打造时政微视频样板》，《中国新闻出版报》2017 年 4 月 12 日。
② 闫松：《央视时政微视频〈窑洞里的读书人〉背后的故事》，《中国新闻出版报》2018 年 3 月 30 日。
③ 王琦：《省级广电融媒体"中央厨房"模式探析》，《当代电视》2018 年第 7 期。
④ 楼伟民：《地方广电媒体深度融合之路怎么走》，《视听纵横》2017 年第 5 期。

1. 媒体融合是客观趋势

首先，国家层面积极推进媒体融合。2014 年 8 月 18 日，习近平总书记在中央全面深化改革领导小组第四次会议上发表重要讲话，强调要推动传统媒体和新兴媒体融合发展，要遵循新闻传播规律和新兴媒体发展规律，强化互联网思维，坚持传统媒体和新兴媒体优势互补、一体发展，坚持先进技术为支撑，内容建设为根本，推动传统媒体和新兴媒体在内容、渠道、平台、经营、管理等方面的深度融合，着力打造一批形态多样、手段先进、具有竞争力的新型主流媒体，建成几家拥有强大实力和传播力、公信力、影响力的新型媒体集团，形成立体多样、融合发展的现代传播体系。会议还审议通过了《关于推动传统媒体和新兴媒体融合发展的指导意见》。国家层面专门出台媒体融合指导文件，过去从未有过，因此业界将 2014 年视为"媒体融合元年"。在这样的大背景下，各个媒体集团打造"中央厨房"，是探索媒体融合之道的题中应有之义。[①]

其次，在新媒体的冲击之下，传统媒体的衰败和颓势已然不可避免。在固定时间守在报纸、杂志、电视机等固有媒介形态前消费新闻产品的受众越来越少，人们越来越习惯在手机屏幕上获取各种新闻和娱乐信息。在这个过程中，受众变成了用户，用户与用户之间的人际和社交关系变成了新闻产品分发的重要渠道。智能手机里的海量信息使得吸引用户注意、实现流量变现变得尤为重要。在与 H5、短视频等新兴媒体形式和内容呈现方式竞争的过程中，传统媒体必须求变，了解用户需要什么、想看什么、想听什么、喜欢什么样的表达方式。打造"中央厨房"，实现新闻生产的多元化和个性化，是传统媒体保持竞争优势的必经之路。"中央厨房"和媒介融合打破了传统媒体一元体制的格局，多元体制格局是大势所趋。

2. 消除弊端，实现人力、物力统筹的全局化

在新媒体的冲击下，传统广电行业正面临着人才流失严重、广告收入大幅下滑、注意力资源被分流等问题。尽管互联网媒体的冲击和颠覆是传统广电媒体衰落的一大原因，但不可否认，传统广电媒体自身固有弊端也是其衰落的原因之一。传统广电媒体的技术缺点主要有：①缺乏采编联动平台，流程僵化，以技术为核心建立业务流程，未建立为人民服务的沟通协调体系。②缺乏满足融媒体环境要求的传播效果分析系统，业务领导无法了解新闻实际效果。③内容生产手段比较单一、笨重，不能满足目前移动环境的要求和日益提高的用户体验要求。④仅考虑向新媒体的内容推送，并未建立内部的内容发布管理统一平台，因此也没有富媒体页面生产和管理能力。⑤缺乏渠道分发管理系统，不能集中管控大量自媒体与社交账号。⑥缺乏大数据能力支撑系统，不能对各类业务端如

① 陈正荣：《打造"中央厨房"的理念、探索和亟需解决的问题》，《中国记者》2015 年第 4 期。

"台网端微"进行及时监测和分析，无法实现有效的运营。⑦不能掌握真实全面的用户数据，无法区分和了解客户，不能进行内容广告的精准营销。⑧没有国外社交媒体的推送手段（Twitter、Facebook 等）和渠道。⑨技术平台不能开放，能力不能共享。[①] 特别是一些城市台，覆盖面窄，人力、财力、信息等资源有限，本应相互依托，相互协作，但是，按照传统的模式，城市台下属各传播终端在内容生产上大多采取闭合式、小而全的运作方式，信息资源独享，采编各自为政，常常出现多支印有相同台标的话筒指向同一采访对象，不仅是资源的极大浪费，也造成报道内容的同质化。[②] 此外，采编、制作、播出与传输的过程复杂冗长，信息时效性差；内容生产手段比较单一、笨重，节目表现手法相对陈旧落后，无法满足目前移动环境的要求和日益提高的用户体验要求；等等。这些都是广电媒体发展的掣肘。

全媒体"中央厨房"告别了传统以"分"为主的频道（率）制，统一调配采编、技术等各方力量，建立联合作战模式，在一定程度上避免了各媒体之间的资源抢夺和同质化竞争，实现了资源的最大化利用和高效运转。[③]"中央厨房"能在一定程度上补足传统媒体固有缺陷，提升信息生产和传播能力。

3. 提升媒体融合的水平，应对新媒体冲击

新媒体不会自发地、孤立地出现，它们都是从旧媒体演变发展而来的。目前绝大多数的媒体融合仍处于较低的层次，新媒体更多是作为广电的依附而存在，广播电视内容常常被照搬，最多稍微加工后就被移至新媒体。传统广电媒体曾经是主要的舆论阵地，拥有强大的社会影响力和较高的市场占有率。这几年受新媒体冲击，从社会影响力、用户依赖程度到经营收入，都出现下降趋势，一旦接近临界点，就会发生质的改变。因此，传统广电媒体必须放弃传统思维，认清现实，不断地改革自身，与新媒体与时俱进。

传统媒体与新媒体的融合发展是客观趋势，目前许多传统广电媒体都在国家政策的号召之下进行媒体融合的尝试。2016 年 7 月 12 日，国家广播电视总局出台了《关于进一步加快广播电视媒体与新兴媒体融合发展的意见》，对新形势下如何进一步推动媒体融合发展提出了明确要求，强调促进广电媒体转型升级，提升广电媒体在网络空间的传播力、影响力、公信力和舆论引导能力。融媒体环境下，传统广电媒体应在传播方式上整合优化，依托自身在采编力量、人才队伍、内容资源等方面的优势，将传统媒体与新媒体进行融合，拓宽传播渠道。

① 付文鹏：《探析广电新媒体融合原因及基础平台解决策略》，《广播电视信息》2017 年第 7 期。
② 陈韵强、赵亚光：《"中央厨房"：媒体融合视域下城市广电的新闻生产体制建设》，《中国广播电视学刊》2015 年第 10 期。
③ 沈洁、郑惠钦：《全媒体中央厨房：地市级广电的转型尝试——兼析抗御台风"海葵"报道的成功实践》，《新闻实践》2013 年第 1 期。

三、传统广电媒体在推行"中央厨房"过程中遇到的新问题

"中央厨房"模式不仅仅是硬件上的再造和提升，更为重要的是体制机制的变革。人民网董事长叶蓁蓁认为："'中央厨房'首要建设的是总编辑调度中心、采编联动平台这样的写作、指挥机制……其实并不涉及资金和技术的投入，主要是内部机制、流程的改革，然后才是一套全新的技术支撑体系，最后才是一个空间平台。"[①]打造"中央厨房"不是一件一蹴而就的事情，对于传统广电媒体更是如此。先前的广电集团一般由多个媒体构成，每一个媒体都是独立核算单位，人员的身份不一样，收入水平不同，要集中打造"中央厨房"，等于在一个集团内部重建新的组织架构、重建采编发稿流程。[②]因此，在"中央厨房"的推进过程中也出现了一些新问题。

1. 内容同质化

广电媒体的最大优势是资源优势。在几十年的发展中，各级广电媒体积聚了大量的视频、音频资源和素材，除了时政和社会新闻、专题节目资源外，还拥有大量的电影、电视剧资源。在没有新媒体的时代，这些独占资源就是制胜的法宝。但在新媒体时代，广电媒体的资源独占优势不再，内容原发生产能力出现了退化，互联网成为受众主要的信息来源和渠道。新闻从业者也要从网络中获取信息，当大量的信息在互联网平台传播时，势必会出现内容的同质化。譬如，记者将采集到的素材传到平台，各子媒根据自身方向和需求进行编辑后，常常出现"一稿多发"的同质现象。另外，由于前方记者素材收集的数量不够、质量不高等，导致素材在加工过程中可供再造的内容宽度不够，选择性较少。记者采集回的素材，有时很难满足视频媒体、音频媒体、平面媒体、网站等各个媒体的差异化需求。

2. 落后的体制机制束缚

虽然在"中央厨房"和全媒体中心建设全国范围内开展得如火如荼，但很多时候还只是停留在概念阶段，由于组织架构方面的矛盾和新闻生产的目标与方式之间的矛盾，"中央厨房"的推广困难重重。[③]例如，按照传统模式，广电的节目为定时定期播出，传统媒体人员工作时间为8小时，而在新媒体模式下，为了追求新闻信息的即时性，就需要24小时制的工作时间。

---

① 张晓燕：《探路媒体融合深水区——访叶蓁蓁》，《中国报业》2017年6月21日。
② 陈正荣：《打造"中央厨房"的理念、探索和亟需解决的问题》，《中国记者》2015年第4期。
③ 何瑛、胡翼青：《从"编辑部生产"到"中央厨房"：当代新闻生产的再思考》，《新闻记者》2017年第8期。

3. 新媒体人才储备不足与优秀传统媒体人才流失

传统广电媒体作为媒体产业第一生产力，培养了大量的采编人才。但是在新媒体产业的竞争和影响之下，诸多聚集了核心资源的创意人才不断流失，已经影响到了传统广电的基本生存。由于激励机制的缺乏，员工的绩效与其工作内容不成正比，从一线省级广播电视台到二线、三线广播电视台，广电人才队伍中的业务骨干纷纷跳出体制，转战互联网或者新媒体，这给广电媒体的人才储备和绩效管理制度敲响了警钟。

此外，打造"中央厨房"对人才需要具备的技术和能力提出了更高的要求，"中央厨房"需要的是全媒体人才、技术人才、专家型人才。在新媒体的工作分工中，善于收集信息、采集信息的工作人员很多，但是能够同时胜任信息加工、技术完善、分发信息等工作的人员却十分稀少。融媒体形势下，广电媒体人力资源管理者要更新用人观念，挖掘和重用符合新兴媒体发展要求的专家型人才，培养一批"一专多能"的融媒体人才，最大限度发挥人才的价值与创新力。

4. 管理者缺乏互联网意识

传统广电行业的管理者往往因循守旧，停留在舒适圈内，缺乏改革精神。在封闭保守的体制内发展新媒体，很难真正有效引入资本，这样一来就会错失技术提升的良机，打造强有力的全媒体平台更是无从谈起。

"中央厨房"的运作不像过去仅仅一个部门那样简单，"厨房"汇集各类制作人员，包括采购、摘菜、分类、粗加工、精加工、炒制等工种，多种工种服从统一的指挥和调度，所有的工作流程都在一个高效的指挥系统下完成。而这个指挥系统的最高指令员也就是"中央厨房"的"厨师长"（部门一级主任）必须要由集团内熟悉业务的高层领导担任，才能协调好各方面的关系。其对于"炒什么菜"能做出循序又准确的判断，下达指令到位。"中央厨房"能够巧妙避开同质化，实现高效率、高水平的运作，指挥系统起着关键作用，最高指令员无疑发挥着决定性作用。[①] 管理者要随着媒介环境的改变作出理念和思路上的革新，勇于突破，把握技术带来的良机。

四、传统广电媒体打造"中央厨房"的对策

"这是一个最好的时代，也是一个最坏的时代"，在新媒体的冲击下，传统媒体同时面临着生存危机和发展契机。面对新媒体强劲的发展势头，以及对传统媒体既有优势地位的巨大冲击，传统广电媒体的选择和态度决定了其发展方向。就目前来看，不少传统广电媒体在这场博弈中积极探索，敢为人先，不断反思"中央厨房"过程中出现的新问题

---

① 陈正荣：《"中央厨房"：共享与个性能否兼得》，《中国报业》2015 年第 5 期。

并提出应对策略。

1. 坚持内容为王

不论信息传播的渠道和媒介方式如何转变，好的内容都是新媒体和传统媒体发展的核心驱动力，广电媒体在发展过程中要坚持"内容为王"、受众至上的根本理念，大力实施精品战略，提升内容产品的品牌价值和附加值，用新的媒介方式讲好新闻故事；要在坚持正确的政治导向的同时，以用户为中心深耕本土资源，把新闻做精做透，生产更多精品内容，赢得用户的信任和忠诚。[①] 广电媒体要誓死守住"生产优质节目"这条底线，严把节目质量关，不随波逐流，不媚俗，用优秀的作品鼓舞人，以高尚的精神塑造人；始终不忘服务人民，不忘公共利益为先，用优质的节目实现舆论监督，做整个社会这艘航行的大船上的合格守望者。

2. 合理适配专业人才和用人机制

传统媒体的转型与融合发展对传媒人才的能力和素质提出了新的更高要求。传统媒体人必须改变固有的习惯和思路，走出思维误区。新媒体强调的是平等、对话，是强强联合，但传统媒体人大多数没有这种思维。

因此，对于管理者而言，要建立人才培养体系和考评激励体系，缓解全媒体发展遭遇的日益严峻和紧迫的人才危机，补齐"中央厨房"发展过程中出现的人才短板，加强队伍建设，培养全媒体人才，在巩固传统人才存量的同时，引导和培养一批具有互联网思维、掌握全媒体技能的复合型人才。[②] 对于一线的媒体从业人才而言，需要熟悉互联网用户的潜在需求，在坚持"内容为王"的前提下，让媒体融入生活，把生活引向媒体，创新互联网平台的工作模式，借助传统媒体的资源优势，为用户提供便利，实现媒体转型融合。

随着科学技术的发展，大数据、VR、AR、人工智能等技术不断应用到传统媒体之中。在此背景下，传统媒体要以技术人才引领创新，培养拥有自主研发能力和搭建平台能力的高科技人才，并为技术人才提供相应的发展平台，提前布局前沿技术；强调专业人才和团队合作的重要性，设置新兴岗位，如受众分析员、社会发现总监等，致力于了解受众需求，分析市场特征，以此为基础制作和推送高品质的新闻信息产品。"目前 CNN 和 Buzzfeed 开设社会发现总监（Director of Social Discovery）岗位。其职责是率领团队评估这些受众上传的素材，发现现场目击者，挑选最好的用户生产内容并将其发展为热点新闻故事，在突发事件发生时及时采编新闻并进行评论。"[③]

---

① 楼伟民：《地方广电媒体深度融合之路怎么走》，《视听纵横》2017 年第 5 期。
② 杨娜：《融媒体背景下的传统媒体人才转型》，《电视研究》2018 年第 5 期。
③ 沈浩卿：《人工智能颠覆传媒业：催生 10 种新岗位》，微信公众号"媒介 360"（ID：imedia360），2017 年 11 月 3 日。

3. 强化"把关人"意识

2016年7月,国家新闻出版广电总局印发《关于进一步加快广播电视媒体与新兴媒体融合发展的意见》,明确指出:广播电视媒体与新兴媒体发展必须坚持正确方向,"牢牢坚持党性原则、马克思主义新闻观、正确舆论导向和正面宣传为主,把正确舆论导向要求贯穿到广播电视媒体融合发展各环节、全过程。大力传播正能量,深化'中国梦'主题宣传,激发全社会共同奋进的精神力量。着力壮大广播电视主业,始终把社会效益放在首位,实现社会效益和经济效益相统一"。[1] 媒体融合带来的采编决策权下放、多平台分发、项目制等新模式,势必给媒体的"把关人"功能带来挑战,因此在推行"中央厨房"的过程中,必须强化"中央厨房"下的分级负责制度、内容发布过程中的多级审查机制,同时要做好舆情监测和反馈互动的工作。[2] "中央厨房"对传统的策划、采集、编辑、发布全流程的打破与重组给媒体组织架构、管理、内容审核等机制带来了前所未有的改变,新闻从业者必须正视已经出现的新问题和新现象,预测未来可能出现的问题,有的放矢并做好预案工作,保证每一个新闻作品和新闻生产的各流程都符合新闻规律和国家法律法规。

小结

"中央厨房"的概念来自国外,在国内被推广,国内媒体从2014年开始关注"中央厨房",至2017年达到峰值,其间传统媒体"中央厨房"的建设可谓如火如荼,学界和业界对此进行了理论分析和经验总结,为建设"中央厨房"提供了理论参考和实践指南。

"中央厨房"是促进传统广电媒体和新媒体融合的切入口,是一个全媒体发布平台。它在摸索实践中逐渐成形,并逐渐适应本地化的媒体属性和媒介生态环境。"中央厨房"将传统广电媒体新闻生产机制封闭、分裂的新闻生产环节"打通、整合、提升"成为开放共享、实时联动的新闻生产流程,使得新闻生产周期大大缩短,新闻生产能力不断提升。"中央厨房"的引入提高了传统媒体的资源利用率,节约了运行成本;同时,凭借兼顾时效与深度的优势,实现了传统广电媒体与大众的双向交流;多层次、多媒介组合的传播方式,有助于形成传播的矩阵力量,巩固和扩大传统广电媒体在受众中的舆论影响力,实现媒体转型发展。但同时,建设"中央厨房"不能一蹴而就,也没有"万能公式"。对于传统广电媒体来说,打造"中央厨房"不仅是一次新旧媒体的双向融合,同时也是一次浴火重生。传统广电媒体应当着力打造一支全媒体创新人才队伍;坚持内容为王,多元化、多角度地解决好新闻产品的同质化问题;同时,建立健全规范的激励机制。

① 国家新闻出版广电总局:《关于进一步加快广播电视媒体与新兴媒体融合发展的意见》,http://www.sapprft.gov.cn/sapprft/contents/6588/301352.shtml,2016-07-18。
② 刘华栋:《论广播在媒体融合实践中需要注意的三类管理问题》,《中国广播》2017年第5期。

本章思考题

1. "中央厨房"的核心理念是什么?
2. "中央厨房"对传统新闻生产流程的颠覆主要体现在哪些方面?
3. 如何理解"中央厨房"的资源整合能力?
4. 国内"中央厨房"建设代表性的媒体有哪些?各自特点是什么?
5. 怎样避免"中央厨房"流于形式或沦为概念噱头?

第九章

广播电视与新媒体的交互模式

【本章要点】本章立足于媒介融合的时代背景，分析新媒体技术对传统媒体行业发展带来的影响，从传播主体、传播内容、传播功能和传播过程的角度概述了当今传播模式的变迁对于媒介转型的重要意义，阐述了互联网群体传播时代广电媒体转型的举措。

第一节　新媒体对传统媒体传播模式的冲击

一、新媒体时代传播模式概述

传播模式研究贯穿于整个大众传播的研究历程。模式不同于理论，它更注重整体性、宏观性的信息再现，本身便有构造、阐释、启发、预测四大功能。[①] 不同传播模式的主要区别在于传播方式，传播方式即传播的方法和形式。研究模式、建构模式，实际上就是建立一种预测机制。

从大众传播模式的研究历史可以发现，传播模式具有一定的规律性。第一，传播模式的发展基本遵循从单向到系统、从纵向到横向的规律。如果将拉斯维尔的"5W"模式用单向、纵向来描述的话，控制论（S-O-R）、系统论（O-S-O-R）在加入了新的传播要

---

① 许静：《传播学概论》，清华大学出版社 2007 年版，第 11 页。

素的同时，也将传播模式从单向、纵向发展至系统、横向，使传播模式复杂化、系统化。第二，传播模式的本质是传播过程中各要素之间的关系。传播的内容是信息，而信息具有流动性。传播理论势必描述传播过程中的信息流动，且传播模式是对传播理论的具象阐述。因此，传播模式本质是一种描述传播过程中各个元素关系的公式。第三，传播模式中各环节基本都是人为操作的，即传播模式本身就含有人为介入的不可抗力。传播并非人类社会独有的交流活动，但传播的确是建构在人类传播基础之上的。而"人为介入"这一点，就凸显了传播模式在建立过程中可能带有的社会学气质。大众传播模式的建立，不得不考虑"人"的因素。

随着媒介技术的发展，媒介环境不断发生变化，罗杰斯在《传播技术：社会中的新媒介》中用交互性、非大众化和非同步来概括信息革命中新技术的特征。[1]互联网技术让人们可以脱离时空，模拟出面对面交流的场景，这体现的是交互性特征；非大众化是指人们利用新的技术与不同个体交换信息；非同步则是指不用同时出现在一个沟通场景中，人们就能进行互动。新媒体传播也具有同样的特点，同时，它在传播主体、传播内容、传播功能、传播过程方面呈现出新的特点。

二、传播主体：从媒介组织到个体

传统的传播主体通常是媒介组织，互联网群体传播时代，个体价值更加凸显，在某些突发事件中，个体的传播力甚至超过媒体。传统媒体的受众通常只是新闻事件的信息接受者，发布新闻的通常是专业媒体的记者，而在互联网群体传播环境下，新媒体技术降低了新闻报道的门槛，传统意义上的受众成为传播主体。微博、微信、微视频的传播以其便捷迅速和广泛的影响力，使新闻源头和舆论中心不再专属于传统媒体。通过新媒体平台获取新闻消息源，并在新闻事件的推进过程中时刻和网民保持互动，已经成为传统媒体报道新闻的惯用手法。

1. 个体的议程设置对传统媒体功能的消解

议程设置是传统媒体的主要功能。在微博出现之前，传统媒体将以门户网站、贴吧、论坛等为代表的网络舆论场的评论当作议程设置的后续衍生品，但掌握主动权的传统媒体在议程设置中并没能做到如公众所期许的客观、公正、准确。在微博、微信、抖音等出现后，这一功能开始让渡给了群体中的个体，个人成为议程设置的节点。各种信息庞杂的互联网群体传播，部分矫正了传统传播模式过度"筛选"与"把关"而产生的信息偏

---

[1] Everett Rogers, Communication Technology: The New Media in Society, New York: Free Press, 1986: 4-8.

见、信息垄断和由此导致的大众信息结构的偏离。[①]

与议程设置功能的让渡相对应的是议题类型的转变，即从权威到大众。大众议题通常能引发广泛共鸣，甚至能够左右媒体或决策者对事件的处理方式。2011 年的"梧桐保卫战"是南京市民依靠微博改变原有议程的实例。"为了保护法国梧桐树不因修建地铁而从城市中移植出去，个别市民将砍伐梧桐的照片发送到微博，该活动后来被南京市政府认可，表示将竭力保护沿途法国梧桐并采取了相应的保护措施。可见公众议程对政策议程的影响是直接而有效的。"[②]

2. 个人情绪裂变、集结为社会情绪

互联网群体传播的一个重要特点是具有极强感染性的个人情绪会裂变、集结为社会情绪。[③]而这一情绪如果是负面的，就更容易引起公众的关注，比如"山东非法疫苗案"曾一度引起舆情反弹。2016 年 2 月 2 日，央广网刊发文章《济南查获大宗失效人用二类疫苗案，涉国内 24 省市有疾控人员参与》，对警方抓捕过程、问题疫苗销售与运输路径、涉案金额以及受影响省份进行了较全面的报道，但在当时并未引发广泛关注。2016年 3 月 18 日，澎湃新闻发布《上亿元疫苗未冷藏流入 18 省份："这是杀人"，山东发协查函》一文，并在文中配以警方查获疫苗存放仓库现场的照片以及问题疫苗的流转、销售记录等信息，还列举了 2014 年安徽省某村民接种狂犬疫苗后仍死于狂犬病的案例。通过新闻客户端，这一事件在社交媒体中迅速扩散，极短时间内形成网络舆情。澎湃新闻随后发布跟踪报道《山东疫苗案爆"体外循环"利益链，疾控监管两大漏洞亟待修补》，网民对于这一事件的关注度与参与度不断提升。[④]3 月 19 日，自媒体公众号"口袋育儿"发布《别惊慌！山东疫苗事件其实是澎湃新闻的"标题党"》，说明这一事件的发生时间为一年之前，并指出澎湃新闻有意混淆"过期疫苗"与"毒疫苗"；同日，澎湃新闻记者吴恒发文指出"口袋育儿"误导受众，"谋财害命"。6 月 23 日，财新记者郭现中刊于《南方都市报·视觉周刊》的《疫苗之殇》在微信朋友圈的大量转发，使得这一事件在社交平台呈鼎沸之态，但文章并非万字调查报道全文，而是仅仅罗列了 20 名儿童因疫苗注射不当致伤残甚至死亡的照片。[⑤]文章被大量自媒体转载、引用或加工，这些故意渲染悲观情绪的作

① 隋岩、曹飞：《从混沌理论认识互联网群体传播特性》，《学术界》2013 年第 2 期。

② 曹颖：《自媒体背景下公民新闻对"议程设置功能"理论的重构——以微博公民新闻为例》，《现代视听》2015 年第 1 期。

③ 隋岩、李燕：《论群体传播时代个人情绪的社会化传播》，《现代传播（中国传媒大学学报）》2012 年第 12 期。

④ 王一岚：《反向社会情绪：舆论引导的靶标——以"山东非法疫苗案"和"雷洋案"为研究对象》，《新闻爱好者》2016 年第 12 期。

⑤ 曹晚红：《移动互联时代社交媒体舆情的形成与引导——以"山东疫苗事件"的微信传播为例》，《东南传播》2016 年第 6 期。

品，阅读量都过百万，引发了公众的恐慌和愤怒，也引发了公众对于自媒体发布内容真实性及其发布动机的质疑。伴随着李克强总理对"山东非法疫苗案"的批示及后续组织的调查，舆情得到了控制。该事件中，个人情绪的裂变传播，导致事实真相被掩盖。

个人正面情绪的传播则能在整个社会形成一股正能量。2014年8月，由美国波士顿学院前棒球选手发起的"冰桶挑战"（旨在让人们了解并体会"渐冻人"的感受，同时为其募款治病）在短短几天内风靡全球，各国名人、明星纷纷响应，是互联网群体传播中个人同理心这一正面情绪的裂变与凝聚。

三、传播内容：从主流价值观到多元选择

1. 传播的趣味性

新闻价值是"新闻事实和相应作品或新闻文本的属性、功能对新闻传播主体和接受主体的效应或者作用和影响，其核心指新闻信息（新闻讯息）对新闻主体的作用和影响"[1]。新闻价值要素包括时新性、重要性、显著性、接近性、趣味性。[2] 对传播内容的选择，传统媒体选择更关注新闻的重要性和显著性，体现的是传者立场，新媒体更加注重新闻的趣味性，体现的是受者立场。

互联网群体传播时代，网友的新闻评论甚至比新闻本身更吸睛。新华社官方微信曾在2017年6月21日推送了一条简讯——《刚刚，沙特王储被废了》，正文是："沙特国王萨勒曼21日宣布，废除王储穆罕默德·本·纳伊夫，另立穆罕默德·本·萨勒曼为新任王储。"文末还注明了三位编辑的名字。这条新华社的官微文章，阅读量超过10万人次，但引起网友大规模讨论和传播的并不是新闻本身，而是微信小编与网友的互动评论，网友直呼："评论比新闻有趣多了！"评论成为新闻，这在传统媒体中是很难想象的。传统媒体对于言论的审核相较于新媒体要严格得多，减少了审核环节后，和受众的互动更符合新媒体传播的特性，自然能成为具有亮点的传播内容。

2. 传播的个性化

传统媒体的传播是"工厂化"的传播，流水线生产的内容通过统一的选择标准向所有人发布；互联网群体传播时代，个体成为传播的节点，可以扮演把关人角色，这使得传播内容更加多元，也更个性化。2016年夏季巴西奥运会开幕式上央视主持人白岩松的解说，成为该届奥运会最大的亮点。直播一直以来是电视媒体最大的优势，但是历年奥

---

① 杨保军：《新闻价值论》，中国人民大学出版社2003年版，第18页。
② 童兵：《理论新闻传播学导论》，中国人民大学出版社2011年版，第48页。

运会开幕式解说往往是"朗读体"，缺乏个性的同时也很难与观众互动。白岩松打破了正式、严肃的"朗读体"式解说方式，解说词真正实现了"直播"，从观众的视角，将解说词与画面相对应。如中国队入场时，白岩松的解说是："中国队的西红柿炒蛋看上去还行，毕竟中国人大多数学会的第一个菜就是西红柿炒蛋，算是中国人的国民菜，低调又平民。"看到开幕式中一位礼仪小姐没有像其他同伴一样骑自行车进场，白岩松说："刚才徒步过去的礼仪小姐估计是三轮车链子掉了。"白岩松轻松逗趣的现场解说不仅具有亲和力，还能让观众产生画面感，他也因此被赞为"国家级段子手"。

3. 传播的场景化

"场景"这一概念源于戏剧，指通过任务行动来表现剧情的过程和布景。美国科幻作家威廉·吉布森（William Ford Gibson）1982 年提出了"赛博空间"(cyberspace) 的概念，意指以计算机、机器、信息相互连接而构成的社会生活和交往的虚拟空间。人们在赛博空间中可以摆脱物质身体的束缚而存在和活动，以信息的流动来交往和沟通。在赛博空间，也有和真实世界几乎一样的社会体系，各种司法机构、服务设施和商业组织。赛博空间作为网络传播的产物，提供了一个虚拟生活实践的场所，营造出了一个不同于以往的社会情境。[①]

罗伯特·斯考伯（Robert Scoble）和谢尔·伊斯雷尔（Shel Israel）在《即将到来的场景时代》一书中将场景这一概念应用于新闻传播领域。互联网群体传播时代，场景成为选择传播内容时考虑的核心要素，其不仅包括互联网群体所处的时间、空间范围，还包括该时空范围内的群体行为与群体心理。很多人认为，伴随媒体技术的发展，人们越来越满足在虚拟空间与人沟通，然而纵观人类在互联网上的沟通符号，从一开始的文字、图片，到后来的音视频、动画，再到今天的 VR、AR，根本功能都是最大限度地满足人类所有感官的需要，增强人们亲临现场的感觉，这种"现场"就是场景化。

四、传播功能：从宣传到验真

《2017 年虚假新闻研究报告》指出，社交媒体既是虚假新闻爆发的源头，又在传播过程中成为助推器。[②]比如在强关系属性的微信平台，谣言和虚假新闻更容易传播与扩散，一些网络谣言不仅造成社会恐慌，还引发群体性事件。因此，在新媒体环境下，传统媒体更应加强公信力的塑造，坚守新闻专业主义精神，积极发挥"验真"功能。2011 年 1 月，

---

① 赵海燕：《"赛博空间"特性描述及其带来社会场景之变化辨析》，《河北青年管理干部学院学报》2012 年第 3 期。

② 年度虚假新闻研究课题组：《2017 年虚假新闻研究报告》，《新闻记者》2018 年第 1 期。

《人民日报》在要闻四版创立《求证》栏目，开栏便鲜明宣示："求真务实是党报的品格。帮助公众辨真伪、明是非，是媒体的职责。我们开设《求证》栏目，对各类争议新闻、疑点事件进行探寻，力求通过严谨核实与深入调查，澄清事实，还原真相，回应关切，阻击谣传，促进和谐，提升公信力。"2013年6月，央视网独家辟谣栏目《考证》正式上线，聚焦时下热传的网络谣言和生活中被误读的常识、知识，致力于考证事件真相，还原事物本来面貌。

"马航MH370失联事件"一度引发国际舆论关注，国内关于该事件的首条消息来源于新浪新闻中心官方微博@微天下2014年3月8日8时29分的消息，8时45分，在绝大部分媒体都还未发布有关消息的情况下，《人民日报》官方微博发布第一条有关"马航MH370失联事件"的消息:《一架由吉隆坡飞往北京航班失去联系 载有239人》。但约一小时后，网络上传言马航MH370航班在越南迫降，直到3月9日，这一消息仍在扩散。①之后，又出现"马航MH370在胡志明市100公里处海域坠毁""越南通讯社报道飞机未解体"等谣言。《人民日报》官方微博在3月8日至3月14日连续发布关于"马航MH370失联事件"的权威信息:《航班乘客名单公布》(事实报道，不断完善细节)、《马航发言人:现在还没有能够确认MH370航班失事的证据》、《今夜，中国无眠》(追踪报道，安抚情绪与祈福)、《马海事官员:油非来自客机，而是船油》、《中科院遥地所在客机失联区发现3处油迹带》(追踪报道，辟谣)、《海口舰抵达马航MH370客机疑似失联海域》《法航447黑匣子搜寻团队谈MH370:大海里找架飞机，就像在干草堆找根针》(搜救进程报道)、《马方:目前的搜索重点是南海和马六甲海峡》《飞行员与地面最后通话内容曝光》《马航失联飞机十大不实传闻》(后续报道，辟谣)。2018年9月，有微博爆料马航残骸在柬埔寨密林发现，其后"长光卫星"官方微信从9月6日起发布多条求证信息，并通过卫星实拍证明之前的报道是失实的。从"马航MH370失联事件"的报道可以看到，这一事件的信息最早是出现在社交媒体平台，再由传统媒体进行报道，但其扩散、发酵、谣言传播、辟谣始终都是在社交媒体平台。微博发布信息速度快、受众覆盖面广，对于突发新闻的报道更有优势。传统媒体在传播过程中要发挥把关人的优势，对新闻消息源进行仔细的核实，将"求证"置于"求快"之上。②

五、传播过程:从线性传播到交互传播

互联网群体传播时代，个人价值凸显，传播过程从点对面的线性传播转向点对点的

① 霍凤、姜玲:《从马航事件看微博与微信谣言传播及阻断机制异同》，《新闻世界》2014年第7期。
② 孔清溪、林彦君、张晓丽:《灾难事件中网络谣言风暴的形成、传播规律及消解策略研究——以马航MH370事件为例》，《现代传播(中国传媒大学学报)》2014年第12期。

互动传播。受众成为新闻源、新闻报道者，传播的每一个环节都可以由媒体和受众共同完成。

1. 交互设计下的分享传播

互联网环境下，群体传播天然具有交互的特点，新媒体技术和内容构成交互的基础。如航拍、VR、AR、大数据技术、算法等新的传播手段运用在新闻报道中，给人耳目一新的感觉。但每种新的传播方式所适应的传播内容都是有限的，不是所有的内容都适合用新的传播方式传播，比如大数据技术主要适用于报道具有较大数据样本的经济和社会新闻，VR 技术适用于报道画面具有视觉冲击力的新闻。

2017 年国庆期间，央视推出系列直播报道《厉害了，我的国》，从每天早上 5 点 30 分持续到晚间 9 点 50 分，观众可以在手机页面打开为祖国送祝福的活动页面，并通过实时定位留下自己的位置信息，这些位置信息会以为光点的形式呈现，汇聚到演播室的大屏幕上；同时，观众在手机上看直播时发送的弹幕，也会实时显示在电视屏幕上。这一互动性极强的新尝试，吸引了更多观众参与直播活动。

2017 年"两会"期间，"央广主播的朋友圈"系列 H5 刷屏，页面浏览量 10 天累计170 万人次。[①] 这一实验性质的新闻报道形式，在极短的时间内引起了业界和观众的热议。该系列的 H5 表现形式与以往的视频不同，观众可以通过竖屏的形式直接观看视频，观看的体验感较好。用户直接点击链接，就能够看到主播王小艺的视频内容，就像是真实地出现在自己的朋友圈一样，没有违和感。

2. 媒介融合下的共振效应

诺尔纽曼（Elisabeth Noelle-Neumann）等人曾提出，由主流媒介引发并在媒介系统中产生的连锁反应，就是媒介之间的"共鸣效应"；马西斯（Mathes）等人也曾提出，媒介议题由其他媒介流向主流媒介的过程就是媒介之间的"溢散效应"。以上两种效应同时作为媒介之间"共振效应"的表现形式。[②] 传统媒体和新媒体融合传播的共振效应的实现，需要二者在传播过程中做到及时互动。新媒体传播由于信息源的不确定导致传播内容与新闻事实存在偏差，传统媒体则可以高效整合网络中的各种声音，深度挖掘事实背后的真相。这种互动其实是一种优势互补，有利于受众全面、客观地了解事实真相。

"魏则西事件"形象说明了媒介之间共振效应的巨大影响力。罹患滑膜肉瘤的 21 岁西安电子科技大学学生魏则西，生前曾在知乎发帖，其中涉及在百度搜索医院受到欺骗

---

① 意派科技：《专访：〈央广主播的朋友圈 H5〉百万 PV 是怎样炼成的》，http://www.sohu.com/a/130711643_684850，2017−03−28。

② 靖明、郭艳霞、潘宇峰：《"魏则西事件"主流媒体与社交媒体舆论监督的共振与互动》，《新闻爱好者》2016 年第 7 期。

的经历。2016 年 4 月 27 日，新浪微博博主"孔狐狸"（《新京报》前调查记者孔璞）发布了一条微博叙述"魏则西事件"并配上相关的知乎和百度搜索截图，该条微博转发量迅速过万。紧接着，微信上的相关话题文章开始出现，引爆舆论的文章是微信公众号"有槽"5 月 1 日推送的《一个死在百度和部队医院之手的年轻人》，该文在微信朋友圈被大量转发与分享，随后又扩散到门户网站与传统媒体。在舆论形成初期，几乎所有的文章都把矛头直指百度，大多数文章的标题充斥着愤怒情绪。而《人民日报》官方微博发布题为《魏则西之死，拷问企业责任伦理》的评论文章，从官方层面对"百度竞价排名"的商业经营行为做了定性。之后，公众的情绪宣泄开始转向理性问责，舆论热点从"百度竞价排名"转向"莆田系"。

从"魏则西事件"的舆情发展可以看出，传统媒体与新媒体的融合传播形成了共振效应。2016 年 7 月 8 日，国家工商总局发布《互联网广告管理暂行办法》，第六条规定："医疗、药品、特殊医学用途配方食品、医疗器械、农药、兽药、保健食品广告等法律、行政法规规定须经广告审查机关进行审查的特殊商品或者服务的广告，未经审查，不得发布。"第七条规定："互联网广告应当具有可识别性，显著标明'广告'，使消费者能够辨明其为广告。付费搜索广告应当与自然搜索结果明显区分。"

第二节　新媒体推动广播电视的发展

新媒体技术对广播电视的影响是全方位的，它不仅改变了广播电视的传播形式，也加快了我国广播电视行业走出国门，由此促进了广播电视行业的创新转型。

一、新媒体背景下广播电视的融合发展

2018 年 4 月 19 日，中央广播电视总台正式挂牌成立，加速构建全媒体传播格局。融合不是简单的物理相加，而是要对国家级传媒航母进行"1+1+1>3"的高效整合。2018 年 6 月 21 日，中央广播电视总台总编室成立大会召开，在中央批复的总台"三定"方案中共下设 25 个中心，这标志着总台的融合改革已进入实质性阶段。2019 年 5 月，中央广播电视总台注册成立了融媒体公司——央视频融媒体发展有限公司，注册资本为 10 亿元，中央电视台占股比例为 90%，央视网占股 10%。在部门设置上，中央广播电视总台积极围绕"融"字做文章。比如新媒体中心分别设置了融合发展中心、新闻新媒体中心和视听新媒体中心，按照"台网并重、先网后台"的思路，持续推动"三台三网"加速融合，力争在信息内容、技术应用、平台终端、管理服务等方面实现共享融通，打造载体多样、

渠道丰富、覆盖广泛的移动传播矩阵。[①] 可以说，中央广播电视总台不仅针对自身需求打造更具开放性的互联网平台，更多的则是希望通过探索跨越式发展途径，为央媒深化融媒体改革、广电媒体的互联网化转型提供思路。

移动互联网时代，基层媒体的传播格局也相应改变，而县域用户已成为移动互联网增量群体的中坚力量。因此，县级融媒体中心建设势在必行。建设县级融媒体中心是党中央的重大部署，技术规范关乎县级融媒体中心建设成败。在中宣部领导下，国家广播电视总局主动承担起县级融媒体中心建设标准编制任务，联合中宣部发布了《县级融媒体中心建设规范》《县级融媒体中心省级技术平台规范要求》《县级融媒体中心网络安全规范》《县级融媒体中心运行维护规范》《县级融媒体中心监测监管规范》。这些政策要求为县级融媒体的建立和发展指明了方向，提供了技术上的指导。

二、新媒体推动广播电视发展的技术背景

1. 国家大力推动有线网络技术升级改造

国家广播电视总局正大力推进全国有线电视网络整合，同步推进网络升级改造工作力度，组织编制了《有线电视网络光纤到户系统技术规范》《有线电视网络智能（IP）机顶盒技术要求》《全国有线电视互联互通平台云数据中心技术规范》等标准。

有线电视网络的升级改造是以推动有线电视网络高质量创新性发展为主线，以深化有线电视网络与新一代信息通信技术深度融合为重点，以云端化、IP化、智慧化、融合化为方向，加快技术优化、体系重构、流程再造，推动有线电视网络"云、网、端"资源要素的有效整合、融通共享和智能协同，着力构建高速、泛在、智慧、安全的新型有线电视网络。[②] 在技术架构上，有线电视网络升级改造着重构建"云、网、端"为基础的新型网络架构。

2018年3月，中宣部牵头成立了网络整合发展领导小组，多部门联合制定了《全国有线电视网络整合实施方案》，中央全面深化改革委员会正式将网络整合和升级改造方案列入2019年工作要点。全国网络整合的实质性推动，为广电科技发展带来了历史性机遇。有了技术的加持，全国各省份纷纷加快推进有线电视网络数字化、双向化升级改造，不断提高有线电视网络承载能力。国网公司进一步加快互联互通技术平台、业务平台、全国"五横五纵"干线光缆传输网、广电宽带数据网建设，取得明显成效。

---

① 刘晓龙：《在开拓创新中打造现代新型主流媒体》，《新闻战线》2018年第10期。

② 新浪科技：《国家广电总局：加快有线电视网络与5G等新兴业态融通》，https://tech.sina.com.cn/t/2019-10-08/doc-iicezzrr0779947.shtml，2019-10-08。

2. 国家广播电视总局推进建设面向 5G 的交互广播电视网

5G 网络是现代网络技术发展的一种通信网络,传输速度快是其主要的特点。从理论层面来说,第五代移动网络发展至今,其传输速度可达每秒几十千兆字节;从传输的质量来说,与之前的 4G 网络相比,其传输速度以及传输质量有很大的改变。相较传统的移动网络,5G 网络对于移动网络的发展具有重要意义,实现了传播质量与速度的双重突破。

国家广播电视总局深入贯彻移动优先战略,组织研究既体现广电特点又与电信形成优势互补的组网方式。牵头成立"无线交互广播电视"工作组,开展广播无线覆盖与数据交换方式融合的组网研究,由总局广播电视科学研究院牵头,积极参与国际 5G 广播标准的研究与制定。深入研究 5G 技术、频率规划和实施方案,组织国网公司开展 5G 移动通信业务资质、牌照和频率申请的相关工作,研究编制清频方案,积极筹备广播电视 5G 网络建设前期准备工作。

2018 年 4 月,美、英、法联合精准军事打击叙利亚首都大马士革的当天,央视和新华社就在第一时间提供了"大屏 + 小屏"的现场直播。央视派往战争最前线的战地记者徐德智一个人肩负起出境、导播、摄像、编辑、卫星传输等多项任务,从容不迫地与国内进行直播连线,并在央视新闻移动客户端不间断直播。

在 2019 年的全国"两会"等重大报道中,"4K+5G""VR+5G"等成为高频词,4K 超高清频道直播运用于"两会"的直播报道中,与 5G 技术的结合实现了高效率的新闻报道。在庆祝新中国成立 70 周年的报道中,央视新闻利用"4K+5G",实现了阅兵式的全景直播,高分辨率、高帧率和高动态范围内的画面表达让观众全方位地领略阅兵式的宏大场面。

5G 技术的融入改变了传统的电视媒体,使其变得更加智能化、多元化。电视媒体应该发挥其优势,与其他行业进行深度合作,共同把握技术发展带来的发展机遇,从而带动整个信息技术行业的发展。这种融合发展以 5G 技术为纽带,将产品和服务串联,形成一种融媒体传播体系。[①]

三、新媒体推动广播电视的多元化传播

传统的电视具有即时传播、顺时收看、稍纵即逝的特点,电视观众只能被动地接受电视台播放的内容,甚至其内容播放的时间段都是无法选择的,观众只能通过调换频道来决定看什么内容。这种形式既满足不了观众对内容的期待,连播放的时间也无法做到灵活。从这个层面讲,电视受众是被动的,没有选择的权利,不仅被电视节目时间表束缚,也被时间和空间制约。[②] 新媒体时代,传统的电视传播方式发生了巨大的变化,从单

---

① 李雯:《5G 互联背景下电视媒体的创新方向分析》,《新闻研究导刊》2019 年第 15 期。

② 李菡:《媒介融合下电视台新闻传播方式分析》,《新闻传播》2019 年第 14 期。

向传播逐渐转变为多向传播，从线性传播渐变为非线性传播，并借助新媒体渠道，实现了更加丰富且多元化的信息传播。

中国互联网络信息中心（CNNIC）发布的第 45 次《中国互联网络发展状况统计报告》显示，截至 2020 年 3 月，我国网民规模达到 9.04 亿，其中手机网民规模达 8.97 亿。网民规模不断扩大，导致电视媒体受众严重分流。"据 America Online 的一项调查研究，在当前互联网及新媒体技术和设备快速普及的时代背景下，大约有 37% 的网民减少了电视观看时间。新媒体时代强调人们的个性需求与满足，受众的具体化、多样化，一方面对传统电视媒体的生存与发展带来了严峻的挑战，另一方面又对互联网以及新媒体抛去了橄榄枝，以至于传统电视媒体受众被严重的分流、分割，甚至成为需求和特点不同的小众。"[①] 电视媒体要发展，必须争取年轻受众，利用多元化传播方式抢占传播阵地。

在 2017 年 3 月 4 日的"两会"直播中，央视新闻频道直播间特别栏目《两会有啥事我们帮你问》和央广直播间特别栏目《央广会客厅》首次实现了实时跨平台互动，观众可以通过电视观看到两个节目的内容，听众也听到了两个画面内的声音。这是传媒行业的一大创举。《欢乐中国人》是央视综合频道推出的一档讲述普通中国百姓故事的真人秀节目，"在 2018 年播出的《欢乐中国人》第二季中，节目创新了传播方式：把供观众分享短视频的二维码直接植入节目正片中，使其成为重要的流程环节，甚至成为主要的舞美背景和包装元素，从而直接'把小屏嵌入大屏'，真正做到线上线下传播合二为一。而这样的传播效果是惊人的——每期播出时，每个人物故事相关的视频和微信文章阅读量都在几分钟之内迅速突破 10 万 +，甚至是 100 万 +。这不仅使电视成为新媒体本身，而且把大量的电视受众直接转化成新媒体受众。这样的传播效果令人欣慰，也让我们认识到，电视在全媒体环境下有着无穷的潜力和无限的可能"[②]。

四、新媒体推动广播电视的国际传播

互联网群体传播时代，我国主流媒体有效利用境内外第三方平台，积极搭建移动传播渠道，力争在对外传播中有所作为。其一，利用直达用户的多元技术路径，凭借大范围、低成本、高效率的传输条件，获取真实反馈的渠道，改变对外传播中"西强我弱"的局面。其二，利用移动互联网丰富报道手段，追求内容创新，在热点事件中阐明中国主张，在重大主题报道中唤起华人世界的情感共鸣，贴近海外用户的文化心理和思维习惯，推动与各国的文化交流。其三，立足"移动优先"战略，优化采编流程，在机制改革背景

---

① 蔡梦茹：《新媒体冲击下传统电视媒体的生存之道》，《今传媒》2017 年第 1 期。
② 许文广：《新媒体时代，电视节目如何打造现象级传播》，http://www.cctv.cn/2018/11/02/ARTIcy91ZEjCNKchfpJhaIuS181102.shtml，2018-11-02。

下，强化对外传播融合发展，强化用户思维，扩展服务领域，不断提升在海外的影响力和传播力。

海外网络传播力是衡量一个国家文化软实力的重要指标。在新媒体的助力下，我国"在全球范围内建立了十个海外镜像站点，筹建了国家网络视频传播技术研发中心，试运行国际视频发稿平台，每天向全球 800 多家电视和媒体用户发布视频新闻资源。2010 年，中央电视台在世界范围建成七大中心记者站，50 个海外记者站，覆盖美国、法国、俄罗斯等 140 余个国家和地区，海外落地用户超过 1.6 亿"[①]。

央媒作为我国对外传播工作的"排头兵"，肩负着国际传播的重要职责。新华社 2012 年就开始在海外开设社交媒体账号，又于 2015 年 3 月 1 日将在 Facebook、Twitter、YouTube 三家海外社交媒体平台的账号统一更名为"New China"，每天 24 小时以文字、图片、动画、视频形式不间断地向用户推送国内新闻、涉华新闻和国际新闻。2013 年 3 月，在习近平主席访俄期间，人民网与"俄罗斯之声"广播电台签署合作协议，双方互相在对方网站上开辟专栏，推送中文、俄文新闻。人民网俄文频道在俄罗斯最大社交网站 VK 上开设账号，吸引当地民众关注。2014 年 2 月，《人民日报》海外版推出微信公众号"侠客岛"，把高大上的时政新闻变成普通人读得懂、喜欢读的微信文章，展现出较强的"吸粉""收赞"功能，并在极短的时间内发展成为最受欢迎的时政类公众号之一。人民网英文账号是第一家获得 Facebook 认证的中国媒体，享受与《纽约时报》《华尔街日报》等国际知名媒体同样待遇。2016 年，央视开始加快对外传播的力度，比如中视国际传媒就开始向非洲、中东以及美国输出电视节目，从而实现文化的传播。这些节目不只面向海外华人，其收视群体也开始向非华人转移。

五、新媒体推动广播电视的创新转型

在移动互联网发展的背景下，广播电视的转型成为大势所趋。下文将以移动广播电台 App"喜马拉雅 FM"为例，探讨我国广播电台的转型之策。

1.算法推荐描绘用户画像

近年来，我国电台进入高速发展时期，依托互联网而生的网络电台逐渐占据了广播电台的半壁江山。移动电台依靠大数据算法技术，通过对音频进行场景化传播，实现对用户的精准化与个性化推送。

喜马拉雅 FM 利用算法技术，推出了个性化信息定制服务，采用基于时序行为的协

---

① 高晓虹、李智:《试析传播新格局下电视与新媒体的相互借力与共赢》,《国际新闻界》2013 年第 2 期。

同过滤算法以及结合推荐对象间关联关系的社会化推荐算法，实现对用户的精准推送。[①]协同过滤算法对推送形式没有特别的要求，所以被广泛应用于电子商务领域，精准定位的手段提高了产品推送的效率，带来了巨大的商业利益。

在喜马拉雅 App 首页，有非常详细的音频分类，用户可根据喜好点击收听。喜马拉雅 FM 不仅能基于用户的点击偏好数据推荐相关的节目，还会生成"猜你喜欢"的推送板块，尽可能延长用户的沉浸时间。

2. 构建"UGC+PGC"传播模式

随着互联网技术的发展以及新时期传播内容的不断升级丰富，电台也从最初的单向传播发展为双向互动传播。新媒体环境赋予了用户传播信息的功能，他们不再是传统媒体时代的被动接收者，他们同样可以在各大平台传播自己的声音，录制相关的音频。

喜马拉雅 FM 有一套自己的把关系统，可以对音频的形式和内容进行反复筛选，对政策及舆论导向进行多重把关。[②]用户在接收到音频信息后，可以根据个人喜好对内容进行二次加工，并再次传播，这样用户就实现角色的转换，成为信息传播者。

在喜马拉雅 FM 的音频平台上，意见表达的自由市场已然形成，用户可以进行知识的传播，同时也可以就专业人士的传播内容发表自己的观点。在该平台上，很多"声"怀绝技的用户通过主动"发声"成为"声优"或人气主播。这部分得益于喜马拉雅 FM 独特的运营模式，其可以对主播的传播内容进行管理，筛选出具有传播价值的优质主播，发掘优质的信息传播者。

3. 内容生产与社交功能激活用户

对于知识传播来说，专家学者的高质量的内容会成为用户的最佳选择，比如北大教授薛兆丰的经济课程就有很多用户买单。在专业知识内容的生产方面，喜马拉雅 FM 会通过大数据来推测节目是不是具有潜力，能否吸引到众多用户，同时平台也会对内容进行优化。

新媒体时代，人人都有机会接触丰富的信息资源，在这样的传播环境中，信息的传播不仅停留在创作者的信息表达上，如果相关用户对传播内容进行整合，加以创意化的表达，那么作品就可能会收到意想不到的传播效果。在喜马拉雅 FM 的评论区，用户可以评价传播内容，与主播进行实时互动，这反过来又促进了主播的内容创新。

---

① 范玥:《新媒体时代移动电台发展路径探索——以"喜马拉雅 FM"为例》,《西部广播电视》2019 年第 5 期。

② 翟硕:《媒介融合语境下内容生产领域的创新实践——以"喜马拉雅 FM"为例》,《青年记者》2019 年第 15 期。

●●●●●●●● **小结**

本章从传播主体、传播内容、传播功能、传播过程等方面分析了新媒体对传统媒体传播模式的冲击，论述了新媒体推动广播电视发展的技术背景和具体表现，包括推动电视的融合发展、推动广播电视的多元化传播、推动广播电视的国际传播、推动广播电视的创新转型。

本章思考题

1. 新的传播格局下，传播内容呈现出哪些新特征？

2. 传统媒体和新媒体的融合传播如何实现共振效应？

3. 举例阐述广播电视在媒介融合方面所做的有益探索。

4. 如何实现新媒体与广播电视媒体的协同共生？

第十章

广播电视与新媒体的
产制创新

【本章要点】在信息高度发达的网络时代，人工智能技术在传播领域的应用加快了媒体的智能化进程。人工智能技术的发展带来了传媒业的重塑，不论是动画新闻、传感器新闻、机器人新闻，还是算法推送、增强现实（AR）技术、虚拟现实（VR）技术、人工智能（AI）技术，都是对新时代广播电视发展战略的支持。未来的广播电视和网络媒体将会在采编播、传输、发射、接收、监测等全系统各环节广泛应用人工智能技术，"智能+"将在推进"智慧广电"建设和提高广播电视公共服务水平中发挥重要作用。

技术的发展带来了内容生产的变革，动画新闻、传感器新闻、机器人新闻等新的新闻形态诞生，增强现实（AR）技术、虚拟现实（VR）技术、人工智能（AI）技术目前都已经被应用于媒体的内容生产。未来，随着技术的发展，这些生产方式会被新的方式所替代，时刻了解与关注新型技术下的新闻内容产制和传播特点，有利于了解传统媒体与新媒体融合的发展趋势，也就更能理解传播史的发展变革，从而更好地探究在技术辅助下传播的未来走向。

第一节　广播电视与新媒体内容生产的融合

　　互动融合的新媒体强化了受众对碎片化内容的视听需求，他们把大量时间花在使用第二屏幕上，通过社交网络新媒体观看或参与不同的内容。广播电视失去了部分转向移动设备和新媒体的受众。基于数字网络，现代信息技术的新媒体重新定义了人们获取信息的方式，对传统媒体的市场空间产生了巨大的冲击。融合是对媒体分散资源和闲置资源的充分开发和最大化利用[①]，广播电视等传统媒体正是通过融合转型寻求新的发展机遇，媒体深度融合构建了当今传播的新格局。

一、社会协同参与内容生产

　　移动互联网的深入发展和智能终端的普及，为公众参与内容生产提供了可能。技术更新换代改变了内容的单向线性生产方式，传播与互动功能被开启和放大，"传者中心"视角逐渐让位于"受者中心"视角，公众在内容生产中扮演越来越重要的角色。

　　移动智能终端给公众提供了内容创作的平台，尤其是在突发性事件中，个体往往能先于专业记者采访而在新媒体平台报道自己的所见所闻。传播主体的个人化和多元化，使内容生产逐渐去中心化。[②]CNN 在 2006 年 8 月创立发掘新闻平台 iReport，目击新闻的普通民众可自发上传实时报道至 iReport 网页。2015 年，iReport 升级改版，接入 Twitter、Facebook 等多家社交媒体，用户上传到社交媒体平台的内容会自动传输给 CNN，经过筛选后显示在 iReport 上。网站上线一个月，有超过 10000 名用户加入。类似的公众式新闻媒体还有英国 BBC 的 Action Network、韩国的 OhmyNews 等。

　　公众的积极参与，增强了新闻内容生产能力。刘亮君、蔡美瑛在对 PeoPo、WeNews 公民新闻报道主题的内容分析中发现：公民记者在参与新闻报道上，大多积极主动，自行采访，无须依赖专业媒体，这有助于实现媒体民主化与信息平权。陆佳怡等分析了公民新闻的透明性叙事，认为公民新闻在揭露事情真相上可以发挥重要作用。[③]当然，公民新闻也面临质疑，比如缺乏客观性。[④]

---

① 林耀：《融合关键：媒体资源垂直化整合》，《传媒》2015 年第 13 期。

② 谭天、刘云飞、丁卯：《新媒体语境下的"新闻"界定》，《新闻界》2012 年第 12 期。

③ 陆佳怡、仇筠茜、高红梅：《零度控制与镜像场景：公民新闻的透明性叙事》，《国际新闻界》2019 年第 5 期。

④ 姜欣：《浅析公民新闻视阈下的新闻客观性》，《前沿》2012 年第 15 期。

众包新闻是在公民新闻基础上的又一创新，它将互联网技术支持的商业生产模式"众包"与"公民新闻"内容生产结合起来。以"点点"新闻客户端为例，在 2017 年国庆长假期间推出的"点点带你回眸国庆长假"系列图文报道，内容便是来源于网友的众包。[①]2008 年，美国众筹平台 Spot.us 上线，推出了"众筹新闻"板块。众筹新闻的发起者往往是拥有传统媒体工作经验的记者，具备良好的新闻专业素养，能够保证新闻的真实性和客观性。我国的众筹新闻发展以"众筹网"的建立起步，例如记者罗东发起的《杭州：动漫之都的升级与转型调查》。不论是公民新闻、众包新闻还是众筹新闻，都在不断克服自身缺陷过程中前进，彼此之间进行有益补充，更好指引未来广播电视与新媒体的内容生产。

二、多平台内容生产

早在 2005 年新媒体传播局势变化之初，BBC 便着手全媒体转型战略调整，2006 年 4 月推出"创意未来"（Creative Future）计划，确定了从传统单一媒体向全媒体战略转型的蓝图，旨在为受众创造更多价值。BBC 以新兴数字技术为基础，整合采集、编辑、节目三个核心部门，形成了统一的跨平台全媒体播出管理系统。[②]

2013 年，CNN 全面实施"移动先行，数字第一"的新媒体发展战略，利用新媒体技术驱动内部组织结构改革，建立新媒体数字新闻采集节目部、编辑部、数字产品部三大部门，形成全媒体融合采编系统。[③]

三、内容垂直化

网络技术的发展和运用不仅让网民快速增长，还使得人们获取信息的途径增多，个人经验和认知世界的方式得到丰富。面对海量信息，专业且实用的内容受到大众的欢迎，内容垂直化是移动互联网时代最具传播价值的入口选择。[④]

"一条"视频从创办伊始就选择垂直化的内容传播，保持精准的定位——"生活、潮流、文艺"，并提供专业的内容。[⑤]"一条"视频旗下有 9 个专业领域的细分栏目。《2018 微博用户发展报告》显示，新浪微博在 60 个垂直领域中已与包括"一条"视频等 1200 家

① 王高峰：《众包新闻，新媒体内容生产的又一创新路径》，《传媒观察》2018 年第 3 期。
② 黄艾、曹三省：《BBC 全媒体：理念变革与战略转型》，《电视研究》2013 年第 12 期。
③ 杜毓斌：《美国有线电视新闻网（CNN）的新媒体转型之路》，《南方电视学刊》2016 年第 4 期
④ 林耀：《融合关键：媒体资源垂直化整合》，《传媒》2015 年第 13 期。
⑤ 李晓彤：《短视频的传播策略及效果研究》，安徽大学硕士学位论文，2017 年。

MCN 机构展开产业、运营等方面的深度合作，月阅读量超百亿的垂直领域多达 32 个。[①]
澎湃新闻则深耕时政领域，立志做"中国时政第一品牌"。

国外在线新闻网站 Vice News，专注青年文化，从青年视角出发，打造专为年轻族群服务的文化媒体。Vice News 先后聚焦伊拉克内战、巴西抗议世界杯游行、叙利亚内战等事件制作精品新闻视频，内容创新大胆，又常常能引发思考。正如其网站宣传文案所言："向你传递你想知道的任何新闻，而传统媒体甚至都不敢告诉你这些事情。"

四、内容付费

国外传统媒体较早试水数字内容付费，以应对生存空间被挤压的威胁。1997 年，《华尔街日报》率先推行数字内容收费：年费会员制、套餐收费制、部分文章免费阅读模式。之后，《纽约时报》实行按权限收费，提供每月限定免费内容数量，目前很多网络报刊仍延续这项制度。

2007 年温州日报报业集团成为国内第一家实行数字化订阅付费的媒体，2010 年《人民日报》推出内容收费模式，但两者均以失败告终。大量提供免费内容的门户网站的出现，以及国民心中根深蒂固的免费享用心理，让内容付费模式步步难行。2014—2016 年，有关付费模式的讨论进入瓶颈期。彼时，像"得到""喜马拉雅 FM"等知识付费平台正在探索成熟的付费商业模式，直接推动了 2017 年的知识付费浪潮。[②] 在影视领域，受国外视频网站付费模式的影响（如打造现象级美剧《纸牌屋》的全球最大的收费视频网站 Netflix），国内也开始尝试在线视频的付费点播，其中网络剧成为付费模式的主要拉动力量。

互联网的免费内容在为公众带来福音的同时，其把关人缺失所导致的劣质低俗信息泛滥也部分抵消了公众免费获得的利益。内容付费模式的前途是光明的，道路是曲折的，有效的盈利模式才能维持媒体的可持续发展，未来，业界对内容付费模式的探索还会有多种可能。

第二节　新新闻形态与广播电视媒体变革

移动互联网背景下，广播电视等传统媒体迎来新的媒介生态挑战，如内容竞争、渠道

---

① 黎映伶：《自媒体短视频类垂直内容深耕策略研究——以新浪微博用户"papi 酱"为例》，《新媒体研究》2019 年第 7 期。

② 王沛：《新时代背景下的知识付费模式探析》，《出版广角》2019 年第 9 期。

争夺。新技术催生媒体进化，革新内容生产与传播方式。本节基于国内外媒体在内容生产上的创新案例，从动画新闻、传感器新闻、机器人新闻等方面来考察传统媒体与新媒体的融合创新。

一、动画新闻与广播电视媒体变革

从匮乏到过载，媒体之间在信息市场的激烈竞争，导致内容同质化严重。一方面，受众的视听偏好逐渐从文字、图片转向视频、动画等能带来感官刺激的信息，受众对传统的文字媒介的依赖度日益降低。新媒体时代的竞争实际上是对受众注意力的争夺，而受众的注意力又与图文符号刺激密不可分，大众非语言传播符号如色彩、动作、图案造型等对受众的注意力效能有重要影响。[①] 按照"使用与满足"理论，非语言传播信息有助于提升受众对新闻媒介的满意度。另一方面，技术驱动新闻内容再造与创新，如三维（3D）渲染技术和二维动画技术提升了媒体叙事创意，通过生动再现新闻场景增强了报道效果。"动画新闻"（也称"动新闻"）的出现，给受众提供了一种全新的视听体验，对新闻内容表达的范式革新具有一定的价值，同时也引发了关于新闻真实性的深入讨论。

1.动画新闻：传统新闻的突破与创新

动画的制作过程是：制作人借助计算机虚构空间，按需来绘制模型或场景，辅以灯光、音效等要素，产出视觉动画画面。[②] 动画新闻通过数字化报道形式，将传统的报纸、广播、电视的文字、照片、音频、视频等新闻内容与动画方式进行融合表述。国内的动画新闻以 MG 动画即动态图像形式为主，以部分三维动画为辅，综合运用文字、图像、视频、音频等语言符号。2015 年，新华社在"东方之星沉船事件"中使用 3D 动画还原客轮覆海的动态过程并对相关细节进行可视化处理，实时报道民众关切的救援情况，使得"动画新闻"这一新的新闻表达方式获得关注。[③] 新闻一经发布，便在各大社交平台获得上百万转发和评论，其他新闻媒体也纷纷转发，获得了良好的传播效果。

（1）受众信息消费需求的转变

波兹曼（Neil Postman）在《娱乐至死》中指出，"感性的视听符号在加强"[④]。读图时代，受众更加追求浅层次的感官刺激，娱乐成为受众观看动画新闻的主要动机。[⑤] 这就要求新

① 王亿本：《大众非言语传播的说服功能研究》，《新闻学论集》编辑部：《新闻学论集》（第 29 辑），经济日报出版社 2013 年版，第 110—112 页。

② 闫世军：《新媒体时代数字动画技术在新闻传播中的应用》，《新媒体研究》2016 年第 23 期。

③ 刘艺梅：《智媒时代灾难新闻的生产变革》，《今传媒》2019 年第 8 期。

④ Neil Postman, Amusing Ourselves to Death, London : Penguin Books, 1985.

⑤ 陈惠诗：《阅听人对动新闻的使用与满足研究》，台湾艺术大学硕士学位论文，2012 年。

闻媒体在"消化"收集的信息后进行内容生产时把握好"转化"这一环节,用形象化的元素和简练的语言表达信息,使新闻变得"好看"。动画新闻将这种转化变得更直观,迎合了受众的信息消费趣味。

（2）技术驱动内容再造

2007年,壹传媒动画有限公司成立。2009年年底,推出第一支动画新闻。随着3D建模、地点追踪、远程航拍、新闻图解技术的持续改进,动画新闻的产制能力也相应提高。2011年,壹传媒动画有限公司一天便可以生产出至少40支动画。新京报"动新闻"从开始的三个星期孵化一支动画,发展到平均每天能生产330条原创新闻内容。[1] 动画新闻高产出的背后,是技术驱动下的强大新闻生产力。技术驱动和媒介融合推进的动画新闻作为一种新的融合新闻操作方式,已是新闻内容生产的大势所趋。[2] 此外,借助专业动画制作平台,"人人都会做新闻动画"正在成为现实。[3] 动画新闻只是技术发展过程的一个初级新闻产品,未来,技术加创意也是内容再造的一个趋势。大数据技术的蓬勃发展,为动画新闻提供了数据支撑,数据新闻正成为我国动画新闻的一大特色。

（3）应对纸媒危机的策略

1995年,香港报业出现了前所未有的减价大战,各大媒体之间恶性竞争,受众只需看一个标题、一张照片、一个表格就可决定要不要花时间看全文。纸媒危机的本质是内容危机[4],而内容是纸媒也是其他所有媒体的核心竞争力。从某种意义上来说,动画新闻的推出,是传统媒体应对危机的一种策略,即从市场的角度出发,以受众为导向,实现从"传播者本位"到"受众本位"的根本转变。

2. 国内动画新闻的典型案例

（1）新华社

2015年,新华网引入动新闻制作,发布了4条习近平主席访美动新闻报道;之后又推出了习近平主席的英国之行、拉美之行等访问报道。除此之外,新华社的动新闻报道《"东方之星"客船翻沉事件》在移动社交平台获得上百万转发和评论,美国全国广播公司（NBC）联系新华社要求付费转播,各大新闻媒体也纷纷转发。此后,新华社在解析"MH370残骸如何漂到留尼汪岛"、"天津滨海新区爆炸事故"等报道中利用3D技术模拟新闻场景,获得广泛关注。

---

[1] 曾庆雪:《小米、360等多家互联网公司看好,新京报动新闻凭什么?》,http://www.zj-yiming.com/jinqizixun-2/26267234.html,2016-06-18。

[2] 李彪:《融媒时代"动新闻"的三种模式》,《新闻记者》2016年第1期。

[3] 宋乐永、宋雅娟:《用新闻动画讲好中国故事》,《新闻战线》2019年第1期。

[4] 杨明秋:《纸媒不老 变革前行》,《中国经营报》2014年5月26日。

区别于商业化媒体，新华社作为国家主流媒体，在动新闻策划上十分严谨，对报道的各方面要求都较高，既要生动形象且有效地传播信息，也要把握好主流价值观。因此，新华社动新闻的生产流程较为复杂：选题方向确定后，动新闻部门对社内融媒体中心平台资源库中的内容进行改编，具体的创意设计制作则外包给提供数字动画制作的公司，产品完成后的审稿和签发则提交新华社新媒体中心负责（图 10-1）。由于采用外包制作模式，动新闻在时效性和制作数量上还有提升空间。

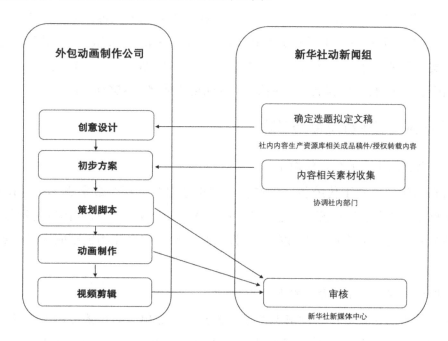

图 10-1　新华社动新闻生产流程

从新华社最新的客户端栏目设置看，此前独立的"动新闻"板块已被撤下，动新闻不再以专栏的形式出现，而是融入综合、图文、视频新闻中。截至 2019 年 7 月 30 日，动新闻最近的更新日期在 2019 年 3 月。可见，随着媒体融合进一步发展，会有更多创新的新闻报道形式出现，进一步验证了动新闻只是媒体融合发展中的一个初级产品。从新华社客户端每一次的改版升级可以看出，传统媒体为应对来自新媒体的挑战正在积极寻求突破和改变。

（2）新京报

2014 年，新京报以"中国 3D 新闻第一媒体，不看一字而知天下事"为口号进军视频报道领域，提出全媒体转型的目标，在当时是国内第一家尝试动新闻报道的媒体。[1] 新京报的动新闻在风格上追求轻松幽默，在时效上强调快速及时，在内容上主攻社会新闻，

① 罗跃姝：《从〈新京报〉全媒体转型看我国报业突围之道》，西南大学硕士学位论文，2017 年。

它的推出有效地吸引了受众眼球，为新京报的融媒体转型提供了很好的示范。

相较于新华社的动新闻，新京报的动新闻媒体矩阵更为完善，有单独的运营团队，由独立于新京报采编部门之外的动新闻工作室负责，从而摆脱了对外包公司的依赖。目前，其推送的动新闻中大量援引微博、微信等新媒体内容，旗下动新闻栏目如《3D 动画》《调查》《长画短说》《强词夺理》等，保持定时定量定质的内容输出。2018 年，国内生产新闻动画短视频超过 3500 条，发布于新京报、腾讯、爱奇艺、今日头条等平台，收获近 50 亿点击。[1] 新京报动新闻也获得了社会和业界的高度认可。据不完全统计，新京报动新闻登上短视频影响力第三方榜单 197 次，夺得榜单榜首 26 次[2]，获得第二十六届北京市新闻奖一等奖 1 个、二等奖 2 个，此外还在由凤凰新闻、一点资讯主办，凤凰卫视协办的"传递·2017 自媒体盛典"上斩获"年度视觉传播奖"等奖项[3]。

3. 动画新闻对传统媒体的影响

（1）推动新闻生产的全媒体数字化

动画新闻生产区别于传统新闻生产，采编再造生产依托全数字媒体采编作业技术，例如从新媒体中心获取信息源，通过 C4D、MAYA、3ds Max 等软件对内容进行数字转换。跨媒体的分发改变了原来单一线性的采编发流程，推进整个体制机制向全媒体数字化方向改革。

（2）推动新闻业人才的全面发展

传统媒体不再仅仅生产一种形态的新闻产品，依靠单一的传播载体无法满足受众需求，而要以"一源多用、多源整合"的方式完成对信息的立体化传播。很多媒体部门需要首席/高级三维动画师牵头制作新闻动画短片，动作捕捉导演解决技术难题。强大的动画制作团队在满足内需的同时，还可以为外部企业提供内容定制服务。动画新闻的发展势必会推动社会培育技术复合型新闻人才。

当然，我们也要清醒地认识到动画新闻可能对产业发展产生的消极影响。媒体基于自身生存发展的考虑，有时会过分投受众所好，渲染新闻内容而制造出轰动的社会效应。视觉生产逻辑放大了图像消极的一面，造成受众在接受信息和知识时短路[4]；动画的视觉表达转移了受众大部分的注意力，使其鲜少思考新闻内容的深层意义。新闻内容流于形

① 李秋红、王羽、周菁、胡祥：《2018 年广播电视产业大盘点》，《新闻战线》2019 年第 1 期。

② 秦皇：《秒拍 9 月榜单：新闻资讯账号表现突出，"新京报动新闻"首进前五》，http://news.ifeng.com/c/7faIIUnB0Vd，2017-10-12。

③ 凤凰网：《致敬传统 传递新生：2017 自媒体盛典圆满落幕》，http://www.cnr.cn/mthz/20170222/t20170222_523615387.shtml，2017-02-22。

④ 常江、王晓培：《短视频新闻生产：西方模式与本土经验》，《中国出版》2017 年第 16 期。

式，新闻价值偏离而导向娱乐消遣，最终会大大影响受众的价值观、审美观和思维方式。

4.动画新闻的理性审视

（1）动画新闻的优点

第一，创新新闻报道形式，完善新闻叙事形态。很多突发事件或动态事件的报道，动画、视频的表现力远胜于文字的表达力。在新闻中插入动画元素，可以弥补事件现场镜头的不足，提高新闻事件叙述的完整性，进一步丰富电视新闻报道的信息量。[1] 动画新闻适用于解释类、盘点总结类报道，从回答"是什么"到解决"为什么"，动画新闻让新闻报道的边界不断拓宽。

第二，便于受众信息"解码"，增强传播效果。动新闻作为一种新的融合新闻操作方式，相比于冗长的文字，可消除受众的视觉疲劳。此外，动画的信息容量更大，内容解释力更强，传播效率更快。[2] 如在较为严肃的新闻专题报道中，动画新闻通过通俗的旁白和形象的元素拉近与受众的距离；在总结性的新闻报道中，涉及专业术语和枯燥数据的解读时，动态图形元素可以让数据"动"起来。[3]

第三，适应移动传播特点，助力媒体融合。动画新闻时长大多在1~2分钟，适合多平台播放，PC端、移动端、社交平台都非常欢迎精彩的原创动画。动画在移动平台传播时还可以进行压缩，从而更便于在碎片化时间观看，经过压缩的动画特别适合在移动端传播，且转发极为便捷。

（2）动画新闻的局限

第一，新闻真实性面临质疑。受众对新闻动画真实性的判断，主要借助常识或经验以及看新闻来源是否权威，鲜少关注动画本身，更不会在意动画细节。大部分受众认为新闻动画只是模拟旁白叙事，用以示意与强调，着重感官体验与技术真实，而非强调现实真实。包裹着新闻的视觉娱乐糖衣，使真实与夸张变得更加难以辨别，大量内容转载自其他媒体，让动画新闻在面临版权风险的同时，其价值也受到质疑。[4] 比如，有学者认为，新闻是对事实的报道，动画只是辅助手段，用动画手段来"生产"事实实际上是传播虚假新闻。[5] 刻意追求三维动画呈现，为了"动画"而"动画"，反而会丢失精简性这一新闻特质。

第二，信息需求满足存在落差。比如，对于突发事件，由于其具有突发性、复杂性、

① 王申河：《动画在电视新闻生产中的价值探讨》，《传媒》2019年第8期。
② 向伶梅、刘婧、罗盈：《数据新闻动画视频的传播学分析》，《传媒》2018年第12期。
③ 姜晋明：《电视新闻不可忽视动画语言》，《新闻前哨》1997年第4期。
④ 陈月：《动新闻的创新性与真实性分析》，《视听》2016年第10期。
⑤ 王申：《动画在电视新闻生产中的价值探讨》，《传媒》2019年第8期。

重要性、连续性的特点,新闻报道的时效性变得尤为重要。而动新闻由于其必需的制作周期,不可能第一时间发出报道。在现实情况下,第一发布者一般由现场的非媒体个人发布到网络上,紧接着会有各大媒体的文字和视频的转发,但是这两个渠道的新闻,个人发布的新闻权威性不够,文字报道又不够全面和直观,难以满足受众对突发事件的信息需求。[①]

二、传感器新闻与广播电视媒体变革

个人的肉眼观察力和对外界的感知能力是有限的,因为身体机能的局限,个人很容易得到一些有关外界的不准确的信息。借助传感器,许多人类自身无法感知和剖析的事物变得能被感知和记录。传感器是"人的器官的延伸",它是人工智能的产物,在感知的深度和广度上要比人类更加有优势,它的应用大大拓宽了信息来源的途径,让新闻传播行业朝着更加多元化的方向发展。传感器本身是属于新型人工智能分类下的技术,在最近几年才进入新闻传播行业。2013 年,美国《太阳哨兵报》(*Sun Sentinel*)凭借一篇关于"超速警察"的调查性报道,获得普利策新闻奖"公共服务奖"。这篇报道中,传感器在数据采集和计算的过程中发挥了相当重要的作用,由此,传感器新闻正式进入媒体从业人员的视野。

1. 传感器新闻的源起与发展

根据《传感器通用术语》(GB/T 7665—2005),传感器(transducer)是指"能感受被测量并按照一定的规律转换成可用输出信号的器件或装置,通常由敏感元件和转换元件组成"。随着物联网、人工智能等技术的发展,手机、可穿戴设备等移动智能终端的普及,人们逐渐对天气预报、污染指数、身体健康状态、交通拥堵情况、地理定位查询等传感器数据产生较高需求。[②]因为有着非同一般的数据收集能力,传感器可以监测健康状态、地理位置、温湿度、天气状况、交通拥堵情况以及识别声音。若运用得当,传感器能大大造福人类。比如,个人的健康程度很难自行准确感知并用语言表达清楚,但通过可穿戴设备的传感器及相应的手机 App,人们可获知个人健康数据。通过此方式将一个庞大群体的健康数据汇集并进行总结分析,或许可以得到一些有利于人类健康的重要结论。

传感器新闻是指新闻媒体机构通过传感器收集和利用海量信息与数据来进行报道的新型新闻生产模式。该定义中最关键的一点是传感器新闻并非一种单独的新闻类型,而

---

① 王张雅:《〈新京报〉"动新闻"报道特点研究》,《传播与版权》2017 年第 9 期。
② 夏冬梅:《传感器在新闻报道领域的应用与创新》,《今传媒》2016 年第 1 期。

是指在新闻报道过程中把传感器作为播报工具之一，用传感器收集数据是其根本。[①] 传感器是获得信息的重要方式，制作传感器新闻时，需要经过"用传感器获得数据、分析数据——将数据以最恰当的呈现方式融入报道——发布传播"整个过程。其中，传感器新闻的基石就是用传感器收集数据。这样一来，一些用人工采集等传统方式无法发现与利用的隐藏数据就会被发掘，不仅能丰富新闻元素，还能保证新闻的准确性和真实性，提升报道的权威性，增加报道的说服力。

2013 年 5 月，哥伦比亚大学新闻学研究生院托尔数字新闻中心（Tow Center for Digital Journalism）提出，新闻媒体机构可以运用传感器收集实时数据，再根据这些数据撰写新闻报道。当时，这一言论激起了关于传感器新闻实用性和道德伦理问题的思考。[②]2014 年，该中心研究员弗格斯·皮特（Fergus Pitt）组织了学界和业界的十几位专家，共同编写了《传感器与新闻》（*Sensors and Journalism*）一书（已由章于炎等编译，北京大学出版社 2017 年出版）。

国内诸多媒体也进行了一系列传感器新闻报道的实践。事实上，在日常生活中利用传感器采集数据、制作新闻的例子并不少见。例如，天气预报就是由气象卫星在高空利用传感器及相应的航天遥感技术收集数据做出的报道。环境报道就是通过各种环境监测的传感器而获得数据来揭示环境问题。传感器在这些领域的使用让未来的新闻报道更加精确化、专业化、个性化，预测更精准，对未来新闻媒体的发展有重大意义。

2. 国内外传感器新闻的典型案例

（1）《太阳哨兵报》坐实警察超速

传感器新闻的经典案例是美国佛罗里达州《太阳哨兵报》两名记者萨利·克斯汀（Sally Kestin）和约翰·梅因斯（John Maines）对于该州警察在非公务时段超速行车的系列报道。由于其数据使用准确权威，有效地维护了公共利益，该作品获得了 2013 年普利策新闻奖中分量最重的"公共服务奖"。

自 2010 年开始，佛罗里达州的警察经常在高速上疯狂超速驾驶，当地民众早已怨声载道。2011 年，在佛罗里达州劳德代尔堡发生一起严重交通事故，肇事者即为一名超速驾驶的退役警察。此事终于激起了民愤，但当地警局并不接受公众的指责。克斯汀立刻意识到这会是一个非常值得关注和调查的社会问题。为获取证据，起初他们尝试利用立交桥上高速摄像机的数据和安装在警务车上的 GPS 数据，但结果都不理想。在一位读者的建议下，他们利用美国《信息自由法》向高速公路管理局申请公开了 SunPass（不停车

[①] 李辛扬、张帆：《浅论传感器新闻》，《新闻研究导刊》2016 年第 5 期。

[②] 郭婷：《传感器技术在新媒体时代发挥着怎样的重大作用？》，http://m.elecfans.com/article/768334.html，2018-09-09。

计费系统）数据，并围绕这些数据做了系列深度调查报道。用翔实的数据揭露了警车高速超速的不争事实，报道引起了警局大震荡，涉案的 12 个部门的近 800 名警察陆续受到不同程度的处罚。"克斯汀的报道以无可辩驳的技术调查，记录了警察在非公务期间开快车危及市民生命的事实，这种致命的威胁在报道引发的讨论和整顿中得到消减。"这是普利策新闻奖"公共服务奖"为《太阳哨兵报》所写的获奖理由。[1]

整个案例的启发很大，对新闻从业者来说，需要学会利用技术、利用公共设施中的传感器去挖掘数据，并将这些数据以可视化方式呈现出来。克斯汀和梅因斯的操作思路和方法是，每辆警车都有一个自动识别器，当车辆穿过高速自动收费站时就会被记录，而驶入到驶出高速期间，至少会被自动识别仪记录两次。高速公路的长度是固定的，路程除以时间就是平均速度。[2]听起来这似乎只是一个简单的数学公式，但却不是谁都能想到去这么做的。记者除了需要具备一定的数学常识外，更需要具备新闻敏感性、灵活运用先进技术的能力，以及对公权力的监督勇气和对公共利益的守望之心。

（2）纽约公共广播电台（WNYC）——蝉追踪器（Cicada Tracker）项目

美国纽约公共广播电视台曾邀请听众一起用温度传感器做一个研究"蝉鸣"的联合实验报道。每隔 17 年，当土壤温度达到 64 华氏度（约 18 摄氏度）时，蛰伏地下的红眼蝉成虫会破土而出。该电台发动了近百名公民记者在专业人士的指导下制作简易的土壤温度传感装置，放置在地下 8 英寸（约 20 厘米）的位置检测并上报土壤温度，追踪东岸蝉群的生长。这些公民记者从 800 个不同地点发回了 1750 个有效温度数据，让公众亲身体验到全球气候变化给当地生态带来的影响。[3]这个报道最具创新性的地方就在于它采用了众包方式，让受众成为新闻的生产者和制造者，增强了受众的参与感。其中，受众与传感器的近距离接触无疑起了关键性作用。

（3）环境报道

因为传感器在测量、收集和传递水质、空气质量、噪声强度等各种环境数据方面的独特优势，环境新闻成为传感器运用得最普遍的一个报道领域。2014 年 8 月，美国公民新闻网站"为了公众"（ProPublica）的报道团队利用国家航空航天局（NASA）的卫星传感系统，分析了跨越两万平方英里的海岸监测图像和数据，揭示了 1922—2014 年路易斯安那州海岸萎缩、水土流失的严重状况。类似案例还有，《休斯敦纪事报》（*Houston Chronicle*）记者使用美国 3M 公司生产的空气化学物质监测器，对空气进行采样和送检，

① 刘胜男：《实战案例：借助公共设施中的传感器进行新闻调查——以〈〈太阳哨兵报〉"超速警察"报道为例〉，《中国传媒科技》2015 年第 6 期。
② 刘胜男：《实战案例：借助公共设施中的传感器进行新闻调查——以〈〈太阳哨兵报〉"超速警察"报道为例〉，《中国传媒科技》2015 年第 6 期。
③ 史安斌、崔婧哲：《传感器新闻：新闻生产的"新常态"》，《青年记者》2015 年第 19 期。

揭开了石油重镇休斯敦长期以来存在的空气污染问题。《今日美国》（*USA Today*）记者利用赛默·飞世尔（Thermo Fisher）公司生产的 X 射线荧光光谱分析仪对一些金属制品工厂旧址进行探测，结果显示部分地区土壤铅超标，对生活在污染土壤上的居民尤其是少年儿童的健康造成威胁。[①]

（4）国内传感器新闻——《据说春运》

近些年，传感器新闻的实践取得了质和量的突破，主要集中于以下几个领域：即时新闻、环境新闻、调查新闻、公民参与式新闻和无人机新闻。其中即时新闻主要基于手机定位技术和位置服务（LBS），在我国新闻机构中已经被广泛采用，典型案例如央视特别节目《据说春运》。[②]

中国每年的春运都是一次举国人口大迁徙。30 多年来，中国春运大军由 1 亿人次增长到 36 亿人次，这 36 亿人次在这么短的时间内是如何迁徙的，通过传统的文字或图片报道很难让受众获得直观和整体印象。2014 年 1 月 25 日，央视晚间新闻推出《据说春运》特别节目，首次采用百度地图智能定位的可视化大数据，播报国内春节人口迁徙情况。这是大数据首次以老百姓能看懂的方式，可视化展现在电视屏幕上。通过收集手机用户的定位信息，映射出用户的迁徙轨迹，数亿用户的迁徙轨迹就构成了一张实时变化的动态图。[③]通过这种直观播报的方式，观众对"最热返乡之路""从北京回到哪个城市的人最多""哪个旅游城市今年最受欢迎"等最关心的问题一目了然。

传感器新闻不能被理解为数据新闻，但数据无疑在传感器新闻中占据核心地位，即利用传感器来收集或生成数据，然后用它来组织分析、做可视化处理和支持新闻报道。传感器新闻的侧重点在于把传感技术当作一种辅助手段，进而丰富新闻报道的方式和提升内容叙事的品质。[④]作为人工智能技术的典型代表，传感器在新闻领域的应用将会越来越广泛，对如何将它与新闻产品深度结合的探索也会越来越深入。

3. 传感器新闻在新闻报道中的优势

（1）扩充数据采集维度，增强新闻真实性

传感器新闻离不开传感数据，传感数据在新闻报道上的应用发端于美国，并且主要用于调查性数据新闻。目前，可作为新闻信息源的传感器数据大致可以分为两类：一类是通过传感器所记录的环境数据，包括温度、湿度、水质、声音、噪声、土壤、交通、

---

① 史安斌、崔婧哲：《传感器新闻：新闻生产的"新常态"》，《青年记者》2015 年第 19 期。

② 史安斌、崔婧哲：《传感器新闻：新闻生产的"新常态"》，《青年记者》2015 年第 19 期。

③ 中新网：《央视携手百度看春运：大数据下的中国人口迁徙》，https://tech.qq.com/a/20140126/008268.htm，2014-01-26。

④ 杨吉：《"传感器新闻"会带来什么》，《传媒评论》2019 年第 5 期。

空气质量、人流量等信息；另一类是通过传感器所记录的人的生理特征数据，包括心跳、血压、血糖、睡眠、运动、地理定位、情绪等信息。[①] 传统新闻信息的收集要靠记者自身各个知觉器官来完成。在某些问题的表述上，如衡量空气、土壤污染的程度，人的健康程度，以及对某类事件、某种现象的跨时空对比，报道的客观性、准确性略显不足。而将抽象的事物量化则是传感器的独特优势。[②] 传感器能精确测量并记录各类人类知觉器官无法感知的数据类型，并以科学、准确、有效的数据形式加以呈现，辅助媒体实现社会监督职能。

比如，《华盛顿邮报》（*The Washington Post*）的一名记者从一位线人那里得知，警局在城市各个角落安装了音频感应器系统。这些感应器布置在屋顶及监控器附近，通过麦克风监听和记录枪声。借助数据对比和三角定位，警察在几秒之内就能确定枪响地点。2013 年 11 月初，《华盛顿邮报》的周日版和网站上刊发了长达 3500 字的新闻报道《枪声监测》，用各种形式向受众展示了"枪声监测"技术的发展历程，并以案例来说明"枪声监测"系统已经成为警方调查案件的重要工具。"枪声监测"报道向受众说明了华盛顿警局是如何利用传感器技术来办理案件的，同时也解释了为何近些年华盛顿特区枪击事件发生的概率不断降低。[③]

对于新闻采编人员来说，传感器是进行数据挖掘、数据分析和收集新闻素材的新手段。每个通过传统知觉器官无法感知的物体都可以通过传感器源源不断地传输精确数据，记者获取真实数据的渠道被大大拓宽，新闻报道的真实性、说服力都大大加强。

（2）精确捕捉情绪，丰富新闻报道角度

在传统的新闻采集过程中，对新闻各方当事人的情绪和心情的采集方式仅限于记者的肉眼观察和通过提问得到的自我报告式的回答。肉眼观察难免会有偏差，被采访对象的回答也可能会因为各种顾虑而刻意隐瞒真实情绪，尤其是在于己不利的情况下。而借助传感器，新闻当事人的心理状态和情绪将无法隐藏，都被悉数记录下来。下意识的意念、情绪等各种心理活动也能被机器精准捕捉生成可视化报告，"读心术"将不再是流于欺骗的障眼法。这有利于增强新闻的真实性、冲突性和故事性，进而吸引受众注意力。

在 2018 年"两会"期间，生物传感智能机器人"Star"就"大显身手"，生产出国内首条生理传感新闻，这是情感交互技术在时政新闻领域的首次应用。"Star"诞生于 2015 年12 月，是基于生理传感技术和人工智能算法开发的应用型智能机器人系统，它利用传感

---

① 喻国明、兰美娜、李玮：《智能化：未来传播模式创新的核心逻辑——兼论"人工智能＋媒体"的基本运作范式》，《新闻与写作》2017 年第 3 期。

② 许向东：《大数据时代新闻生产新模式：传感器新闻的理念、实践与思考》，《国际新闻界》2015 年第 10 期。

③ 许向东：《大数据时代新闻生产新模式：传感器新闻的理念、实践与思考》，《国际新闻界》2015 年第 10 期。

技术获取用户在特定场景下的生理数据，根据内置的人工智能算法，对获取的原始数据及映射出的用户在特定场景下的心理状态加以解读，并通过相应的写作程序自动生成相关报道。2018年"两会上"，在李克强总理做政府工作报告的100多分钟内，它以一套科学的"读心术"描绘出观众的"情绪曲线"，精准分析出"心潮澎湃"的瞬间，测算出政府工作报告中哪些话题最引人关注、哪些语句最打动人心，并生成相应报道。除了"Star"，其研究团队还将继续开发系列"情绪流产品"，包括多场景下的智能眼镜与共享视觉、广告效果评测、城市空间危险预告与交通智能化、教育场景下的专心度评测等。[1]

时政报道难免枯燥，而生物传感智能机器人"Star"则通过深度数据挖掘和情感分析手段，收集了现场观众的心理活动和情绪，形成新的新闻价值点，丰富报道视角。通过将时政新闻与观众的关注点无缝结合，时政新闻的趣味性和吸引力大大增强，这也有利于实现新闻的社会价值——监督政府妥善解决民众最关心的问题。

4. 传感器新闻发展的困境和挑战

尽管传感器新闻在西方的发展越来越成熟，也出现不少经典案例，但这种运用仍是一种新的尝试，国内的传感器新闻生产模式也还处于起步阶段，实现常态化的传感器新闻生产还有很多困难需要克服。比如传感器新闻在变革职业理念和新闻实践的同时，也面临一些问题和挑战。其中最主要的困境集中在隐私担忧方面。

1890年，萨缪尔·沃伦（Samuel Warren）和路易斯·布兰代斯（Louis Brandeis）提出了"隐私权"这一概念，并用"独处权"（the right to be let alone）概括隐私权的核心含义，主张法庭通过判例承认隐私权。伴随着人工智能的飞速发展以及传感器技术的革新，人们对隐私的担忧愈加强烈。多元的侵权手段和便利的信息获取途径，使得人们保护"独处权"的美好愿望在现实中时时陷入困境。

现今，人们的日常生活已经越来越离不开网络和各种智能设备。购物购票、通勤打卡、社会交往、关系维护、交通出行、旅游住宿、家居生活等，都需要借助网络和移动终端实现。在享受便利的同时，越来越多的人发出"隐私已死"的慨叹。个人遗留在网络空间、手机里的所有数字痕迹都被收集，企业或其他组织机构用它们来做数据挖掘，分析用户的喜好和需求，服务于精准广告的投放。个人邮箱、手机时常收到垃圾邮件、短信和骚扰电话，有些与之前的浏览痕迹直接相关，有些却是根据"用户画像"推测出来的可能性需求。旅行在路上，每到一处总会收到当地旅游部门发来的友好提醒短信。身份信息、通话记录、消费账单、人脉关系、门牌号、开房记录等与个人有关的信息都可以

① 《网络传播》杂志：《揭秘新华网如何做到"更懂你"》，http://www.xinhuanet.com/newmedia/2018-06/01/c_137222927.htm，2018-06-10。

被精确定价并贩卖，而且价格低廉……[1]

大数据和人工智能、传感器技术的运用，使得信息收集的渠道畅通便利，可收集的个人信息种类多样，数量呈现指数级增长，信息收集无处不在且无时无刻不在进行。2018年"两会"期间"Star"生产出的新颖报道确实让新闻从业者为之振奋，但也让隐私关注者担忧。如果连人的思维、心理状态、情绪这些本来只藏匿于本人内心深处、他人无从得知的隐秘信息，都可以被机器感知、存储、传输甚至处理成外在的、可视化信息，那么，隐私何在？再如，将传感器安装在公共场所来采集监测数据，过度收集普通公民的个人信息，在报道过程中很容易造成无辜者的隐私泄露。为了防止传感器给公民隐私带来安全隐患，需要严格遵循知情同意原则，并尽快出台《个人信息保护法》，通过法律手段强化大数据时代个人信息的保护力度。

第三节 算法推送与广播电视媒体变革

随着互联网的发展和信息技术的不断进步，全球的数据体量也出现了井喷式的增长，媒体平台承载着这些体量非常大的数据，平台中的信息构成了一个巨大的数据库，可以为媒体的内容生产提供丰富的信息资源。为了对这些体量巨大的数据进行处理和分析，让媒体平台的内容分发与传播更加高效精准，算法技术应运而生。"算法"指的是从海量、模糊、动态、不规则的数据信息中挖掘到有价值的、可用的数据进行分析。简言之，算法是利用计算机解决问题的处理步骤。

一、算法推送概述

1. 算法推送的定义与发展历程

"算法推送"是一种智能推荐，即基于个性化推荐引擎，根据每个用户的性别、年龄、兴趣爱好、位置等维度，运用不同的数据模型和计算方法对用户收视数据进行采集，并结合大数据算法实现该用户个性化需求和智能定制化推荐的高度匹配，有效解决用户的信息获取痛点，进而实现用户的有效沉淀。[2]

---

[1] 李玲：《仅用3.8元！身份信息、通话记录、消费账单、人脉关系、门牌号全买到》，《南方都市报》2017年11月23日。

[2] 陈相：《从今日头条看人工智能的信息推荐效果》，《青年记者》2017年第11期。

2004 年之前，算法推送主要应用于商业领域，例如亚马逊电商网站利用算法技术取得了巨大的商业利益。2004 年，算法推送在互联网领域得到大范围的应用，以谷歌为代表。谷歌通过分析用户的浏览记录并进行信息过滤，发现用户的兴趣偏好，从而向用户提供定制化服务。2015 年，算法推送技术被广泛应用于新闻生产中，传统媒体受到冲击，开始向新媒体转型。2016 年，算法推送在新媒体领域取得突破性发展，这个突破指的并不是算法推送技术的进步，而是说算法推送被广泛应用于新媒体的内容分发。例如，截至 2016 年 5 月，今日头条中的自媒体用户数量达到了 8.5 万[①]；2016 年 6 月，微信通过对用户图像的数据进行分析，实现了内容精准推送的目的。种种现象都表明，算法推送已经在新媒体领域占据了不可替代的一席之地。

2. 算法推送系统的分类

（1）协同过滤推荐

协同过滤推荐系统和传统的搜索引擎不同，它是通过算法技术对多个用户数据之间的相似度进行处理，根据用户的兴趣来实现个性化推荐。随着互联网技术的快速发展，越来越多的人通过互联网来查找资料、获取信息，因此，为了高效地预测用户偏好和完成推送，就需要用到协同过滤推荐系统。例如，A 和 B 都对体育、经济类新闻感兴趣，而 A 同时还对音乐类资讯比较感兴趣，那么即使 B 还没有表现出对音乐类资讯的兴趣，客户端也会预判地向 B 推送音乐相关内容。

（2）基于内容的推荐算法

基于内容的推荐算法是指根据收集到的用户的历史信息构建用户文档，评估所要推送的项目与用户文档的相似程度，进行精准推送。例如，淘宝根据用户的搜索记录、浏览记录、收藏记录、购物车商品等指标来构建消费者偏好文档，之后的推荐内容便以此文档为依据。

（3）基于关联规则的推荐算法

基于关联规则的推荐算法是指通过数据挖掘的方法分析大量数据之间的关联性和规律性，从而挖掘有价值的用户模型。基于关联规则的推荐算法大多使用于营销领域，例如用户在淘宝客户端买了一台烤箱，在接下来几天中，客户端上"猜你喜欢"的推荐页面中就可能会出现黄油、面粉等商品。

[①] 贾军：《算法推荐新闻：技术困境与范式变革》，《西南民族大学学报》(人文社会科学版)2019 年第 5 期。

3. 算法推送与大数据技术

算法推送背后的技术支撑核心是由大量数据构成的数据库。关于大数据技术，目前没有公认的定义，在传媒行业，大数据技术一般指以非常大的量级的数据为对象，对其进行收集、分析、挖掘和应用的技术。大数据并不是一种新技术或新产品，或许将它看作一种帮助我们分析问题的海量数据资产更为准确一点。[①]

美国网络专家巴拉巴西（Albert László Barabási）在《爆发：大数据时代预见未来的新思维》一书中直言，如果数据体量够大，内容足够充分，完全可以预测到人类93%的行为。[②] 随着数据挖掘、云计算、人工智能等技术的广泛应用，原本庞杂且混乱无序的海量数据完全可以在短时间内变得逻辑清晰且有规律可循。这也就是算法推送的依据，或者说算法推送就是大数据技术在信息时代的一个应用实践，是媒体数据可视化的一种表现形式。

二、算法技术推动广播电视内容分发的变革

在如今智能化和信息过载的时代，受众的差异化决定了内容分发不能是"千人一面"的。算法技术带来了内容分发模式的变革，逐步实现了内容分发的精准性。

1. 第一阶段：传统模式下针对用户共同需求的人工编辑分发模式

在纸媒时代，新闻出版业以报刊等纸质媒体为内容分发的载体进行信息传播。从接受信息、处理信息再到传播信息，整个过程都由人工完成，在此种情况下，每个受众接受信息的数量和内容是高度一致的。

移动时代的到来和通信技术的进一步发展，带来了新闻出版业的变革，数字媒体逐渐取代了纸媒，移动终端日渐普及。在这个阶段，纸媒的内容生产和分发模式并未发生改变，仍是传统模式下的人工编辑分发模式，唯一不同的只是将信息载体由纸张换成了手机屏幕。在互联网时代初期，信息的传播效果依旧是"千人一面"的。

2. 第二阶段：以社交为核心的社交网络分发模式

移动通信技术出现之后，随着手机的普及，社交媒体在一定程度上代替了纸媒时代的报刊而成为人们获取信息的重要途径。在此背景之下，传统模式下针对受众共同需求的人工编辑分发模式开始向以社交为核心的社交网络分发模式转变，具体表现为微博和微信朋

---

① 石雅菲：《〈纸牌屋〉的精准传播机理研究》，西南大学硕士学位论文，2019年。

② ［美］艾伯特·拉斯洛·巴拉巴西：《爆发：大数据时代预见未来的新思维》，马慧译，中国人民大学出版社2012年版。

友圈的出现，使得社交媒体上的人际关系网成为受众获取信息之前的一种筛选工具，微博大 V、营销账号等意见领袖在某种程度上充当"守门人"的角色，影响内容的分发。

3. 第三阶段：以大数据为依托的算法推送内容的分发模式

媒介化社会，新媒体行业竞争激烈，许多新媒体平台利用大数据技术来描绘用户画像，精准推送内容，使受众能够在信息爆炸的互联网中快速地获取自己所需内容，实现了"千人千面"的传播效果。例如，今日头条、抖音、网易云音乐等媒体平台，都是利用了算法推送而在竞争中出奇制胜。[①]

三、国内外应用算法推送的典型案例

今天，无论是传统媒体还是新媒体，都在思考如何快速精准地为用户提供其想要看的内容，算法推送技术为解决这一问题提供了重要思路，比如：精准分发内容，个性化定制页面；挖掘媒体新闻数据，实时跟进并向用户推送重要资讯；找准用户画像，增强用户黏性。Netflix、CNN、今日头条等国内外媒体应用算法推送技术实现了创新发展。

1.Netflix

Netflix 在发展创新过程中，大力开发原创内容，以受众为中心，收集用户的收视行为、收视喜好、收视时间、收视内容等信息，建立受众收看行为的数据库，并对收集到的海量数据进行分析，作为生产原创影视内容的重要参考。2013 年 2 月 1 日，Netflix 制作的《纸牌屋》在全球同步首播，这部带有黑色悬疑风格的影片，打破了原有的制播分离的影视剧生产模式，凭借着收视与口碑"齐飞"，获得了全球观众的热捧，有人将它称为"大数据定制剧"。在《纸牌屋》的制作和播出过程中，Netflix 对用户的观影历史、观看的内容题材与故事情节、演员选择、对不同影视剧的评分等指标都做了数据分析，各项指标都表明《纸牌屋》有极大的可能性会获得大量用户的喜欢。例如，Netflix 采用数据分析技术对《纸牌屋》的导演大卫·芬奇的其他作品如《七宗罪》和《搏击俱乐部》的收视情况做了分析，发现这两部影片的收视情况十分可观，因此预测与其风格相似的《纸牌屋》也会获得不俗的收视成绩。《纸牌屋》在全球范围内的热播，表明在精准传播层面，"对症下药"确实是有效的，也证明了 Netflix 转型的成功。

2.CNN

在全球媒体都拥抱智媒时代的关键时刻，CNN 采取了"移动先行，数字第一"的新

---

① 靖鸣、管舒婷：《智能时代算法型内容分发的问题及对策》，《新闻爱好者》2019 年第 5 期。

媒体发展战略，运用大数据技术来报道新闻，为用户提供更加准确的数据新闻。2014年，CNN推出了一个以数据处理为核心的报道程序——CNN Politics[1]，主要报道对象为政治新闻。CNN Politics在2016年美国总统大选期间的资讯报道中起到了至关重要的作用。大选期间，CNN Politics实时跟踪并记录了大选前后的各项数据，如投票、募捐信息等，对其中具有代表性的数据进行深入的挖掘和分析，向选民推送大选相关资讯。在这个过程中，CNN不仅做到了用数据驱动新闻，还设置了个性化的提醒和推送，让每位选民都能够高效快速地获取自己最想知道的大选资讯。除了报道程序的革新，CNN的整个内部运作部门也跟随时代脚步作出改革，在重新整合原有的电视业务与新媒体业务的基础上，设立了新媒体数字新闻采集节目部、数字新闻编辑部、数字产品部三大部门。[2] 可见，CNN的此次革新，更加强化了数字化的特点。

3.YouTube

YouTube作为全球影响力最大的视频类社交软件，在互联网视频时代，也面临着巨大的挑战，尤其是在内容产制方面。全球化定位为YouTube带来了非常多优秀的视频制作者入驻，使得YouTube上视频资源丰富，能够很大程度上满足来自全球不同民族、不同国家，使用不同语言的任何一个群体的需求，但与此同时也带来了内容杂乱、视频体量大且质量普遍较低的问题。越来越多的YouTube用户开始"脱粉"，转投一些新兴的视频社交平台。针对此问题，YouTube采用算法技术积极回应。例如，YouTube采用Analytics在线统计和分析工具对用户的基本信息进行分类和识别：首先，对用户画像进行精准分类；其次，经由Analytics系统所包含的协同过滤系统，将已分类的用户画像和观看视频的各项指标进行筛选和匹配，按照视频内容、地理位置以及日期等指标进行排序，衡量某一视频在特定地区的传播情况，并记录下该视频的效果数据；再次，根据用户画像分类，将优质内容快速地推送给想要看到该视频的用户。Analytics有效提升了用户信息获取的便利度，为用户提供了更好的社交体验。

4. 今日头条

今日头条是一款基于数据挖掘的推荐引擎产品，它为用户推荐有价值的、个性化的信息，提供连接人与信息的新型服务，是国内移动互联网领域成长最快的产品服务之一。今日头条于2012年8月上市，以"你关注的才是头条"为口号。截至2017年10月，今日头条上已经有超过120万个头条号，平均每天发布50万条内容，创造超过48亿次内

---

[1] 张建中：《多平台战略：CNN的数字化转型与创新实践》，《中国电视》2017年第9期。
[2] 杜毓斌：《美国有线电视新闻网（CNN）的新媒体转型之路》，《南方论坛》2016年第4期。

容消费。[1] 在新媒体泛滥的今天，今日头条所创造的这些数据是非常可观的。今日头条所扮演的并不只是内容生产者的角色，相比于传统模式的内容产制，今日头条更加关注内容的传播与分发的运营理念和个性化的推送。

目前，为了获取更多的优质内容资源，抢占更多市场，今日头条已与西瓜视频、火山小视频、抖音、Muse等多个视频平台联合打造了短视频的内容市场。为了开拓国外市场，实现全球化转型，今日头条通过一系列措施收购了美国短视频公司Flipagram、猎豹移动旗下的新闻聚合平台News Republic和音乐视频分享和互动社交应用Musical.ly。由此可见，就今日头条的发展趋势而言，它已经不再是被简单地称为浏览新闻的新闻客户端，而是转型成为一个集新闻、视频、广告、音乐等多方面内容为一体的媒体平台。

今日头条聚合了媒体、政府、机构、自媒体等生产者的生产内容，通过人工智能，大数据挖掘和云计算的技术，构建了一个内容分发系统。该系统能够记录用户的浏览习惯，从而获取用户的关注内容，再将这些用户和内容打上标签，进而有针对性地向用户推送信息，将内容准确高效地传播给用户，使用户看到的就是他想要看到的。据统计，今日头条的标签库已经拥有了超过200万条数据，这种通过算法引导内容分发的模式，使得今日头条获得了庞大的用户群体。

作为一款个性化搜索引擎，今日头条号称能够"5秒算出一个人的兴趣"。其技术支撑就是以大数据为依托的算法推送，今日头条标签库中的大数据是通过对用户的搜索关键词、发布内容下的评论数量、点赞数量和浏览停留时长等指标进行收集、分析而来。另外，为了能够更加快速准确地为用户推送信息，今日头条会对一些搜索频率较高的热门关键词进行整理，生成一个专有频道，例如体育频道又分NBA、中超、英超、西甲、欧冠、意甲、德甲等多个子频道，使用户获取资讯更加方便高效。

今日头条的算法推送体系不仅仅针对内容本身，还应用在用户身上，也就是说，今日头条不仅关注用户所关注的内容，还关注每一位用户自身的基础信息。例如，今日头条会利用大数据技术收集用户的注册信息、登录情况、登录所使用的关联账号来源等。在这些基础信息之上，今日头条使用了协同过滤算法技术，即假如多个用户的兴趣标签一样，该算法技术将会将这些相似用户的第二个兴趣标签看作该用户的关联标签。

作为算法推送的经典案例，今日头条最大的特点是，不同用户在个人主页所看到的新闻是不同的，每个用户所看到的都是自己所关注或者感兴趣的内容。今日头条打破了传统的将用户的共性需求作为生产目标的新闻生产模式，而转向针对每个用户的个性需求，关注每个用户的浏览意向，在内容分发上进行创新，实现了"千人一面"到"千人千面"的转变。

① 费倩文：《今日头条推出"千人百万粉计划"，大力扶持悟空问答、微头条两大内容生态》，http://3g.donews.com/News/donews_detail/2975794.html，2017-11-22。

5. 抖音

抖音是今日头条旗下的一款音乐短视频 App，于 2016 年 9 月正式推广，目标群体主要为一、二线城市的 95 后人群。抖音沿用了今日头条的算法推送技术，借助其领先的技术优势，将视频内容直接精准推送到观看首页，使用户不必手动搜索自己想看的内容，只需要向下滑动，即可随点随看。在观看的同时，用户可以在自己喜欢的内容上点赞或评论，此时用户的使用数据就又被记录下来，从而方便平台进行下一次的更加精准的推送。这种短视频的分发方式很好地解决了长尾短视频不会被观看的问题，使每一位用户所发表的短视频内容都有机会被大众看到，有助于激励用户生产内容。

抖音所运用到的算法推送机制主要有两个：协同过滤系统、关注长尾短视频的智能分发系统。

（1）协同过滤系统

抖音针对用户的基本信息，例如年龄、性别、所在地区、学历等等，进行分类和识别，从而匹配出符合用户口味的短视频，精准推送。除了基本信息以外，抖音还记录用户的社交信息，如用户的关注人、点赞视频、评论视频等，都会在后台进行识别和筛选，从而在下一次的推送过程中，将用户关注人所发布的视频放在观看页面的醒目位置，确保用户可以第一时间观看到自己喜欢的内容。

（2）关注长尾短视频的智能分发系统

为了扩大用户的参与度，避免用户只是简单地观看由自带超高流量和关注度的网红用户所发布的短视频，抖音针对用户发布的短视频都分配了一定的流量，使每个短视频都有机会被人看到，达到了去中心化的效果。因此，即使是刚刚进入抖音社区暂无粉丝关注的新用户，也不用担心自己的作品不会被人看到。对于长尾视频的尾部，抖音也会给其加上标签，并推荐到喜爱此内容的用户的观看页面。这种去中心化的智能分发模式增加了抖音的人性化色彩，精准地满足了用户的真实需求。[1]

6. 网易云音乐

网易云音乐自推出以来就摒弃了做单一音乐播放器的理念，将自身定位为音乐社交平台，针对互联网时代的个性化和社交化特征，运用算法推送技术，精准把握用户喜好，为用户打造了专属于个人的音乐社区。

（1）每日推荐歌单

从用户进入"云村"的第一天开始，网易云音乐后台的数据算法技术就无时无刻不在记录用户的使用情况、浏览内容和关注内容。首页的每日推荐歌单，基于用户的听歌记

---

[1] 李墨涵：《抖音算法推荐机制的局限与对策分析》，《新媒体研究》2019 年第 2 期。

录，为用户精准推荐三十多首歌。这一个性化推荐服务，让网易云音乐俘获了大量年轻用户。这类用户的普遍特征是有听歌习惯、喜欢小众音乐，单一的搜索引擎类的播放器无法满足其需求，而网易云音乐做到了。

（2）用户性格测试、年度听歌报告

2019年，网易云音乐推出一款H5互动型动画——《M2心理绘画》：给出简单的线条，要求用户按照内心的第一感觉将这幅画补充完整，并且为其命名；当几幅画都画好之后，这款H5会自动给每一幅图配上文案，说明用户画的画代表着什么，此处用户可以点击自己最满意的一幅图排在最上面，然后进行保存分享。画面风格简约，文字弹出也不突兀，整个绘画过程中伴以优美舒缓的音乐，让用户沉浸其中，测试结论部分的文案设计别具一格，很容易让用户产生认同感，从而愿意将图片分享到朋友圈。

每年元旦左右推出的用户年度听歌报告是网易云音乐的年终重头戏，也是用户参与度最高和分享次数最多的H5产品。用户年度听歌报告通过H5动画的方式呈现用户一年内使用网易云听歌的情况，具体包括：这一年内总共听了多少首歌、哪首歌被播放的次数最多、最晚的一次听歌时间、听歌总时长等。梦幻的动画、舒缓的背景音乐、暖心的文案，可谓治愈人心。这款一年一度的H5动画在某种程度上已经成为网易云音乐用户流量的一大支撑——使用网易云音乐一年才会获得自己专属的年度歌单。

四、算法推送的理性审视

艾瑞咨询发布的《2018年中国传统新闻媒体与新媒体的融合与创新研究报告》显示，内容成为增强用户黏性的核心要素，技术则是重要驱动力。算法推送技术的发展使得一部分科技公司的个性化推荐新闻客户端开始抢占新闻市场，从而对传统媒体形成冲击，促进了传统媒体的数字化变革，使以人工编辑为主的内容分发模式向更加智能化的以大数据技术为依托的算法推送内容的分发模式转变。

1. 算法推送对新闻媒体的影响

（1）积极影响

首先，算法推送大大提升了新闻数据的可视化程度，它将新闻事件中的信息快速准确地抓取，以数据的方式呈现并推送给用户，使信息能够被更加直观精准地传达给用户。例如，针对2015年5月美国铁路公司188次火车在费城路段的一个急转弯处发生脱轨的事件，灾难报道《冲向死亡曲线的脱轨美铁列车》指出，该火车在出轨前的最高行驶速度达到每小时170公里，而这列火车当时行驶的路段的最高行驶速度为每小时128公里，弯道处的限速是每小时80公里。此前，因为相关人员一直在利用美国铁路公司的在线交互地图"跟踪火车"定期下载火车的运行数据，因此媒体记者才能够迅速地截取相关数据。

其次，算法推送促进了媒体的内容产制创新和传播渠道创新，打破了拉斯韦尔的"5W"传播模式。一方面，在算法推送新闻的过程中，传播者的作用被弱化，传统模式下的新闻采编模式被算法推送所取代，大数据技术在内容生产和传播中扮演越来越重要的角色。例如，中国青年网的"中青看点"客户端，在坚守党媒立场的同时，采用大数据推荐算法向用户精准推荐新闻。2017 年，"中青看点"是传统媒体中唯一一个进入年度新闻类 App 排行榜前十的应用。另一方面，互联网时代，受众更多的是通过社交媒体获取和交流信息，算法很好地完成了社交媒体中复杂数据的分析处理。如：跟踪社交媒体平台上的多模态社会事件，捕捉社会事件中的热门话题；新浪微博热搜榜的实时更新，热搜榜下相似微博内容的聚集，其实都是依靠算法技术实现的。随着算法推送的广泛应用，传统媒体在内容文本挖掘、数据处理、受众挖掘等技术领域都有了更加深入的发展，预示了传统媒体的未来发展趋势。

（2）消极影响

算法推送可以决定人们看到什么信息，导致新闻媒体信息分发的不均衡和不公正。此外，算法推送下的新闻分发模式可能会导致信息结构失衡，引发关于新闻专业主义的质疑和思考。现今市场上有一大部分新闻移动客户端都发端于互联网公司，有别于传统新闻媒体，有时它们向用户进行分类精准推送时，为了吸引读者眼球，增加浏览量，增强平台竞争力，会突破底线，造成虚假新闻、恶俗新闻泛滥成灾。2017 年以来，今日头条及其旗下产品因内容侵权、虚假广告、低俗内容等问题，被《人民日报》、央视新闻等权威媒体以及国家相关部门点名批评和约谈整改 20 余次。2018 年，今日头条因存在内容侵权及虚假广告被告上法庭，其旗下的娱乐类 App 火山小视频被国家网信办约谈，要求暂停同城频道并进行整改，"内涵段子"客户端软件及公众号被永久关停。[1]

在 2016 年美国总统大选中，Facebook 通过协同过滤系统来控制选民所能够接收到的选举资讯（选民普遍对于所接收到的信息缺乏辨识能力），从而在一定程度上左右了选民的投票意向，使选举的最终结果发生变化。

2. 算法推送对受众的影响

（1）积极影响

媒体利用算法推送技术提供个性化的信息和服务，使受众的地位较之以往更加凸显。在传统媒体语境下，媒体机构面向大众生产新闻，并依赖人工编辑的方式进行分发，没

---

① 何燊宁：《个性化新闻推荐系统中算法把关的思考——以"今日头条"和"一点资讯"为例》，http://media.people.com.cn/n1/2019/1113/c430698-31453063.html，2019-11-13。

有明确的细分受众或者个性化定制的意识，受众接收到的是相似的信息。[①] 这种模式基本上是把新闻产品和内容强行 "推" 给受众，受众只能吸收其中部分感兴趣的内容。而在算法推送语境下，各种新闻聚合平台依据算法推测用户感兴趣的内容，再经由各传统新闻机构把新闻产品 "拉" 出来 "喂" 给受众，经过这一过程，基本上可以实现精准的个性化定制，"喂" 给受众的内容恰恰是其感兴趣和需要的。例如，今日头条的个性化推荐便是通过机器算法对抓取到的信息进行分类并添加标签。确定文章维度后，还需要针对用户兴趣来进行信息匹配，机器将会从用户的阅读行为中分析用户的阅读兴趣，点击、收藏、转发、评论以及阅读时长等都可以反映用户的阅读兴趣。机器根据这些阅读行为，建立一个用户的兴趣图谱，向用户推荐感兴趣的内容。[②]

（2）消极影响

首先，媒体通过算法精准推送给受众定制化的内容显然会强化 "信息茧房" 效应。"信息茧房" 最早是由美国教授桑斯坦（Cass R.Sunstein）在《信息乌托邦：众人如何生产知识》一书中提出的。他认为，当个体只关注自我选择的或能够愉悦自身的内容，而减少对其他信息的接触，久而久之，便会像蚕一样逐渐禁锢于自我编织的 "茧房" 之中。"信息茧房" 效应会引起沟通障碍，导致公共性丧失甚至社会的无序化。

算法推送带来了受众满足感的提升，同时，受众对媒体的依赖程度也在加深，被媒介所推送的个性化信息包围，禁锢在 "信息茧房" 之中。受众长期处在 "信息茧房" 之中，将会导致以下后果。①丧失判断能力和认知能力。以今日头条为例，其利用个性化算法推送为用户定制新闻页面，在用户选择和今日头条推荐的双向作用下，用户所能接触的知识领域会越来越局限，而离自己并不关心的内容越来越远，获取新闻的范围也变得越来越狭小，久而久之，用户会被这种定制出来的 "信息茧房" 所呈现出的图景欺骗，认为自己看到的就是整个社会的真实图景，进而丧失判断能力和对这个世界的全面认知能力。此外，媒体出于竞争压力纷纷将 "把关人" 角色部分让渡给算法推荐系统，而在算法技术还不成熟的当下，系统极有可能将一些内容相似、关键词相同但真实性存疑的内容推送给受众，久之，受众甄别真假新闻的能力便会降低甚至丧失。②产生群体极化倾向。网络中的个体成员往往会根据个人兴趣偏好而聚集在一起，形成群体，但个性化算法推送下的 "信息茧房" 将会使用户更快地被分化成一个又一个的小群体，群体内部的成员只关注与该群体相关的信息，而与外部联系越来越少，进而产生一种错觉——自己所接受到的信息才是正确的，所在群体成员奉行的价值观才是主流价值观。其后果是，群体成员

---

① 陈昌凤、王宇琦：《新闻聚合语境下新闻生产、分发渠道与内容消费的变革》,《中国出版》2017 年第 12 期。

② 陈相：《从今日头条看人工智能的信息推荐效果》,《青年记者》2017 年第 11 期。

越来越排斥外部的信息和观点，产生群体极化倾向。[①]

其次，算法推送扩大了"回声室效应"。"回声室效应"又称"回音壁效应"，是指在网络空间中，假如用户听到的意见都是与自己的观点相似的，久而久之，该用户就会认为自己的看法就是主流看法。"回声室效应"与用户的信息选择密切相关，对个人来说，其总是倾向于接受与自己观点相似的信息而对那些与自己观点不一致的信息产生排斥心理。[②]"回声室效应"的影响主要有两个方面。①弱化真实社交，形成社交泡沫。算法推送的应用使得社交网络被分化成一间又一间的"回声室"，在"回声室"中，受众只接受与自己持相似意见的人所散布的信息，无论其真实程度如何，都会无条件地认同。而当这个群体在舆论场上的力量较大时，其就有了主导话语的权力，另一部分持不同意见的群体被排斥在社交媒体之外无处发声。长此以往，社交就变成了某一部分人的社交，社交网络的真实度急剧下降，形成社交泡沫。②动摇群体意见，导致谣言的散布和传播。在"回声室"中，人们难以接受意见相左的观点，因此，在具有"回声室"效应的公共空间，很多意见并没有起到实质性的作用。例如，知乎就是一个典型的巨大"回声室"。首先，知乎依靠强大的算法推送技术，向用户推荐问答，用户点开一个问答之后，接下来几天，就会看到更多的与此问答相似的问答，其观点大体相似，这些相似答案就像是一次又一次的"回声"，久而久之，用户就会在无意识中被这些意见同化，即使很多答案出自改编或者纯属谣言，用户也会信以为真。[③]

最后，算法推送收集大数据会侵犯受众隐私，给受众带来困扰。新闻媒体利用算法推送获取用户基本信息并进行违规性操作的行为甚至已经达到了违法的程度。我们打开一个 App 时，会弹出获取用户权限的窗口，这些权限包括：存储数据、电话通讯录、位置信息、相机等等。软件开发者声称，这是为了收集数据，便于向用户精准推送定制化服务。但事实上，这是一种变相捆绑多项业务的功能，且强制用户同意。2019 年，全国信息安全标准化技术委员会 App 专项治理工作组开展了 App 违法违规收集使用个人信息安全评估，发现一些 App 存在强制授权、过度索权、超范围收集个人信息等问题。为了明确界定 App 收集使用个人信息方面的违法违规行为，App 专项治理工作组起草了《App 违法违规收集使用个人信息行为认定方法（征求意见稿）》，其中"未经同意收集使用个人信息的情形"就包括"利用用户信息和算法定向推送新闻、广告等，未提供终止定向推送的选项"。[④]

———————————

① 周文静：《大数据时代下的新闻客户端的信息茧房效应——以今日头条为例》，《新闻研究导刊》2017 年第 15 期。

② 胡泳：《新词探讨：回声室效应》，《新闻与传播研究》2015 年第 6 期。

③ 王迪：《"回声室效应"对传播的影响探究》，《传播与版权》2018 年第 10 期。

④ 全国信息安全标准化技术委员会：《关于征求〈App 违法违规收集使用个人信息行为认定方法（征求意见稿）〉意见的通知》，https://www.tc260.org.cn/front/postDetail.html?id=20190505191507，2019-05-05。

第四节 AR 技术与广播电视媒体变革

北卡大学教授罗纳德·阿祖玛(Ronald Azuma)认为增强现实包括三个方面的内容,即虚拟物与现实环境结合、即时互动、三维运作。[①]1994 年,保罗·米尔格拉姆(Paul Milgram)和岸野文郎(Fumio Kishino)指出增强现实是现实—虚拟的连续统一(reality-virtuality continuum),他们将真实世界和虚拟世界分别作为连续系统的两端,位于它们中间的被称为"混合现实"。[②] "增强现实是虚拟环境或虚拟现实的一个分支。虚拟现实技术能够使用户完全沉浸在合成环境中,无法查看周围的真实环境。与之相反,增强现实能够把图像、音频和视频以及触觉感知等数字信息或者计算机生成的信息实时地输送到真实环境里。从技术上看,增强现实能够用于增强五种感官的知觉,但目前常用于增强视觉感知。与虚拟现实不同,增强现实可以让用户看到一个添加了虚拟物体的真实世界……增强现实可以给真实环境提供补充信息,而不是取代真实环境。增强现实可以认为是一种混合现实,介于完全虚拟与完全真实之间。"[③]

一、AR 技术的发展

1. 诞生与实验阶段

1901 年,儿童文学作家弗兰克·鲍姆(L. Frank Baum)在小说《万能钥匙》(*The Master Key*)中提到了将数据叠加到现实生活中的电子显示器/眼镜上的想法:"戴上一副神奇的眼镜,便能够通过人们头上的文字,辨别出他们是好人、坏人、聪明或是愚笨。"1957 年,摄影师莫顿·海利格(Morton Heilig)设计了命名为"感知器(Sensorama)"的模拟器(图 10-2),其中包含视觉、听觉、触觉和嗅觉,这是世界上第一台 VR 装置。

---

① Ronald T. Azuma, "A survey of augmented reality", Presence Teleoperators & Virtual Environments, 1997, 6(4): 355—385.

② 李苗:《作为智能媒介的增强现实:历史、属性及功能机制》,《现代传播(中国传媒大学学报)》2019 年第 9 期。

③ [美]基珀、[美]兰博拉:《增强现实技术导论》,郑毅译,郭培芝审校,国防工业出版社 2014 年版,第 1 页。

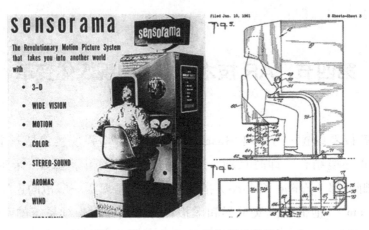

图 10-2　Sensorama 模拟器示意图

（图片来源：https://images.app.goo.gl/9HuWMPS9P2veMSGu7）

　　1965 年，计算机科学家伊凡·苏泽兰（Ivan Sutherland）（被称为"计算机图形学之父"）开发出 AR 光学透视头戴式显示器（图 10-3），被称为"达摩克利斯之剑"，它是人类历史上最早的可交互的 VR 设备。在接下来的几十年中，研究进一步推进。这些早期系统将虚拟信息叠加在物理环境上（例如用地理信息覆盖地形），并允许用于航空、军事和工业目的的模拟。

　　1982 年，丹·雷坦（Dan Reitan）和他的团队首次在电视上使用了 AR 技术，将天气相关的信息图叠加在地球的图像上，辅助电视上的天气预报。1992 年，路易斯·罗森伯格（Louis Rosenberg）在美国空军研究实验室（AFRL）开发了第一个完全沉浸式的 AR 系统——Virtual Fixture（图 10-4）。

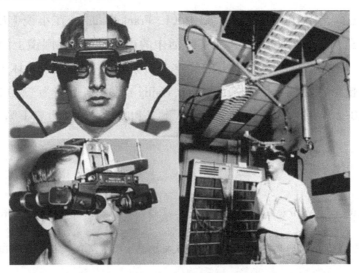

图 10-3　AR 光学透视头戴式显示器

（图片来源：https://m.sohu.com/a/58447102_244515）

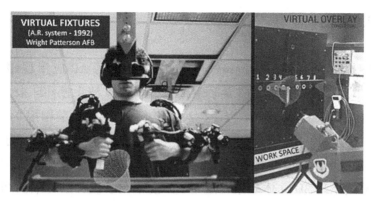

图 10-4　Virtual Fixture 系统及画面

（图片来源：https://images.app.goo.gl/SCVvtgWfDX8ym54PA）

2. 走向大众阶段

2000 年，加藤浩（Hirokazu Kato）和马克·比林赫斯特（Mark Billinghurst）共同开发了 ARToolKit，它是第一个 AR 开源框架，使得 AR 技术不再局限于实验研究，即便是普通程序员也都可以利用 ARToolKit 开发自己的 AR 应用。ARToolKit 成为 AR 技术走向大众的标志。[①]2003 年，奥地利维也纳科技大学的研究人员瓦格纳（Wagner）和施马尔斯蒂格（Dieter Schmalstieg）通过使用 ARToolKit 创建了一个带有个人数字助理终端的 AR 系统，为 AR 在智能设备上的应用引领了方向。

3. 商业应用阶段

第一个商业 AR 应用程序出现在 2008 年，它是德国慕尼黑软件公司 Apostera 为汽车制造商进行广告宣传而开发的。通过该程序，用户能够控制屏幕上的汽车并查看汽车的不同部位。

2012 年，Google 宣布开发 AR 眼镜项目，并向大众推出了谷歌眼镜。它拥有蓝牙连接功能，可以通过用户的智能手机、语音控制、触摸板、相机和显示器连接到互联网。虽然用户对该产品评价褒贬不一，但它让更多人了解到了 AR 这项技术。2015 年，微软推出了 AR 眼镜 HoloLens，被评价为目前体验最好的 AR 设备。2017 年，苹果发布了 ARKit，将 iPhone 打造成最大的 AR 平台；同年，谷歌发布 ARCore，开发人员可以利用这些工具来构建应用程序。至此，基于 AR 技术的应用程序开始飞速发展，商业化程度不断提升。未来，将会有越来越多的企业深耕 AR 领域。

---

① 李苗:《作为智能媒介的增强现实：历史、属性及功能机制》,《现代传播（中国传媒大学学报）》2019 年第 9 期。

二、AR 技术的媒体应用

如今，新闻媒体主要采用 Aurasma、Junaio 和 Layar 等 AR 应用程序，让用户主动参与新闻叙事与内容创制。英国的《泰晤士报》、美国的《波士顿环球报》《华尔街日报》《纽约时报》等都率先使用 Aurasma 程序。2010 年伊始，《今日美国报》使用 Junaio 辅助进行新闻报道。在我国，纸质媒体、电视媒体等应用 AR 技术报道新闻还处在探究和尝试阶段。《成都商报》于 2012 年发布了手机终端 App "拍拍动"，用手机扫一扫报纸上的图片，即可让报纸呈现 3D 立体效果，这是 AR 技术在手机移动终端的初次尝试。2016 年 9 月，中央电视台将 AR 技术应用于 G20 峰会现场新闻播报中，在视觉上实现了人机交互。2017 年全国 "两会" 期间，人民网推出了 2 分钟的 AR 创意视频——《"剧透" 2017 年全国两会》。国内外新闻机构都纷纷开始使用 AR 技术实来辅助新闻报道。

1. 英国《泰晤士报》（ *The Times* ）

《泰晤士报》在各大平台开通了自媒体账号，并成立专业团队负责各媒体平台的运营工作。《泰晤士报》注意到了新闻可视化整合的重要性，建立新媒体技术部，利用多感官化传播手段，增加新闻的信息量，给读者以更好的阅读体验。

2012 年，《泰晤士报》推出了英国 "第一份增强现实报纸副刊"，将智能手机上的摄像头对准副刊的封面页或者其他文章，就可以使平面内容活动起来。读者在页面上放置智能手机或 iPad，并使用 Aurasma Lite 应用程序与 AR 内容互动，便可观看皇家芭蕾舞团舞蹈表演，同时可点击购买该杂志的圣诞礼物指南中的商品。

2.BBC

BBC 将 AR 技术应用于温布尔登网球锦标赛的报道中。2019 年，BBC 与健身科技公司 Moov 合作，在 AR 技术中心附加了一个维度，设计了运行在整个体验中的 AR 元素。AR 图形包括主持人面前虚拟版本的网球选手，而除了真实的窗口视图之外，虚拟框架摄像机可以作为 "魔术窗口"，让观众俯瞰 3D 渲染的网球场。"镜头融合了透视和视差，并且能够在主持人前方呈现穿越球（指上网截击的一方未能触到球）等精彩镜头。……为了支持实时渲染，BBC 采用了 Mo-Sys 的 StarTracker 摄像机追踪技术。Mo-Sys 在一份声明中表示：'这种光学追踪系统可以采集可靠且高精度的追踪数据，使录影棚摄像机在叠加增强图形时可以移动。'" [1]

---

[1] 黄颜：《BBC 启用 AR 技术报道温网公开赛》，https://yivian.com/news/63449.html，2019-07-10。

3. 日本放送协会（Nippon Hoso Kyokai，NHK）

NHK 是日本唯一的公共广播电视机构，也是日本唯一提供全国性电视频道的机构。1930 年，NHK 成立了日本放送技术研究所，研究成果不断地反哺到 NHK 的新闻实践中，为 NHK 的内容生产创新带来了源源不断的动力。为了迎接 2020 年东京奥运会，NHK 和 Wonder Vision 技术实验室合作开发了一种半球型的 8K VR 超级高清视觉系统"Tokyo Victory"。"这个虚拟现实 VR 体验系统使用了日本最先进的视听技术，让观众无须佩戴 VR 头显，就能在大银幕上进行身临其境的 VR 体验。而且 NHK 还放出了一段体验视频，8K 的分辨率让各种细节清晰可见。这个虚拟现实 VR 体验系统的整个设备包括：两个动感座椅，一块 5 米 ×3 米的大银幕，Wonder Vision 实验室的 Sphere 5.2 沉浸式屏幕，还有风扇灯装置。"[1]

第五节　VR 技术与广播电视媒体变革

VR 技术以文字、图像、声音等多种传播手段结合的呈现方式、沉浸式的媒介体验和强大的参与性逐渐改变着新闻报道的呈现方式和受众对新闻事件的认知方式。[2] 通过对现场进行 360 度全方位展示，可以拓展新闻报道的宽度和深度，使受众由被动的旁观者转变为身临其境的参与者，获得强烈的情感体验。目前,VR 技术已在新闻报道中广泛应用，一些媒体机构生产出了成熟的 VR 新闻作品。

一、VR 技术的媒体应用

1.VR 新闻的兴起

VR 技术是一种能够创建和体验虚拟世界的计算机仿真技术，它利用计算机生成一种多元信息融合的交互式的三维动态视景，其实体行为的仿真系统能够使用户沉浸到该环境中。[3] 它的理念是逐步使计算机"适应"人。VR 技术综合了计算机图形技术、计算机仿真技术、传感器技术、显示技术等多种科学技术，它在多维信息空间上创建一个虚拟

---

[1] 佚名：《日本 NHK 虚拟现实 VR 体验系统带来视听盛宴》，http://news.expoon.com/c/20170720/18695. html，2017-07-20。

[2] 何智文：《VR 技术在新闻报道中的应用价值和适用范围探究 》,《新闻爱好者》2017 年第 6 期。

[3] 赵金：《VR 新闻及对媒体融合转型的启示》,《青年记者》2016 年第 13 期。

信息环境，用户沉浸在虚拟环境之中，具有与环境交互作用的能力，有助于启发用户对真实环境的构思和想象。沉浸、交互、想象是 VR 环境系统的三个基本特性，VR 技术的核心是建模与仿真。

传统的新闻图片和电视视频报道虽然能最大限度还原、再现新闻发生时的现场环境和人物情绪，但它依然存在天然局限。读者只能以旁观者和第三者视角通过想象、联想等间接感知新闻发生时的现场情况。而采用 VR 技术获得的摄影作品可以使受众置身于新闻事件中，全方位感受新闻现场，获得真实感。国内外新闻媒体自 2015 年开始尝试"VR+ 新闻"的模式，发布 360 度全景视频内容，甚至推出 360 度全景视频平台。

2.VR 新闻在我国的发展

2015 年 9 月，《人民日报》制作了"9·3"大阅兵 VR 全景视频，拉开了国内 VR 新闻的序幕。此后，财新传媒推出中国首部 VR 纪录片《山村里的幼儿园》，该影片首次以 VR 方式拍摄留守儿童、进城务工父母以及农村工作的志愿者。[①] 观看者可通过点击鼠标 360 度旋转观看儿童所处的农村环境，沉浸到该环境中，增强参与感、同理心和情感共鸣。同年 12 月 20 日，深圳发生山体垮塌事故，财新 VR 新闻团队第一时间抵达事故现场，就事故救援、安置、救助和周边群体等情况进行多角度连续性 VR 系列报道。[②] 与此同时，央视《新闻联播》在关于"一带一路"的多期节目中，利用 VR 技术，带观众"实景"体验了多个国家的风土人情，俨然一场"身未动心已远"的环球旅行。比如"'一带一路'全球行"车队驶过矮寨特大悬索桥报道和"'一带一路'全球行"走进岳麓相关报道，报道团队用 VR 技术展示沿途美景，观众只需要用手机扫描二维码，就可以打开 VR 图片看到当地的风土人情，这给观众一种前所未有的新鲜感，仿佛置身其中。[③]

2017 年全国"两会"上，《法制晚报》与腾讯视频 VR、虫洞 VR 联合进行 VR 直播和 VR 录播，用 360 度全景新闻视频的形式，让观众在第一时间身临其境地感受到了会议现场的气氛。这也是国内首次 VR 直播"两会"。在每一期的采访内容中，观众只需轻轻滑动手机屏幕，便可实时、自由挑选喜爱的画面、人物、内容。在戴上全景立体眼镜的情况下，脖颈稍转，便可以从任意一个视角观看"两会"现场的画面。包括《兰州晚报》在内的一些平面媒体也正式将全景摄影 VR 技术运用在新闻摄影报道当中，开启了《兰州晚报》"新闻摄影＋互联网"的全新报道模式，实现了新闻摄影的多媒体融合。观众不仅可以通过《兰州晚报》以及《兰州晚报》新媒体了解各种新闻资讯，还可以通过扫描二维码，全景观看 VR 摄影报道。这一全新的报道形式打破时间、空间的限制，使传统的新闻摄

---

① VR 实验室：《山村里的幼儿园》，http://video.caixin.com/2016-05-04/100939701.html，2016-05-04。

② VR 实验室：《深圳山体垮塌事故》，http://video.caixin.com/2016-05-04/100939613.html，2016-05-04。

③ 唐可心：《VR 技术在传统媒体中的应用探索——以央视"一带一路"报道为例》，《传播力研究》2017 年第 7 期。

影得到了立体延伸，为观众提供了沉浸式的在场体验。[1]VR 新闻的现场沉浸感重构了新闻传播主体与受众的关系，人人都可以成为新闻的"当事者"。

在里约奥运会期间，央视网独家订购了里约奥运会的 VR 视频直播内容，采用最尖端的 VR 技术，在 PC 端 360 度直播奥运会开闭幕式和总计超过 100 小时的优质赛事，向国内观众展示了里约奥运会的风采，使观众首次体验身临奥运会现场的完美感觉。直播覆盖包括田径、跳水、男篮、沙滩排球、拳击、艺术体操等多个重点项目。[2]

从这一系列的发展过程来看，VR 技术在新闻界运用得越来越频繁和广泛。不管是纸媒还是广电媒体，都在积极探索"VR+ 新闻内容"的独特呈现模式，力图营造更加真实、直观的感官体验。

3.VR 新闻在国外的发展

国外媒体对 VR 新闻的探索始于 2012 年。当时，美国南加州大学的研究员兼记者德拉佩拉（Nonny de la Peña）使用 Oculus VR 的原型机摄制了一部名为《洛杉矶的饥饿》（*Hunger in LA*）的 VR 作品，讲述洛杉矶街头一名男子排队等待领取免费食物时因糖尿病发作昏倒的故事。德拉佩拉除了前期使用 VR 技术摄制新闻素材，更是在后期使用游戏引擎建构虚拟环境，通过精确模拟此前的现实场景，加入人物塑造的方式来呈现新闻，用户戴上设备后可以在环境中走动甚至蹲下。该片时长 3 分 38 秒，于 2012 年在圣丹斯电影节上使用 Oculus Rift 的 VR 头盔进行了首映。[3]

最早发布 VR 新闻的报纸是传媒巨头甘尼特报团（Gannett Company）旗下的《得梅因纪事报》（*The Des Moines Register*），该报是艾奥瓦州得梅因市的本地新闻报。2014 年 9 月，该报通过官方网站 PC 端发布 VR 新闻纪录片《丰收的变化》（*Harvest of Change*），这部新闻纪录片运用多种形式，既有传统的文字报道，也有 VR 技术报道——除了 360 度摄影团队用专用设备穷尽所有方向的拍摄，更是在后期通过 3D 建模，将 3D 照片和视频置放在谷歌地图上，从而复制出一个农场情境。用户佩戴 Oculus Rift 头盔上下左右转动头部或前后左右走动，就可以全方位体验式观看，在农场中进行"参观"。

2015 年 11 月 6 日，《纽约时报》推出了一款名为"NYT VR"的 VR 新闻 App，并为《纽约时报》的订阅用户免费提供了 100 多万副由谷歌开发的 VR 眼镜，这一项目被认为是"VR+ 新闻"的正式起步。《纽约时报》发布的 VR 新闻视频中，最出名的是 2015 年发布的纪录片《流离失所》（*The Displaced*）。这是一个有关全世界难民儿童的报道，该报希

---

[1] 兰州晚报：《VR 技术在新闻报道中实现应用，〈兰州晚报〉新闻摄影进入"互联网 +"时代》，http://www.xinhuanet.com//local/2017-04-20/c_129552707.htm，2017-04-20。

[2] 新浪科技：《8K 超高清？里约奥运会将采用 VR 技术转播》，http://tech.sina.com.cn/e/z/2016-03-10/doc-ifxqhmvc2226605.shtml，2016-03-10。

[3] 张珊珊：《虚拟现实新闻的现在与未来》，《新闻界》2016 年第 3 期。

望通过此片使读者关注全世界因为战争而被迫离开家乡的三千多万难民儿童的处境。为了方便用户观看这部纪录片，《纽约时报》专门与谷歌合作，给订阅《纽约时报》的老客户赠送一副谷歌纸板眼镜，只要戴上纸板眼镜，就可以360度全景体验在战乱中的孩子们的生活处境。①2016年，《纽约时报》开始独立制作VR新闻。

美国的杂志行业对VR新闻的尝试更早。2014年，Vice杂志就与VR领域的创业公司VRSE合作拍摄VR纪录片，重现纽约的"百万人大游行"，此次游行的目的是抗议警察杀害埃里克·加纳（Eric Garner）和迈克·布朗（Mike Brown）事件以及随后大陪审团对两起案件做出的判决。用户可以通过VR眼镜直接与抗议者肩并肩，感受他们的激愤。②视频为观众提供的不仅是一种身处现场的亲临式体验，还是一段具有情绪引导性的新闻报道。之后，美国时代华纳公司推出VR影片，该公司旗下的《时代》周刊、《人物》《娱乐周刊》《体育画报》等杂志亦纷纷推出VR新闻视频。③

与此同时，广电传媒业也紧随报纸杂志探索VR技术与新闻报道的结合。2015年，美国广播公司（ABC）推出VR新闻服务——"ABC News VR"，并拍摄了第一部VR新闻视频《叙利亚之旅》（Syrian Journey）。用户可以"亲临"叙利亚，在新闻中看到叙利亚的风景、街道、路人等等，感受真实的叙利亚当地情况。这是电视新闻报道中首次使用VR技术，由美国的VR技术公司JAUNAT提供技术支持。④截至2017年12月，美国广播公司官网发布的VR新闻数量已达到25部；截至2018年9月，美联社的VR新闻频道也已推出10部左右的VR新闻视频。

此外，CNN也涉足VR新闻。2015年10月，CNN联手NextVR（全球知名的VR直播公司）第一次通过VR技术直播了美国民主党辩论大会。这次竞选辩论直播是VR技术在新闻业应用的一个重要突破，将VR技术延伸至新闻事件的现场直播。2017年3月，CNN推出其VR新闻平台CNN VR，CNN也是继《纽约时报》的VR新闻频道"The Daily 360"之后，正式生产沉浸式新闻进入VR市场的传统媒体。《纽约时报》最早进入，在VR报道数量方面处于领先地位，但其内容弱化时效性，注重报道深度，CNN则更注重VR视频的新闻性。⑤

总体来说，美国传统媒体面对挑战基本都愿意尝试转型，利用VR技术报道新闻，

---

① 腾讯科技：《纽约时报发布虚拟现实新闻客户端NYT VR》，http://tech.qq.com/a/20151106/017102.htm，2015-11-06。
② 邱芳芳：《美国VR新闻的发展现状与影响》，四川省社会科学院硕士学位论文，2017年。
③ 邱芳芳：《美国VR新闻的发展现状与影响》，四川省社会科学院硕士学位论文，2017年。
④ 赵青晖：《ABC推出VR新闻报道，让你亲临战争区域》，https://www.leiphone.com/news/201509/4M9kQFVy8eGR5XhI.html?viewType=weixin，2015-09-17。
⑤ 符绍强、刘晓琰、曹萌：《全球媒体VR报道对比研究及策略分析——以CGTN、BBC、CNN和〈纽约时报〉为例》，《中国广播电视学刊》2019年第11期。

这种改变部分颠覆了传统的单向灌输式传播。VR新闻使新闻传播变得更加灵活和多变，新闻与受众之间的关系更紧密，互动性更强。

二、VR技术在新闻传播中的优势

VR技术的崛起为传统新闻传播业带来了全新的报道方式，能让受众随时随地获得沉浸式体验，通过听觉、视觉、触觉、味觉等各种感官系统的叠加感受新闻现场，比如可以直观感受冲突、灾难、竞技、欢庆等新闻情节，并亲身体验新闻当事人的痛苦、焦虑、舒畅、兴奋、激动、疼痛、紧张等情绪。VR技术为传媒行业输送了新鲜血液，为传统媒体的转型升级提供了契机。

1. 新闻信息多维度

在传统的新闻报道当中，新闻叙事通常是一种线性表达，多以文字、图片、音视频等语言符号呈现[1]；新闻生产方式多少带有记者的主观性，会有意无意地遗漏和丢失一些细节，无法完全客观展现事实。而VR新闻的沉浸性与交互性使新闻报道打破了传统的叙事框架，不再局限于对新闻的简单陈述，而是采用多维呈现模式。多维度地呈现新闻内容，能防止遗漏重要新闻要素，受众也不再受限于视角、时空，而是以目击者的身份置身新闻现场，自由感知新闻信息，更具主动性地从信息消费中获得满足感。[2]譬如2015年的"9·3"大阅兵，如若只是文字、图片报道，其震撼性将大打折扣，人民日报全媒体平台（"中央厨房"）首次引进全景VR视频设备，全程记录激动人心的盛大阅兵现场，受众可以自主调整角度观看。[3]

2. 增强用户沉浸感

在过去的传播形态中，人类通过调动视觉、听觉来对文字、图片、音视频进行想象与理解，VR技术在视觉、听觉、触觉等多个方面对人的感官体验进行全方位的延伸。在传统的新闻报道中，受众处在被动的接受状态，没有自主权。新媒体出现之后这种情况就改变了，新媒体的交互性让每个人都可以自由选择新闻，而VR技术在此基础上做出了进一步的补偿：利用VR技术对新闻事件进行360度还原，使新闻内容直接作用于受众的感官，带给受众最直接的刺激，受众通过佩戴VR眼镜就能以第一视角观察事件现场，最大限度接近新闻事实。受众从以往的被告知变为自主地去发现，这种深度沉浸所带来

① 喻国明、张文豪：《VR新闻：对新闻传媒业态的重构》，《新闻与写作》2016年第12期。
② 赵双阁、高旭：《VR技术应用新闻实践的伦理困境及其突破策略》，《出版发行研究》2018年第8期。
③ 周文杰、王瑜：《VR技术对传统新闻传播的补偿性解读》，《科技传播》2018年第16期。

的震撼性和冲击力是传统新闻报道中的文字和图片难以望其项背的。[①]

3. 强化传播效果

当受众置身于一个现实感极强的媒体环境中，与媒体传播内容形成共鸣时，新闻传播能达到更好的效果。2017 年，为迎接党的十九大胜利召开，光明网制作了 VR 虚拟体验"砥砺奋进的五年"大型成就展，其中包括"践行新发展理念，引领经济发展新常态""坚定文化自信，创造中华文化新辉煌"等 10 个主题内容展区和 1 个特色体验展区，受众可以自主切换或者根据引导标识选择场景体验现场的气氛，切实感受十八大以来党和国家事业发生的历史性变革。[②] 在展现国家的发展变化方面，VR 报道比文字、图片的传统报道方式更具影响力和震撼力。

VR 全景新闻的出现，事实上塑造的是新闻传播媒介的公信力。新闻机构搭载这个渠道报道新闻，对新闻内容加以还原性的佐证，受众可以 360 度全景式观看事发现场，了解真正的事实，评判是非曲直。[③] 同时，VR 全景新闻能排除拍摄者、采访者主观意图的影响，增强了新闻的真实性和客观性，这有助于提升新闻媒体的公信力。

三、VR 技术应用于新闻传播的挑战

VR 技术能够强烈影响感官，让我们忘记身处的现实世界。2016 年以来，VR 新闻整体呈现火热态势，但它仍然属于新生事物，且大多数 VR 产业还属于实验阶段。因此，VR 技术应用于新闻传播还存在着一些局限和挑战，如何利用 VR 技术更好地讲故事而不是被技术所束缚，如何制定 VR 新闻的伦理规范，将成为新闻业关注的重点。

1. 技术门槛、制作成本过高

VR 技术拍摄强调用户的深度沉浸感，需要较高的技术水准和大量的资金支持。国内 VR 新闻存在的技术问题比较多。首先，VR 新闻对画面清晰度要求较高，而超高清视频（4K）产业生态体系还不完善，当前我国政府正在推进超高清视频产业发展和产品研发。其次，VR 技术的感官开发尚停留在视觉、听觉与触觉的实景性阶段，不少用户对于长时间佩戴 VR 设备感到不舒服，有的甚至会出现眩晕等不良反应。最后，国内 VR 新闻制作水平与国外相比还有较大差距。虚拟现实不等于全景视频，真正的虚拟现实更需要后期的建模等专业制作。要让 VR 新闻真正落地，而不是沦为一个噱头，尚有很长的路要走。

---

① 周文杰、王瑜：《VR 技术对传统新闻传播的补偿性解读》，《科技传播》2018 年第 16 期。

② 光明网：《VR 全景看"砥砺奋进的五年"大型成就展》，http://news.cctv.com/2017/09/28/ARTIsvQw2SyN9uywquN4XkeY170928.shtml，2017-09-28。

③ 马耀庭、焦若薇：《VR 技术应用在新闻传播中的优势和挑战》，《视听》2018 年第 6 期。

除了面临技术问题外，VR 新闻的制作生产成本也很高。VR 新闻需要加入信息热点，制作周期比较长，没有大量的资本投入是难以完成的。芯片制造商 AMD 合作事务副总裁罗伊·泰勒（Roy Taylor）认为，VR 内容每分钟的制作成本高达 100 万美元。[①]美国甘尼特集团推出的《丰收的变化》大型解释性报道，不仅拍摄长达 3 个月，而且制作费用高达 2 万美元。财新网在 2015 年 9 月发布了国内首部 VR 纪录片《山村幼儿园》，时长 8~10 分钟，但花费却达到了百万元以上。[②]在看不到显著收益和回报的情况下，媒体还愿不愿意在 VR 领域"烧钱"，这是一个未知问题。

2. 专业人才缺乏

现有的 VR 新闻多是传统新闻机构和专业的 VR 技术公司合作完成，媒体人队伍中精通 VR 技术的较少。目前，VR 技术与新闻生产的结合还处于初级阶段，二者缺乏兼容和整合，生产流程还不能实现简单、稳定和流畅。[③]VR 技术在系统性方面的要求较高，还涉及影像摄录、三维场景、模型建立、后期编辑、交互制作、特效制作、界面设计、发布测试等细分工作，要想确保 VR 新闻的内容质量，就必须建设专业化的内容生产团队。[④]

3. 选题内容有限，优质内容不足

虽然 VR 新闻具有先天的传播优势，但并不是所有的新闻选题都适合用 VR 报道。从世界范围内已有的 VR 新闻报道来看，其主题多是纪念日活动、全球盛会、重大突发事件、灾难性事件、环境问题等（如美国纽约节日游行、奥运会、山体垮塌和海啸等），或者是新闻事件的事后"现场复原"，让受众更好地了解当时的真实情况。大量涉及公共利益的其他严肃新闻依然需要依托文字或图片，以获得最好的传播效果。如经济新闻需要基于数据信息的整理、分析，通过可视化的图表呈现出来，让受众对数据之间的关联性一目了然。如果利用 VR 技术进行经济新闻的报道，不仅会小题大做，更会让受众眼花缭乱，加重感官负担，达不到预期的传播效果。

由于题材受限，VR 新闻业出现了内容同质化现象。虽然目前国内外出现了一些 VR 新闻的优秀报道案例，但从总体水平来看，VR 新闻的优质内容仍然缺失，形式重于内容的问题依然存在。在 VR 新闻发展初期，受众可能会因为其酷炫的呈现方式和身临其境的体验方式而产生新鲜感，但随着 VR 新闻数量增多，受众的这种新鲜感不再，若没有优质内容做支撑，即便呈现的方式再生动，也无法吸引受众永远驻足。

① 游侠 VR：《罗伊·泰勒：优质 VR 内容一分钟制作成本高达 100 万美金》，https://www.ali213.net/news/html/2016-8/240615.html，2016-08-09。
② 石亚琼：《在"VR 新闻"的时代，媒体会活得好一点么？》，https://36kr.com/p/5045079，2016-03-29。
③ 王楠、徐天宜：《VR 新闻当前发展困境及解决路径研究》，《东南传播》2018 年第 12 期。
④ 冯林：《传统媒体应对 VR 技术策略》，《采写编》2016 年第 2 期。

4. 传播伦理问题

首先，VR 技术为人类提供了一种深度观看和参与的体验，为新闻报道实践提供了更多可能。它试图建立一种与受众进行对话的通道，为受众带来场景空间里的互动体验。VR 新闻的这一特性在增强新闻真实性的同时，也消解了新闻的客观性。因为 VR 技术太过真实，受众往往沉浸于这一技术带来的独特情感体验中，不由自主地跟随新闻事件当事人的情绪而产生同样的情绪波动，因而无法客观公正地评判事件本身的价值和意义。同时，因为体验的真实感超过了枯燥的新闻事件本身，受众会忽略对新闻价值本身的关注，这就使得传播者的意图无法完全实现。

其次，在 VR 新闻中，传统媒体的"把关人"的角色进一步弱化，受众由被动的观看者变成新闻叙述的主体，取代了记者的中间人角色，以第一人称的视角观看新闻事件，完成基于个人立场的新闻编辑。将大量信息交给受众自行选择，受众会在大量未经加工与筛选的信息中迷失，无法判断是非曲直，甚至错误判断某条新闻所试图呈现的具有新闻价值的部分。

再次，VR 技术在新闻传播领域的应用，给受众带来的是其他媒介形态无法呈现的现象奇观，这可能使一部分意志薄弱的受众沉溺于感官愉悦，以致渐渐排斥文字才能呈现的深度新闻报道，放弃相对耗力的阅读与思考，从而产生思维惰性，丧失判断能力。[1]VR 新闻生产的出发点与核心诉求在于"体验价值"，而非传统意义上的"新闻价值"。VR 新闻精心选择加以模拟的情境固然有特定的新闻价值，但相对于其体验价值来说，新闻价值不过是附加的；至于《卫报》的《6×9》（让观众身临其境地体验单独拘禁监狱的生活）这样完全模拟出来的新闻场景，不过是一种与传统新闻仅有着概念上的关联的生产实践而已。这预示着，VR 新闻最终令"视觉的逻辑"僭越了"新闻的逻辑"，并创设了一套全新的新闻生产观念及实践系统。不但新闻的概念与内涵即将伴随着 VR 技术在新闻业的深度应用而被不断颠覆和修正，就连人类对新闻的需求方式和接受行为，也将不可避免地出现全面变革。

最后，传统的媒体监管体制存在立法滞后、规范不力等弊端，对于 VR 新闻这种高技术性传播方式并不能实现有效的监管。比如，VR 技术的应用是否构成对个人隐私的侵害还是个未知数，这给新闻监管部门开展工作设置了障碍。

---

① 马耀庭、焦若薇：《VR 技术应用在新闻传播中的优势和挑战》，《视听》2018 年第 6 期。

第六节　AI 技术与广播电视媒体变革

"人工智能"是达特茅斯学院助理教授约翰·麦卡锡（John McCarthy）在 1956 年提出的概念，是指展现出看似具有智能行为的硬件或者软件。[①] 人工智能是研究、开发用于模拟、延伸和扩展人的智能的理论、方法、技术及应用系统的一门新的技术科学，它企图了解智能的实质，并生产出一种能以人类智能相似的方式作出反应的智能机器。对人工智能领域的研究主要包括机器人、语言识别、图像识别、自然语言处理以及专家系统等。[②]

2016 年，AlphaGo 击败韩国围棋冠军李世石，次年又击败世界围棋冠军柯洁，人工智能开始进入大众视野。在最近几年间，谷歌、微软、百度等互联网巨头纷纷加入人工智能战场，掀起新一轮智能化、商业化革命。

2017 年在我国人工智能发展史上是非常关键的一年。这一年，人工智能的发展受到国家政策、社会资本等多方支持。2017 年 3 月，"人工智能"一词首次被写入政府工作报告；7 月，国务院发布《新一代人工智能发展规划》，将人工智能上升到国家战略；12 月，工信部发布《促进新一代人工智能产业发展三年行动计划》，推动人工智能和实体经济深度融合。人工智能的理论和技术日益成熟，应用领域也越来越广泛。人工智能在新闻传播领域的应用也已经越来越普遍，如机器人写作、机器人主播、算法应用、传感器新闻、智能翻译与用户互动等，正逐渐覆盖新闻传播行业的各个枝蔓。[③]

2018 年则是机器学习和人工智能技术颇有争议的一年。在沙特阿拉伯，由香港汉森机器人技术公司开发的类人机器人"索菲亚"（Sophia）正式获得了公民身份，这引发了大众对于机器人基本权利的激烈争论。借助人工智能，人们的生活将更加便利，人与人之间的关系也会发生根本改变。虽然当前还处于弱人工智能阶段，但是传统媒体已经开始尝试借助人工智能使报道更加新颖、丰富和多元。李彦宏曾在《人民日报》撰文指出：人工智能是科技创新的下一个"超级风口"，人工智能是新一轮科技革命和产业变革的重要驱动力量。[④]

一、AI 合成主播与人工智能

AI 合成主播是指运用最新人工智能技术，"克隆"出与真人主播拥有同样播报能力的"分身"，代替真人主播节目。"它是通过提取真人主播新闻播报视频中的声音、唇形、表

[①] 刘以鼎：《人工智能为传统广播媒体带来的机遇和挑战》，《广播电视信息》2018 年第 11 期。

[②] 孙玥：《论人工智能的发展现状及前景》，《中国科技财富》2012 年第 10 期。

[③] 王哲：《人工智能时代新闻传播面临的机遇与挑战》，《浙江传媒学院学报》2018 年第 4 期。

[④] 李彦宏：《推动新一代人工智能健康发展》，《人民日报》2019 年 7 月 22 日。

情动作等特征，运用语音、唇形、表情合成以及深度学习等技术联合建模训练而成。该项技术能够将所输入的中英文文本自动生成相应内容的视频，并确保视频中音频和表情、唇动保持自然一致，展现与真人主播无异的信息传达效果。"[1]

2001年，由英国报业联会新媒体公司制作的世界第一位虚拟主持人"安娜诺娃"（Ananova）在网络上一经推出，便立即获得了世人的瞩目。"通过成熟的三维技术支撑，阿娜诺娃的外貌堪称完美，她拥有一头绿色的秀发、一对炯炯有神的大眼睛、婀娜的动人身材、丰富的表情，对同步语音处理技术的应用，赋予了她准确而又流利的磁性声音，冷艳而又不失随和的她在荧屏上透出强烈的原始生命力。其虚拟主持人的身份，也给长期以来习惯传统主持的受众带来了新鲜的活力。"[2]随后，各国对于虚拟主持人的研究不断推进，日本、美国等也相继推出虚拟主持人。

2016年，NHK汇总了30多年来对人工智能技术的重新搜索结果，建立了一个跨功能的研究团队，名为智能生产实验室（Smart Production Lab），研究范围包括人脸检测和识别技术、图像相似检索技术、自动视频摘要技术等。2018年4月，NHK电视台运用动作捕捉、人脸识别、语音合成等技术定制虚拟化卡通AI主播Yomiko（图10-5）。Yomiko会在工作日晚间11时10分播出的"NEW SCHECK 11"节目中播报新闻。"在把Yomiko活用于新闻节目的同时，NHK还将开设智能手机专用网站。据介绍，访问网站时Yomiko会出现在手机屏幕上，还可通过增强现实（AR）技术与她合影。如果观众家里有智能音箱，如Google Home等，也可以让Yomiko来播报新闻。"[3]

图 10-5　AI 主播 Yomiko

（图片来源：http://www.xy178.com/news/20180402/17832.html）

---

① 新华网：《全球首个"AI合成主播"在新华社上岗》，http://www.xinhuanet.com//2018-11/07/c_1123678126. htm，2018-11-07。

② 蒋一莉、李安安：《浅析虚拟主持人在中国的发展困境》，《传媒观察》2015年第8期。

③ 佚名：《4月开始登场的是人工智能"新闻主播Yomiko"》，http://www.xy178.com/news/20180402/17832. html，2018-04-02。

国内媒体对于虚拟主持人的探索也早已有之。《光影周刊》推出的"小龙"是我国第一位虚拟电视节目主持人；虚拟主持人"比尔·邓"（后更名为"言东方"）是国内电视节目《科技新闻周刊》中正式出镜的男性；《930新闻直播间》的"小雪"是我国广播界推出的第一位虚拟主持人。[①]

2017年11月，新华社推出了人工智能虚拟生命"琥珀·虚颜"，在人工智能技术的支持下，其可以通过肢体和语言与外界进行交流，"二次元"与"三次元"由此有了新的结合。在新华网成立20周年庆典上，"琥珀·虚颜"以新华网签约虚拟主播的身份进行了现场新闻播报。同年的"两会"上，出现了"实体"机器人的采访行为，该机器人即新华社派出的特殊记者"爱思"。2018年3月的"两会"上，现代快报·ZAKER南京的主播机器人"快宝"也参与了会议的采访与播报工作。可以说，利用"实体"机器人开展新闻采访活动，是人工智能技术对传统新闻行业采访和播报活动的重大突破。

在2018年11月7日的第五届世界互联网大会上，搜狗与新华社联合发布全球首个全仿真智能虚拟主持人"AI合成主播"，创造性地使用新华社中英文主播的真人形象。同时，利用"搜狗分身"技术，AI合成主播还能实时高效地输出音视频合成效果。[②] 随着"搜狗分身"技术能力的不断提高，AI合成主播的定制周期也大为降低，合成效果和稳定性也有显著提升。2019年2月19日，搜狗公司与新华社新媒体中心联合发布了首个站立式AI合成主播，新的AI合成主播从过去的"坐着播新闻"升级成结合肢体动作的"站立式播报"，标志着"搜狗分身"技术再次取得突破。[③]AI合成主播拥有和真人主播同样的播报能力，能24小时不间断播报，让新闻视频的制作效率有了极大的提高。

AI合成主播的诞生与演进，代表的是传播业与智媒的深度融合。如果说人工智能最初登上历史舞台是"让机器来认知世界"，那么随着技术的不断突破与观念的不断革新，新一代人工智能技术与媒体的融合，则意味着"让机器与人携手读懂世界"。因此彭博社总编辑约翰·米克尔思韦特（John Micklethwait）认为，人工智能技术将对新闻业的未来起到决定性作用；而Narrative Science（美国一家提供自然语言处理服务的科技公司）则预计，到2020年前后，90%以上的新闻报道都将由机器来完成。[④] 也就是说，通过将人工智能技术融入新闻媒体的生产与播报，可赋予媒体更强大的生命力，大大提升其传播效果。

与真人主播相比，AI合成主播有一些独特的优势。首先，它集"采写编播"技术于一身，可以凭借信息处理与分发能力进行新闻的生产，从而在媒体的日常报道中减少幕后

---

① 蒋一莉、李安安：《浅析虚拟主持人在中国的发展困境》，《传媒观察》2015年第8期。

② 林国振：《"搜狗分身"技术正式亮相乌镇，携手新华社发布全球首个AI合成主播》，https://www.sohu.com/a/273827531_115565/，2018-11-07。

③ 环球网：《搜狗联合新华社发布全球首个站立式AI合成主播》，https://smart.huanqiu.com/article/9CaKrnKidmV，2019-02-19。

④ 贺岭、南一飞：《人工智能时代新闻生产方式的变革研究》，《出版广角》2018年第7期。

工作人员的工作量，提升电视新闻的制作效率，降低新闻制作成本。其次，它还可以在许多真人主播不宜进行播报的情况下或者在危险的环境中快速生成新闻视频，提高报道时效和质量。再次，由于具有基于人工智能的核心技术，它有着远远超越普通真人主播的认知能力与信息检测能力，强大的信息处理与分发能力和永续的播报能力，能够使其超越人类身体的某些极限进行播报工作。最后，AI 合成主播能够在连续工作 24 小时的情况下保证新闻认知的准确性，这就决定了其播报中持续的强真实性。由此可见，AI 合成主播的确有许多优于真人主播的特点，而这些都是基于人工智能的技术内核而实现的。[①]

二、机器人新闻

机器人新闻（machine generated content，MGC）新闻，即运用人工智能技术，由机器智能生产的新闻，也就是常说的机器人写稿。早在 2009 年，美国西北大学智能信息实验室研发的 StatsMonkey 系统就撰写了一篇关于美国职业棒球大联盟季后赛的新闻稿件。StatsMonkey 通过统计分析，识别出比赛期间发生的重大事件，并总结整体比赛动态，自动编写了一篇体育报道。[②]2014 年，美联社的机器人 Word Smith 自动生成了偏向于数据分析的财经新闻。中国的第一条 MGC 新闻是 2015 年 9 月由腾讯的 Dreamwriter 写的一条财经新闻。

2015 年 11 月 7 日，新华社正式推出了机器人写稿项目——"快笔小新"，应用于新华社体育部、经济信息部和《中国证券报》，可以写体育赛事中英文稿件和财经信息稿件，开央媒机器人写稿的先河。[③]只要在系统里输入一个股票代码，点击鼠标，3 秒钟之内一篇财报分析便可成稿，速度之快远非人力能及。[④]2016 年 8 月，里约奥运会期间，今日头条写稿机器人"张小明"（"xiaomingbot"）以 2 秒的生成时间进行赛事报道，13 天写了 457 篇关于羽毛球、乒乓球、网球的消息简讯和赛事报道，平均每天发布 30 篇稿件。"张小明"的发稿速度几乎与电视直播同步；同时，它不仅可以通过检索自己选择图片，还能模仿人类的语气，使用诸如"笑到了最后""实力不俗"等语句。[⑤]2017 年 1 月 17 日，《南方都市报》的写作机器人"小南"推出首篇 30 字的春运相关报道。"小南"沿

① 张宗兰、赵然：《智媒深度融合赋能"AI 合成主播"探索》，《新闻世界》2019 年第 2 期。

② 耿磊：《机器人写稿的现状与前景》，《新闻战线》2018 年第 1 期。

③ 新华网：《"快笔小新"上岗了！84 岁新华社启用"机器人记者"》，http://www.xinhuanet.com/politics/2015-11/06/c_128401096.htm，2015-11-06。

④ 人民网：《"快笔小新"：新华社第一位机器人记者》，http://media.people.com.cn/n1/2019/0227/c425664-30905230.html，2019-02-27。

⑤ 赵禹桥：《新闻写作机器人的应用及前景展望——以今日头条新闻机器人张小明（xiaomingbot）为例》，http://media.people.com.cn/n1/2017/0111/c409691-29014245.html，2017-01-11。

袭了机器写作时效快的特性，首篇春运系列机器稿件的完成仅需要 1 秒钟。"小南"在新闻稿件的质量上把握住了"人"写作的特点，通过训练学习来运用人类所特有的语言模式、思维模式和情感诉求来表达内容。例如，在春运系列的机器新闻稿件中出现"跟自己说加油吧""路途会比较辛苦"等具有人文关怀的语句，打破了以往受众心中机器稿件"冷冰冰"的印象。①

机器人被广泛应用于采写新闻报道，MGC 新闻生产一条纯文本稿件平均耗时不到 1 秒钟，每天能写几百篇报道，不但节省了大量人力，而且几乎零失误。2017 年 12 月 26 日，新华社在成都发布中国第一个媒体人工智能平台——"媒体大脑"，生产的第一条 MGC 视频新闻——《新华社发布国内首条 MGC 视频新闻，媒体大脑来了！》，时长 2 分 8 秒，耗时 10.8 秒。② 机器人在新闻写作上的工作效率和精准率远远高于新闻工作者，它们可以长时间连续工作，并且几乎可以保证 100% 的准确性。2017 年，NHK 在官网放出了一段昭和时代的相扑视频，这段视频采用 AI 技术，把原本是黑白的内容彩色化。"这段视频最初由人工为数个帧进行着色，之后通过使用人工智能技术学习为视频的其他帧进行自动上色。这种制作方法在保障质量的同时能够提升整体速度，另外减少了很多人力成本。"③

机器人新闻写作的最大特征和优势是"短"和"快"，因此比较适合会议新闻、体育赛事新闻等流程式、程序性的报道领域。对于调查性报道和解释性报道等深度报道领域，依然需要记者深入新闻现场，寻求多方新闻源和新闻当事人，才能形成一篇多角度、详尽、扎实的新闻报道。在这些领域，机器人新闻写作所能起的作用是极其有限的。在 2015 年的人机写稿大战中，机器人写稿速度虽然很快，读者对其的评价却没有对新闻记者来得高。目前，写稿机器人还无法进行独立思考，智能写稿系统在深度和个性化上也很难取得突破。正如卢新宁在 2017 年媒体融合发展论坛上所言："作为记者，我为地震颤抖，为遇难者落泪，但机器人不会。"④

人工智能技术已经渗透到新闻生产的各个环节，传媒业的边界将越来越模糊并逐渐消失，我们正在从自媒体时代、融媒体时代迈向"万物皆媒，人机共生"的智媒时代。未来的人工智能技术将在重塑新闻生产和信息传播等各个环节中扮演重要的角色。

① 白龙：《机器写作的新突破及思考——以南方都市报写作机器人"小南"为例》，《青年记者》2017 年第 29 期。
② 吴迪：《浅谈人工智能在传统媒体中的应用》，《记者摇篮》2019 年第 4 期。
③ 佚名：《日本 NHK 利用 AI 把 76 年前的黑白节目彩色化》，https://www.sohu.com/a/142543834_114837，2017−05−22。
④ 卢新宁：《"内容 +"将成为媒体融合关键词》，《新闻战线》2017 年第 9 期。

三、人工智能技术对传统媒体的挑战

科学技术是一把双刃剑，人工智能时代，新闻传播在获得巨大发展机遇的同时，也面临着严峻的挑战。随着人工智能技术的普及，新媒体时代的新闻伦理问题与以往相比更加复杂。

首先，传播者已经不再限于传统意义上的媒介机构和专业新闻记者，在互联网这个针对不特定主体的开放端口平台上，受众对于新闻可以发表评论，甚至可以注册自己的爆料账户，从而具有传播者和接受者的双重属性。一方面，新闻的内容从原来的单纯收集变成现在的大数据采集，在采集过程中，由于人工智能技术尚不成熟，信息的真实性与合法性、采集方式的合规性等诸多问题都无从保证，或存在着极大的不确定性。另一方面，开放的端口平台为新闻信息的传播提供了便利，但也降低了新闻产品的制作成本，突破了新闻传播主体的身份限制，如何对其违规问题进行核查，面临更大的挑战。在此情形下，网络平台上出现了大量的虚假及侵权信息，使新闻越来越不像"真正的新闻"了。

其次，目前的人工智能是一种弱人工智能，并不能完全模拟人脑进行思考和判断。现在所采用的人工智能算法，通常是输入大量的用户数据，利用这些数据实现自动学习以达到某种功能。人工智能算法还无法做到在没有任何原始数据的情况下，通过持续的探索来学习某项专业技能。这就决定了人工智能技术要取得成功，很大程度上依赖于对用户数据的收集和处理。没有可用的数据，人工智能的能力是相对有限的。[1] 可用数据是否存在以及数据的真实可靠性，对算法的性能有着巨大的影响。比如，现在许多平台都为用户提供了评论的功能，一些用户出于某种原因，填写不符合自己实际情况的评价，这些不真实评价被用作数据集输入算法中时，很可能会导致系统推荐结果的偏差。用户数据来源的真实与可靠性决定了算法能否正常工作。如何克服对用户数据的过度依赖，是人工智能技术当前面临的一大难题。

最后，人工智能算法的良好运行离不开用户个人数据的获取，这就存在侵犯用户个人隐私的问题。随着网络的普及，同一个用户往往会在大量不同的网站上留下自己的个人信息。技术公司大量收集用户图片，庞大的图片数据集有助于将人脸识别算法训练得更加精确，从而可以快速从不同照片或不同场景中识别出某个用户。这些照片很可能被技术公司利用，作为人脸识别技术升级的工具，对某个用户来说，一旦个人数据泄露出去，很可能就会面临财产和人身安全方面的危险。

此外，人们在表达对新技术赞美的同时，也显现出对于虚拟主播在面对非标准新闻

---

① 张建中:《新闻业面临的七大人工智能挑战》,《青年记者》2018 年第 7 期。

如调查性报道、解释性报道、批评性报道中"人性化"缺失的担忧。[①] 而在新闻产品著作权等法律问题上，人工智能生成内容的版权归属存在不确定性，这阻碍了人工智能在新闻领域的效用的发挥。[②] 在媒体融合向纵深发展的变革时代，人工智能与媒体的融合是不可逆转的趋势，目前遇到的问题也会在时代的发展和科技的进步中不断修正，人工智能技术最终会优化整个新闻产业和信息生态系统。

小结

随着科技高速发展，主流媒体对数据信息的依赖度日益增加，传感器技术、算法技术、VR 技术、AR 技术、AI 技术等给传统的新闻生产带来了新的机遇和挑战。人工智能早已从互联网产业上升为国家战略，并陆续落地应用到各个行业。国家大力推进人工智能技术的发展，落实科技强国和创新强国的目标。媒体要善用这个政策契机，依靠科技的力量，合理利用人工智能，使其更好地服务于新闻传播。

传感器在新闻报道中能够精准地捕捉新闻当事人的情绪，能够丰富新闻报道的角度，增强新闻的真实性。但作为人工智能技术的传感器在带给我们希望的同时，也带来许多新的风险。生产人员技能、素质的参差不齐，难保传感器设备所提供数据的精准性；同时，传感器以收集数据的方式对用户实行间接监视，完全混淆了私人领域和公共领域的边界。

算法推送改变了新闻生产与分发的模式。在算法推送新闻的机制中，为了使内容和用户的匹配度更高，传统媒体内部都设立了数字化运营部门，内容的分发不再是传统模式下的人工编辑，而是靠大数据技术处理，新闻信息的存储、分析和加工都交给数字化运营部门负责。在未来，大数据和算法推送技术的进一步发展，数字化生产和分发内容的趋势将更加明朗，使传统媒体的信息处理系统完全实现由以人工编辑为核心向以数据为核心的转变。

沉浸式的新闻传播模式使得 VR 技术成为一种新的新闻叙事方法。在 VR 时代，新闻内容将逐渐摒弃文本，转向着重于视觉、触觉、听觉等感官体验的优化。

新兴的媒体技术只是一种技术手段，决定新闻品质的依然是内容本身。这就要求媒介组织将内容生产和新兴媒体技术紧密结合，提供优质的内容，培养新型的专业人才。

① 何强：《人工智能在新闻领域应用的新突破——从全球首个"AI 合成主播"谈起》，《新闻与写作》2019 年第 5 期。
② 喻国明：《5G 时代的传播发展：拐点、挑战、机遇与使命》，《传媒观察》2019 年第 7 期。

本章思考题

1. 动画新闻的优点和局限各是什么?

2. 传感器新闻适合什么样的报道主题?

3. 算法推送给新闻生产带来了哪些变革?

4. VR 新闻的优点和局限各是什么?

5. AI 合成主播能替代真人主播吗? 为什么?

6. 机器人写稿有什么优势?

7. 想象一下,在"智能 +"背景下,未来广电媒体会有怎样的变化?

参考文献

（一）著作

[1]　［美］艾伯特·拉斯洛·巴拉巴西:《爆发:大数据时代预见未来的新思维》,马慧译,中国人民大学出版社 2012 年版。

[2]　［德］奥利弗·格劳:《虚拟艺术》,陈玲主译,清华大学出版社 2007 年版。

[3]　北京印刷学院文化产业安全研究院:《中国新媒体产业安全报告（2013—2014）》,社会科学文献出版社 2015 年版。

[4]　曹虎、王赛、乔林、［美］艾拉·考夫曼:《数字时代的营销战略》,机械工业出版社 2017 年版。

[5]　曹璐:《广播新闻理念与实务创新研究》,中国广播电视出版社 2007 年版。

[6]　陈宝国:《信息战争:第四空间的角逐和博弈》,中国发展出版社 2010 年版。

[7]　陈少峰、张立波:《文化产业商业模式》,北京大学出版社 2011 年版。

[8]　陈阳:《全球传播》,北京大学出版社 2009 年版。

[9]　程曼丽:《国际传播学教程》,北京大学出版社 2006 年版。

[10]　崔保国、徐立军、丁迈:《中国传媒产业发展报告（2019）》,社会科学文献出版社 2019 年版。

[11]　崔义超:《社群媒体》,机械工业出版社 2017 年版。

[12]　［英］戴维·冈特利特:《网络研究:数字化时代媒介研究的重新定向》,彭兰等译,新华出版社 2004 年版。

[13]　［美］丹尼尔·杰·切特罗姆:《传播媒介与美国人的思想——从莫尔斯到麦克卢汉》,曹静生、黄艾禾译,中国广播电视出版社 1991 年版。

[14]　［加拿大］德克霍夫:《文化肌肤:真实社会的电子克隆》,汪冰译,河北大学出版社 1998 年版。

[15]　方兴东、胡怀亮:《网络强国:中美网络空间大博弈》,电子工业出版社 2014 年版。

[16]　国家广播电影电视总局发展研究中心:《中国广播电影电视发展报告（2013）》,社会科学文献出版社 2013 年版。

[17]　韩彪、俞剑红、包冉主编:《颠覆与解构:中国数字新媒体的现在和未来（第 1 辑）》,中国电影出版社 2008 年版。

[18] ［美］赫伯特·席勒：《大众传播与美帝国》，刘晓红译，上海译文出版社 2013 年版。

[19] ［美］简·麦格尼格尔：《游戏改变世界：游戏化如何让现实变得更美好》，浙江人民出版社 2012 年版。

[20] 蒋宏、徐剑主编：《新媒体导论》，上海交通大学出版社 2006 年版。

[21] ［美］杰弗里·亚历山大：《社会生活的意义——一种文化社会学的视角》，北京大学出版社 2011 年版。

[22] ［美］李·雷尼、巴里·威尔曼：《超越孤独：移动互联时代的生存之道》，杨伯溆、高崇等译，中国传媒大学出版社 2015 年版。

[23] 李彬：《全球新闻传播史（公元 1500—2000 年）》，清华大学出版社 2009 年版。

[24] ［美］刘易斯·科塞：《理念人——一项社会学的考察》，郭方等译，中央编译出版社 2001 年版。

[25] 卢小雁、张琦：《电子媒介广告》，浙江大学出版社 2006 年版。

[26] ［美］罗伯特·福特纳：《国际传播：全球都市的历史、冲突及控制》，刘利群译，华夏出版社 2000 年版。

[27] ［美］罗伯特·斯考伯、谢尔·伊斯雷尔：《即将到来的场景时代》，赵乾坤、周宝曜译，北京联合出版公司 2014 年版。

[28] ［美］马克·波斯特：《第二媒介时代》，范静哗译，南京大学出版社 2001 年版。

[29] ［美］玛丽贝尔·洛佩兹：《指尖上的场景革命：打造移动终端的极致体验感》，平宏伟、龚倩、徐荣译，中国人民大学出版社 2016 年版。

[30] ［美］迈克尔·舒德森：《为什么民主需要不可爱的新闻界》，贺文发译，华夏出版社 2010 年版。

[31] ［法］让·鲍德里亚：《消费社会》，刘成富、全志钢译，南京大学出版社 2008 年版。

[32] 邵培仁、海阔：《大众媒介概论》，高等教育出版社 2012 年版。

[33] 邵培仁：《媒介理论前沿》，浙江大学出版社 2009 年版。

[34] 邵鹏：《媒介融合语境下的新闻生产》，浙江工商大学出版社 2013 年版。

[35] ［日］水越伸：《数字媒介社会》，冉华、于小川译，武汉大学出版社 2009 年版。

[36] 童兵：《理论新闻传播学导论》，中国人民大学出版社 2011 年版。

[37] 王宇：《现代广播新闻实务》，中国广播电视出版社 2009 年版。

[38] 吴声：《场景革命：重构人与商业的连接》，机械工业出版社 2015 年版。

[39] 向勇：《文化产业导论》，北京大学出版社 2015 年版。

[40] ［爱尔兰］肖恩·麦克布赖德：《多种声音，一个世界》，中国对外翻译出版公司第二编译室译，中国对外翻译出版公司 1981 年版。

[41] 新华通讯社课题组：《习近平新闻舆论思想要论》，新华出版社 2017 年版。

[42] 熊澄宇：《新媒介与创新思维》，清华大学出版社 2001 年版。

[43] 徐立军:《中国电视收视年鉴（2018）》，中国传媒大学出版社 2019 年版。

[44] 徐亮:《视频红利:由制作到传播，教你如何抓住视频红利》，机械工业出版社 2017 年版。

[45] 许静:《传播学概论》，清华大学出版社、北京交通大学出版社 2007 年版。

[46] 杨保军:《新闻价值论》，中国人民大学出版社 2003 年版。

[47] [澳] 约翰·哈特利:《数字时代的文化》，李士林、黄晓波译，浙江大学出版社 2014 年版。

[48] 张穗华主编:《媒介的变迁》，中国对外翻译出版公司 2002 年版。

[49] 张笑容:《第五空间战略:大国间的网络博弈》，机械工业出版社 2014 年版。

[50] 张颐武:《从现代性到后现代性》，广西教育出版社 1997 年版。

[51] 张志国:《信息战略——争夺 21 世纪制高点》，军事科学出版社 2003 年版。

[52] 赵永福:《国际广播探析》，中国广播电视出版社 1987 年版。

[53] 赵勇:《大众媒介与文化变迁:中国当代媒介文化的散点透视》，北京大学出版社 2010 年版。

[54] 赵云泽:《作为政治的传播:中国新闻传播解释史》，中国人民大学出版社 2017 年版。

[55] 中共中央宣传部（国务院新闻办公室）、中共中央文献研究室、中国外文出版发行事业局:《习近平谈治国理政》，外文出版社 2014 年版。

[56] 中共中央宣传部新闻局:《习近平总书记党的新闻舆论工作座谈会重要讲话精神学习辅助材料》，学习出版社 2016 年版。

[57] 中国广播电视年鉴编辑委员会:《中国广播电视年鉴（2009）》，北京广播学院出版社 2009 年版。

[58] 周荣庭:《运营数字媒体》，科学出版社 2012 年版。

（二）报刊文献

[1] 白龙:《机器写作的新突破及思考——以南方都市报写作机器人"小南"为例》，《青年记者》2017 年第 29 期。

[2] 鲍金虎:《广电产业的法律视角》，《现代传播（北京广播学院学报）》2002 年第 6 期。

[3] 蔡骐:《网络虚拟社区中的趣缘文化传播》，《新闻与传播研究》2014 年第 9 期。

[4] 蔡雯:《从"超级记者"到"超级团队"——西方媒体"融合新闻"的实践和理论》，《中国记者》2007 年第 1 期。

[5] 蔡雯:《媒介融合前景下的新闻传播变革——试论"融合新闻"及其挑战》，《国际新闻界》2006 年第 5 期。

[6] 曹轲、庄慎之、陈雨:《南都全媒体集群构想》，《南方传媒研究》2010 年第 13 期。

[7] 曹晚红、卢海燕:《移动互联时代社交媒体舆情的形成与引导——以"山东疫苗事件"的微信传播为例》,《东南传播》2016 年第 6 期。

[8] 常江、王晓培:《短视频新闻生产:西方模式与本土经验》,《中国出版》2017 年第 16 期。

[9] 陈昌凤、王宇琦:《新闻聚合语境下新闻生产、分发渠道与内容消费的变革》,《中国出版》2017 年第 12 期。

[10] 陈国权:《中国媒体"中央厨房"发展报告》,《新闻记者》2018 年第 1 期。

[11] 陈伟军:《新媒体语境中的文化引领与价值形塑》,《现代传播(中国传媒大学学报)》2013 年第 7 期。

[12] 陈相:《从今日头条看人工智能的信息推荐效果》,《青年记者》2017 年第 11 期。

[13] 陈印昌:《传统媒体与新媒体融合发展的政治安全价值导向分析》,《中国广播电视学刊》2015 年第 4 期。

[14] 陈月:《动新闻的创新性与真实性分析》,《视听》2016 年第 10 期。

[15] 陈韵强、赵亚光:《"中央厨房"媒体融合视域下城市广电的新闻生产体制建设》,《中国广播电视学刊》2015 年第 10 期。

[16] 陈正荣:《打造"中央厨房"的理念、探索和亟需解决的问题》,《中国记者》2015 年第 4 期。

[17] 崔健:《媒体"中央厨房"建设及发挥的作用探索与思考》,《文化软实力》2018 年第 4 期。

[18] 丁伟:《新媒体内容生态演进的 8 个方向》,《新闻与写作》2018 年第 11 期。

[19] 杜毓斌:《美国数字媒体发展状况、特点及启示》,《南方电视学刊》2015 年第 6 期。

[20] 杜毓斌:《美国有线电视新闻网(CNN)的新媒体转型之路》,《南方电视学刊》2016 年第 4 期。

[21] 杜毓斌:《中美主流新闻媒体"中央厨房"比较分析与反思》,《南方电视学刊》2017 年第 1 期。

[22] 段乐川、路畅:《论媒介融合视域下新闻采编工作的变革与对策》,《河南社会科学》2016 年第 8 期。

[23] 范玥:《新媒体时代移动电台发展路径探索——以"喜马拉雅 FM"为例》,《西部广播电视》2019 年第 5 期。

[24] 方苏、傅中行:《内容付费时代新闻付费模式探索与策略思考》,《新媒体研究》2019 年第 22 期。

[25] 方维规:《"Intellectual"的中国版本》,《中国社会科学》2006 年第 5 期。

[26] 方兴东、钟祥铭、彭筱军:《全球互联网 50 年:发展阶段与演进逻辑》,《新闻记者》2019 年第 7 期。

[27] 冯林:《传统媒体应对 VR 技术策略》,《采写编》2016 年第 2 期。

[28] 符绍强、刘晓琰、曹萌:《全球媒体 VR 报道对比研究及策略分析——以 CGTN、BBC、CNN 和〈纽约时报〉为例》,《中国广播电视学刊》2019 年第 11 期。

[29] 付文鹏:《探析广电新媒体融合原因及基础平台解决策略》,《广播电视信息》2017 年第 7 期。

[30] 高钢:《媒体融合:传播变革与社会进步的交叠演进》,《对外传播》2016 年第 6 期。

[31] 高晓虹、李智:《试析传播新格局下电视与新媒体的相互借力与共赢》,《国际新闻界》2013 年第 2 期。

[32] 高艺:《数说中央广播电视总台媒体融合"增量"》,《中国广告》2018 年第 11 期。

[33] 耿磊:《机器人写稿的现状与前景》,《新闻战线》2018 年第 1 期。

[34] 耿媛:《CNN 的新媒体战略探究》,《新闻研究导刊》2017 年第 4 期。

[35] 宫承波:《新媒体文化精神论析》,《山东社会科学》2010 年第 5 期。

[36] 辜晓进:《坦帕模式的失败与融媒分享困境》,《新闻与写作》2018 年第 11 期。

[37] 郭乐天、刘旭道:《"三大再造"实现"三圈融合"——温州都市报的媒体融合实验》,《中国报业》2017 年第 7 期。

[38] 郭乐天、刘旭道:《〈温州都市报〉:以"三大再造"战略促融合发展》,《传媒》2017 年第 9 期。

[39] 郭全中:《"中央厨房"的扬弃与完善》,《新闻爱好者》2018 年第 2 期。

[40] 郭顺堂、刘贺:《中央厨房——中国食品产业新的增长极》,《食品科技》2013 年第 3 期。

[41] 韩晓宁、耿晓梦:《跨界融合与战略聚焦:美国新闻集团数字化战略的执行、调整及启示》,《中国出版》2018 年第 10 期。

[42] 郝涛:《大数据技术下移动新闻客户端的传播模式研究——以人民日报、腾讯视频、今日头条为例》,《新媒体研究》2019 年第 5 期。

[43] 何丽:《从"动新闻"事件谈新闻报道的创新》,《新闻爱好者》2010 年第 16 期。

[44] 何强:《人工智能在新闻领域应用的新突破——从全球首个"AI 合成主播"谈起》,《新闻与写作》2019 年第 5 期。

[45] 何顺民、曹文全:《网购平台个性化推荐算法的伦理困境及规制——以移动电商"淘宝"为例》,《城市学刊》2019 年第 5 期。

[46] 何筱娜:《内容处理的"中央厨房"》,《中国新闻出版报》2007 年 8 月 22 日。

[47] 何瑛、胡翼青:《从"编辑部生产"到"中央厨房":当代新闻生产的再思考》,《新闻记者》2017 年第 8 期。

[48] 何智文:《VR 技术在新闻报道中的应用价值和适用范围探究》,《新闻爱好者》2017 年第 6 期。

[49] 贺岭、南一飞:《人工智能时代新闻生产方式的变革研究》,《出版广角》2018年第7期。

[50] 洪庆、王思尧、赵钦佩、李江峰、饶卫雄:《基于弹幕情感分析和聚类算法的视频用户群体分类》,《计算机工程与科学》2018年第6期。

[51] 侯洪强:《从"中央厨房"看传统媒体转型的困境与出路》,《青年记者》2017年第26期。

[52] 胡杨:《关于新闻传播领域应用 VR 技术的若干思考》,《新媒体研究》2016年第16期。

[53] 胡泳:《新词探讨:回声室效应》,《新闻与传播研究》2015年第6期。

[54] 黄艾、曹三省:《BBC 全媒体:理念变革与战略转型》,《电视研究》2013年第12期。

[55] 黄灿灿:《人民日报社"中央厨房"解读》,《新闻论坛》2016年第1期。

[56] 黄淼:《媒体融合的英美实践》,《新闻与写作》2016年第11期。

[57] 黄炜:《广播电视新媒体的发展及对策》,《中国广播电视学刊》2007年第1期。

[58] 霍凤、姜玲:《从马航事件看微博与微信谣言传播及阻断机制异同》,《新闻世界》2014年第7期。

[59] 霍婕、陈昌凤:《人工智能与媒体融合:技术驱动新闻创新》,《中国记者》2018年第7期。

[60] 季方:《英国天空广播公司营运评述》,《中国记者》2002年第4期。

[61] 贾军:《算法推荐新闻:技术困境与范式变革》,《西南民族大学学报》(人文社会科学版)2019年第5期。

[62] 江南、肖宁:《媒体融合背景下人民日报"中央厨房"运作与发展》,《传播力研究》2018年第10期。

[63] 姜晋明:《电视新闻不可忽视动画语言》,《新闻前哨》1997年第4期。

[64] 姜欣:《浅析公民新闻视阈下的新闻客观性》,《前沿》2012年第15期。

[65] 蒋一莉、李安安:《浅析虚拟主持人在中国的发展困境》,《传媒观察》2015年第8期。

[66] 靖鸣、管舒婷:《智能时代算法型内容分发的问题与对策》,《新闻与传播研究》2019年第5期。

[67] 靖鸣、郭艳霞、潘宇峰:《"魏则西事件"主流媒体与社交媒体舆论监督的共振与互动》,《新闻爱好者》2016年第7期。

[68] 鞠凌莉、杨蓉:《移动互联网背景下广播转型的动因分析——以喜马拉雅 FM 为例》,《艺术科技》2019年第7期。

[69] 孔清溪、林彦君、张晓丽:《灾难事件中网络谣言风暴的形成、传播规律及消解策略研究———以马航 MH370 事件为例》,《现代传播》2014年第12期。

[70] 郎劲松、侯月娟、唐冉：《新媒体语境下政治人物的公共形象塑造——解析十八大后领导人的媒介符号传播》，《现代传播（中国传媒大学学报）》2013年第5期。

[71] 黎斌：《媒体融合新思维：从"内容为王"到"'内容+'为王"》，《中国广播电视学刊》2017年第1期。

[72] 黎映伶：《自媒体短视频类垂直内容深耕策略研究——以新浪微博用户"papi酱"为例》，《新媒体研究》2019年第7期。

[73] 李彪、刘泽溪：《思维、创意与技术：融媒体时代传媒产品的生产路径创新》，《新闻战线》2018年第5期。

[74] 李彪：《融媒时代"动新闻"的三种模式》，《新闻记者》2016年第1期。

[75] 李斌：《用"学习强国"激发学习力量》，《人民日报》2019年1月15日。

[76] 李菡：《媒介融合下电视台新闻传播方式分析》，《新闻传播》2019年第14期。

[77] 李怀亮：《多维视野下的国际电视节目市场——西方国际电视节目贸易研究综述》，《现代传播（北京广播学院学报）》2004年第6期。

[78] 李家伦：《电视节目全球流动及相关理论述评》，《当代电影》2012年第3期。

[79] 李良荣：《警惕网络民粹主义"暴力"——中国民粹主义新动向》，《人民论坛》2015年第1期。

[80] 李玲：《仅用3.8元！身份信息、通话记录、消费账单、人脉关系、门牌号全买到》，《南方都市报》2017年11月23日。

[81] 李苗：《作为智能媒介的增强现实：历史、属性及功能机制》，《现代传播（中国传媒大学学报）》2019年第9期。

[82] 李墨涵：《抖音算法推荐机制的局限与对策分析》，《新媒体研究》2019年第2期。

[83] 李舒、孙小咪：《时政微视频：媒体政治传播的新探索》，《电视研究》2017年第10期。

[84] 李雯：《5G互联背景下电视媒体的创新方向分析》，《新闻研究导刊》2019年第15期。

[85] 李辛扬、张帆：《浅论传感器新闻》，《新闻研究导刊》2016年第5期。

[86] 李欣：《数字环境下出版企业4R营销策略研究》，《出版科学》2018年第1期。

[87] 李彦宏：《推动新一代人工智能健康发展》，《人民日报》2019年7月22日。

[88] 李燕：《从大屏到多屏：央视时政报道的融媒体探索》，《中国广播电视学刊》2018年第9期。

[89] 李易伦、李昕桐：《现代广播电视的文化张力》，《中国广播电视学刊》2012年第8期。

[90] 李宇：《YouTube的发展策略及对传统电视的影响》，《传媒》2016年第3期。

[91] 李宇：《美国有线电视新闻类频道的发展现状与特点——以CNN、FOX News和MSNBC为例》，《现代视听》2016年第1期。

[92] 李宇：《日本NHK国际传播的"文化战略"及启示》，《传媒》2010年第12期。

[93] 李增刚、董丽娃:《文化何以影响经济?》,《济南大学学报》(社会科学版)2018 年第 4 期。

[94] 梁平:《"三个代表"重要思想与广播电视的"三重属性"》,《中国广播电视学刊》2003 年第 11 期。

[95] 梁平:《论广播电视的"三重属性"》,《有线电视技术》2003 年第 17 期。

[96] 林功成、肖和:《媒体实验室之"中央厨房"生产线——"中央厨房"媒体运作模式与发展路径比较》,《传媒评论》2015 年第 9 期。

[97] 林耀:《融合关键:媒体资源垂直化整合》,《传媒》2015 年第 13 期。

[98] 刘德寰:《用户的选择性引领"内容为王"》,《新闻与写作》2017 年第 5 期。

[99] 刘宏、周婷:《新媒体环境下网络舆论引导问题与策略》,《中国新闻传播研究》2019 年第 2 期。

[100] 刘华栋:《论广播在媒体融合实践中需要注意的三类管理问题》,《中国广播》2017 年第 5 期。

[101] 刘婕:《由点及面的媒介融合策略——时代华纳的转型启示》,《东南传播》2015 年第 6 期。

[102] 刘敏俊:《融媒视域下地方广电媒体品牌建设的重构与突围》,《新闻战线》2019 年第 8 期。

[103] 刘胜男:《实战案例:借助公共设施中的传感器进行新闻调查——以〈太阳哨兵报〉"超速警察"报道为例》,《中国传媒科技》2015 年第 6 期。

[104] 刘思远:《中国电视剧对外贸易发展分析》,《智富时代》2017 年第 4 期。

[105] 刘晓龙:《在开拓创新中打造现代新型主流媒体》,《新闻战线》2018 第 19 期。

[106] 刘欣:《基于新媒体的微观政治及其主体价值观塑造》,《中学政治教学参考》2017 年第 21 期。

[107] 刘以鼎:《人工智能为传统广播媒体带来的机遇和挑战》,《广播电视信息》2018 年第 11 期。

[108] 刘艺梅:《智媒时代灾难新闻的生产变革》,《今传媒》2019 年第 8 期。

[109] 刘颖悟、汪丽:《媒介融合的概念界定与内涵解析》,《传媒》2012 年第 1 期。

[110] 龙一春:《国际卫星电视的发展及引起的反响》,《现代传播(中国传媒大学学报)》2000 年第 6 期。

[111] 楼伟民:《地方广电媒体深度融合之路怎么走》,《视听纵横》2017 年第 5 期。

[112] 卢俊敏:《全媒体中控室指挥报道台风"苏力"——温州都市报的创新尝试》,《新闻实践》2013 年第 12 期。

[113] 卢新宁:《媒体融合如何"合而为一"》,《新闻战线》2018 年第 19 期。

[114] 陆佳怡、仇筠茜、高红梅：《零度控制与镜像场景：公民新闻的透明性叙事》，《国际新闻界》2019 年第 5 期。

[115] 路璐：《媒介、哲学、政治：西方新媒体研究的三大面向》，《南京社会科学》2015 年第 5 期。

[116] 栾轶玫、刘宏：《视频新闻：新闻报道的语法革命》，《青年记者》2018 年第 10 期。

[117] 马耀庭、焦若薇：《VR 技术应用在新闻传播中的优势和挑战》，《视听》2018 年第 6 期。

[118] 马玉宁：《社交媒体海外传播的叙事困境与未来想象——以抖音 Tik Tok 海外传播为例》，《对外传播》2019 年第 11 期。

[119] 孟建、祁林：《新媒体文化：人类文化的全新建构》，《新闻爱好者》2016 年第 4 期。

[120] 孟威：《新媒体与美国政治传播走向》，《当代世界》2011 年第 5 期。

[121] 年度虚假新闻研究课题组：《2017 年虚假新闻研究报告》，《新闻记者》2018 年第 1 期。

[122] 牛存有：《广播节目音频化和多元路径传播的区块链应用》，《声屏世界》2018 年第 8 期。

[123] 彭兰：《解锁新时代的互联网规律——新媒体传播：新图景与新机理》，《新闻与写作》2018 年第 7 期。

[124] 彭兰：《智媒化：未来媒体浪潮——新媒体发展趋势报告（2016）》，《国际新闻界》2016 年第 11 期。

[125] 彭增军：《媒体融合为什么成了夹生饭》，《新闻记者》2016 年第 12 期。

[126] 秦敏：《"中央厨房"全媒体环境下的新闻采编方式创新》，《中国广播电视学刊》2012 年第 12 期。

[127] 邱雪：《广播电视文化的四个维度分析》，《新闻界》2013 年第 23 期。

[128] 裘新：《创新驱动发展广播电视事业 打造国际一流传媒文化集团》，《中国广播电视学刊》2013 年第 1 期。

[129] 任丽芬：《虚拟现实技术在现代展示传播中的应用分析》，《出版广角》2019 年第 2 期。

[130] 任孟山：《"新媒体总统"奥巴马的政治传播学分析》，《国际新闻界》2008 年第 12 期。

[131] 邵鹏、梁亮：《新媒体环境下文化产业中广播电视产业的角色与定位》，《声屏世界》2017 年第 7 期。

[132] 邵鹏、虞涵：《技术赋能下的传媒变革》，《传媒评论》2019 年第 7 期。

[133] 沈洁、郑惠钦：《全媒体中央厨房：地市级广电的转型尝试——兼析抗御台风"海葵"报道的成功实践》，《新闻实践》2013 年第 1 期。

[134] 石长顺：《新媒介生态下的广播电视文化自觉与重塑》，《中国广播电视学刊》2013 年第 1 期。

[135] 史安斌、崔婧哲：《传感器新闻：新闻生产的"新常态"》，《青年记者》2015年第19期。

[136] 史安斌、薛瑾：《播客的兴盛与传媒业的音频转向》，《青年记者》2018年第16期。

[137] 斯蒂芬·霍尔：《新闻业面临的七大人工智能挑战》，《青年记者》2018年第7期。

[138] 宋乐永、宋雅娟：《用新闻动画讲好中国故事》，《新闻战线》2019年第1期。

[139] 宋昭勋：《新闻传播学中Convergence一词溯源及内涵》，《现代传播（中国传媒大学学报）》2006年第1期。

[140] 隋岩、曹飞：《从混沌理论认识互联网群体传播特性》，《学术界》2013年第2期。

[141] 隋岩、李燕：《论群体传播时代个人情绪的社会化传播》，《现代传播（中国传媒大学学报）》2012年第12期。

[142] 谭天、刘云飞、丁卯：《新媒体语境下的"新闻"界定》，《新闻界》2012年第12期。

[143] 唐百慧、曹三省：《人工智能在广播电视行业中的应用研究》，《广播电视信息》2018年第8期。

[144] 唐可心：《VR技术在传统媒体中的应用探索——以〈央视"一带一路"报道为例〉》，《传播力研究》2017年第7期。

[145] 陶梦頔、王甫：《交互式网剧在流媒体平台上的新样态——以美剧〈黑镜：潘达斯奈基〉为例》，《中国电视》2019年第7期。

[146] 陶文昭：《互联网上的民粹主义思潮》，《探索与争鸣》2009年第5期。

[147] 滕岳：《在深度融合中激活全媒体集群——烟台日报传媒集团全媒体战略探析》，《中国报业》2010年第8期。

[148] 童云、周荣庭：《论有声读物的用户需求及其超媒介生产策略》，《现代传播（中国传媒大学学报）》2018年第5期。

[149] 王丹彤、张孝芳：《新媒体的发展对政党政治的影响——以特朗普当选美国总统为例》，《哈尔滨工业大学学报》（社会科学版）2017年第6期。

[150] 王迪：《"回声室效应"对传播的影响探究》，《传播与版权》2018年第10期。

[151] 王冬冬：《面向知识经济时代的电视媒介组织结构发展趋势》，《新闻传播》2006年第12期。

[152] 王高峰：《众包新闻，新媒体内容生产的又一创新路径》，《传媒观察》2018年第3期。

[153] 王君玲、石义彬：《网络事件中的民粹主义现象分析——以"哈尔滨警察打死大学生"事件为例》，《国际新闻界》2009年第4期。

[154] 王岚岚、钟新：《VR时代的广播机遇》，《新闻战线》2018年第2期。

[155] 王楠、徐天宜：《VR新闻当前发展困境及解决路径研究》，《东南传播》2018年第12期。

[156] 王沛：《新时代背景下的知识付费模式探析》，《出版广角》2019年第9期。

[157] 王琦:《省级广电融媒体"中央厨房"模式探析》,《当代电视》2018 年第 7 期。

[158] 王申:《动画在电视新闻生产中的价值探讨》,《传媒》2019 年第 8 期。

[159] 王晓培、常江:《英国传统媒体的媒介融合:开放、坚守与共赢》,《对外传播》 2016 年第 11 期。

[160] 王星白:《透析"半岛卫视"的异军突起》,《国际新闻界》2003 年第 1 期。

[161] 王一岚:《反向社会情绪:舆论引导的靶标——以"山东非法疫苗案"和"雷洋案" 为研究对象》,《新闻爱好者》2016 年第 12 期。

[162] 王展:《新媒体背景下我国政治传播的变革》,《青年记者》2015 年第 35 期。

[163] 王张雅:《〈新京报〉"动新闻"报道特点研究》,《传播与版权》2017 年第 9 期。

[164] 王哲:《人工智能时代新闻传播面临的机遇与挑战》,《浙江传媒学院学报》2018 年 第 4 期。

[165] 吴迪:《浅谈人工智能在传统媒体中的应用》,《记者摇篮》2019 年第 4 期。

[166] 吴飞、龙强:《政治的幻象:时政新媒体的传播模式与困境》,《现代传播（中国传 媒大学学报）》2017 年第 7 期。

[167] 吴玲玲、黎友源:《网络游戏体验分析模型建构及媒介体验性分析——以大型角色 扮演类网络游戏为例》,《南京航空航天大学学报》（社会科学版）2011 年第 3 期。

[168] 习近平:《在党的新闻舆论工作座谈会上的讲话》,《人民日报》2016 年 2 月 20 日。

[169] 夏冬梅:《传感器在新闻报道领域的应用与创新》,《今传媒》2016 年第 1 期。

[170] 向伶梅、刘婧、罗盈:《数据新闻动画视频的传播学分析》,《传媒》2018 年第 12 期。

[171] 向勇:《文化产业融合战略:一源多用与全产业价值链》,《前线》2014 年第 6 期。

[172] 肖芃:《社会化网络的发展与文化产业的演进特征》,《湖南师范大学社会科学学 报》2014 年第 4 期。

[173] 肖岩、李司坤、柳玉鹏:《作用日益式微,"美国之音"挨训暴露美国外宣窘境》, 《环球时报》2020 年 4 月 23 日。

[174] 肖叶飞、周美霞:《广播电视全媒体产业生态的特征与构建》,《声屏世界》2018 年 第 9 期。

[175] 谢静:《微信新闻:一个交往生成观的分析》,《新闻与传播研究》2016 年第 4 期。

[176] 徐蕾、常晓洲、姚雯雯:《媒介融合背景下〈人民日报〉数字化转型研究》,《新闻 爱好者》2018 年第 1 期。

[177] 徐勉、杨晓彤、陈梦璇:《数说短视频:从 5 分钟到 15 秒》,《南方日报》2018 年 8 月 6 日。

[178] 徐雯:《〈南方都市报〉的全媒体运营之道》,《东南传播》2015 年第 7 期。

[179] 许莉:《新媒体时代传统电视的传播策略》,《新闻爱好者》2011 年第 24 期。

[180] 许向东:《大数据时代新闻生产新模式:传感器新闻的理念、实践与思考》,《国际新闻界》2015 年第 10 期。

[181] 闫世军:《新媒体时代数字动画技术在新闻传播中的应用》,《新媒体研究》2016 年第 23 期。

[182] 杨吉:《"传感器新闻"会带来什么》,《传媒评论》2019 年第 5 期。

[183] 杨娟:《大数据技术驱动下的中国新闻生产方式变革》,《当代传播》2015 年第 5 期。

[184] 杨璐、王云东:《探析移动电台 APP 的未来传播趋势——以喜马拉雅 FM 为例》,《新闻论坛》2019 年第 1 期。

[185] 杨明品:《我国广电媒体机构合并改革之观察》,《中国广播》2018 年第 6 期。

[186] 杨明秋:《纸媒不老 变革前行》,《中国经营报》2014 年 5 月 26 日。

[187] 杨娜:《融媒体背景下的传统媒体人才转型》,《电视研究》2018 年第 5 期。

[188] 杨妮:《美国新闻业人工智能技术的应用现状及前景分析》,《新闻知识》2018 年第 6 期。

[189] 杨嵘均:《网络虚拟社群对政治文化与政治生态的影响及其治理》,《学术月刊》2017 年第 5 期。

[190] 叶晓楠、史静远、杨洁:《虚拟主播"果果"面世记——走近人民日报社首位 AI 虚拟主播》,《人民日报》(海外版) 2019 年 7 月 26 日。

[191] 叶蓁蓁:《"中央厨房"的数据化采编与传播体系构建——人民日报全媒体生产机制探索》,《传媒评论》2017 年第 7 期。

[192] 叶蓁蓁:《构建报业融合发展新格局——人民日报"中央厨房"打造内容供给新模式》,《传媒》2016 年第 18 期。

[193] 叶蓁蓁:《人民日报"中央厨房"有什么不一样》,《新闻战线》2017 年第 3 期。

[194] 于小植:《淹没于瞬间里的非理性碎片——对新媒体时代文化特征的反思》,《学习与探索》2018 年第 6 期。

[195] 余欢:《网红经济还能红多久?——基于短视频传播模式的解读和思考》,《湖北经济学院学报》(人文社会科学版) 2017 年第 11 期。

[196] 喻国明、兰美娜、李玮:《智能化:未来传播模式创新的核心逻辑——兼论"人工智能 + 媒体"的基本运作范式》,《新闻与写作》2017 年第 3 期。

[197] 喻国明、张文豪:《VR 新闻:对新闻传媒业态的重构》,《新闻与写作》2016 年第 12 期。

[198] 喻国明:《5G 时代的传播发展:拐点、挑战、机遇与使命》,《传媒观察》2019 年第 7 期。

[199] 袁爱中:《管窥默多克数字付费电视运营方略》,《新闻知识》2006 年第 4 期。

[200]　曾祥敏:《导向正确 融合创新 专业引领 规则探索——第二十八届中国新闻奖媒体融合奖评析》,《新闻战线》2018 年第 11 期（上）。

[201]　翟硕:《媒介融合语境下内容生产领域的创新实践——以"喜马拉雅 FM"为例》,《青年记者》2019 年第 15 期。

[202]　张海鹰:《走向多元: 国际广播对国际格局变化和通信技术发展的回应》,《新闻大学》1998 年第 4 期。

[203]　张建珍、彭侃:《电视节目模式国际贸易发展简史》,《新闻春秋》2013 年第 2 期。

[204]　张建中:《多平台战略: CNN 的数字化转型与创新实践》,《中国电视》2017 年第 9 期。

[205]　张康之、向玉琼:《网络空间中的政策问题建构》,《中国社会科学》2015 年第 2 期。

[206]　张亮:《人工智能时代新闻生产的流程再造》,《出版广角》2019 年第 3 期。

[207]　张琦:《都市报媒介融合路径探究——以温州都市报的"蝶变"为例》,《新闻研究导刊》2018 年第 12 期。

[208]　张珊珊:《虚拟现实新闻的现在与未来》,《新闻界》2016 年第 3 期。

[209]　张涛甫:《新媒体语境下大众政治勃兴与协商民主建设》,《南京社会科学》2014 年第 7 期。

[210]　张颖婷、张振广:《探析新媒体环境下"算法"技术的应用》,《新闻潮》2019 年第 4 期。

[211]　张宇、崔洋、牛艺霏:《VR 技术在新闻报道中的运用探究》,《新闻研究导刊》2018 年第 5 期。

[212]　张宇、解伟:《5G 移动与广播电视融合网络》,《网络新媒体技术》2018 年第 5 期。

[213]　张志安、束开荣:《新媒体与新闻生产研究: 语境、范式与问题》,《新闻记者》2015 年第 12 期。

[214]　张卓:《新一代广播电视的科技创新与文化融合》,《湖北大学学报》（哲学社会科学版）2013 年第 4 期。

[215]　张宗兰、赵然:《智媒深度融合赋能"AI 合成主播"探索》,《新闻世界》2019 年第 2 期。

[216]　章于炎、乔治·肯尼迪、弗里兹·克罗普:《媒介融合: 从优质新闻业务、规模经济到竞争优势的发展轨迹》,《中国传媒报告》2006 年第 3 期。

[217]　赵戎斐:《新媒体视野下中国执政党政治表达的范式转向》,《中国出版》2012 年第 22 期。

[218]　赵春丽、张申悦:《新媒体政治参与背景下的民主风险及其防范》,《社会主义研究》2016 年第 2 期。

[219] 赵福政:《媒介融合视阈下新旧媒体在公共领域的竞合战略》,《电影评介》2013 年第 1 期。

[220] 赵金:《VR 新闻及对媒体融合转型的启示》,《青年记者》2016 年第 13 期。

[221] 赵双阁、高旭:《VR 技术应用新闻实践的伦理困境及其突破策略》,《出版发行研究》2018 年第 8 期。

[222] 赵智:《论新媒体视域下的城市文化建设》,《湖南商学院学报》2015 年第 3 期。

[223] 郑嵘:《抖音国际版海外拓展之路及面临的问题探析》,《新闻研究导刊》2020 年第 2 期。

[224] 郑一卉、庞然:《二战时期 BBC 的华语广播及其影响分析》,《中国广播》2020 年第 3 期。

[225] 钟锐:《电视节目的国际流通》,《新闻记者》1985 年第 4 期。

[226] 周根红、周亮:《广电媒体资本运作与产业发展模式》,《声屏世界》2018 年第 9 期。

[227] 周逵、金鹿雅:《竖屏时代的来临:融媒体短视频类型前沿和趋势研究》,《电视研究》2018 年第 6 期。

[228] 周庆安、杨昊:《中国政治话语变革的多重维度——从 2015 年全国两会看新媒体语境下的重大议题新闻发布》,《新闻与写作》2015 年第 4 期。

[229] 周庆安:《美国之音"转战"65 年》,《国际先驱导报》2007 年 3 月 5 日。

[230] 周文杰、王瑜:《VR 技术对传统新闻传播的补偿性解读》,《科技传播》2018 年第 16 期。

[231] 周文静:《大数据时代下的新闻客户端的信息茧房效应——以今日头条为例》,《新闻研究导刊》2017 年第 8 期。

[232] 邹彦萍:《浅析广播电视节目评估体系的应用》,《才智》2014 年第 24 期。

（三）硕博士学位论文

[1] 卜凡娜:《我国电视传媒企业的价值链重构——以湖南电广传媒为例》,安徽大学硕士学位论文,2018 年。

[2] 陈惠诗:《阅听人对动新闻的使用与满足研究》,台湾艺术大学硕士学位论文,2012 年。

[3] 封静:《南都全媒体集群现象研究》,苏州大学硕士学位论文,2014 年。

[4] 龚仪:《人民日报"中央厨房"的传播策略及运营现状研究》,湖南大学硕士学位论文,2017 年。

[5] 李晓彤:《短视频的传播策略及效果研究》,安徽大学硕士学位论文,2017 年。

[6] 罗跃姝:《从〈新京报〉全媒体转型看我国报业突围之道》,西南大学硕士学位论文,2017 年。

[7] 邱芳芳:《美国 VR 新闻的发展现状与影响》,四川省社会科学院硕士学位论文,2017 年。

[8] 石雅菲:《〈纸牌屋〉的精准传播机理研究》，西南大学硕士学位论文，2019 年。

[9] 王宁:《美国视听新媒体产业管理体制研究》，河北大学硕士学位论文，2014 年。

[10] 于斌:《广播电视产业之法律规制研究》，对外经济贸易大学博士学位论文，2006 年。

[11] 张娥:《全媒体新闻报道模式研究——以烟台日报传媒集团"全媒体"战略为例》，上海外国语大学硕士学位论文，2010 年。

[12] 张雷:《文化产业视域下弹幕视频网的传播研究》，陕西科技大学硕士学位论文，2016 年。

[13] 钟婷婷:《价值链视域下移动电台注意力市场建构——以喜马拉雅 FM 为例》，安徽大学硕士学位论文，2019 年。

（四）网络文献

[1] ［英］安迪·康罗伊（Andy Conroy）:《BBC 是如何从传统媒体向全媒体实现战略转型的？》，http：//www.xmtnews.com/operation/p/2121.html，2015-05-15。

[2] 艾媒产业升级产业研究中心:《2019 中国县级融媒体中心建设研究与分析报告》，https：//www.iimedia.cn/c400/64057.html，2019-04-09。

[3] 曹玲娟:《上海:融媒体新闻产品"看看新闻 Knews"上线》，http：//sh.people.com.cn/n2/2016/0607/c134768-28473323.html，2016-06-07。

[4] 曾庆雪:《小米、360 等多家互联网公司看好，新京报动新闻凭什么？》，http://www.zj-yiming.com/jinqizixun-2/26267234.html，2016-06-18。

[5] 陈斯、李洁:《360 度全景展示全国两会 法晚 VR 新闻获代表"点赞"》，http：//www.sohu.com/a/128818548_161623，2017-03-14。

[6] 崔忠芳:《全国广播业媒体融合调查报告》，https：//news.sina.cn/cm/2015-09-28/detail-ifxieymu0908253.d.html?from=wap，2015-09-28。

[7] 单学刚:《习近平书记说的"抓好县级融媒体中心建设"怎么做？》，http：//media.people.com.cn/GB/143237/421031/，2019-10-20。

[8] 二维酱:《六年，公号改变命运》，微信公众号"新榜"（ID：newrankcn），2018 年 8 月 20 日。

[9] 光明网:《VR 全景看"砥砺奋进的五年"大型成就展》，http：//news.cctv.com/2017/09/28/ARTIsvQw2SyN9uywquN4XkeY170928.shtml，2017-09-28。

[10] 郭婷:《传感器技术在新媒体时代发挥着怎样的重大作用？》，http：//m.elecfans.com/article/768334.html，2018-09-09。

[11] 国家新闻出版广电总局:《关于进一步加快广播电视媒体与新兴媒体融合发展的意见》，http：//www.sapprft.gov.cn/sapprft/contents/6588/301352.shtml，2016-07-18。

[12] 何炜:《"中央厨房"——探索融合新闻生产新模式》,http : //media.people.com.cn/
n1/2016/0822/c120837-28656152.html,2016-08-22。

[13] 胡浩、罗争光:《搭建改革四梁八柱——党的十八大以来全面深化改革成就综述》,
http : //www.xinhuanet.com/politics/2017-08/09/c_1121458833.htm,2017-08-09。

[14] 环球网:《搜狗联合新华社发布全球首个站立式 AI 合成主播》,https : //smart.
huanqiu.com/article/9CaKrnKidmV,2019-02-19。

[15] 黄姗:《"五个着力"占领新的舆论场》,http : //www.cac.gov.cn/2019-02/20/c_1124140384.
htm,2019-02-20。

[16] 克里斯蒂内·施密特(Christine Schmidt):《BBC 如何增加网络新闻互动性》,刘丹丹
编译,微信公众号"德外 5 号"(ID : dewaiwuhao),2018 年 8 月 15 日。

[17] 兰州晚报:《VR 技术在新闻报道中实现应用,〈兰州晚报〉新闻摄影进入"互联网+"
时代》,http : //www.xinhuanet.com//local/2017-04/20/c_129552707.htm,2017-04-20。

[18] 李岚:《中国广播电视产业 40 年的四次大跨越》,https : //www.sohu.com/a/
271699374_211289,2018-10-27。

[19] 林国振:《"搜狗分身"技术正式亮相乌镇,携手新华社发布全球首个 AI 合成主播》,
https : //www.sohu.com/a/273827531_115565/,2018-11-07。

[20] 马作鹏:《复旦大学新闻学院就如何打造"互联网新型主流媒体"锻造标尺》,https :
//www.thepaper.cn/newsDetail_forward_2460787,2018-09-20。

[21] 尼尔森网联:《2018 年高校媒体价值研究:户外场景精准化营销已剑指 Z 世代》,微
信公众号"尼尔森网联媒介研究"(ID : nielsenccdata),2018 年 8 月 15 日。

[22] 钱江晚报:《"学习强国"激发学习力量! 美女学霸上演"最强大脑"》,http : //baijiahao.
baidu.com/s?id=1647725868517809713&wfr=spider&for=pc,2019-10-18。

[23] 全国信息安全标准化技术委员会:《关于征求〈App 违法违规收集使用个人信息行
为认定方法(征求意见稿)〉意见的通知》,https : //www.tc260.org.cn/front/postDetail.
html?id=20190505191507,2019-05-05。

[24] 人民论坛策划组:《国内社会思潮——基于 2017 及当前的分析研判》,http : //www.
rmlt.com.cn/2018/0223/511820.shtml?bsh_bid=1952008390&from=groupmessage,2018-
02-23。

[25] 人民论坛问卷调查中心:《2018 国际重大思潮演变趋势研判》,http : //politics.rmlt.
com.cn/2019/0115/537397.shtml,2019-01-15。

[26] 人民网:《"快笔小新":新华社第一位机器人记者》,http : //media.people.com.cn/
n1/2019/0227/c425664-30905230.html,2019-02-27。

[27] 人民网:《国际电台台长王庚年:中国国际广播 60 年》,http : //media.people.com.cn/
GB/10067291.html,2009-09-16。

[28] 人民网:《人民日报中央厨房怎么做 杨振武社长这样讲》,http://politics.people.com.cn/n1/2017/0114/c1001-29023287.html,2017-01-14。

[29] 人民网:《我国媒体融合步入深水区 各媒体"中央厨房"建设一览》,http://media.people.com.cn/n1/2017/0811/c14677-29464293.html,2017-08-11。

[30] 石亚琼:《在"VR新闻"的时代,媒体会活得好一点么?》,https://36kr.com/p/5045079,2016-03-29。

[31] TechWeb:《印度已超过美国成为Facebook最大的受众用户群》,http://www.techweb.com.cn/world/2017-07-14/2557339.shtml,2017-07-14。

[32] 腾讯科技:《纽约时报发布虚拟现实新闻客户端NYT VR》,http://tech.qq.com/a/20151106/017102.htm,2015-11-06。

[33] VR实验室:《山村里的幼儿园》,http://video.caixin.com/2016-05-04/100939701.html,2016-05-04。

[34] VR实验室:《深圳山体垮塌事故》,http://video.caixin.com/2016-05-04/100939613.html,2016-05-04。

[35] 王彩屏:《2016年中国广电行业发展报告》,http://www.sohu.com/a/150868071_152615,2017-07-21。

[36] 王雅文:《B站还在亏钱,可有的up主已经年入百万了》,微信公众号"新榜"(ID:newrankcn),2019年2月26日。

[37] 《网络传播》杂志:《揭秘新华网如何做到"更懂你"》,http://www.xinhuanet.com/newmedia/2018-06-01/c_137222927.htm,2018-06-01。

[38] 吴畅畅:《论周杰伦与蔡徐坤"流量圣战"背后的大众心理》,微信公众号"南都观察家"(ID:naradainsights),2019年7月29日。

[39] 新华社:《习近平出席全国宣传思想工作会议并发表重要讲话》,http://www.xinhuanet.com/2018-08/22/c_1123310729.htm,2018-08-22。

[40] 新华网:《"快笔小新"上岗了!84岁新华社启用"机器人记者"》,http://www.xinhuanet.com/politics/2015-11/06/c_128401096.htm,2015-11-06。

[41] 新华网:《全球首个"AI合成主播"在新华社上岗》,http://www.xinhuanet.com//2018-11/07/c_1123678126.htm,2018-11-07。

[42] 新华网:《习近平主持中共中央政治局第十二次集体学习并发表重要讲话》,http://www.xinhuanet.com/politics/leaders/2019-01/25/c_1124044810.htm,2019-01-25。

[43] 新浪科技:《8K超高清?里约奥运会将采用VR技术转播》,http://tech.sina.com.cn/e/z/2016-03-10/doc-ifxqhmvc2226605.shtml,2016-03-10。

[44] 新浪科技:《国家广电总局:加快有线电视网络与5G等新兴业态融通》,https://tech.sina.com.cn/t/2019-10-08/doc-iicezzrr0779947.shtml,2019-10-08。

[45] 央广网:《无央视,不直播! 揭秘阅兵直播,央视都用了哪些"大招"》,http：//baijiahao.baidu.com/s?id=1646235986005010754&wfr=spider&for=pc,2019-10-02。

[46] 央视网视频:《8·12天津港爆炸事故现场视频及近日航拍视频》,http：//tv.cntv.cn/video/VSET100252386413/28a2ae3e69f44d9f8d50e243cfaa2561。

[47] 央视新闻:《突破千万大关! 央视新闻移动网累积总用户数量达10017264》,http：//news.sina.com.cn/o/2018-05-19/doc-ihaturfs5901469.shtml,2018-05-19。

[48] 意派科技:《〈专访:央广主播的朋友圈H5〉百万PV是怎样炼成的》,http：//www.sohu.com/a/130711643_684850,2017-03-28。

[49] 游侠VR:《罗伊-泰勒:优质VR内容一分钟制作成本高达100万美金》,https：//www.ali213.net/news/html/2016-8/240615.html,2016-08-09。

[50] 张健荣:《俄罗斯互联网啥水平? 有的比中国好》,http：//www.shobserver.com/news/detail?id=8111,2015-12-13。

[51] 张漠、熊晖:《传媒巨舰BBC如何驱动"转型之轮"? 》,https：//www.sohu.com/a/202748243_809031,2017-11-06。

[52] 赵青晖:《ABC推出VR新闻报道,让你亲临战争区域》,https：//www.leiphone.com/news/201509/4M9kQFVy8eGR5XhI.html?viewType=weixin,2015-09-17。

[53] 赵禹桥:《新闻写作机器人的应用及前景展望——以今日头条新闻机器人张小明(xiaomingbot)为例》,http：//media.people.com.cn/n1/2017/0111/c409691-29014245.html,2017-01-11。

[54] 浙江广播电视集团:《浙江广电集团:立足内外兼修,做好融合发展"一号工程"》,https：//www.sohu.com/a/312644406_451230,2019-05-08。

[55] 中国互联网络信息中心:《中国互联网络发展状况统计报告》,http：//www.cac.gov.cn/2019-02/28/c_1124175677.htm,2019-02-28。

[56] 中国新闻网:《温家宝:利用现代网络与群众交流是种很好的方式》,http：//www.chinanews.com/gn/news/2009/02-28/1582851.shtml。

[57] 中华人民共和国工业和信息化部电子信息司:《〈超高清视频产业发展行动计划(2019—2022年)〉解读》,http：//www.miit.gov.cn/n1146295/n1652858/n1653018/c6660799/content.html,2019-03-01。

[58] 中新网:《央视携手百度看春运:大数据下的中国人口迁徙》,https：//tech.qq.com/a/20140126/008268.htm,2014-01-26。

[59] 中研普华公司:《2009—2010年中国数字电视行业竞争深度调研与投资前景分析报告》,http：//www.chinairn.com/doc/50150/424522.html,2011-04-14。

[61] 朱毓春:《基于算法机制的个性化新闻推送对传统把关模式的影响》,http：//media.people.com.cn/n1/2018/0205/c416774-29806420.html,2018-02-05。